A OBRA DE SARTRE
Busca da liberdade e desafio da história

István Mészáros

A OBRA DE SARTRE
Busca da liberdade e desafio da história

Tradução
Rogério Bettoni

Copyright © Boitempo Editorial, 2012
Copyright © István Mészáros, 2012

Coordenação editorial	Ivana Jinkings
Editora-adjunta	Bibiana Leme
Assistente editorial	Pedro Carvalho
Tradução	Rogério Bettoni
Tradução dos trechos em francês	Livia Campos e Mariana Echalar
Revisão técnica dos capítulos 6, 7 e 8	Caio Antunes
Revisão	Thaisa Burani
Diagramação	Livia Campos
Capa	David Amiel sobre fotografia de Jean-Paul Sartre, de autoria desconhecida, tirada em 1950 e publicada em 1983 pelo jornal argentino *Clarín*
Produção	Flávia Franchini

CIP-BRASIL. CATALOGAÇÃO-NA-FONTE
SINDICATO NACIONAL DOS EDITORES DE LIVROS, RJ

M55o

Mészáros, István, 1930-
A obra de Sartre : busca da liberdade e desafio da história / István
Mészáros ; tradução Rogério Bettoni. - São Paulo : Boitempo, 2012.
Tradução de: The work of Sartre: search for freedom and the
challenge of history
ISBN 978-85-7559-213-7

1. Sartre, Jean-Paul, 1905-1980. 2. Filosofia francesa. 3. Literatura - Filosofia. I. Título.

12-2334.

CDD: 194
CDU: 1(44)

É vedada a reprodução de qualquer parte
deste livro sem a expressa autorização da editora.

Este livro atende às normas do acordo ortográfico em vigor desde janeiro de 2009.

1ª edição: junho de 2012

BOITEMPO EDITORIAL
Jinkings Editores Associados Ltda.
Rua Pereira Leite, 373
05442-000 São Paulo SP
Tel./fax: (11) 3875-7250 / 3872-6869
editor@boitempoeditorial.com.br
www.boitempoeditorial.com.br

SUMÁRIO

Prefácio à edição ampliada 11

Introdução à primeira edição 17

PRIMEIRA PARTE
A UNIDADE DE VIDA E OBRA: ESBOÇO DO DESENVOLVIMENTO DE SARTRE

1 O escritor e sua situação 35
2 Filosofia, literatura e mito 51
3 De "A lenda da verdade" a uma "verdadeira lenda":
  fases do desenvolvimento de Sartre 71

SEGUNDA PARTE
BUSCA DA LIBERDADE

4 Busca do indivíduo: as primeiras obras 95
5 Liberdade e paixão: o mundo de *O ser e o nada* 145
  Uma nota sobre *O ser e o nada* 211

TERCEIRA PARTE
O DESAFIO DA HISTÓRIA

  Introdução à Terceira Parte 221
6 Estruturas material e formal da história: crítica da concepção sartriana
  de razão dialética e totalização histórica 235
7 Lévy-Strauss contra Sartre 275
8 O papel da escassez nas concepções históricas 293
9 A dimensão perdida 305

Conclusão 323

Obras do autor 329

Para Donatella

"Cada homem traz dentro de si toda uma época,
do mesmo modo que cada onda traz dentro de si todo o mar."
The Purposes of Writing

"Não dependo senão deles, que não dependem senão de Deus, e eu não creio em
Deus. Vejam se se reconhecem nisto."
As palavras

"Não tenho culpa se a realidade é marxista."
Sartre citando Che Guevara

"A questão fundamental é: que fez você de sua vida?"
La Question

NOTA DA EDITORA

Esta é uma nova edição, ampliada, revista e atualizada, do livro *A obra de Sartre*, publicado no Brasil em 1991 pela editora Ensaio (com base no original *The work of Sartre: search for freedom* (Atlantic Highlands, N. J., Humanities Press, 1979). Na atual versão, que a Boitempo disponibiliza aos leitores de língua portuguesa ao mesmo tempo que a versão em língua inglesa é lançada (Nova York, Monthly Review Press, 2012), foram inseridos pelo autor capítulos novos e alguns publicados anteriormente como parte do livro *Estrutura social e formas de consciência II: a dialética da estrutura e da história* (São Paulo, Boitempo, 2011). Todos foram, porém, revistos e atualizados para esta edição.

NOTA DO TRADUTOR

A coleção de ensaios *Situations*, bastante citada por Mészáros, compõe-se de dez volumes publicados originalmente em francês, pela Gallimard, entre 1947 e 1976. Os sete primeiros volumes foram lançados em Lisboa pela Europa-América, e o décimo, pela A. Ramos. O primeiro volume, *Situações 1: críticas literárias*, foi publicado no Brasil em 2006 pela Cosac Naify e alguns textos foram editados separadamente, como *Que é a literatura?* (2. ed., São Paulo, Ática, 1993). Em inglês, há também uma edição intitulada apenas *Situations*, que não se refere ao primeiro volume da série, mas sim a uma coletânea de ensaios retirados de todos os volumes.

PREFÁCIO À EDIÇÃO AMPLIADA

Em abril de 1992, o periódico trimestral *Radical Philosophy*, em uma entrevista publicada no número 62, fez-me a seguinte pergunta: *"Você conheceu Sartre em 1957. Por que decidiu escrever um livro sobre ele?"*.

Esta foi minha resposta:

Sempre senti que os marxistas deviam muito a Sartre, pois vivemos numa era em que o poder do capital é dominador, uma era em que, significantemente, a ressonante platitude dos políticos é que "não há alternativa", quer se pense na sra. Thatcher, quer se pense em Gorbachev, que repetiu infinitamente a mesma coisa até descobrir, como a sra. Thatcher, que no fim das contas tinha de haver uma alternativa para ambos. Mas isso continua se repetindo e, se olharmos em volta e pensarmos em como é feito o discurso dos políticos do [Partido] Conservador e do Trabalhista, eles sempre falam que "não há alternativa", e as pressões subjacentes são sentidas em todos os lugares.

Sartre foi um homem que sempre pregou exatamente o oposto: há uma alternativa, deve haver uma alternativa; como indivíduos, devemos nos rebelar contra esse poder, esse monstruoso poder do capital. Os marxistas, de modo geral, não conseguiram dar voz a isso. Não digo que, para admiti-lo, seja, portanto, necessário tornar-se um existencialista, mas não há ninguém nos últimos cinquenta anos de filosofia e literatura que tenha tentado martelar isto com tanta pertinácia e determinação quanto Sartre: a necessidade de que tem de haver uma rebelião contra o saber do "não há alternativa" e deve haver uma participação individual nela. Não adoto as ideias filosóficas de Sartre, mas compartilho plenamente de sua meta. Cabe a cada um saber como realizar essa meta no contexto de sua própria abordagem; mas a meta é algo sem o que não chegaremos a lugar nenhum.

Sartre hoje, na França, é uma pessoa bastante desconcertante até para ser mencionada. Por quê? O que aconteceu foi que, em nome do privatismo e do individualismo, eles se venderam totalmente aos poderes da repressão, uma capitulação às forças do "não há alternativa", e é por isso que Sartre é uma lembrança terrível. Quando olhamos o passado dessas pessoas sobre as quais falamos, "pós-modernistas" de uma grande variedade, percebemos que muitas vezes elas

12 A obra de Sartre

foram politicamente engajadas. Mas seu engajamento foi superficial. Algumas delas, por volta de 1968, eram mais maoistas que os maoistas extremos na China, e agora adotaram a direita de maneira mais entusiasmada; ou então faziam parte do grupo francês "Socialismo ou Barbárie" e tornaram-se mascates das mais estúpidas platitudes da "pós-modernidade".

Essas pessoas perderam seu quadro de referência. Na França, a vida intelectual costumava ser dominada, de uma maneira ou de outra, pelo Partido Comunista. Isso também vale para Sartre, que tentou criticá-lo de fora e impulsioná-lo na direção que defendia, até que teve de concluir que trabalhar em colaboração com o Partido Comunista era "tanto necessário quanto impossível" – o que é terrível, um duro dilema. Ele disse isso na época da guerra da Argélia, quando o papel do Partido Comunista foi totalmente deplorável. Necessário porque é preciso um movimento de oposição à força repressiva do Estado; e impossível por causa da própria natureza desse movimento.

Por certo, o que aconteceu foi a desintegração do Partido Comunista francês, assim como ocorreu com vários outros partidos da Terceira Internacional nas duas últimas décadas. E, com o naufrágio desse grande barco em relação ao qual os intelectuais franceses, durante muito tempo, definiam-se de um modo ou de outro, eis que os intelectuais ficaram para trás: o barco naufragou e todos estão em botes infláveis, arremessando dardos uns nos outros. Não é uma visão muito reconfortante: e não sairão dessa simplesmente por fantasiar sobre a individualidade que não existe; porque a verdadeira individualidade é inconcebível sem uma comunidade com a qual possamos nos relacionar e nos definir.*

Nesse sentido, a importância da mensagem intransigente de Sartre sobre a necessária alternativa ao "não há alternativa" é maior hoje do que já foi anteriormente. E isso seria válido mesmo que a defesa apaixonada de Sartre pudesse ser explicitada, dos primeiros escritos em diante, somente na forma de uma negação radical do existente.

Já em 1939, em seu belíssimo ensaio sobre o romance de Faulkner, *O som e a fúria***, Sartre afirmou que

> O desespero de Faulkner me parece anterior à sua metafísica: para ele, como para todos nós, o *futuro está vedado*. Tudo o que vemos, tudo o que vivemos nos incita a dizer: "Isso não pode durar" – e no entanto a mudança não é nem mesmo concebível, a não ser na forma de *cataclismo*. Vivemos no tempo das *revoluções impossíveis*, e Faulkner emprega sua arte extraordinária para descrever esse mundo que morre de velhice e nossa asfixia. Aprecio sua arte, mas não acredito em sua metafísica. *Um futuro vedado ainda é um futuro*.***

A obstinada determinação com a qual Sartre poderia continuar desafiando todas as vantagens dos que reivindicavam (e continuam reivindicando) uma mudança radical permanece exemplar também em nossa época. Pois as apostas só sobem com o passar do tempo. Nessa conjuntura crítica da história, elas resultam em nada menos que uma ameaça à própria sobrevivência da humanidade. Ameaça numa época decisiva, quando

---

* "Marxism Today: An Interview with István Mészáros", *Radical Philosophy*, n. 62, 1992. (N. E.)

** Trad. Paulo Henriques Britto, São Paulo, Cosac Naify, 2009. (N. E.)

*** Jean-Paul Sartre, *Situações 1: críticas literárias* (trad. Cristina Prado, São Paulo, Cosac Naify, 2006), p. 100. (N. E.)

Prefácio à edição ampliada **13**

o futuro parece estar fatalmente vedado pela crise estrutural cada vez mais profunda do capital e pelo poder demasiadamente óbvio da destruição injustificada que emana dela em relação às necessárias emancipação e transformação revolucionárias.

Contudo, é extremamente significativo que Sartre não se detenha em dar enfoque apenas à grave facticidade do *futuro vedado*. Sua obra é da maior relevância precisamente porque ele pôde realçar, mesmo em seus momentos mais obscuros e pessimistas, que *"um futuro vedado ainda é um futuro"*, salientando ao mesmo tempo a responsabilidade direta de cada indivíduo em encarar o desafio histórico correspondente. Foi por essa razão que ele teve de se tornar – em um mundo de acomodações mesquinhas e evasões buscadas como resposta cegamente autoimposta ao agravamento da crise – uma lembrança constrangedora e uma presença incômoda.

Há mais de cinquenta anos, em 1958, em um artigo chamado "De ratos e homens", Sartre expressou da maneira mais engenhosa sua preocupação com a magnitude aparentemente proibitiva da tarefa que deveria encarar. Assim disse ele naquela época:

> Lembro-me de quando vi um cachorrinho depois da remoção parcial do cerebelo. [...] Pensava muito antes de contornar um objeto, precisando de grande dose de tempo e de pensamento para executar movimentos a que antes não dava atenção alguma. Na linguagem da época, dizíamos que o córtex havia assumido, nele, determinadas funções das regiões inferiores. *Ele era um cão intelectual.* [...] *ele tinha ou de morrer, ou de reinventar o cachorro.*
>
> Do mesmo modo, nós – ratos sem cerebelos – somos também feitos de tal modo que *devemos ou morrer, ou reinventar o homem.* [...] sem nós a fabricação se daria no escuro, por emendas e remendos, se nós, os "descerebrados", não estivéssemos ali para repetir constantemente que devemos trabalhar segundo *princípios*, que não é uma questão de *remendar*, mas de medir e *construir*, e, finalmente, que ou *a humanidade será o universal concreto, ou não será.**

Seria verdade que o cão parcialmente descerebrado "reinventou o cão" na qualidade de "cão intelectual" para não morrer? O fato é que é totalmente irrelevante se o filhote realmente teve êxito em reinventar o cão. A questão em jogo não é a "verdade literal" (ou não) da situação descrita, mas algo incomparavelmente mais fundamental que isso. É a mesma verdade vital que afeta de forma indelével a vida de todos os seres humanos em seu ambiente inevitavelmente histórico; a vida de cada um deles, nada mais nada menos que a visão de seus filósofos e poetas engajados de forma profunda que tentam tornar explícitas as preocupações comuns de seu tempo em consonância com a desagradável adversidade histórica, em constante transformação, da humanidade. Essa "verdade não literal" é a mesma salientada na primeira metade do século XIX pelo grande gênio poeta da Hungria, Sándor Petőfi, quando, na celebração do surgimento das primeiras vias férreas por toda a Europa, ele fez e respondeu sua pergunta fundamental desta maneira:

---

* Jean-Paul Sartre, "Des rats et des hommes", em *Situations IV* (Paris, Gallimard, 1964), p. 65-6. (N. E.)

14 *A obra de Sartre*

Por que não construíram ferrovias no passado?
Não havia ferro suficiente?
Arrebentem e derretam todos os grilhões,
Pois deve haver ferro suficiente!

A verdade de Petöfi equivale à crença existencial fundamental de Sartre concernente à sobrevivência da humanidade. Só mudaram as circunstâncias. Seu significado também é compartilhado no sentido de que a necessária "reinvenção do homem" – que não pode ser realizada, como diz Sartre corretamente, "no escuro, por emendas e remendos", mas somente pela *construção* guiada por *princípios* – é totalmente impossível sem "arrebentar e derreter todos os grilhões". No sentido literal, assim como no sentido figurativo mais amplo. E isso torna imperativa a abertura revolucionária do "futuro vedado" antes que seja tarde. Por essa razão, a mensagem sartriana, indo à raiz de nossos problemas, é ainda mais relevante hoje do que no passado.

Em 1979, quando publiquei *A obra de Sartre: busca da liberdade* na série Harvester Philosophy Now, editado pelo meu querido amigo Roy Edgley, deveria ter havido um segundo volume sob o título *O desafio da história*, analisando a concepção sartriana da história. Outra obra contribuiu para o atraso da completude desse projeto e modificou alguns dos detalhes pretendidos no início. Os problemas complexos envolvidos tiveram de ser explorados em seu cenário mais abrangente – o que tentei fazer principalmente em meus livros *O poder da ideologia** e *Para além do capital***, bem como nos dois volumes publicados recentemente do *Estrutura social e formas de consciência**** –, incluindo a dimensão *positiva* da alternativa necessária que teve de permanecer, até o fim, ausente da negação radical que Sartre faz do existente. Sem se encarregar dessa obra complementar em seu necessário quadro geral, o protesto apaixonado de Sartre sobre a carga paralisante das "revoluções impossíveis" – que marcou seus últimos anos de vida com um pessimismo irreparável – não poderia ser colocado em sua perspectiva apropriada, historicamente mutável.

Na época da publicação da primeira edição deste livro, que agora recebe como acréscimo uma terceira parte bem ampla, um crítico escreveu que

> A obra de Mészáros é um estudo filosófico [...]. Não só fornece uma expressiva crítica de Sartre como também o situa em relação ao pensamento do século XX. Sua abordagem de Sartre abrange todas as suas manifestações – romancista, dramaturgo, filósofo e político – e *faz jus a esse homem muitíssimo extraordinário*. [*Labour Weekly*]

---

*   São Paulo, Boitempo, 2004. (N. E.)

** São Paulo, Boitempo, 2002. (N. E.)

*** *A determinação social do método* (São Paulo, Boitempo, 2009, v. I) e *A dialética da estrutura e da história* (São Paulo, Boitempo, 2011, v. II). (N. E.)

Prefácio à edição ampliada 15

Embora jamais compartilhe do pessimismo abertamente confesso ou implícito de Sartre sobre as soluções factíveis, a orientação geral e o espírito do projeto agora terminado são os mesmos pretendidos originalmente. Trata-se de pôr em relevo, contra deturpações diametralmente opostas e igualmente tendenciosas, não só os dilemas e antinomias insolúveis da negação radical de Sartre, como formulados da perspectiva de sua classe, contra a qual se rebelou com a maior integridade, mas também seu valor representativo e sua relativa validade histórica para a totalidade da nossa época crítica. Para "fazer jus a esse homem muitíssimo extraordinário" – nosso verdadeiro companheiro de armas.

INTRODUÇÃO À PRIMEIRA EDIÇÃO

> Sem cair no maniqueísmo, deve-se exaltar a intransigência. No extremo, toda posição de esquerda – na medida em que é contrária ao que pretendem inculcar a toda a sociedade – é considerada "escandalosa". Isso não quer dizer que se deva buscar o escândalo – isso seria absurdo e ineficaz – mas sim que não se deve temê-lo: se a posição tomada for correta, ele virá como efeito colateral, como um signo, como uma sanção natural contra uma atitude de esquerda.[1]

Jean-Paul Sartre é um homem que viveu metade da vida sob as luzes da extrema notoriedade. Um intelectual que, já em 1945, teve de protestar contra tentativas que visavam à institucionalização do escritor, transformando suas obras em "bens nacionais", clamando: "não é agradável ser tratado enquanto vivo como um monumento público"[2].

O que também deve ser desagradável é estar constantemente sujeito a injúrias. E o fato é que escritor algum foi alvo de tantos ataques, de origens as mais variadas e poderosas, quanto Jean-Paul Sartre.

Quais as razões disso? Como abordar a obra desse homem, nosso contemporâneo?

---

[1] "L'alibi", entrevista, *Le Nouvel Observateur*, 19 de novembro de 1964; reproduzido em Jean-Paul Sartre, *Situations VIII* (Paris, Gallimard, 1972), p. 127-45; citação da página 142.

Les écrits de Sartre: chronologie, bibliographie commentée, de Michel Contat e Michel Rybalka (Paris, Gallimard, 1970), é inestimável para todos que se interessam pelo desenvolvimento de Sartre. Além de uma bibliografia completa de suas obras até 1969, contém resumos excelentes, com excertos de suas inúmeras entrevistas, bem como cerca de trezentas páginas de textos raros. Deste ponto em diante, esse livro será referido como C/R.

[2] Jean-Paul Sartre, "La nationalisation de la littérature" (1945), em *Situations II* (Paris, Gallimard, 1948), p. 35 e 43. E no mesmo artigo ele assinala o absurdo de ser chamado de "o mestre do neossurrealismo", que, é de supor-se, teria sob suas ordens Eluard e Picasso, enquanto, na verdade, "eu ainda usava calças curtas quando eles já eram mestres de si mesmos", ibidem, p. 37.

18 A obra de Sartre

1

Em outubro de 1960, uma manifestação de veteranos de guerra na Champs-Élysées marcha sob a palavra de ordem: "Fuzilem Sartre". Na mesma época, o *Paris-Match* publicou um editorial com o título: "Sartre, a máquina da guerra civil".

Alguns dos manifestantes, ou dos leitores do *Paris-Match*, não estavam brincando: no dia 19 de julho de 1961 houve um atentado a bomba contra seu apartamento, e outro poucos meses depois, em 7 de janeiro de 1962. Pois como se poderia deixar em paz uma "máquina da guerra civil"?

Em outubro de 1960 não foi a primeira vez em que ele foi chamado de "máquina de guerra". Em junho de 1945 – e, nessa época, do lado oposto da barricada – foi atacado como "fabricante da máquina de guerra contra o marxismo"[3]. Que ironia! Será que Sartre mudou tanto assim? Ou será que, talvez, esse ardoroso defensor da plena responsabilidade de cada indivíduo em meio às forças de institucionalização impessoal seja considerado irrecuperável e, assim, por uma estranha lógica, deva ser declarado um corpo estranho, uma máquina – de fato, uma mítica máquina de guerra? Quão reveladora é essa imagem bombástica partilhada por tantos? Por que é que instituições poderosas, ao defrontar com indivíduos solitários, representam a relação de forças "de cabeça para baixo" e denunciam a voz da dissidência como o ruído sinistro de uma poderosa máquina de guerra do inimigo?

Em 1948, nada menos do que uma potência como o governo soviético assumiu posição oficial contra Sartre: seus representantes diplomáticos em Helsinque tentaram pressionar o governo finlandês a proibir a exibição da peça de Sartre *Les mains sales* [As mãos sujas]. Ela foi vista como "propaganda hostil contra a URSS" – nada mais, nada menos!

Quem é esse homem, essa *"machine de guerre"*, armado de tais poderes míticos? Durante a guerra, quando Churchill procurava fundamentar seus argumentos fazendo referências ao papa, Stalin observou, com senso de realismo e franco cinismo: "Quantas divisões você disse que tem o papa?" Em 1948, mais amadurecido, teria Stalin pensado que Sartre estava prestes a desencadear uma invasão, com muito mais divisões sob seu comando do que o papa jamais sonhara ter?

E por falar no papa, devemos nos lembrar de que naquele mesmo ano, em 30 de outubro de 1948, um decreto especial do Santo Ofício colocou no *Index* toda a obra de Sartre. Foi no espírito desse *Index* que, dezesseis anos mais tarde, em outubro de 1964, quando da rejeição do Prêmio Nobel por Sartre, o polido Gabriel Marcel, porta-voz do existencialismo cristão, bradou contra ele, com voz nada cristã, chamando-o de "difamador inveterado", "blasfemo sistemático", homem de "opiniões perniciosas e venenosas", "patente corruptor da juventude", "coveiro do Ocidente"[4]. Assim, o decreto do Santo Ofício, no reinado do papa Pio XII – o mesmo homem que abençoou as armas de Hitler

---

[3]   Cf. Henri Lefèbvre, "Existentialisme et marxisme: résponse à une mise au point", *Action*, 8 de junho de 1945.

[4]   Gabriel Marcel, "Prise de position", *Nouvelles Littéraires*, 29 de outubro de 1964.

Introdução à primeira edição 19

em sua "Santa Cruzada" –, torna-se permissão para que se abram as comportas do rancor ímpio, em nome do cristianismo e como sustentáculo dos "valores do Ocidente".

É, pois, como se Sartre fosse responsável por infligir uma ofensa mortal não só aos grandes poderes do nosso mundo, mas também aos representantes terrenos do mundo do além. Não é provável que algum mortal consiga fazer tudo isso.

2

Todavia, há sempre os dois lados da moeda, e o caso de Sartre não é exceção à regra. E a regra é que as instituições também procuram neutralizar – absorver, recuperar, assimilar (palavras de Sartre) – seus rebeldes.

Relatar em detalhes as "tentações" que se ofereceram a Sartre ocuparia páginas e mais páginas. Temos de nos contentar em mencionar apenas algumas delas.

Caracteristicamente, ofertas de integração chegam de ambos os lados. Pouco tempo depois de ter sido eleito vice-presidente da Associação França-URSS (cargo que manteve até renunciar, em consequência dos acontecimentos na Hungria, em 1956), Sartre é recebido com as maiores honras quando de sua viagem à Rússia. Outrora acusado pelo porta-voz literário de Stalin, Fadeev, de a "hiena com uma caneta", seus livros – frutos da mesma caneta – são agora publicados na Rússia, e algumas de suas peças lá encenadas. Até mesmo *Les mains sales* – anteriormente objeto de negociação diplomática entre os governos soviético e finlandês – é encenada no Leste, embora não na Rússia, mas em Praga. Ironicamente, não antes, mas *depois* da intervenção soviética de 1968. Do mesmo modo, suas relações com o Partido Comunista francês – não obstante alguns contratempos maiores, como no caso da Hungria, em 1956 – são, em geral, bastante boas entre 1949 e 1968. Isto é, até que a avaliação de Sartre a respeito de Maio de 1968 leve a uma ruptura total e aparentemente irreparável.

Quanto ao outro lado, o número de ofertas constituiu literalmente uma legião: desde a da Légion d'Honneur até a concessão do Prêmio Nobel.

Em 1945, em reconhecimento a seus méritos durante a resistência, foi-lhe oferecida a ordem da Légion d'Honneur, mas ele a recusou. Em 1959, no entanto – como que numa inábil tentativa de retirar uma oferta que não fora aceita –, Malraux acusa Sartre de colaboração, com o pretexto absurdo de que permitiu a encenação de sua peça antifascista, *As moscas,* durante a ocupação alemã, quando, de fato, tudo aconteceu em perfeito acordo com o grupo de escritores da Resistência[5].

Em maio de 1949, após a investida de Mauriac contra sua posição política[6], Sartre rejeita a oferta do próprio Mauriac para conseguir-lhe uma cadeira entre os

---

[5] Cf. C/R, cit., p. 329.

[6] Por ocasião da publicação dos *Entretiens sur la politique* (Paris, Gallimard, 1949) de Sartre com David Rousset e Gérard Rosenthal; cf. *Le Figaro*, 25 de abril de 1949.

20 *A obra de Sartre*

seletos "imortais" vivos – os quarenta membros da Académie Française – fazendo questão de dizer, em tom irônico, que não vai "aprender igualdade" na companhia daqueles que ostentam seu próprio "sentimento de superioridade"[7]. Nesse mesmo espírito, recusa a ideia de ingressar em outro pináculo da cultura francesa, o Collège de France, muito embora alegremente o fizesse seu velho amigo, Maurice Merleau-Ponty.

É preciso reconhecer que o prestígio de Sartre é tão elevado quanto o vértice da pirâmide institucional: vários presidentes da República Francesa dirigem-se a ele de forma respeitosa. Em 1952, Vincent Auriol confidencia a Sartre que considera excessiva a sentença contra Henri Martin, mas que não pode reduzi-la enquanto não lhe for possível superar a crise causada pelo protesto político em que Sartre desempenha papel proeminente. (Como lhe é característico, Sartre não cede.) Giscard d'Estaing, 23 anos mais tarde, faz questão de afirmar que, nos escritos de Sartre sobre a liberdade, encontrou muita inspiração e alimento espiritual. E até mesmo o orgulhoso general De Gaulle, que se considerava o próprio destino da França, chama Sartre de *"Mon Cher Maître"* [meu querido mestre], ao que este retruca: "Isto, creio eu, é para deixar bem claro que pretende dirigir-se ao homem de letras, e não ao presidente de um tribunal [o tribunal Bertrand Russell sobre o Vietnã – I. M.] que está decidido a não reconhecer. Não sou nenhum '*Maître*', exceto para o garçom do café que sabe que escrevo"[8]. Resta pouco a dizer depois disso.

Contudo, a mais "escandalosa" das recusas de Sartre talvez seja sua rejeição do Prêmio Nobel[9], em 1964. Muito embora diga com toda a clareza em uma carta ao Comitê do Prêmio Nobel que, com igual firmeza, declinaria do Prêmio Lenin, na hipótese improvável de que este lhe fosse concedido, André Breton acusa-o de realizar uma "operação de propaganda favorável ao bloco oriental"[10]. Sartre é acusado de um suposto golpe publicitário premeditado, calculado (como se necessitasse desesperadamente de publicidade, como o surrealismo, que perdera seus encantos), embora tenha escrito, em particular, à Academia Sueca assim que começaram a circular boatos de que o Prêmio podia ser-lhe concedido, tentando *evitar* uma decisão a seu favor, o que tornaria desnecessária toda publicidade. Isso confirma a sabedoria de Fichte, ou seja, de que quando os fatos não se ajustam às ideias preconcebidas, *"um so schlimmer für die Tatsachen"*, "tanto pior para os fatos".

---

[7] Jean-Paul Sartre, "Réponse à François Mauriac", *Le Figaro Littéraire*, 7 de maio de 1949.

[8] Esse fogo cruzado começou com a carta de Sartre datada de 13 de abril de 1967, seguida da resposta de De Gaulle em 19 de abril de 1967, publicada em *Le Monde*, 25 de abril de 1967. A resposta de Sartre a De Gaulle foi sob forma de entrevista em *Le Nouvel Observateur*, 26 de abril – 3 de maio de 1967; tudo isso foi reproduzido em *Situations VIII*, cit., p. 42-57.

[9] A carta de Sartre à Academia Sueca, com a qual procurou evitar a decisão dela a seu favor, foi publicada posteriormente no *Le Monde*, 24 de outubro de 1964. O texto completo dessa carta, juntamente com um relato sobre o debate que se seguiu à sua recusa, encontra-se em C/R, cit., p. 401-8.

[10] André Breton, "Le rappel de Stokholm", *La Brèche*, dezembro de 1964.

Introdução à primeira edição 21

A única instituição que permanece curiosamente distante dessa disputa pela alma de Sartre é a Igreja. Mas, por outro lado, a Igreja tem a firme tradição de primeiro queimar os supostos heréticos – como nos recorda o destino de Joana D'Arc – para elevá-los à condição de santidade muito tempo depois de mortos.

3

Não se pode, assim, negar que Sartre provoque paixões intensas. E, quando rejeita as generosas ofertas de integração, é atacado com indignação ainda maior: pois haveria algo mais perverso do que morder a mão que quer *alimentá-lo*?

Existe ainda outro estratagema: a pretensa indiferença. Esta, porém, não funciona muito com Sartre, como ilustra bem seu antigo adversário Mauriac. Quando Sartre assume a responsabilidade pelo jornal perseguido do grupo maoísta, *La Cause du Peuple*, Mauriac escreve, em tom de superioridade: "A *ânsia por martírio* que Sartre possui não é razão para que se encarcere esse *caráter incuravelmente inofensivo*"[11]. Algumas semanas depois, Sartre responde a todos que adotam essa forma de abordagem de Mauriac: "Eles dizem, com frequência, pois essa é a artimanha da burguesia, que quero ser um mártir e fazer com que me prendam. Mas não me agrada absolutamente ser preso – *muito pelo contrário!* O que me interessa é que não me prendam, pois desse modo posso *demonstrar*, e comigo meus camaradas, Louis Malle ou alguém mais, que há *dois pesos e duas medidas*"[12].

Pode-se ver aqui claramente de que modo Sartre, cercado pelo coro de risos satisfeitos do *establishment*, consegue êxito não só em desenredar-se de uma situação difícil – a despeito das disputas desiguais que caracterizam quase todos os confrontos em que está envolvido – como também em acabar por cima (um resultado pouco provável). Pois, se o prendem, haverá uma gritaria mundial a respeito da prisão de Sartre por *crime de opinião* (isto é, um delito *político*, e não *criminal*); e, se não o prendem, temerosos das consequências na opinião mundial, é preciso admitir de maneira humilhante que o crime dos que são perseguidos pelo governo é de fato um "crime" *político*. Um *crime de opinião* que só pode levar à prisão sob a forma de acusações inventadas, protegidas pela conspiração do silêncio (tantas vezes condenada por Sartre) da opinião pública liberal.

Assim é que Sartre arranca uma vitória do que se supõe ser uma posição irremediável de derrota. O resultado positivo não acontece por si só: Sartre tem plena consciência dos elementos paradoxais que compõem sua precária posição. Não é em nada casual que ele volte, vez por outra, ao problema de "o vencedor perde". Ele estuda a complexa dialética da derrota e da vitória a fim de apreender e desnudar os modos pelos quais se podem reverter as vantagens pré-fabricadas: de modo a mostrar como é que o "perdedor ganha"; na verdade, que, por vezes, o perdedor tudo consegue.

---

[11]   *Le Figaro Littéraire*, 4-10 de maio de 1970.

[12]   *Le Monde*, 6 de junho de 1970.

4

Como é possível que um indivíduo sozinho, tendo a caneta como única arma, seja tão eficiente como Sartre – e nisto ele é único – numa época que tende a tornar o indivíduo completamente impotente? Qual o segredo desse intelectual que desafia, com orgulho e dignidade imensos, toda e qualquer instituição que se interponha entre ele e a realização dos valores que preza?

O segredo é um falso segredo: Sartre o proclama em alto e bom som ao definir a essência da literatura viva como *engajamento*. Toda a controvérsia, verdadeiro escândalo, resulta dessa definição. É esse engajamento apaixonado com os assuntos do mundo conhecido, o "Finito" (ao contrário da perseguição ilusória da "imortalidade" literária), que atua como poderoso catalisador no presente, e como uma medida do feito que vincula o presente ao futuro. Não o futuro remoto, sobre o qual o indivíduo vivo não tem qualquer espécie de controle, mas o futuro "à mão", aquele que está a nosso alcance e que, por isso, modela e estrutura nossa vida presente. Fora de tal engajamento com a própria, ainda que sofrida, temporalidade, o que existe é apenas o mundo da evasão e da ilusão. "Esta é a medida que propomos ao escritor: enquanto seus livros despertarem irritação, mal-estar, vergonha, ódio, amor, mesmo que nada mais seja que uma sombra, ele viverá. Depois disso, o dilúvio. Defendemos uma ética e uma arte do finito"[13], diz Sartre. E, em todos os sentidos, ele vive de acordo com essa sua medida.

Sartre é um estranho "coveiro do Ocidente", pois dificilmente se poderá imaginar escritor mais intensamente preocupado com os valores morais do que esse "blasfemo sistemático" e "corruptor da juventude". Eis como ele encara a tarefa do escritor:

> O mais belo livro do mundo não salvará da dor uma criança: *não se redime o mal, luta-se contra ele*. O mais belo livro do mundo redime-se a si mesmo; redime também o artista. Não redime, porém, o homem. Tanto quanto o homem não redime o artista. Queremos que o homem e o artista construam juntos sua salvação, queremos que a obra seja ao mesmo tempo um ato; queremos que seja expressamente concebida como uma arma na luta que os homens travam contra o mal.[14]

Se falar nesses termos significa cavar a sepultura do Ocidente, quem pode dizer que o Ocidente não merece a sina de ser sepultado para sempre?

Como se pode perceber, a obra é definida em seu contexto global, e absolutamente não em seu contexto particular. Sua dimensão como *ato* na luta contra o *mal* é que compele o leitor a definir sua própria posição quanto aos temas em foco, e, já que o *ato* está sempre evidentemente claro nas obras de Sartre, não há quem possa passar por ele com indiferença. Pode-se rejeitar a intensidade moral de sua medida, mas não ignorá-la. No decorrer de todo

---

[13] Jean-Paul Sartre, "Writing for One's Age" (1946), em *What is Literature?* (trad. Bernard Frechtman, Londres, Methuen, 1950), p. 238. [Ed. bras.: *Que é a literatura?*, trad. Carlos Felipe Moisés, São Paulo, Ática, 1993. O ensaio em questão não consta da edição brasileira.]

[14] Ibidem, p. 233.

o seu desenvolvimento ele adotou, de maneira muito consistente, seus critérios de engajamento da literatura, muito embora ele mude "no interior de uma permanência"[15]. Quase vinte anos depois de escrever a passagem anteriormente citada, indaga ele: "Creem vocês que eu poderia ler Robbe-Grillet num país subdesenvolvido?". E responde com uma afirmação autocrítica: "Diante de uma criança moribunda, *A náusea* não tem valor algum"[16].

Não é preciso dizer que o mundo literário recebe de maneira hostil sua autoacusação e "defende" Sartre contra ele próprio (para não falar em Robbe-Grillet). Pois não se tentou, já em 1945, louvar a primeira obra de Sartre, *A náusea**, como seu "testamento literário"[17], como que para trancá-lo entre as paredes dessa "mercadoria nacional", produzida pelo autor aos trinta anos de idade?

5

Não é fácil trancar Sartre dentro de alguma coisa, muito menos dentro da cela da excelência literária atemporal. Sua visão do engajamento do escritor é uma visão *total*:

> Se a literatura não é *tudo*, ela não vale *nada*. Isso é o que quero dizer com "engajamento". Este definha se é reduzido à inocência, ou a canções. Se uma frase escrita não ecoa em todos os níveis do homem e da sociedade, então ela não tem nenhum sentido. O que é a literatura de uma época se não *a época apropriada por sua literatura*? [...] Deve-se aspirar a tudo para ter esperança de fazer alguma coisa.[18]

Essa concepção da literatura como um "espelho crítico"[19] do homem e da época compartilhada pelo escritor com seus semelhantes soa extravagante – um escândalo – a todos aqueles cuja sensibilidade foi modelada em *l'art pour l'art* e na irrelevância autocontemplativa dos variados "ismos". Goethe ainda podia ter como verdadeiro que todo poema era um *Zeitgedicht*, um poema de seu tempo, mas isso foi antes de o vendaval da alienação ter conseguido induzir o escritor a recorrer a suas próprias fontes interiores. E, embora o isolamento do escritor em relação a sua época e a seus semelhantes seja o verdadeiro escândalo, resultado da aceitação geral da alienação pela opinião literária predominante, a rejeição apaixonada de Sartre a esse isolamento aparece como um escândalo imperdoável, uma traição, na verdade uma blasfêmia.

Desafiar a opinião estabelecida, com todas as suas instituições e valores institucionalizados, exige não apenas um conjunto de crenças firmemente mantidas, mas tam-

---

[15] Entrevista a Jacqueline Piatier, *Le Monde*, 18 de abril de 1964.

[16] Idem.

* 5. ed., trad. Rita Braga, Rio de Janeiro, Nova Fronteira, 1988. (N. E.)

[17] Jean-Paul Sartre, "La nationalisation de la littérature", cit., p. 38.

[18] Idem, "The Purposes of Writing" (1959), *Between Existentialism and Marxism* (trad. John Matthews, Londres, NLB, 1974), p. 13-4.

[19] Ibidem, p. 25.

24 A obra de Sartre

bém um *ego* muito forte. E Sartre, sem dúvida, possui ambos. A articulação da obra de toda sua vida caracteriza-se por um orgulho e uma dignidade imensos. Pois o que ele poderia ter realizado com humildade em um ambiente hostil? "É preciso um orgulho insano para escrever – só é possível permitir-se ser modesto depois de ter enterrado o orgulho em sua obra"[20], escreve Sartre. E, nisso, ele não está só. Sua visão do compromisso total lembra-nos as palavras de um grande poeta húngaro:

> Afastando as Graças intrusas,
> Não vim para ser um "artista",
> Mas para ser tudo,
> Fui o Senhor;
> O poema: escravo fantasioso.[21]

Na opinião de Sartre, "A arte está totalmente engajada na atividade de um *único homem*, à medida que ele põe à prova os limites dela e os faz recuar. Mas a escrita não pode ser crítica sem levantar questões a respeito de tudo: esse é seu conteúdo. A aventura de escrever, empreendida por cada escritor, *desafia a humanidade como um todo*"[22]. Não é uma decisão nada fácil assumir a carga desse desafio e fazê-lo conscientemente, como é o caso de Sartre. Porém, uma vez que o projeto fundamental do escritor se define nesses termos, ele não pode esquivar-se à magnitude de sua tarefa sem perder a própria integridade (ou autenticidade). Aconteça o que acontecer, tem de articular as preocupações de sua época como um todo e não se afastar delas.

Sua visão do *todo* traz consigo a lembrança permanente de sua própria responsabilidade por isso *tudo*. Mesmo que se queira absolvê-lo dessa responsabilidade, ele deve, questionando *todas as coisas*, afirmar e reafirmar seu direito inalienável de assumir a carga da *responsabilidade total*. Por "sua época como um todo" e pela "humanidade como um todo". Eis por que ele não pode deixar de ser *intransigente* numa era dominada pela evasão e pelo subterfúgio, pela acomodação e pela fuga; em suma, pela autossegurança institucional reificada, em vez de enfrentar e atracar-se com as contradições que, em sua irresolução crônica, fazem antever finalmente a perspectiva de um suicídio coletivo. E uma vez que essa verdade desagradável não consegue penetrar ouvidos ensurdecidos pelo ruído autocomplacente da acomodação confortável, a não ser mediante o grito mais alto possível da voz da intransigência, a intransigência moral e intelectual não acomodada (que não se deve confundir com a busca facciosa de um estreito interesse pessoal) torna-se a virtude fundamental da época, um *sine qua non* de realização significativa[23].

---

[20] Ibidem, p. 14.

[21] De um poema de Endre Ady (1877-1919).

[22] Jean-Paul Sartre, "The Purposes of Writing", cit, p. 26.

[23] Tratei desses problemas em meu livro *Attila József e l'arte moderna* (Milão, Lerici, 1964).

6

Sim, cada homem "traz dentro de si toda uma época, do mesmo modo que cada onda traz dentro de si todo o mar". Mas há ondas e ondas, assim como há mares e mares. O mar da época em que vivemos está longe de ser um mar tranquilo, mesmo em seus momentos mais calmos; é o mar turbulento de uma decisiva era de transição de uma ordem social para outra, e Sartre é uma enorme onda desse mar pujante. Ele pode exprimir muitos aspectos desse dinâmico turbilhão, acompanhando suas mudanças de muitas maneiras diferentes, mas recusa-se categoricamente a assumir a forma de ondulações enganosas na superfície do mar de modo a, sob leda distração, ocultar o violento temporal.

Não é agradável ser lembrado da vinda da tempestade, mas Sartre não pode evitar lembrar-se dela constantemente: em vão se buscaria a serenidade divertida em sua vasta *oeuvre*. Ninguém, no século XX, valeu-se com maior intensidade dos recursos conjugados da filosofia e da literatura para demonstrar as possibilidades e as limitações do indivíduo situado nessa conjuntura crucial da história da humanidade. Se a formulação torturada de sua visão é perturbadora, a culpa não é dele. Como também não surpreende que exatamente os elementos mais válidos e antecipadores dessa visão – como veremos mais adiante – encontrariam a maior incompreensão e hostilidade, levando ao isolamento: a desagradável e irônica situação de "notoriedade solitária". Também nisso ele partilha da sina do poeta József, que diz:

Sem conforto fácil para os homens:
Minhas palavras são mofo crescente.
Sou evidente e duro de suportar
como o frio.[24]

Limpidez fria e desconfortável permeia muitas das obras de Sartre e não há leitor que assuma, em relação a elas, uma atitude de fria isenção. Há dois fatores principais que tornam impossível esse tipo de isenção: a conexão *orgânica* dos métodos da literatura e da filosofia e a cuidadosa colocação de cada *detalhe* em relação à *totalidade* complexa a que todos eles pertencem.

Desde o início, a obra de Sartre caracterizou-se por um esforço consciente para combinar filosofia e literatura a fim de intensificar os poderes de persuasão e demonstração. Veremos, mais adiante, as formas específicas desse esforço no decorrer de seu desenvolvimento. Aqui, pretendemos apenas enfatizar o *propósito* que está por trás desse método. Ele resulta da convicção do autor de que, contra o poder dos mitos predominantes e dos interesses estabelecidos, a força da razão analítica é impotente: não se substitui uma realidade existente positiva (no sentido hegeliano), firmemente enraizada, pela mera negatividade de dissecção conceptual. Para que a arma da crítica possa ter êxito, precisa estar à altura do poder evocativo dos objetos a que se opõe. Eis por que "o verdadeiro trabalho

---

[24] Fragmento de Attila József.

26 *A obra de Sartre*

do escritor engajado é [...] *revelar, desmistificar e dissolver mitos e fetiches num banho ácido crítico*"[25]. Essa imagem demonstra claramente a natureza do empreendimento. É para evitar a opção pela "fria isenção". O que está em jogo é nada menos do que uma ofensiva geral contra as posições bem fundadas do bem-estar confortável, tanto se estas se apresentarem como a "cumplicidade do silêncio" quanto sob qualquer outra forma. Sartre quer nos *sacudir* e encontra os modos de atingir essa meta, ainda que, no fim, seja condenado como alguém constantemente em busca de escândalos.

O outro ponto, a preocupação com a *totalidade*, é igualmente importante. Sartre insiste que "a *beleza da literatura está em seu desejo de ser tudo* – e não numa busca estéril da beleza. *Apenas um todo pode ser belo*: os que não conseguem compreender isso – o que quer que tenham dito – não me atacaram em nome da arte, mas em nome de seu *compromisso particular*"[26]. Realmente, o verdadeiro caráter de um compromisso particular não pode ser reconhecido se seus vínculos com uma dada totalidade não forem revelados. O *particularismo* pode e deve reivindicar o *status* de *universalidade*, à falta de um quadro de referência abrangente, uma vez que não estar em perspectiva necessariamente transforma o particularismo em *sua própria perspectiva* e, desse modo, na medida de tudo mais. Assim, qualquer tentativa de revelar as conexões verdadeiras com a totalidade deve confrontar os interesses dos particularismos predominantes. Ao mesmo tempo, o desvelamento dos particularismos não desnuda apenas seus paladinos, mas expõe, subitamente, a vulnerabilidade de todos aqueles que, antes, tinham condições de encontrar autoconfiança e conforto (ainda que ilusório) nos recantos protegidos dos diversos particularismos.

Não há outro modo, porém. O "espelho crítico" não pode preencher suas funções se estiver fragmentado em milhares de pedaços. Um espelho assim quebrado só consegue mostrar detalhes distorcidos, ainda que pareçam fiéis em sua imediaticidade: distorcidos porque separados do todo que, sozinho, pode lhes conferir plena (isto é, verdadeira) significação. A escolha é, pois, inevitável: ou abandonar a meta de dar testemunho da época em que se vive, e deixar, assim, de ser um espelho crítico; ou apropriar-se da época do único modo pelo qual se pode fazê-lo escrevendo – mediante a desconfortável e fria limpidez de uma obra que "revele, mostre, demonstre" as conexões da parte com o todo, desmistificando e dissolvendo os fetiches da imediaticidade aparentemente muito sólida e bem alicerçada na estrutura dinâmica da totalidade em constante mudança. Não há dúvida de qual é a escolha de Sartre.

7

O ponto central do corpo a corpo de Sartre com a totalidade é sua busca da *liberdade*. Tudo se mostra relacionado com essa preocupação. Ele dá a seu ciclo de romances o

---

[25] Jean-Paul Sartre, "The Purposes of Writing", cit., p. 29.

[26] Ibidem, p. 14.

Introdução à primeira edição 27

nome de *Os caminhos da liberdade*: um título que pode muito bem resumir o caráter de sua obra como um todo. (Isso se aplica tanto a sua obra literária quanto a sua obra teórico-filosófica.) E exatamente por ser esse o enfoque de sua obra, Sartre jamais se perde na totalidade sócio-histórica, da qual é um explorador incansável.

Por certo, sua preocupação com a liberdade sofre muitas metamorfoses. Há uma diferença imensa, ainda que efetivada "à *l'intérieur d'une permanence*" (no interior de uma permanência), entre dizer que "o homem é livre para comprometer-se, mas não é livre a menos que se comprometa para ser livre"[27] e reconhecer que "ninguém pode ser livre se todo mundo não o for [...] A liberdade, não a metafísica, mas a prática, está condicionada às proteínas"[28]. A primeira citação apresenta uma solução apenas sob a forma de um paradoxo verbal; a segunda, em contraposição, assume uma postura mais modesta, mas indica algumas metas palpáveis para a ação humana. Ainda assim – e eis por que ele está correto em falar de mudança "no interior de uma permanência" –, o centro organizador e o cerne estruturador da obra de Sartre continuam sendo sua preocupação universal com a liberdade. A eliminação da fome e da exploração não surge como fim em si mesma, mas como degrau necessário na direção da libertação do homem, na direção da realização de sua liberdade.

A obra de Sartre cobre uma área imensa e apresenta uma variedade enorme: desde artigos ocasionais até um ciclo de romances, desde contos até sínteses filosóficas vastas, desde roteiros cinematográficos até panfletos políticos, desde peças de teatro até reflexões sobre arte e música, e desde crítica literária até psicanálise, assim como biografias monumentais, tentando captar as motivações interiores de indivíduos singulares em relação às condições sócio-históricas específicas da época que os moldou e à qual, por sua vez, ajudaram a transformar. Não se pode dizer, contudo, que as árvores ocultam o bosque, muito pelo contrário. O que predomina é a obra global de Sartre, e não determinados elementos dela. Embora, sem dúvida, se possa pensar em obras-primas específicas dentre seus inúmeros escritos, elas não respondem por si sós pela verdadeira importância que ele tem. Pode-se até mesmo dizer que seu "projeto fundamental" global, com todas as transformações e permutações multiformes que sofreu, é que define a singularidade desse autor inquieto, e não a realização sequer de sua obra mais disciplinada. Pois é parte integrante de seu projeto que ele constantemente mude e revise suas posições anteriores; a obra multifacetada se articula mediante as transformações dela mesma, e a "totalização" é atingida mediante incessante "destotalização" e "retotalização".

Desse modo, sucesso e fracasso tornam-se termos muito relativos para Sartre: transformam-se um no outro. "Sucesso" é a manifestação do fracasso, e "fracasso" é a realidade do sucesso. Segundo ele, "na esfera da expressão, o sucesso é necessariamen-

---

[27] Entrevista a Christian Gisoli, Paru, dezembro de 1945.

[28] Entrevista a Jacques-Alain Miller, em Jacques-Alain Miller, *Um início na vida: de Sartre a Lacan* (trad. Ana Lucia Passos, Rio de Janeiro, Subversos, 2009), p. 20-35. (N. E.)

28 *A obra de Sartre*

te fracasso"[29], e ele cita seu amigo, Giacometti, segundo o qual, quando o fracasso atinge seu ponto máximo e "tudo está perdido, nesse momento [...] você pode lançar sua escultura na lata de lixo ou exibi-la numa galeria"[30]. A razão disso (embora não seja bem assim que Sartre a coloque, tendendo nesse ponto a uma explicação atemporal) é que o escritor e o artista de nossa época têm de montar sua obra a partir de pedaços fragmentados. Pois a fragmentação e a compartimentalização (ou, em outro nível, o isolamento e a privatização) não são meras ficções da imaginação dos intelectuais, mas sim características objetivas da realidade sócio-histórica contemporânea. E isso torna a obra, mesmo quando visa de modo consciente à totalização – inerentemente problemática.

Há muitas maneiras diferentes de enfrentar esse problema; os nomes de Proust e de Thomas Mann indicam duas tentativas nitidamente contrastantes. Porém, nem a subjetividade ordenada de Proust, nem a objetividade disciplinada e restrita de Thomas Mann podem comparar-se ao projeto de Sartre. A comparação pertinente é Picasso, quaisquer que sejam as diferenças entre eles: ambos devoram, com apetite insaciável, tudo quanto encontram em seu caminho e produzem não tanto "obras representativas", mas *uma obra global representativa*.

Assim, não importa que determinadas obras não sejam súmulas paradigmáticas do artista, no sentido em que *Em busca do tempo perdido** e *A montanha mágica*** certamente o são. Não importa que determinadas obras (até mesmo *Guernica*) sejam mais problemáticas do que aquelas que, ao contrário, se constituem com base numa escolha e numa elaboração mais cuidadosas de dados momentos da realidade. Se Picasso e Sartre têm de deslocar-se de determinada espécie de síntese para alguma coisa à primeira vista *bem diferente*, é porque o que está implicado em sua busca é um tipo de totalização que se refere sempre à obra global do artista como base imediata. A forma de subjetividade deles é peculiar em comparação com Proust e Thomas Mann. O primeiro produz sua síntese dissolvendo o mundo dos objetos em sua interioridade e subjetividade; o segundo faz com que a subjetividade do escritor recue de forma silenciosa para trás de uma objetividade cuidadosamente reconstruída. Em Sartre e Picasso, a subjetividade está sempre em evidência, mas utiliza como veículo o mundo dos objetos, não para subjetivá-lo, mas para "niilificá-lo" (para usar a expressão de Sartre) no decorrer da descrição. Em consequência desse processo dialético de "objetivação-niilificação" – parente próximo do *Verfremdungseffekt* de Brecht – a obra global se enriquece, paradoxalmente, à custa de cada uma das obras que ela utiliza "para pôr-se sobre seus próprios ombros", por assim dizer. Fascinamo-nos pelo *processo* de objetivação niilificadora que produz a obra global, e não necessariamente por

---

[29] Jean-Paul Sartre, "The Purposes of Writing", cit., p. 19.

[30] Idem.

* Rio de Janeiro, Ediouro, 2009. (N. E.)

** Rio de Janeiro, Nova Fronteira, 2006. (N. E.)

determinados *resultados*. Exatamente quantas obras individuais sobrevivem a longo prazo é irrelevante. O que importa é a construção de uma obra global representativa: uma fusão singular de subjetividade e objetividade.

A grande variedade e quantidade de projetos particulares de Sartre combinam-se facilmente em um todo coerente. A extraordinária coerência da obra global não é preconcebida. Não resulta de um projeto original que se impõe em todos os detalhes à medida que o tempo passa: essa seria uma unidade externa, artificial. Ao contrário, aqui isso tem a ver com uma *unidade interna* que prevalece através das mais variadas manifestações de divergência formal. Essa é uma unidade *em evolução* que *emerge* mediante *explorações* mais ou menos espontâneas dos "caminhos da liberdade" – ou, nesse caso, dos múltiplos obstáculos à liberdade –, sejam eles quais forem. A unidade é, pois, *estrutural* e não *temática*: esta última seria por demais restritiva para a obra global. (Algumas das obras de Sartre, contudo, caracterizam-se pela tentativa de alcançar uma unidade temática – nem sempre com um resultado feliz – notadamente seu ciclo de romances; mas essa é outra questão.) Desse modo, Sartre está correto em rejeitar as teorias de que sua concepção de engajamento na literatura leva à restrição temática e ao exemplo político, bem como a uma paralisia da espontaneidade artística.

Todavia, enfatizar de que modo a exploração dos "caminhos da liberdade" produz a unidade estrutural da obra de Sartre não é o bastante para apropriar-se de sua especificidade. Igualmente importante é pôr em relevo o papel estruturador da concepção de *indivíduo* de Sartre em sua obra como um todo. Pois a *liberdade* não surge em sua *generalidade* – o que seria um exemplo político tematicamente restritivo, ou um simbolismo abstrato, ambos rejeitados por Sartre –, mas sempre manifestada mediante *condições existenciais* particulares, seja o tema originário da antiguidade grega, seja da França moderna. Nesse sentido é que ele é e continua a ser um existencialista.

Kant sustentou a *primazia da razão prática* (isto é, a supremacia do juízo moral) na arquitetônica de seu sistema e levou a cabo esse princípio com consistência exemplar. Sartre – não só como jovem, mas também como autor de uma obra ética escrita aos sessenta anos[31] – cita a afirmação de Kant "você deve, logo você pode", e insiste na primazia e na centralidade da práxis *individual* face a face com as estruturas coletivas e institucionais. Uma afirmação como essa atribui, com toda a clareza, um lugar proeminente ao mundo da moralidade. Não podia ser de outra maneira sem solapar a unidade e a consistência internas da obra de Sartre. Pois, como observa ele em 1944, "A moralidade é [...] minha preocupação dominante; sempre foi"[32]. E assim continuou a ser desde então, direta ou indiretamente, sob forma teórica e sob forma literária. Essa primazia e centralidade atribuídas à *práxis individual*, intimamente relacionada com

---

[31] Cf. "Détermination et liberté" (1964), em C/R, cit., p. 735-45. [Ed. bras.: Galvano Della Volpe et al., *Moral e sociedade: um debate*, Rio de Janeiro, Paz e Terra, 1982.]

[32] Entrevista a Pierre Lorquet, *Mondes Nouveaux*, 21 de dezembro de 1941.

30 A obra de Sartre

a problemática da liberdade, é que define a especificidade do projeto fundamental de Sartre em toda a variedade de suas manifestações.

8

O propósito da leitura de um contemporâneo é nos reconhecermos e nos examinarmos em seu espelho crítico. Essa não é uma via de mão única, pois ler é interpretar e, assim, implica necessariamente não apenas um exame de nós mesmos, mas ao mesmo tempo um exame crítico do espelho e de sua relação com a época que revela. Como diz Sartre, reconhecivelmente nos termos de suas preocupações centrais, "o leitor permite-se livremente ser influenciado. Esse fato, por si só, basta para invalidar a fábula de sua passividade. O leitor nos inventa: utiliza nossas palavras para armar para si mesmo as próprias armadilhas. Ele é ativo, ele nos transcende"[33].

Isso é especialmente verdadeiro no tocante à leitura de um autor contemporâneo, pois há muitas conjunturas cruciais de experiência que partilhamos com ele. Isso confere uma posição privilegiada ao leitor em seu diálogo crítico com seus contemporâneos vivos. Mas dizer isso leva em conta apenas o lado do crédito da equação. O lado do débito consiste nas dificuldades especiais de avaliar a obra global de um contemporâneo vivo. "Todas as minhas obras", diz Sartre, "são facetas de um *todo* cujo significado não poderá ser realmente apreciado enquanto eu não o tiver levado a termo"[34]. Isso é muito verdadeiro. Mas não totalmente. Se fosse categoricamente verdadeiro, a avaliação de um autor contemporâneo seria *a priori* impossível. O trabalho do crítico oscilaria entre a *subjetividade arbitrária* ("inventando" o autor inteiramente a partir de suas preocupações pessoais, utilizando as palavras dele apenas como pretexto para um exibicionismo pseudo-objetivo) e a *objetividade morta* da mera descrição das obras resenhadas – tarefa supérflua e inútil.

Certamente, só se pode verificar a avaliação a partir do *todo* que, por definição, está *incompleto* enquanto a obra de toda uma vida não houver sido levada a termo. Do mesmo modo, quando alguém trata de um autor importante, cujas obras são "facetas de um todo", novos e possíveis acréscimos não são tentativas extravagantes de ruptura radical, mas sim acréscimos que são *possíveis* em relação ao determinado todo em expansão. Em outras palavras, todas as modificações representam uma mudança "à *l'intérieur d'une permanence*", de conformidade com a dialética da continuidade e descontinuidade. Os elementos *estruturadores* de uma obra global original podem ser percebidos com toda a clareza em idade relativamente precoce; e as *tendências* da busca de um escritor se mostram pelo *tipo* de variações que as obras individuais representam em relação umas com as outras.

---

[33] Jean-Paul Sartre, "The Purposes of Writing", cit., p. 22.

[34] Entrevista a Gabriel d'Aubarède, *Les Nouvelles Littéraires*, 1º de fevereiro de 1951.

Introdução à primeira edição 31

E há um ponto de referência crucial, poder-se-ia dizer estratégico: a obstinada recorrência de algumas preocupações básicas que assumem a forma de obras *incompletas* ou *inacabadas* (dentro do projeto de um dado escritor, *inacabáveis*). Quando a obra global de um escritor chega subitamente a seu termo, o que sucede é que a incompletude anterior ascende ao nível de completude. Paradoxalmente, no formato de obras inacabáveis *por razões internas*, encontramos antecipações da obra global completada; e isso de maneira especialmente abundante na *oeuvre* de Sartre. Um exame mais acurado delas – não isoladamente, mas em relação ao restante – pode ajudar a proporcionar a posição vantajosa a partir da qual se torna possível uma avaliação crítica de um contemporâneo vivo.

PRIMEIRA PARTE

A UNIDADE DE VIDA E OBRA: ESBOÇO DO DESENVOLVIMENTO DE SARTRE

"O importante não é o que se é, mas sim o que se faz."

("Réponse à M. Mauriac", *L'Observateur*, 19 de março de 1953)

Jean-Paul Sartre por Cássio Loredano.

1
O ESCRITOR E SUA SITUAÇÃO

1.1

Um escritor cria sua obra a partir da matéria-prima de experiência que lhe é oferecida pela contingência de sua situação, ainda que, como em Kafka, o resultado pareça ter muito pouco em comum com a base imediata de que provém. Alguns escritores, como Villon, lançam-se diretamente no centro do turbilhão de sua época e passam através dos eventos com grande intensidade no nível de aventuras e conflitos humanos específicos. Outros, como Schiller ou Hegel, ao sistematizar em suas obras a visão que têm do significado de sua época, deixam para trás, de maneira muito mais radical, a base de sua experiência imediata. E há, por certo, um número praticamente infinito de variações entre esses dois extremos.

O intercâmbio entre vida e obra, de que Sartre é intensamente consciente – basta mencionar *Saint Genet** e *O idiota da família***, sobre Flaubert –, constitui a vida do escritor no interesse de sua obra e vice-versa; ele constrói sua obra e a obra constrói seu próprio autor. Porém, o certo é que tudo isso ocorre dentro de um dado quadro de referência social, que constitui tanto o *horizonte* quanto a *base* da realização humana. O escritor não leva uma vida de "contabilidade dupla". Procura obter experiência dentro do espírito da sua obra no decorrer de sua sistematização e transforma a experiência adquirida em obra. Desse modo, ele transforma contingência em necessidade – dentro do amplo quadro de referência de sua realidade social: a base e o horizonte de uma obra "livre" e "condicionada" – e, ao mesmo tempo, transforma a

---

* Petrópolis, Vozes, 2002. (N. E.)
** Porto Alegre, L&PM, no prelo. (N. E.)

36 *A obra de Sartre*

necessidade dessa base e horizonte na nova contingência de um ponto de partida algo modificado para seus contemporâneos que, agora, são desafiados a se definir também em relação a sua obra.

Três importantes questões se apresentam nesse contexto:

(1) De que modo e *por que* um escritor escolhe a escrita como a forma específica em que a interação entre vida e obra se verifica?

(2) Feita essa opção inicial, *de que modo* ele constrói, a partir dos pedaços de contingência de que dispõe, a necessidade estruturada de sua obra? Pois homem algum entra em contato direto com o "Espírito do Mundo", nem mesmo Hegel, que pensou ter tido uma visão dele sob a forma de Napoleão a cavalo no campo de batalha de Jena.

(3) Qual o espectro de sua possível obra, ou seja, *o que* pode ser realizado com êxito dentro do quadro de referência de seu projeto fundamental, dado o intercâmbio dialético entre a totalidade da experiência vivida do escritor e cada um dos projetos em que se envolve? Em outras palavras, que espécie de obras pode ele fazer enquanto "é feito" por elas?

A primeira questão diz respeito à natureza e à constituição do "projeto fundamental" do escritor. De forma geral (isto é, propondo o mesmo tipo de questão a respeito dos indivíduos em geral, qualquer que seja a ocupação a que se dediquem), isso pode ser expresso da seguinte maneira: "Por meio de que atividade pode um 'indivíduo acidental' perceber como realidade a pessoa humana que há dentro dele e para todos mais?"[1]. Isso torna claro que a forma em que encontramos o problema em tantas das obras de Sartre (*As palavras**, *Saint Genet*, "De ratos e homens", *O idiota da família*, por exemplo) é um rigoroso confronto de um problema tipicamente moderno que vem se tornando cada vez mais agudo devido a certo tipo de desenvolvimento social: um processo de individualização e de privatização inseparável do avanço da alienação. Como diz Marx, "O estamento atual da sociedade mostra já a sua diferença do antigo estamento da sociedade civil no fato de que ele não é, como outrora, algo de comum, uma comunidade que contém o indivíduo, mas que é em parte o acaso, em parte o trabalho etc. do indivíduo, o que determina se ele se mantém ou não em seu estamento"[2]. O "indivíduo acidental" isolado de seu "ser universal" deve, pois, envolver-se num projeto de grande complexidade: uma excursão para descobrir como realizar a pessoa humana "que há dentro dele e para todos mais". Excursão que só termina com a morte: quer o "suicídio" de uma interrupção autocomplacente (por exemplo, o escritor institucionalizado e "recuperado"), quer

---

[1] Jean-Paul Sartre, "Of Rats and Men", em *Situations* (trad. Benita Eisler, Greenwich, Conn., Fawcett Publications, 1965), p. 242. A nota de rodapé de Sartre sobre o "indivíduo acidental" refere-se a *A ideologia alemã* de Marx [São Paulo, Boitempo, 2007 (N. E.)]. Ver também a nota 2, a seguir.

* 7. ed., trad. J. Guinsburg, Rio de Janeiro, Nova Fronteira, 2000. (N. E.)

[2] Karl Marx, *Crítica da filosofia do direito de Hegel* (1843) (São Paulo, Boitempo, 2005), p. 97-8.

a morte natural que é o término da vida. Assim, o projeto fundamental e sua sistematização mediante projetos particulares tornam-se a mesma coisa, e a descoberta originalmente almejada assume a forma de uma redescoberta constante de renovação autêntica em conformidade com a situação mutável do indivíduo, no interesse da realização da pessoa humana dentro de si mesmo e para todos mais. Consequentemente, o exame, muitas vezes repetido em Sartre, da constituição do projeto de um escritor – quer dele próprio, quer de algum outro – que, ao observador superficial, poderia parecer uma obsessão narcisista, diz respeito, na verdade, ao significado do empreendimento de cada indivíduo. Uma busca de um significado numa sociedade em que ele não pode deixar de ser um "indivíduo acidental", mas que deve transcender de algum modo, se quiser arrancar sua própria humanidade – para si mesmo e para todos – das forças da alienação.

1.2

Responder à segunda questão de maneira detalhada constitui um empreendimento verdadeiramente assustador, pois envolve a coleta e avaliação de um número de dados praticamente infinito. E quando o infinito entra numa equação – quer na teoria quântica, quer no projeto sartriano sobre Genet e Flaubert (para não falar nos que foram abandonados, depois de algumas centenas de páginas, sobre Mallarmé e Tintoretto) – a equação inteira se torna metodologicamente problemática em grau extremo.

Em absoluto, não foi por acaso que *Saint Genet*, projetado originalmente como um pequeno prefácio de um volume de textos de Genet, veio a tornar-se uma vasta obra de 573 páginas, que só se apequenaria mais tarde diante das várias mil páginas – e ainda assim incompletas – do estudo sobre Flaubert, este também previsto como um projeto muito mais limitado, de início. Se a elas for acrescentado o número considerável de obras desse tipo abandonadas por Sartre, há evidentemente alguma coisa a ser explicada. Isso será feito em seu contexto apropriado, na Terceira Parte, pois está ligado de forma indissolúvel à concepção que Sartre tem da história como singular e "não universalizável"; concepção essa que procura demonstrar "a inteligibilidade dialética do que não pode ser encarado como universal"[3]. Aqui, pretendemos simplesmente acentuar a relevância da questão para uma compreensão do próprio Sartre quanto a dois aspectos. Em primeiro lugar, Sartre sempre associou a investigação sobre o "projeto fundamental" de um escritor à pesquisa, *in extenso*, sobre os modos concretos como ele consegue extrair necessidade a partir das contingências de sua situação, produzindo assim a validade exemplar de uma obra cujos elementos constitutivos estão, em princípio, ao dispor de cada um e de todos nós.

---

[3] Jean-Paul Sartre, "Itinerário de um pensamento", em Emir Sader (org.), *Vozes do século: entrevistas da New Left Review* (trad. Klauss Brandini Gerhardt, São Paulo, Paz e Terra, 1997), p. 224-5.

38 *A obra de Sartre*

Em segundo lugar, transformar em necessidade os pedaços de contingência encontrados nas circunstâncias do dia a dia está muito em evidência no próprio desenvolvimento de Sartre. Nesse sentido é que emerge a unidade de sua obra, não de algum projeto original mítico, mas sim com base numa *determinação totalizadora* que visa integrar em um todo coerente os elementos da "facticidade" transformada. Podemos apresentar apenas uns poucos eventos e circunstâncias específicos como *tipos* dessas transformações, violando assim a regra do próprio Sartre a respeito da "não universalizabilidade do singular".

Em 1940-1941, quando prisioneiro de guerra, Sartre obteve as obras de Heidegger – *persona gratissima* aos nazistas – e deu um curso sobre a filosofia desse autor a alguns capelães militares, seus companheiros de prisão. Naturalmente, Kierkegaard foi também parte integrante das discussões do grupo, as quais, com toda sua intensidade, lançaram os alicerces de *O ser e o nada*, esboçado um ano mais tarde. Próximo ao Natal, ainda com o mesmo grupo de companheiros, Sartre escreveu sua primeira peça de teatro, *Bariona, ou O filho do trovão*. Ambos os eventos tiveram grande importância para seu futuro. A experiência de escrever *Bariona* e a recepção que ela recebeu de seus companheiros determinaram a opinião de Sartre de que o teatro "é, provavelmente, uma grande experiência religiosa coletiva"[4] – opinião reafirmada em muitas ocasiões e que enfatiza a conexão orgânica entre teatro e mito. (Essa ideia vai muito além do teatro, simplesmente, como veremos no próximo capítulo.) Analogamente, a integração de Kierkegaard e Heidegger no mundo de ideias e imagens de Sartre trouxe consequências de longo alcance. Seu livro *Saint Genet* adota como estrutura (na interpretação das "metamorfoses" de Genet) as etapas kierkegaardianas: a "ética", a "estética" e a "religiosa", embora a "terceira metamorfose" seja agora identificada como a difícil condição "do Escritor". Porém, como ficamos sabendo em muitos lugares, "em minha imaginação, a vida literária foi modelada sobre a vida religiosa. [...] Fiz a transposição de necessidades religiosas para aspirações literárias"[5].

Além disso, a profundidade de seu contato com Kierkegaard pode ser medida pelas inúmeras referências de Sartre ao "singular", ou melhor, ao "universal singular". O mesmo se aplica a Heidegger. Não se deve superestimar o papel desse autor na formação da estrutura de pensamento de Sartre. Seria inútil especular sobre o que teria acontecido se Sartre tivesse tido a experiência de um campo de prisioneiros de guerra russo, em vez de um nazista, com prateleiras ostentando as obras de Marx e Lenin. Inútil não apenas devido à esterilidade inerente de hipóteses contrafactuais, mas também porque sua primeira relação com os escritos de Heidegger, embora sem muita profundidade, antecede em cerca de dez anos sua experiência de guerra. De todo modo, Sartre pôs Heidegger a seu serviço. Seria tão incorreto ler Sartre pelos olhos de Heidegger quanto fazer o inverso.

---

[4] Jean-Paul Sartre, "Forgers of Myths: the Young Playwrights of France", *Theatre Arts*, Nova York, junho de 1946. [Ed. bras.: "Forjadores de mitos", *Cadernos de Teatro*, São Paulo, n. 75, outubro-dezembro de 1977.]

[5] Idem, "The Purposes of Writing", cit., p. 27.

O escritor e sua situação 39

Não obstante, não se constrói um castelo de cristal com pedras. Assim, embora Sartre esteja correto em defender-se contra ataques sectários por causa do passado nazista de Heidegger, seus argumentos a respeito da verdadeira questão não são nada convincentes. Diz ele: "Então Heidegger, e daí? Se descobrimos nosso próprio pensamento por causa de outro filósofo, se dele extraímos técnicas e métodos suscetíveis de nos fazer chegar a novos problemas, isso quer dizer que esposamos todas as suas teorias? Marx emprestou de Hegel sua dialética. Dir-se-ia, por isso, que *O capital** é uma obra prussiana?"[6]. A questão é não apenas que Sartre toma de Heidegger muito mais do que "técnicas e métodos", mas também – o que é bem mais importante – que *jamais* submete a obra de Heidegger àquele "acerto de contas radical" que caracteriza a relação de Marx com Hegel.

O que se percebe em todos esses casos é que, em certo sentido, a contingência é "superada" [*superseded*]. Não que o escritor possa fazer tudo quanto lhe agrade. (Aliás, Sartre tem de pagar um alto preço por adotar grande parte da ontologia truncada de Heidegger, que só pode descobrir a si mesma e, por isso, retornar em círculos para dentro de si própria. Voltaremos a isso adiante.) A contingência não abre caminho a algum tipo de liberdade mística que emana da subjetividade do intelectual, mas sim a uma necessidade estruturada. O que se dá bem diante de nossos olhos é que o caráter *acidental* da contingência é transcendido e "metamorfoseado" na necessidade de *determinações interiores*.

1.3

A terceira questão anteriormente proposta – o espectro da possível obra de um escritor – vincula-se diretamente ao âmbito de suas experiências pessoais. Em 1959, depois de elogiar Françoise Sagan por produzir "algo novo" com base na "experiência pessoal"[7], Sartre assinala que um dos principais fatores de sua decisão de não mais escrever romances era estar consciente das deficiências (*manque*) de suas próprias experiências pessoais. Em sentido mais geral, sua decisão se vincula a uma definição de romance como "prosa que visa à *totalização de uma temporalização singular e fictícia*"[8], e, uma vez que suas próprias experiências pessoais não proporcionavam a base da espécie de totalização representativa exigida pela forma romance, Sartre teria de adotar, afinal, a "temporalização singular" de outra pessoa, produzindo, em *O idiota da família*, o que chama de "um autêntico romance"[9].

---

* Trad. Rubens Enderle, São Paulo, Boitempo, no prelo. (N. E.)

6 Jean-Paul Sartre, "À propos de l'existentialisme: mise au point", *Action*, 29 de dezembro de 1944; reproduzido em C/R, cit., p. 653-8 (a citação é da p. 654).

7 Entrevista a Claude Sarraute, *Le Monde*, 17 de setembro de 1959.

8 Jean-Paul Sartre, "Je-tu-il", prefácio ao romance de André Puig, *L'inachevé* [O inacabado] (Paris, Gallimard, 1970); reproduzido em *Situations IX* (Paris, Gallimard, 1972), p. 277-315 (a citação é da p. 281).

9 Idem, "Itinerário de um pensamento", cit., p. 221.

40   A obra de Sartre

Isso não é tão simples quanto parece. Certamente, a vida de Sartre não é muito cheia de aventuras. De fato, a maior parte dela se consome numa demoníaca dedicação ao trabalho. O volume de sua produção é desconcertante. Cinco ou seis milhões de palavras já publicadas, e talvez outros dois ou três milhões sumidos em manuscritos perdidos, abandonados ou ainda a publicar: mais do que o bastante para manter meia dúzia de escribas ocupados por toda a vida durante a Idade Média, apenas para copiar tudo isso. Indagado a respeito da extraordinária riqueza de sua produção, ele explica, numa semiapologia: "Pode-se ser produtivo sem muito trabalho. Três horas pela manhã, três horas à noite: essa é minha única norma. Mesmo em viagens. Vou executando pouco a pouco um plano de trabalho meticuloso"[10].

É espantoso ouvir que seis horas de trabalho intenso, todos os dias, "mesmo em viagens", seja considerado "pouco a pouco". A verdade completa, porém, é ainda mais espantosa, pois sabemos por outras fontes (principalmente pelas memórias de Simone de Beauvoir) que ele frequentemente escreve "dia e noite" e dispõe-se a consumir 28 horas, sem parar, na revisão de um único artigo[11]. E tal intensidade não está apenas reservada para ocasiões raras. Ao contrário, parece que essa é a regra, não a exceção. Muitas das obras literárias de Sartre são escritas em poucos dias ou semanas. Ainda mais surpreendente, suas duas obras teóricas monumentais, *O ser e o nada* e *Crítica da razão dialética**, foram escritas, cada uma delas, em poucos meses[12]. Além disso, relata-me François Erval, muitas vezes capítulos inteiros foram reescritos do começo ao fim, apenas porque Sartre não estava satisfeito com alguns pormenores. Se a tudo isso se acrescentar o infindável número de horas dedicadas a discussões, correspondência, entrevistas, ensaios de peças de teatro, conferências, reuniões políticas e editoriais e assim por diante, é evidente que não pode ter sobrado muito tempo para "experiências pessoais". Autores de um livro só, como Sagan, podem permitir-se grande número delas; não Sartre, que simplesmente "não pode parar para levar a vida como ela vier: tem de estar em ação o tempo todo"[13].

De todo modo, o significado da experiência pessoal de um escritor é dialético; não pode ser transformado num fetiche cristalizado. Sartre não insistiu sempre, acertadamente, que "a obra constrói seu próprio autor ao mesmo tempo que ele cria a obra"? Esse intercâmbio dialético entre obra e experiência não poderia encontrar manifestação mais clara do que em Sartre. Isso já pode ser percebido em seu primeiro texto teórico

---

[10]   Entrevista a Gabriel d'Aubarède, *Les Nouvelles Littéraires*, 1º de fevereiro de 1951.

[11]   Simone de Beauvoir, *Force of Circumstance* (Harmondsworth, Penguin, 1968), p. 466. [Ed. bras.: *A força das coisas*, trad. Maria Helena Franco Martins, Rio de Janeiro, Nova Fronteira, 1995.]

*   Rio de Janeiro, DP&A, 2002. (N. E.)

[12]   Para poder manter um ritmo exaustivo de trabalho enquanto escrevia sua *Crítica da razão dialética*, ele consumia todo um tubo de Corydrane por dia. Simone de Beauvoir, *Force of Circumstance*, cit., p. 407.

[13]   Simone de Beauvoir, "Jean-Paul Sartre: Strictly Personal", *Harper's Bazaar*, janeiro de 1946; grande parte foi reproduzida em C/R, cit., p. 418-20.

original, uma carta em colaboração a um inquérito entre estudantes, publicada em *Les Nouvelles Littéraires*, no início de 1929. Há apenas uma obra teórica anterior de Sartre, um ensaio intitulado "Theory of the State in Modern French Thought" [A teoria do Estado no pensamento francês moderno][14], mas era uma proposta muito diferente. Não mostra nada do caminho que Sartre viria a percorrer. Somente salpica com alguns condimentos de originalidade a massa insípida da convencionalidade acadêmica. Em contraste, na carta a *Les Nouvelles Littéraires* vemos o primeiro lampejo do verdadeiro Sartre: uma figura magnífica. Não é o que ele diz, mas o modo como aborda o problema que faz dessa carta um começo verdadeiramente original, que bem merece uma citação mais longa:

> Constitui um paradoxo da mente humana o fato de que o Homem, cuja tarefa é criar as condições necessárias, não possa erguer-se acima de certo nível de existência, como as cartomantes, que podem falar do futuro de outras pessoas, mas não de seu próprio. É por essa razão que, na essência da humanidade, bem como na essência da natureza, só consigo ver tristeza e tédio. Não é que o Homem não pense em si mesmo como um *ser*. Ao contrário, empenha todas as suas energias para tornar-se um ser. Daí provêm nossas ideias do Bem e do Mal, ideias de homens trabalhando para aperfeiçoar o Homem. Mas esses conceitos são inúteis. Inútil, também, é o determinismo que, de maneira muito estranha, procura criar uma síntese de existência e ser. Somos tão livres quanto se queira, mas impotentes. [...] Quanto ao mais, as vontades de poder, de ação e de vida não passam de ideologias inúteis. Não existe essa coisa de vontade de poder. Tudo é fraco demais: todas as coisas trazem em si mesmas as sementes da própria morte. Acima de tudo, a aventura – com isso quero dizer a fé cega na concatenação fortuita e, contudo, inevitável de circunstâncias e de eventos – é uma ilusão. Nesse sentido, o "aventureiro" é um determinista inconsequente que imagina desfrutar de completa liberdade de ação.[15]

Sem dúvida, isso já é uma síntese – ainda que preliminar –, resultado de muito questionamento e análise minuciosa; é o resumo de todas as experiências pessoais que possibilitaram esse tipo de reflexão e de generalização dentro do contexto relativamente trivial de um inquérito entre estudantes. Fica bastante evidente a marca de uma personalidade dominante e impositiva pelo fato de que ele escolhe expressar exatamente tais fundamentos metafísicos "pesados" numa ocasião como essa, em que outros poderiam se contentar com queixas sobre moradia e alimentação. Não é simplesmente um texto de circunstância, embora também seja isso. O que mais importa é que é um projeto de vida, quaisquer que sejam as implicações que este possa trazer para o desenvolvimento pessoal, bem como literário-intelectual, de seu autor. Ele capta um paradoxo da maior

---

[14] Publicado em *The New Ambassador/Revue Universitaire Internationale*, janeiro de 1927; reproduzido em C/R, cit., p. 517-30.

[15] Roland Alix, "Enquête auprès des étudiants d'aujourd'hui", *Les Nouvelles Littéraires*, 2 de fevereiro de 1929. Trechos dessa carta de Sartre foram reproduzidos em Simone de Beauvoir, *Memoirs of a Dutiful Daughter* (Harmondsworth, Penguin, 1963), p. 342-3. [Ed. bras.: *Memórias de uma moça bem-comportada*, Rio de Janeiro, Nova Fronteira, 2009.]

42 A obra de Sartre

importância que, por sua vez, se apodera dele, e assim ele se envolve no projeto de toda a vida de alcançar as raízes do *ser* (grifado por Sartre), mediante o questionamento sobre *Homem e natureza, mente e existência, humanidade e ideologia, bem e mal, liberdade e aventura, morte e determinismo*. Que discurso de estreia para um estudante que aprendia a navegar no mundo das ideias!

Essa busca das raízes do ser é necessariamente um projeto de totalização *par excellence*. O que predomina é o todo, na medida em que os elementos e detalhes da realidade devem sempre ser postos em relação ao fundamento do ser. Desse modo, a característica preferencial da obra deve ser a síntese e não a análise: esta última assume apenas uma posição subordinada, como etapa preliminar bem marcada da síntese que virá. Essa é a razão por que Sartre se considera diametralmente oposto a Proust, apesar de sua grande admiração por esse escritor clássico francês, acentuando que Proust se delicia com a *análise*, enquanto a tendência inerente à sua própria obra é a *síntese*[16]. A descrição de Sartre de seu "modelo religioso de literatura" – concebida como um empreendimento que tudo abrange e tudo realiza – não passa de outro nome para esse ato de síntese, que afeta profundamente cada uma das facetas da vida e da obra, desde o caráter até o método de trabalho, desde as relações pessoais até a percepção pelo escritor do mundo dos objetos e de sua atitude para com ele, desde o "estilo de vida" até a estrutura e o estilo da obra em si. E, uma vez que o ponto último de referência é o "ser", com sua postura existencial a respeito de tudo, não se pode abordar com objetividade desapaixonada as facetas examinadas do todo (estamos sempre dentro dos perímetros da busca: partes integrantes dela, não seus observadores soberanos), mas sim com uma vigorosa *fusão* de subjetividade e objetividade, de forma muito mais frequente sob a predominância da primeira. Kierkegaard falava de "infinita subjetividade compulsiva"[17]; também em Sartre nos vemos diante da "subjetividade compulsiva" (às vezes identificada como "voluntarismo"), ainda que de forma mais restrita do que em seu grande predecessor. Por mais abstrato que um problema possa ser em si mesmo, é sempre convertido numa "ideia viva" no curso de sua situação em relação ao ser.

1.4

Bastam alguns exemplos para ilustrar essa interpenetração de subjetividade e objetividade. Vejamos o conceito de espaço e distância. Diz Sartre que a distância foi "*inventada*

---

[16] "Si grand que soit mon admiration pour Proust, il m'est *tout opposé*: il se complait dans l'analyse, et je ne tend quá la synthèse" [Por maior que seja a minha admiração por Proust, ele é o *oposto* de mim: ele se compraz na análise, ao passo que eu tendo apenas à síntese], entrevista a Pierre Lorquet, *Mondes Nouveaux*, 21 de dezembro de 1944.

[17] "É perfeitamente verdadeiro que a subjetividade isolada, na opinião de nosso tempo, é um mal; porém, a 'objetividade' não é nem um pouco melhor como remédio. A única salvação é a subjetividade, isto é, Deus, como infinita subjetividade compulsiva", *The Journals of Kierkegaard*: 1834-1854 (org. e trad. Alexander Dru, Londres, Fontana Books, 1959), p. 184.

pelo homem e não tem sentido fora do contexto do *espaço humano*; ela afastou Hero de Leandro e Maratona de Atenas, mas não afasta um seixo de outro". Essa questão é retomada com a descrição de uma experiência pessoal de "proximidade absoluta" num campo de prisioneiros onde "minha pele era a fronteira de meu espaço vital. Dia e noite eu sentia o calor de um ombro ou de uma coxa contra meu corpo. Mas isso jamais incomodava, como se os outros fossem parte de mim". Isso é contraposto à sua volta para casa: "Ingressara de novo na sociedade burguesa, na qual teria de voltar a aprender a viver 'a uma respeitosa distância'"[18]. E tudo isso é para preparar o terreno para um exame do tratamento dado por Giacometti ao espaço e à distância, em relação à "plenitude do ser" e ao "vácuo do nada".

A respeito de Sartre, escreve Simone de Beauvoir que, "se fosse necessário, ele teria se disposto a manter-se anônimo: o importante era que suas ideias prevalecessem"[19]. Tudo muito bem, salvo que *anonimato* e prevalência das ideias de Sartre – ideias vivas – constitui uma contradição em termos. Ideias como as de Sartre precisam ser afirmadas de maneira dramática, se necessário mediante as mais extremadas manifestações de "subjetividade compulsiva". Assim, a "notoriedade" e o "escândalo" são acompanhantes necessários de seu projeto universal voltado para o ser, e o "anonimato" no máximo se mantém como uma ânsia momentânea de paz sob a tensão do escândalo e da notoriedade.

As relações de Sartre com as pessoas, obras de arte, objetos do dia a dia e assim por diante são descritas em suas obras, tanto quanto na vida real, com cores dramáticas. Ele não gosta ou desgosta, simplesmente, do que vê no Museu do Prado, mas abomina e detesta Ticiano e admira Hieronymus Bosch. Um simples passar de olhos por uma assembleia numa faculdade de Oxford é o bastante para fazê-lo detestar o esnobismo da sociedade oxfordiana e jamais voltar a pôr os pés naquela cidade. Faz parte da economia de vida que ele tenha de resolver-se a respeito de tudo com grande rapidez e intensidade, sempre buscando uma avaliação geral que possa ser integrada em sua busca totalizadora. O mesmo se dá com as relações pessoais, e até mesmo algumas de suas amizades mais íntimas acabam terminando dramaticamente (por exemplo, as de Camus e Merleau-Ponty), assim que ele percebe que o prosseguimento da relação irá interferir na concretização de suas metas. Ele comanda todas as suas relações pessoais, inclusive as mais íntimas, de modo a nunca se dispersar de sua decidida dedicação às preocupações centrais de sua vida. Exatamente por essa razão, recusa-se a aceitar a responsabilidade e os encargos da vida de família. Nega-se a ficar preso às condições do conforto burguês e procura eliminar de sua vida pessoal o dinheiro e as posses.

Do mesmo modo, explora com grande paixão e imaginação modalidades de experiência que, a uma subjetividade menos compulsiva, pareceriam, em princípio,

---

[18] Jean-Paul Sartre, "The Paintings of Giacometti" (1954), em *Situations*, cit., p. 124-5. [Ed. bras.: Jean-Paul Sartre, *Alberto Giacometti: textos de Jean-Paul Sartre*, São Paulo, WMF Martins Fontes, 2012.]

[19] Simone de Beauvoir, *Memoirs of a Dutiful Daughter*, cit., p. 342.

44 *A obra de Sartre*

um livro para sempre fechado. Assim se envolve numa apaixonada discussão sobre a Négritude, totalmente indiferente à possibilidade de que a "análise eidética" que dela faz (já que ela não pode ser diferente do que é) possa ser, como foi, repudiada como "desastrosa"[20] pelos que a vivenciavam de dentro. Por mais problemático que fosse um empreendimento desse tipo, como poderia ele passar sem isso em sua busca totalizadora do ser, quando o racismo adquire presença tão ampla presença, com implicações as mais devastadoras, no conjunto total de nossa condição? Assim, paradoxalmente, a "subjetividade compulsiva" é a condição necessária de certo grau de objetividade (a objetividade de encarar o problema com preocupação verdadeira), enquanto a "objetividade" do retraimento despretensioso – o reconhecimento da precariedade de um homem branco para tal tarefa – significaria a pior espécie de subjetividade, a da cumplicidade voluntariamente ambígua.

Uma manifestação semelhante da subjetividade compulsiva de Sartre é quando ele diz a Daniel Guérin que "ele não entendeu coisa alguma de seu próprio livro"[21]. Por mais despropositada que possa parecer essa afirmação, do ponto de vista do autor criticado, a relativa justificação para ela é que o contexto em que Sartre insere o estudo de Guérin sobre a Revolução Francesa (a avaliação dialética sartriana da "estrutura ontológica da história") impõe um ângulo significativamente diverso aos eventos específicos discutidos e, desse modo, realça dimensões que se mantinham ocultas ou em segundo plano ao historiador no contexto original. Pode-se discordar inteiramente da concepção de Sartre da estrutura ontológica da história, oriunda de suas preocupações pessoais específicas e que exibe, claramente, as marcas de sua personalidade compulsiva, mas é impossível negar que ela lança, de maneira radical, uma nova luz sobre nossa compreensão das estruturas e instituições que podemos identificar no curso do desenvolvimento histórico.

O "eu" está em primeiro plano de praticamente tudo quanto Sartre escreve, e sua subjetividade, se necessário, é levada ao nível da beligerância. Ele se recusa energicamente a retirar-se para o plano de fundo e a assumir o papel de um guia objetivo, cuja função seja meramente indicar os objetos, obras e eventos, ou apontar algumas conexões bem estabelecidas entre eles. Em sua opinião, assim como ocorre com a noção de "distância", deve-se dar vida aos objetos mediante sua apresentação através da subjetividade do escritor, para que possam ser inseridos num discurso humano significativo, pois de outra forma continuam a ser coisas mortas e fetiches. Muitas vezes, os críticos se perguntaram por que Sartre não escreveu poesia lírica, sem se dar conta de que ele o fez durante todo o tempo, ainda que não como um gênero distinto, mas de modo difuso por toda sua obra. Que pode haver de mais lírico do que a

---

[20] "Jean-Paul Sartre fez as mais belas apreciações críticas da poesia de Cahier [de Césaire], mas suas explicações de como entendia a Négritude eram, por vezes, desastrosas", C. L. R. James, *Os jacobinos negros* (trad. Afonso Teixeira Filho, São Paulo, Boitempo, 2000), p. 354.]

[21] *Les Temps Modernes*, dezembro de 1957, p. 1137.

O *estilo* de Sartre é determinado pelas grandes complexidades de seu projeto global de totalização. Falando a respeito de sua *Crítica da razão dialética*, ele admite que sua extensão (cerca de 400 mil palavras) podia ser reduzida em certa medida, caso lhe pudesse dedicar mais tempo e esforço, mas acrescenta: "De todo modo, ela seria muito parecida com a obra como está agora. Pois, basicamente, seus períodos são tão longos, tão cheios de parênteses, de aspas, de 'na medida em que' etc., apenas porque cada período representa a *unidade de um movimento dialético*"[22]. É impossível transmitir a unidade de um movimento dinâmico em todas as suas complexidades utilizando recursos estáticos, como períodos curtos e sentido simplificado, ou centrando-se em apenas um aspecto por motivo de clareza e desprezando muitos outros. A translucidez enganosa da dissecção analítica, menosprezando a necessidade da síntese significativa, só produz irrelevância ou deturpação. Estilo e método devem condizer com a plena complexidade da tarefa: de outro modo, são dispositivos pré-fabricados, sobrepostos artificialmente a qualquer assunto, sem levar em conta sua natureza específica e suas exigências internas. Sartre contrapõe de forma consciente a essa prática de sobreposição procustiana (a que frequentemente se assiste na arte e no pensamento modernos, da filosofia à sociologia e da economia à antropologia) seu método pessoal de captar o movimento e a complexidade. Se concentrar a atenção de maneira penetrante num só aspecto à custa de outros representa distorção, uma vez que apenas a conjunção adequada do singular com o múltiplo constitui o todo relevante, ele visa a clarificar e a revelar a *indeterminação*, por mais paradoxal que isso possa parecer. É isso que louva em Giacometti, acentuando que ela não deve ser confundida com *imprecisão* – resultado do fracasso. Pois "a qualidade indeterminada que provém da falta de habilidade nada tem em comum com a indeterminação calculada de Giacometti, que, mais apropriadamente, poderia ser chamada de *sobredeterminação (surdetermination)*"[23]. A adoção desse princípio de sobredeterminação, que corresponde à estrutura da totalidade, juntamente com o que Sartre chama de "princípio da individuação"[24], é que define a especificidade de seu estilo e a vitalidade de seu método como brotando do terreno de sua busca totalizadora do ser. Capta-se o todo mediante a simultaneidade da "indeterminação calculada" (sobredeterminação) e a presença mutável da individuação bem marcada, pela qual até mesmo a ausência torna-se tangível como dimensão vital da totalidade (ver, por exemplo, a discussão sobre a ausência de Pedro da cafeteria em *O ser e o nada*). Desse modo,

---

[22] "L'écrivain et sa langue", entrevista a Pierre Verstraeten, *Revue d'Esthétique*, julho-dezembro de 1965; reproduzida em *Situations IX*, cit., p. 40-82 (a citação é da p. 75). Vale salientar que Lukács trata desse problema de modo bem semelhante em sua correspondência com Anna Seghers.

[23] Jean-Paul Sartre, "The Paintings of Giacometti", cit., p. 132; mudei "supradeterminação" [*supra-determination*] para "sobredeterminação" [*overdetermination*] – termo amplamente aceito para o francês "*surdetermination*", usado por Sartre; cf. edição francesa deste ensaio em *Situations IV*, cit., p. 359.

[24] Jean-Paul Sartre, "The Paintings of Giacometti", cit., p. 132.

46 *A obra de Sartre*

o movimento e o repouso, o todo e suas partes, o centro e a periferia, o primeiro plano e o plano de fundo, as determinações do passado e as antevisões do futuro convergindo sobre o presente, tudo isso ganha vida na unidade sintética de uma totalização dialética em que a subjetividade e a objetividade se fundem de maneira indissociável.

1.5

Como podemos ver, a obra traz as marcas da personalidade do escritor sob todos os aspectos, desde a escolha de um assunto surpreendente (como a Négritude), passando pelos modos de análise e de descrição, até o estilo e o método de escrever. Vendo por outro lado, as determinações internas de certo projeto global determinam, por sua vez, um "caráter beligerante", uma subjetividade compulsiva, um modo pessoal do escritor de definir-se em relação às instituições, às pessoas e à propriedade; em suma, seu estilo de vida e as experiências em que se envolverá em conformidade com sua visão de mundo e de seu próprio lugar nele. Assim podemos ver "a singularização da obra pelo homem e a universalização do homem pela obra"[25].

No caso de Sartre, o espectro de sua obra possível está circunscrito por aquela busca oniabrangente do ser que já percebemos nas palavras tateantes do estudante confrontando homem e natureza, mente e existência, humanidade e ideologia, bem e mal, morte e determinismo. Uma vez que o alvo é o ser em si, as formas convencionais não proporcionarão os caminhos para seu desdobramento; e uma vez que as obras de Sartre sempre visam a revelar o ser, ou a apontar os caminhos na direção dele, devem *a priori* excluir o que quer que seja que tenha a ver com naturalismo. O simbolismo está também excluído, já que simplesmente fará com que pedaços isolados da imediaticidade dada se ampliem sob forma de alguma generalidade abstrata e estática, em vez de reproduzir a multiplicidade dinâmica de relações que caracterizam o todo. O que se precisa, então, é de alguma forma de *mediação* capaz de transmitir a "plenitude do ser" e o "vazio do nada", sem cair num simbolismo abstrato. Sartre encontra a mediação de que necessita no que denomina "mito": uma *condensação*[26] de traços de caráter (em consonância com a "densidade" ou "plenitude" do ser) que faz com que a realidade percebida e descrita se eleve ao nível do ser sem abandonar os dados da sensibilidade. Desse modo, a "condensação" proporciona o terreno sobre o qual a "indeterminação calculada" e a "individuação" bem marcada podem florescer como princípios verdadeiramente criativos.

Veremos, no próximo capítulo, o lugar que ocupa o mito na obra de Sartre em geral. Neste momento, estamos interessados em suas implicações para nosso contexto atual: a série de obras que o autor pode realizar de maneira bem-sucedida

---

[25] Ver C/R, cit., p. 429.

[26] Entrevista a Alain Koehler, *Perspectives du Théâtre* , março-abril de 1960.

com tais elementos dentro do quadro de referência de sua busca totalizadora. A primeira é seu ciclo de romances, *Os caminhos da liberdade**. Considerados não de forma isolada, mas na totalidade do desenvolvimento de Sartre, *Os caminhos da liberdade* constituem um fracasso, no sentido de que são um beco sem saída, a partir do qual não pode haver escapatória, nem explorações ulteriores, nem divergências, nem caminhos – nem sequer trilhas – para a liberdade. A despeito do que consegue parcialmente, ainda que muitas vezes e de modo impressionante, essa obra continua completamente *periférica* na obra global de Sartre. Ele tem de deixá-la de lado, já em 1949, livrando-se das consequências de uma escolha errada, a fim de prosseguir sua busca em outras direções. Dez anos depois de abandonar a obra no quarto volume, justifica-se como segue:

> O quarto volume deveria falar da Resistência. Essa escolha era simples naquela época – ainda que fossem necessários muito vigor e muita coragem para defendê-la. Ou se era a favor, ou se era contra os alemães. A escolha era entre preto e branco. Hoje em dia – desde 1945 – a situação se complicou. Talvez seja preciso menos coragem para escolher, mas as escolhas são muito mais difíceis. Eu não poderia exprimir as ambiguidades de nossa época num romance situado em 1943.[27]

Isso é o que Sartre denomina, alhures, suas "dificuldades internas"[28] para abandonar *Os caminhos da liberdade.*

Na verdade, a questão é muito mais complicada, pois não é só o quarto volume que é problemático, mas sim o projeto como um todo. Ao atingir 1943, as coisas se tornam mais visíveis, num momento de clímax, mas elas estão ali desde o princípio. O caráter problemático da obra manifesta-se estruturalmente numa tensão perturbadora entre uma cotidianidade sem rodeios, descrita em sua imediaticidade, e uma retórica que procura projetar essa cotidianidade no plano da universalidade[29]. Em outras palavras, a falta da intermediação do "mito" ou da "condensação" é que torna a obra estruturalmente abstrata e problemática no quadro de referência da busca totalizadora de Sartre. A percepção de toda uma época dentro dos parâmetros de um conflito extremamente simplificado de "preto ou branco" é, de fato, *consequência* dessa estrutura abstrata, e não sua *causa* vigorosamente objetiva como sugere Sartre de maneira curiosa – muito em desacordo com sua concepção dialética de sujeito e objeto, autor e obra, causa e efeito em literatura. Examinando as condições em que *Os caminhos da liberdade* foram escritos, descobre-se que Sartre deixou-se levar a adotar sua estrutura abstrata,

---

* Rio de Janeiro, Nova Fronteira, 2005. (N. E.)

[27] Entrevista a Robert Kanters, *L'Express*, 17 de setembro de 1959.

[28] "A Friend of the People", entrevista a Jean-Edern Hallier e Thomas Savignat, *L'Idiot International*; reproduzida em *Situations IX*, cit., p. 456-76 e no volume NLB, *Between Existentialism and Marxism*, cit., p. 286-98 (a citação é da p. 295 deste último).

[29] Isso foi até certo ponto reconhecido quando Sartre declarou: "Se eu tivesse de reescrever *Os caminhos da liberdade*, procuraria apresentar cada personagem sem comentários, sem demonstrar meus sentimentos", entrevista a Jacqueline Autrusseau, *Les Lettres Françaises*, 17-23 de setembro de 1959.

48 *A obra de Sartre*

em primeiro lugar, pelo escândalo[30] em consequência do negativismo que permeava seus primeiros contos e *A náusea*, que fez com que ele, de modo imprudente, se obrigasse a uma *continuação positiva*; e, em segundo lugar (o que é mais compreensível, mas artisticamente problemático da mesma maneira), pelo "heroísmo abstrato"[31] de sua percepção do movimento da Resistência, no qual não conseguiu assumir mais do que um papel muito periférico, por mais que se esforçasse. Embora seja correto dizer que sua obra dramática, vista como um todo, esteja livre desse caráter abstrato estrutural, seria muito errado que se visse como razão para isso simplesmente o fato de que aqui se trata de um romance – com uma "prosa que visa à totalização de uma temporalização singular e fictícia". É o *tipo* de prosa que está em discussão: aquele que se opõe à condensação necessária dos personagens e das situações e, desse modo, incita o autor a intervir seguidamente, sob a forma de uma retórica abstrata, a fim de compensar produzindo algum tipo de "condensação filosófica". Uma prosa que mostrasse afinidade com Kafka, ou com as obras de E. T. A. Hoffmann, para dar um exemplo mais antigo, seria uma proposta muito diferente. Contudo, como as coisas são, a estrutura de *Os caminhos da liberdade* contraria aquela "indeterminação calculada" tão essencial para a realização do projeto sartriano.

Encontramos exatamente o contrário em *Entre quatro paredes**. Escrita em duas semanas no outono de 1943 e encenada pela primeira vez em Paris em maio de 1944 (e proibida pela censura inglesa em setembro de 1946), *Entre quatro paredes* é uma "*pièce de circonstance*" muito mais exemplificativa. O que ocasiona sua criação é o pedido de uma amiga por uma peça fácil de encenar, com poucos atores, para uma companhia de teatro itinerante. E, como Sartre deseja criar papéis de igual peso para suas amigas, que são as atrizes principais, planeja uma situação em que elas devam permanecer juntas em cena durante todo o tempo. Primeiro pensa num abrigo antiaéreo, cujas saídas teriam ruído, não permitindo escapar. A época em que é escrita segue de perto o momento em que completou *O ser e o nada*[32], e Sartre quer explorar, em teatro, o conflito inerente às relações interpessoais, a ameaça à liberdade representada pelo "outro". Desse modo, o cenário de um abrigo antiaéreo resultaria, evidentemente, em fracasso. Essa situação apresentaria pelo menos tanto espaço para a manifestação de solidariedade humana e de "fusão" com vistas a um fim comum quanto para a pretendida

---

[30] "*A náusea* tem sido acusada de ser muito *pessimista*. Mas esperemos pelo final. Num próximo romance, que será a continuação, o herói reparará a máquina. Veremos a existência reabilitada, e meu herói agir, experimentando a ação", entrevista a Claudine Chonez, *Marianne*, 7 de dezembro de 1938.

[31] Cf. seção 3.2, p. 75-80 deste volume.

* São Paulo, Civilização Brasileira, 2007. (N. E.)

[32] Eis como Sartre expõe, em uma entrevista, a relação entre *O ser e o nada* e *Entre quatro paredes*: "Essa minha história sobre almas em tormento não era simbólica – não quis 'repetir' *O ser e o nada* em outras palavras. Qual teria sido a intenção? Eu simplesmente inventei algumas histórias com uma imaginação, sensibilidade e pensamento que a concepção e a escrita de *O ser e o nada* haviam, de certo modo, unido, integrado e organizado", Jean-Paul Sartre, "The Purposes of Writing", cit., p. 10.

O escritor e sua situação 49

manifestação de uma inimizade reciprocamente paralisante. A admirável inspiração de Sartre de situar o palco no *inferno*, do qual não pode haver saída, fez da peça uma obra-prima. Ao elevar a situação humana de conflito aniquilador ao nível de um *mito* – mito em que o negativismo devastador e o caráter exaustivo do conflito se intensifica a um grau inconcebível sob qualquer outra forma, dando uma dimensão de *eternidade* à destruição e à exaustão, que são normalmente paradigmas de limitação e determinação temporais, levando as coisas a um fim previsível – Sartre cria um intermediário tangível para o qual convergem as preocupações da vida cotidiana e algumas das dimensões mais fundamentais da estrutura do ser. Num meio como esse, de extrema condensação, frases como "o inferno é o outro" brotam espontaneamente da situação, enquanto só poderiam ser sobrepostas na forma de uma retórica abstrata em, digamos, *Os caminhos da liberdade*. Indeterminação calculada, individuação bem marcada, múltiplas camadas de significado ambíguo, condensação e sobredeterminação, fechamento claustrofóbico e sua negação mediante a totalidade do ser constituem a unidade hipnótica de movimento e paralisia que caracteriza *Entre quatro paredes*. Certamente essa situação é *sem saída* para Inês, tanto quanto para Estelle e Garcin; mas, a partir dela, muitos caminhos levam na direção da realização do projeto de Sartre. Ela ilustra muito bem o quanto a própria natureza de sua busca universal daquilo que, à primeira vista, pode parecer mera abstração – a plenitude do ser e o vazio do nada – traz consigo formas de mediação pelas quais até mesmo as determinações ontológicas mais abstratas podem ser transmitidas como tangíveis manifestações de destinos humanos.

2
FILOSOFIA, LITERATURA E MITO

2.1

A importância do "mito" não se limita absolutamente à concepção de Sartre de *Entre quatro paredes*. Nos mesmos termos ele encara *Bariona*, *As moscas**, *As troianas*** e *Kean****, bem como *O diabo e o bom deus*****, *Os sequestrados de Altona******* e outras. Com respeito a *Os sequestrados de Altona*, que descreve como uma espécie de *Götterdämmerung* ("*crépuscule des dieux*")[1], ele enfatiza sua intenção como a da desmistificação mediante a ampliação de seu tema às proporções de um mito[2]. E, em conversa com Kenneth Tynan, revela que gostaria de escrever uma peça sobre o mito grego de Alceste, de modo a conseguir condensar nela o drama da libertação feminina[3].

---

*   Rio de Janeiro, Nova Fronteira, 2005. (N. E.)

**   São Paulo, Difel, 1966. (N. E.)

***   Ed. esp.: Madri, Alianza, 1983. (N. E.)

**** São Paulo, Difusão Europeia do Livro, 1965. (N. E.)

*****Ed. port.: Mem Martins, Europa-América, 2001. (N. E.)

[1]   Entrevista a Jacqueline Autrusseau, *Les Lettres Françaises*, 17-23 de setembro de 1959.

[2]   Entrevista a Bernard Dort, *Théâtre Populaire*, 1959.

[3]   Kenneth Tynan, "Sartre Talks to Tynan", em *Tynan Right and Left* (Londres, Longmans, 1967), p. 302-12; a referência é às p. 310-1. Outras passagens relevantes são: "o teatro não está preocupado com a realidade: só está preocupado com a verdade. O cinema, por outro lado, busca uma realidade que pode conter momentos de verdade. O verdadeiro campo de batalha do teatro é o da tragédia – drama que incorpora um *autêntico mito*. Não há razão alguma para que o teatro não deva contar uma história de amor ou casamento, na medida em que ela tenha *uma qualidade de mito*; em outras palavras, na medida em que se ocupe de algo mais do que rixas conjugais ou desentendimentos entre amantes. Buscando *a verdade por meio do mito*, e pela utilização de formas tão não realistas quanto a tragédia, o teatro pode fazer frente ao cinema", ibidem, p. 304;

52 A obra de Sartre

Igualmente, Sartre louva as obras do mesmo estilo de contemporâneos seus. Em artigo intitulado "Forjadores de mitos: os jovens dramaturgos da França"[4], destaca *Antígona**, de Anouilh, *Calígula* e *O equívoco***, de Camus, e *Les bouches inutiles*, de Simone de Beauvoir, como exemplos da mesma abordagem de personagens e de situação que anima suas próprias peças. Vinte anos depois, em dezembro de 1966, faz uma conferência em Bonn, intitulada "Mito e realidade do teatro", em que contrapõe a forma de drama que defende ao "teatro realista burguês que visava à representação direta da realidade"[5]. No mesmo espírito, pouco tempo depois dessa conferência, classifica Georges Michel como um dramaturgo verdadeiramente original, que conseguiu transcender o realismo mediante uma "deformação em direção ao mito"[6], contrastando, de maneira marcante, com o simbolismo abstrato de *Rinoceronte**** de Ionesco.

Como se vê, desde a época em que escreveu *Bariona* – quando chega à conclusão de que o teatro deve ser uma grande experiência religiosa coletiva – Sartre se mantém coerente com uma concepção do drama e do mito. "A função do teatro é apresentar o individual sob a forma de mito"[7], disse ele numa entrevista. E reitera seguidamente a mesma posição, com alguma variação na ênfase e com elucidações. Em sua conversa com Tynan, insiste que o teatro deve transpor todos os seus problemas em forma mítica e dedica muito tempo esclarecendo essa posição na entrevista concedida à *New Left Review*:

> Para mim o teatro é essencialmente um mito. Tome, por exemplo, um pequeno-burguês e sua esposa, que ficam brigando o tempo todo. Se gravar suas brigas, estará gravando não

---

"Não creio que o teatro possa derivar diretamente de eventos políticos. Por exemplo, eu nunca teria escrito *Os sequestrados de Altona* se ela se resumisse a uma simples questão de conflito entre direita e esquerda. Para mim, *Altona* está vinculada a toda a evolução da Europa desde 1945, tanto com os campos de concentração soviéticos quanto com a guerra na Argélia. O teatro deve tomar todos esses problemas e *transmutá-los em forma mítica*", ibidem, p. 307; "Estou sempre em busca de *mitos*; em outras palavras, em busca de temas tão sublimados que sejam *reconhecíveis por todo mundo*, sem qualquer recurso a detalhes psicológicos insignificantes", ibidem, p. 310; "Ademais, também há gradações ou variações do mito na escala do subjetivo ao objetivo: a obra de Tennessee Williams está 'permeada de *mitos subjetivos*'", ibidem, p. 308. E a categoria toda de mito, tanto subjetivo quanto objetivo, opõe-se ao simbolismo: "Não gostei de outras peças de Beckett [isto é, outras que não *Esperando Godot*] [São Paulo, Cosac Naify, 2010], e especialmente *Fim de partida* [São Paulo, Cosac Naify, 2010], porque achei o *simbolismo* inflado demais, *desnudado* demais", ibidem, p. 307.

[4] Jean-Paul Sartre, "Forgers of Myths: The Young Playwrights of France", cit.

* Brasília, Editora UnB, 2010. (N. E.)

** Ed. port.: *Calígula seguido de O equívoco* (Lisboa, Livros do Brasil, 2002). (N. E.)

[5] Em *Le Point*, janeiro de 1967.

[6] Entrevista a Nicole Zand, *Bref*, fevereiro-março de 1967.

*** Rio de Janeiro, Agir, 1994. (N. E.)

[7] Entrevista a Alan Koehler, *Perspectives du Théâtre*, março-abril de 1960.

apenas os dois, mas toda a pequena burguesia e seu mundo, o que a sociedade fez dela e tudo o mais. Dois ou três estudos como esse e qualquer romance possível sobre a vida de um casal pequeno-burguês já estaria superado. Em compensação, o relacionamento entre um homem e uma mulher como o vemos em *Dança da morte**, de Strindberg, jamais será suplantado. O assunto é o mesmo, porém elevado ao nível do mito. O dramaturgo apresenta ao homem o *eidos* de sua existência cotidiana: sua própria vida, de uma forma que a enxerga como quem estivesse de fora. Com efeito, aí reside a genialidade de Brecht. Brecht teria protestado veementemente se alguém lhe dissesse que suas peças eram mitos. Mas o que mais pode ser *Mãe Coragem* senão uma antítese de mito que, apesar disso, torna-se um mito?[8]

Não importa, a esta altura, que a avaliação de Sartre sobre as possibilidades do romance seja extremamente discutível. O importante é a definição do mito no drama como "o *eidos* de sua existência cotidiana". Isso torna claro que o tema em questão transcende os limites do teatro e nos conduz diretamente ao âmago da busca universal de Sartre. De fato, essa é a chave que abre não só a porta de sua visão literária, mas também a de sua concepção da arte em geral, e ainda mais do que isso.

Num ensaio anterior sobre Giacometti, Sartre salienta a totalidade da visão desse artista, dizendo que seus personagens são "todos completos", que surgem inteiramente prontos em um momento e que "saltam diante de meu campo de visão como uma *ideia* em meu espírito". E acrescenta: "apenas a ideia possui uma translucidez imediata desse tipo, apenas a ideia é, de um só golpe, tudo o que ela é". Giacometti consegue realizar "a unidade da multiplicidade" como a "indivisibilidade de uma ideia"[9]. Seu mito como *eidos* não é algum absoluto misterioso e oculto, mas sim o absoluto visível, apreendido como "unidade do *ato*", em evidência como "aparição em situação"[10]. Considerações semelhantes aplicam-se à obra de Masson, descrita como "essencialmente mitológica", de tal modo que "o projeto de pintar não se distingue do projeto de ser homem"[11]. E não há nenhum tipo de contradição entre a preocupação com o mito e o absoluto, por um lado, e nossa condição histórica, por outro. Ao contrário, exatamente como Giacometti, que compreende o absoluto como "aparição em situação", o "universo monstruoso [de Masson] nada mais é do que a representação abrangente de nosso próprio universo"[12]. Pois o absoluto não pode ser captado senão precisamente mediante a temporalidade bem definida da existência humana. "Como fazer um homem de pedra sem petrificá-lo" – é essa a grande questão para o escultor. É uma questão de "tudo ou nada"[13] – exatamente como a questão da literatura, como

---

*   Mairiporã, Veredas, 2005. (N. E.)

[8]   Jean-Paul Sartre, "Itinerário de um pensamento", cit., p. 221.

[9]   Idem, "La recherche de l'absolu" (1948), em *Situations III* (Paris, Gallimard, 1949), p. 300-1.

[10]   Ibidem, p. 301.

[11]   Idem, "Masson" (1960), *Situations IV*, cit., p. 389.

[12]   Ibidem, p. 401.

[13]   Idem, "La recherche de l'absolu", cit., p. 293.

54 *A obra de Sartre*

vimos anteriormente. Isso se aplica por toda a parte, mesmo quando o meio de expressão não é figurativo, como os móbiles de Calder, os quais, "atravessados por uma ideia", capturam movimentos vivos e "são, isso é tudo; são absolutos [...] estranhos seres, a meio caminho entre matéria e vida"[14].

2.2

Desse breve esboço da concepção de Sartre sobre sua própria obra, bem como sobre a obra daqueles a quem atribui grande valor, torna-se claro que os termos essenciais de referência são: mito, drama, absoluto, ideia, ato, totalidade, conflito e situação. A filosofia ajusta-se organicamente a esse quadro.

> Hoje em dia, penso que a filosofia é dramática pela própria natureza. Foi-se a época de contemplação da imobilidade das substâncias que são o que são, ou da revelação das leis subjacentes a uma sucessão de fenômenos. A filosofia preocupa-se com o *homem* – que é ao mesmo tempo um agente e um ator, que cria e representa seu drama enquanto vive as contradições de sua situação, até que se fragmente sua individualidade, ou seus conflitos se resolvam. Uma peça de teatro (seja ela épica, como as de Brecht, ou dramática) é, atualmente, o veículo mais apropriado para mostrar o *homem* em ação – isto é, o *homem ponto final*. É com esse homem que a filosofia deve, de sua perspectiva própria, preocupar-se. Eis por que o teatro é filosófico e a filosofia, dramática.[15]

Assim, a filosofia não é uma autorreflexão abstrata e uma contemplação desinteressada, mas sim um envolvimento total no drama de ser. O "projeto" diz respeito à escolha, e a "escolha original" é "absolutamente" a mesma coisa que "destino"[16]. O estudo do "destino humano"[17] em sua maior intensidade não está limitado às peças de teatro de Sartre, mas caracteriza todo seu esforço de síntese, desde uma definição geral da cultura europeia contemporânea como um aspecto apenas de um problema muito maior, "o destino global da Europa"[18], até suas obras fundamentais

---

[14] Idem, "Les mobiles de Calder" (1946), *Situations III*, cit., p. 308-11. Sobre Giacometti, Sartre escreveu que suas obras, constantemente se fazendo, estão "sempre a meio caminho entre o nada e o ser"; idem, "La recherche de l'absolu", cit., p. 293.

[15] Idem, "The Purposes of Writing", cit, p. 11-2.

[16] "Le choix libre que l'homme fait de soi-même s'identifie absolument avec ce qu'on appelle sa destinée" [A escolha livre que o homem faz de si mesmo coincide com o que chamamos de seu destino], Jean-Paul Sartre, *Baudelaire* (Paris, Gallimard, 1947), p. 224. E outra passagem importante relativa a esse problema: "nous touchons ici au *choix originel* que Baudelaire a fait de lui même, à cet *engagement absolu* par quoi chacun décide dans une situation particulière de ce qu'il *sera* et de ce qu'il *est*" [nos interessamos aqui pela *escolha original* que Baudelaire fez para si mesmo, pelo compromisso absoluto por meio do qual cada um [de nós] decide em determinada situação aquilo que *será* e aquilo que *é*], ibidem, p. 20.

[17] Entrevista a Claudine Chonez, *L'Observateur*, 31 de maio de 1951.

[18] "Défense de la culture française par la culture européenne", *Politique Étrangère*, junho de 1949.

de filosofia. Tanto *O ser e o nada* quanto *Crítica da razão dialética* preocupam-se essencialmente com o conflito como inerente à estrutura ontológica do ser como se manifesta no destino humano. O mesmo drama está sugerido na definição dada por Sartre do núcleo de sua filosofia moral, estruturada em torno de uma antinomia fundamental:

> Ao fazer a escolha de minha liberdade, a liberdade dos outros é valorizada. Quando, porém, me encontro no plano da ação, sou compelido a tratar o outro como meio e não como fim. Evidentemente, estamos aqui diante de uma antinomia, mas é exatamente essa antinomia que constitui o problema moral. Estudarei essa antinomia em minha *Morale*.[19]

O fato de que após 2 mil páginas de estudo Sartre continue insatisfeito com as soluções a que chegou e abandone o projeto não significa que tenha mudado de ideia a respeito do drama fundamental subjacente, mas sim que, ao contrário, descobre ser ele ainda mais esmagador do que pensou de início, como mostra claramente a evidência de suas últimas obras.

O conflito e o drama em questão não são a rixa entre o pequeno-burguês e sua mulher: a filosofia e o teatro, em sua opinião, não atuam nesse nível. O drama da filosofia é o mesmo que isso, o que o faz concluir que as peças de teatro são, hoje em dia, o veículo mais apropriado para mostrar o homem em ação: "homem ponto final". A diferença é que, enquanto a filosofia, sendo uma *forma discursiva*, pode aplicar-se *diretamente* à questão fundamental do ser, o teatro, como *forma de representação*, deve proceder *indiretamente*, mediante a apresentação de indivíduos sob a forma de um mito, produzindo assim uma *mediação artística* adequada entre a realidade sensível e as determinações mais gerais do ser. Eles são semelhantes por representarem o nível mais alto de síntese ou "condensação", chegando, desse modo, o mais perto possível do âmago do ser. Por isso é que o drama, em sua concepção sartriana, é hoje em dia a mais apropriada – na linguagem de Hegel, a mais *representativa* – forma literária; e é por isso que a filosofia, se pretende ser relevante, deve ser dramática.

2.3

Naturalmente, a filosofia e o drama não abrangem tudo. Mais precisamente, não podem captar todos os níveis da totalidade humana. De fato, segundo Sartre, a esfera da "individualidade singular"[20] está fora de seu alcance. "A filosofia é dramática, porém não estuda o indivíduo enquanto tal"[21]. Mas o drama também não o faz. Em consequência, querendo estudar Flaubert como indivíduo, Sartre não pode fazê-lo pelo drama nem pela filosofia. Já vimos sua definição de romance como a totalização

---

[19] Entrevista a Françoise Erval, *Combat*, 3 de fevereiro de 1949.

[20] Entrevista a Alain Koehler, *Perspectives du Théâtre*, março-abril de 1960.

[21] Jean-Paul Sartre, "The Purposes of Writing", cit., p. 12.

de uma temporalização singular e fictícia. Dessa maneira, enfrenta essa tarefa sob a forma de um romance, incorporando, da melhor maneira que pode, toda evidência factual disponível necessária a uma totalização satisfatória da singularidade de um indivíduo *histórico*. A consequência dessa abordagem seria uma inevitável superabundância do material factual documental e uma tendência a reprimir os elementos típicos de romances. Uma alternativa seria partir do material disponível e preencher as lacunas, à medida que aparecessem, com a imaginação do romancista. Paradoxalmente, quanto mais busca apresentar um retrato total, mais se mostra inadequada a evidência documental e, como consequência, mais os elementos ficcionais tenderão a predominar. Assim, ou ele abandona a retratação integral, ou aceita as consequências desta para a natureza de sua obra. Esse dilema está expresso na curiosa resposta que deu à pergunta: "Pessoalmente, por que você parou de escrever romances?".

> Porque não tenho tido o ímpeto de escrevê-los. Os escritores têm sempre optado pelo imaginário, em maior ou menor escala. Têm necessidade de uma certa dose de ficção. Escrever sobre Flaubert por meio da ficção já me basta – de fato, a obra pode ser considerada um romance. Só gostaria que as pessoas dissessem que o livro é um *autêntico romance*. Tentei atingir um certo nível de compreensão de Flaubert através das hipóteses. Portanto utilizo a ficção – dirigida e controlada, mas ainda ficção – para investigar por que, digamos, Flaubert escreveu algo no dia 15 de março e exatamente o contrário do que dissera naquele dia em 21 de março, ao mesmo destinatário, sem se preocupar com a contradição. Nesse sentido, minhas hipóteses são um tipo de invenção da personagem.[22]

O começo da resposta – que é simplesmente "não tenho tido o ímpeto de escrevê-los" – abre caminho a uma redefinição da ficção em geral, que leva à conclusão de que seu Flaubert, no decorrer dessa espécie de totalização que ele faz, acabou por ser uma "invenção da personagem" e, desse modo, uma forma de romance ou ficção.

Tudo isso é inerente não a alguma determinação *a priori* da relação entre filosofia e drama, e entre filosofia e ficção em geral, mas sim a sua concepção caracteristicamente sartriana. O fator determinante crucial é a concepção de sua busca global em que tudo se integra com grande vigor. Dessa perspectiva, as determinações que se sobrepõem são *níveis de generalidade* – filosofia dramática e teatro filosófico, num extremo, e totalização da individualidade, no outro – e isso tende a tornar indistintas as linhas de demarcação entre as formas discursiva e representacional na obra de Sartre. Há três formas de manifestação dessa tendência, que se podem distinguir com clareza:

(1) Em seus ensaios mais curtos – por exemplo, sobre Giacometti, Nizan, Merleau-Ponty e *Le traître*, de Gorz – as formas discursiva e representacional muitas vezes se fundem em passagens líricas e num esforço consciente para dar uma *unidade evocativa*, uma vigorosa *Gestalt*, ao ensaio como um todo, por mais abstratos que sejam os problemas enfrentados em contextos particulares.

---

[22] Idem, "Itinerário de um pensamento", cit., p. 220-1.

(2) Elementos representacionais existem em abundância em suas obras filosóficas mais importantes (p. ex., o tratamento da "má-fé" em *O ser e o nada*), e elementos filosóficos, em suas peças e romances.

(3) Talvez a mais significativa: a totalização ficcional tende a transformar-se em discurso filosófico, a ponto de obrigá-lo a abandoná-la (veja *Os caminhos da liberdade*, especialmente o quarto volume), e sua monografia crítica mais importante, sobre Flaubert (e este não é absolutamente o único caso), tende a transformar-se em ficção.

Essas características não podem ser isoladas da natureza mais profunda da busca totalizadora de Sartre. Pois a preocupação com a universalidade singular não pode parar naquele nível, mas deve empenhar-se, através da totalização, na direção da universalidade ou do "absoluto", sejam quais forem as transformações formais que, necessariamente, possam seguir-se a esse deslocamento. Por outro lado, o absoluto sartriano não é uma abstração rarefeita que ocupa uma esfera misteriosa que lhe é própria, mas está situado existencialmente e, assim, deve sempre se tornar palpável mediante o poder evocativo de condensação e individuação ao alcance do escritor. Eis por que, a despeito de sua ilimitada admiração por Kafka, o estilo ficcional e o método de representação desse autor, com seu onipresente absoluto oculto, mas, ainda assim, ameaçadoramente misterioso, constituem um universo de discurso totalmente diferente que não se pode conceber sendo adotado por Sartre como modelo para seus romances.

Por mais problemáticas que possam às vezes parecer algumas das características formais da obra de Sartre, elas constituem manifestações necessárias de sua visão global em contextos particulares e, assim, não podem ser avaliadas de forma adequada sem a compreensão da natureza do todo. É bastante significativo que sua concepção intimamente integrada de filosofia e literatura tenha aparecido em idade bem precoce. No mesmo ano em que escreveu aquela carta participando do inquérito entre estudantes (1929), concebeu também *Légende de la vérité* [A lenda da verdade][23]: estranha mescla de filosofia, mito e literatura da qual só um fragmento foi publicado. É uma espécie de "*Urnebel*" (a "bruma primitiva" de Kant), da qual emergem as criações posteriores, mediante múltiplas diferenciações e metamorfoses. O que é da mais evidente nitidez, desde o início, é que, para Sartre, "*forma* e *conteúdo* estão sempre relacionados"[24], na verdade de forma orgânica. A configuração global do significado determina a forma, e a articulação da forma traz consigo a definição concreta do significado.

A simbiose não muito feliz de *Légende de la vérité* logo abriu caminho para as obras primordialmente filosóficas ou predominantemente literárias dos anos 1930, sem abolir por completo a interpenetração recíproca. Não obstante, Sartre percebe que há certas coisas, em sua busca global, que são "por demais técnicas" e que, por isso, exigem um "vocabulário puramente filosófico", e ele promete "duplicar, por assim dizer, cada

---

[23] Idem, "Légende de la vérité", *Bifur*, junho de 1931; reproduzido em C/R, cit., p. 531-45.

[24] Idem, "Itinerário de um pensamento", cit., p. 221.

58 A obra de Sartre

romance com um ensaio"[25]. Esse ainda é um diagnóstico bastante ingênuo do problema, característico do ávido aprendiz do novo vocabulário filosófico da fenomenologia e do existencialismo alemães. Assim que deixa para trás esse período de aprendizagem e consegue elaborar seu próprio vocabulário, Sartre logo descobre não só que não pode haver "duplicação" entre filosofia e romances, senão por um curto período transitório, como também que a verdadeira afinidade, para ele, é entre filosofia e teatro, e não entre filosofia e ficção. Além disso, no correr da sistematização de seus conceitos filosóficos originais em *O ser e o nada*, toma consciência de que eles não precisam – de fato, não podem – ser mantidos em compartimentos separados, mas exigem a unidade da filosofia e da literatura a serviço de sua formidável busca do homem. Já *O ser e o nada* não pode ser concebido sem seu recurso consciente à ideia de tal unidade.

2.4

Não se pode compreender a especificidade da obra de Sartre sem prestar atenção à malha de termos e de usos que ele introduziu no decorrer de seu desenvolvimento. Eles constituem um conjunto coerente de conceitos intimamente interligados, cada um com seu próprio "campo de irradiação" e seus pontos de ligação com todos os outros. Isso fica evidente se pensarmos em exemplos como "autenticidade", "angústia", "má-fé", "o espírito de seriedade", "contingência", "náusea", "viscosidade", "facticidade", "negação", "niilificação", "liberdade", "projeto", "compromisso" ("engajamento"), "possibilidades", "responsabilidade", "voo", "aventura", "acaso", "determinação", "serialidade", "grupo-em-fusão", "temporalização", "totalização", "destotalização", "condensação", "sobredeterminação", "mediação", "progressão-regressão", "universal-singular", "irredutibilidade", e assim por diante. Contudo, estamos falando a respeito de uma característica onipresente que vem para o primeiro plano mesmo nos lugares e formas mais inesperados. Seja num confronto direto com um tema filosófico da maior importância, seja numa questão aparentemente corriqueira, os termos de análise e de avaliação de Sartre são sempre tipicamente seus e, a partir de cada um dos pontos menores, vinculam-se com os principais pilares de sustentação de sua estrutura de pensamento.

Tomemos o termo "invenção". Falando a respeito do intelectual, de sua "ânsia vã pela universalidade", Sartre apresenta seu modo de ver da seguinte maneira:

> Lembro-me de quando vi um cachorrinho depois da remoção parcial do cerebelo. Ele se deslocava pela sala raramente colidindo com os móveis, mas tornara-se ponderado. Fixava cuidadosamente seu itinerário. Pensava muito antes de contornar um objeto, precisando de grande dose de tempo e de pensamento para executar movimentos a que antes não dava atenção alguma. Na linguagem da época, dizíamos que o córtex havia assumido, nele, determinadas funções das regiões inferiores. Ele era um cão intelectual. Não sei se isso o tornava muito útil ou nocivo à sua espécie, mas podemos muito bem imaginar que havia perdido

---

[25] Entrevista a Claudine Chonez, *Marianne*, 23 de novembro e 7 de dezembro de 1938.

Filosofia, literatura e mito 59

aquilo que Genet, outro exilado, chamou tão bem de "doce confusão natal". Em suma, ele tinha ou de morrer, ou de reinventar o cachorro.

Do mesmo modo, nós – ratos sem cerebelos – somos também feitos de tal modo que devemos ou morrer, ou reinventar o homem. Mais do que isso, sabemos muito bem que o homem irá se fazer sem nós, pelo trabalho e pela luta, que nossos modelos se tornam obsoletos de um dia para o outro, que nada sobrará deles no produto final, nem mesmo um osso; mas sabemos, também, que sem nós a fabricação se daria no escuro, por emendas e remendos, se nós, os "descerebrados", não estivéssemos ali para repetir constantemente que devemos trabalhar segundo princípios, que não é uma questão de remendar, mas de medir e construir, e, finalmente, que ou a humanidade será o universal concreto, ou não será.[26]

Certamente, sugerir que o cachorro "reinvente o cachorro" é, no mínimo, demasiado incomum. E, no entanto, não tem a menor importância se a descrição de Sartre seria, ou não, comparável a um relato científico objetivo. Pois o que está em questão não é o cachorro, mas o homem que tem de ser "reinventado". E, de novo, "invenção--reinvenção" não é de modo algum o termo que se apresentaria naturalmente nesse contexto. Mas não será a ideia tão incomum quanto o termo de que Sartre se valeu para transmiti-la? Como se pode "reinventar" o homem sem cair em um voluntarismo extremado? Evidentemente não se pode, se a expressão for tomada em seu sentido literal, mas não foi isso o que se pretendeu. Também não se pretendeu usá-la como imagem poética. O significado é conceitual, não figurativo. Mas é conceitual no sentido da "condensação-sobredeterminação" totalizadora, de que falamos anteriormente; isto é, extrai seu significado integral da multiplicidade de interconexões estrutural-contextuais. Seria relativamente fácil encontrar alguns termos que expressassem, de forma mais literal e unívoca, a ideia central da passagem sobre "reinvenção". Mas a que preço? Isso significaria não só a perda do estilo característico do escritor como também de grande parte do significado. Sartre escolhe deliberadamente um termo que mantém a ideia central um pouco "fora de foco", a fim de trazer uma multiplicidade de alusões e conexões para dentro de um *foco combinado*. Pois a profundidade de qualquer conceito específico, bem como o seu campo de irradiação, é determinada pela totalidade de interconexões que o conceito pode evocar toda vez que aparece sozinho. A diferença entre um pensador profundo e um pensador superficial é que aquele sempre trabalha com toda uma malha de conceitos organicamente integrados, enquanto este se satisfaz com expressões isoladas e definições unilaterais. Assim, o primeiro estabelece conexões, mesmo quando tem de escolher contextos específicos e traçar linhas de demarcação, enquanto o segundo deixa escapar até mesmo as conexões mais óbvias, ao sacrificar a complexidade à precisão analítica e à clareza unívoca da supersimplificação, em lugar da sobredeterminação.

Consideremos brevemente o campo do conceito de "invenção" de Sartre. Citamos anteriormente um dos contextos em que ele sugere que "o leitor nos inventa: utiliza

---

[26] Jean-Paul Sartre, "Of Rats and Men", cit., p. 245.

60 A obra de Sartre

nossas palavras para armar para si mesmo as próprias armadilhas"[27]. Isso não é um paradoxo pelo paradoxo. Acentua a firme crença de que "inventar" não é uma atividade soberana, levada a cabo a uma distância segura, mas sim uma relação complexa de estar simultaneamente dentro e fora, como o homem que se faz e se reinventa, estando, ao mesmo tempo, de acordo com seus próprios projetos e a certa distância deles. (Como se vê, a ideia de *distância* é parte integrante dessas considerações, tanto do modo como aparece na exposição de Sartre sobre Giacometti quanto nas referências que ele faz à visão de Brecht sobre a simultaneidade do dentro e do fora conseguida mediante seu *Verfremdungseffekt*.) Ao falar sobre Genet, Sartre traz para o primeiro plano outro aspecto. "O gênio não é um dom, mas um resultado que se inventa em situações de desespero."[28] Nesse caso, a invenção é uma réplica a uma situação em que tudo parece perdido – tal como o salto súbito e a fuga do animal encurralado por cima da cabeça de seus perseguidores. Analogamente, os sentimentos genuínos, essenciais para a produção de boa literatura, não são apenas "dados, de antemão: todos devem inventá-los em sua vez"[29]. Assim, de novo paradoxalmente, a espontaneidade do sentimento genuíno é uma "espontaneidade inventada". E esse não é um caso isolado. A libertação de Paris em 1944 é descrita como "a explosão da liberdade, a ruptura da ordem estabelecida e a invenção de uma ordem eficaz e espontânea"[30]. Desse modo, a invenção nos é apresentada como uma fusão de negatividade e positividade: a "disciplina inventada" triunfa sobre a "disciplina aprendida", e o Apocalipse é definido como "uma organização espontânea das forças revolucionárias", antecipando um problema central da *Crítica da razão dialética* de Sartre. Invenção é também o termo-chave quando, em 1947, fala a respeito da necessidade de "inventar o caminho para uma Europa socialista"[31], a fim de garantir a sobrevivência da humanidade. E, em 1968, defendendo a ideia de "poder à imaginação", recorda que "em 1936 [a classe trabalhadora] inventou a ocupação de fábricas por ser essa sua única arma para consolidar sua vitória eleitoral e tirar proveito dela"[32]. Dentro de um espírito parecido, Sartre fala a respeito da tarefa de "inventar uma universidade cujo propósito não seja mais a seleção de uma elite, mas a transmissão da cultura a todos"[33].

Seria possível continuar dando mais exemplos extraídos de diferentes esferas do pensamento de Sartre, desde sua ontologia até sua teoria da linguagem, mas não é

---

[27] Cf. p. 30 deste volume.

[28] Jean-Paul Sartre, *Saint Genet: comédien et martyr* (Paris, Gallimard, 1952), p. 536.

[29] Idem, "La nationalisation de la littérature", em *Situations II*, cit., p. 53.

[30] Idem, "La libération de Paris: une semaine d'Apocalypse", *Clartés*, 24 de agosto de 1945; reproduzido em C/R, cit., p. 659-62.

[31] Idem, "Gribouille", *La Rue*, novembro de 1947.

[32] "L'imagination au pouvoir, entretien de Jean-Paul Sartre avec Daniel Cohn-Bendit". *Le Nouvel Observateur*, suplemento especial, 20 de maio de 1968.

[33] Entrevista a Serge Lafaurie, *Le Nouvel Observateur*, 17 de março de 1969; reproduzida em *Situations VIII*, cit., p. 239-61 (a citação é da p. 254).

necessário. Os exemplos que vimos até aqui são amplamente suficientes para indicar a natureza das interconexões conceituais a que nos referimos anteriormente. Ligar "invenção" a um paradoxo não é recurso estilístico formal, mas reconhecimento de uma coerção objetiva que se deve transcender por meio do ato de invenção que é, ele próprio, o resultado paradoxal daquela coerção. (Uma "astúcia da história" contra as próprias determinações, se assim se preferir.) Desse modo, liberdade e ordem, disciplina e espontaneidade, negação e autoafirmação etc. são postas em jogo como dimensões necessárias de invenção enquanto empreendimento humano. Todas essas dimensões devem ser simultaneamente lembradas, por meio da "condensação" de uma multiplicidade de inter-relações para dentro de um foco combinado, a fim de serem capazes de vincular a parte ao todo e, assim, outorgarem a ele sua significação plena. É desse modo que, partindo da invenção de Sartre do cachorro que "reinventa o cachorro", chegamos às raízes do empreendimento humano: o homem "reinventando o homem" e produz, assim, o "universal concreto".

Em Sartre, devemos assinalar, porém, não só a estrutura das interconexões conceituais, mas também seu "signo": não uma consecução positiva não problemática, mas uma prevalente *negatividade*. Pois o modo como a "invenção" se articula por meio de suas conexões é dominado pela distância e pela restrição, pela determinação e pela angústia de que a "invenção" só se livre por um momento extático. Em tais momentos, quando "a liberdade explode" e "a imaginação assume o poder" (ou o "gênio" comuta a sentença de morte de um homem em sua prisão perpétua como escritor), a fusão extática do intercâmbio humano manifesta-se como a temporalidade predestinada do "Apocalipse que é sempre derrotado pela ordem"[34] – pela "ordem estabelecida", isto é, aquela a que a "disciplina inventada" e a "ordem espontânea" não parecem ser capazes de proporcionar uma resposta duradoura. Por isso é que, no fim, o momento positivo de invenção não pode deixar de ser encarado por Sartre senão como uma negação radical dos poderes de alienação e de negatividade. Desse modo, um apaixonado "dever". A tarefa inventiva de "construir a humanidade" é explicada "não como a *construção* de um sistema (ainda que seja o sistema socialista), mas como a *destruição* de todos os sistemas"[35].

2.5

É necessário que se apresente aqui outro conjunto de problemas: a concepção de *temporalidade* de Sartre como um dos elementos constitutivos mais fundamentais de seu sistema de ideias, determinando a articulação de muitas de suas preocupações específicas.

---

[34] Jean-Paul Sartre, "La libération de Paris: une semaine d'Apocalypse", em C/R, cit., p. 661.

[35] Idem, "Détermination et liberté", em C/R, cit., p. 745.

62 *A obra de Sartre*

Num texto muito antigo sobre "L'art cinématographique" (1931)[36], Sartre opõe a temporalidade da ciência – sua concepção de ordem irreversível e de marcha absolutamente determinada para adiante, que seria insuportável como sentimento se acompanhasse todas as nossas ações – aos movimentos súbitos e às manifestações espontâneas de vida percebidos pelo indivíduo. Afirma ele que as artes do movimento (música, teatro, cinema) têm a tarefa de representar essa ordem irreversível "fora de nós, retratada nas coisas". Fala a respeito da "fatalidade" da progressão musical na melodia; da "caminhada compulsória [da tragédia] rumo à catástrofe" e de uma espécie de fatalidade também no cinema. Caracteriza a música como abstração e a tragédia como "fortemente intelectual [...] um produto da razão [...] uma dedução lógica que começa a partir de certos princípios propostos logo de início". Embora o desdobramento da ação no cinema também seja descrito como "fatal", é contraposto ao teatro pelo fato de não ter alcançado o "tempo abstrato e reduzido da tragédia". Segundo Sartre, é o cinema que representa "pela própria natureza a civilização de nossa época" O cinema é a forma de arte que "é a mais próxima do mundo real", que melhor capta a "necessidade desumana" da *durée* de nossa vida, e que nos ensina "a poesia da velocidade e das máquinas, a desumanidade e a grandiosa fatalidade da indústria". O que salva o cinema do tempo abstrato e reduzido do teatro, bem como de seu intelectualismo, é sua *simultaneidade* e *sobreimpressão* ("*superimpression*" – a antecessora do conceito sartriano de "sobredeterminação"). Alude a *Napoléon*, de Abel Gance, no qual as imagens de uma "tempestade na Convenção" são intensificadas pelas cenas de uma tempestade no Mediterrâneo. Os dois temas se entremesclam de tal modo que "se acusam e se ampliam reciprocamente e, no final, fundem-se um com o outro". Exatamente como em Giacometti, os temas específicos não transmitem seus significados de modo individual, mas apenas se forem tomados em conjunto numa unidade combinada. Graças à característica formal da "sobreimpressão", o artista pode "desenvolver vários temas simultaneamente" e, desse modo, conseguir realizar uma "polifonia cinematográfica".

Muitos pontos dessa análise são alterados no decorrer do desenvolvimento subsequente de Sartre. Contudo, o enriquecimento e a concretização de suas opiniões provêm dos conceitos pela primeira vez expressos nesse artigo. À medida que descobre o teatro para si mesmo, mediante sua própria prática, modifica suas opiniões sobre "tempo abstrato" e "intelectualismo" como necessariamente inerentes a todo teatro. Ou seja, à luz de sua própria obra dramática, identifica o tipo intelectual de drama com determinada forma de tradição clássica à qual continua se opondo. Falando a respeito de *As moscas*, insiste que sua meta era criar "a tragédia da *liberdade* em oposição à tragédia da *fatalidade*"[37]. Conserva, também, sua aversão ao intelectualismo ao criticar *Cida-*

---

[36] Idem, "L'art cinématographique" (1931), publicado originalmente num folheto do Liceu do Havre, *Distribution solenelle des prix*, Le Havre, 12 de julho de 1931; reproduzido em C/R, cit., p. 546-52 (as citações são das p. 548-52).

[37] Entrevista a Yvon Novy, *Comoedia*, 24 de abril de 1943.

dão Kane, de Orson Welles, como "uma obra intelectual, a obra de um intelectual"[38], o que mostra que a afirmação da espontaneidade é um *Leitmotiv* de sua obra, desde o mais remoto início. E, em termos de critérios formais, conserva e expande a ideia de simultaneidade vinculada à "sobreimpressão" (sobredeterminação) e à polifonia da multiplicidade integrada (condensação e foco combinado), conforme já vimos.

Mas aqui é o limite até onde podemos ir na identificação de semelhanças. A "tragédia da liberdade" de Sartre é inconcebível com base em sua concepção juvenil de temporalidade e causação, uma vez que esta admite a necessidade e a fatalidade como princípios orientadores das três formas de arte a que ele se refere. Consequentemente, as características de simultaneidade e de polifonia apenas abrandam o golpe; não podem transcender a determinação fundamental e os limites da fatalidade. Caracteristicamente, ele tem de pedir-nos que admiremos a "concatenação *inflexível, mas maleável*" ("*enchaînement inflexible, mais souple*")[39] do cinema, o que não é muito mais do que um prêmio de consolação sob a forma de uma "solução" verbal-paradoxal. *Ex pumice aquam* – não se pode extrair espontaneidade e liberdade da fatalidade simplesmente dizendo que ela é "maleável".

No artigo de juventude de Sartre sobre o cinema podemos presenciar uma tensão entre sua adesão apaixonada à espontaneidade, à surpresa da vida, e a aceitação de uma concepção de temporalidade como concatenação absoluta no mundo que nos rodeia (o que significa, inevitavelmente, que o cinema, "mais próximo do mundo real", representando o "homem real numa região rural real", "montanhas reais e mar real"[40] etc., está essencialmente aprisionado e apenas marginalmente livre). Essa é uma tensão fecunda, pois não é apenas um conflito de ideias, mas uma contradição entre uma teoria restritiva e um impulso existencial na direção da liberdade. Para se libertar dessa contradição, Sartre tem de se livrar de Bergson – cuja "*liberté intérieure*", fugindo à questão do "destino", é, como Sartre mais tarde reconhece, uma liberdade ilusória, que permanece sempre meramente teórica e intelectual[41], mas não real (existencial) – e elaborar uma concepção de temporalidade em afinidade com a sua própria busca.

Essa nova concepção de temporalidade foi formulada claramente num ensaio sobre Faulkner, escrito em 1939, em que Sartre analisa *O som e a fúria*[42] centrando-se na questão do tempo. Verifica-se que a contraposição entre ordem afetiva (emocional) e intelectual do tempo, que se encontra no ensaio de juventude, recebe no romance de Faulkner tratamento favorável à ordem afetiva, para grande satisfação de Sartre. O que o perturba é a ausência do futuro. "Nada acontece, tudo aconteceu. [...] o pre-

---

[38] Jean-Paul Sartre, "Quand Hollywood veut faire penser: *Citizen Kane* d'Orson Welles", *L'ecran français*, 1º de agosto de 1945.

[39] Idem, "L'art cinématographique", em C/R, cit., p. 551.

[40] Ibidem, p. 549.

[41] Entrevista a Yvon Novy, *Comoedia*, 24 de abril de 1943.

[42] Jean-Paul Sartre, "Sobre *O som e a fúria*: a temporalidade em Faulkner", em *Situações 1*, cit., p. 93-100.

64   A obra de Sartre

sente não é nada mais que [...] um *futuro passado*." "Proust e Faulkner simplesmente o decapitaram [o tempo], suprimiram seu porvir, quer dizer, a dimensão dos atos e da liberdade."[43] O modo como é tratado o suicídio de Quentin mostra que ele não tem "possibilidade humana"; defrontamo-nos com algo que não é "um empreendimento, é *fatalidade*"[44]. Todo o problema depende do futuro: "Se o futuro tem uma realidade, o tempo se afasta do passado e se aproxima do futuro; mas se o futuro é suprimido o tempo não é mais o que separa, o que corta o presente de si mesmo"[45]. Mas será verdade, indaga Sartre, que o tempo humano é desprovido de futuro? A temporalidade do prego, do torrão de terra, do átomo é o "*presente perpétuo*. Mas o homem é um prego pensante?". Faulkner, em conformidade com a visão de tempo que possui, representa o homem como uma criatura "desprovida de possibilidades". Ele define o homem como "a soma do que ele tem"[46]. A esta, Sartre contrapõe sua própria definição de homem como "a totalidade do que ainda não tem, do que poderia ter"[47].

Em *História e consciência de classe** (1923), Lukács analisa a "consciência possível" como a consciência de uma classe historicamente progressista que tem um futuro diante de si e, por isso, a possibilidade de totalização objetiva. Em nossa época, segundo Lukács, apenas o proletariado possui a temporalidade apropriada, inseparável da possibilidade de totalização sócio-histórica, pois a burguesia perdeu seu futuro – sua temporalidade, como disse Sartre a respeito de Proust e Faulkner, foi "decapitada" –, já que seus objetivos fundamentais enquanto classe são radicalmente incompatíveis com as tendências objetivas do desenvolvimento histórico. Dada essa contradição fundamental entre objetivo e realidade, a classe sem futuro não pode realizar a "unidade entre sujeito e objeto", mas, em lugar disso, tem de criar uma estrutura de pensamento dualista-antinômica, centrada no individualismo e na subjetividade e dominada pelas condições de "reificação", às quais ela só pode se contrapor na e por meio da subjetividade, exacerbando, desse modo, a contradição entre sujeito e objeto. Heidegger, diante da problemática lukácsiana, propõe uma "solução" pela transcendência de Lukács em direção a seu ensaio de juventude "A metafísica da tragédia" (1910), publicado no volume *Die Seele und Die Formen* [A alma e as formas], no qual, praticamente duas décadas antes de Heidegger, Lukács havia exposto alguns dos temas centrais do existencialismo moderno[48]. Heidegger apresenta

---

[43]   Ibidem, p. 98.

[44]   Idem.

[45]   Ibidem, p. 99.

[46]   Idem.

[47]   Ibidem, p. 100.

*   São Paulo, WMF Martins Fontes, 2012. (N. E.)

[48]   Lucien Goldmann tratou, em diversas de suas obras, da relação entre Lukács e Heidegger; cf. *Mensch, Gemeinschaft und Welt in der Philosophie Immanuel Kants* (Zurique, Europa-Verlag, 1945), *Recherches dialectiques* (Paris, Gallimard, 1959) e, especialmente, seu volume póstumo, *Lukács et Heidegger*, com organização e introdução de Youssef Ishaghpour (Paris, Denoël/Gonthier, 1973).

uma concepção de temporalidade que *atribui possibilidade* (projeção para o futuro identificado, em última instância, com a morte, dentro do espírito de "A metafísica da tragédia") à *consciência em geral*. Assim, convertendo possibilidade em dimensão ontológica da *consciência como tal*, a crítica marxiana de Lukács da consciência de classe burguesa é teoricamente destruída, e é anunciado, na base da reconstrução da subjetividade heideggeriana, um projeto de ontologia unificada. É significativo, contudo, que esse projeto jamais tenha sido concluído. E 25 anos depois de haver publicado *Ser e tempo* – originalmente almejado como a fundamentação preliminar do projeto global – Heidegger é forçado a admitir: "A indicação 'Primeira Metade', contida nas edições até aqui, foi suprimida. Após um quarto de século, não se pode acrescentar a segunda metade sem se expor de maneira nova a primeira"[49]. Isso soa muito razoável, exceto pelo fato de que não é dada razão alguma para que não tenha havido a conclusão do projeto global, não só em 25 anos, mas mesmo depois disso. Evidentemente, não estamos interessados no nazismo de Heidegger – que está mais para uma consequência do que para uma causa –, mas sim na natureza do próprio projeto: o extremo subjetivismo de sua temporalidade e ser. *Ex pumice aquam* – não se pode extrair o fundamento do ser de uma subjetividade miticamente inflada apenas denominando-a "ontologia fundamental".

Sartre adota alguns dos elementos da concepção de Heidegger ao escrever: "a natureza da consciência implica [...] que ela se lance à frente de si mesma para dentro do futuro; [...] ela se determina em seu ser atual por suas próprias possibilidades – é a isso que Heidegger chama 'a força silenciosa do possível'"[50]. Ao mesmo tempo, desde o início, ele vai muito além de Heidegger, fazendo uso do filósofo alemão em proveito próprio. Partindo de sua própria busca existencial da liberdade e da espontaneidade, encontra, na concepção de temporalidade de Heidegger, apoio contra a fatalidade e a inércia. Mas esse é apenas o lado *negativo* de sua visão global. O aspecto positivo é exemplificado com toda a clareza num belo trecho conclusivo do ensaio sobre Faulkner:

> Como se explica que Faulkner e tantos outros autores tenham escolhido essa absurdidade que é tão pouco romanesca e tão pouco verídica? Creio que é preciso procurar a razão disso nas condições sociais de nossa vida presente. O desespero de Faulkner me parece anterior à sua metafísica: para ele, como para todos nós, o *futuro está vedado*. Tudo o que vemos, tudo o que vivemos nos incita a dizer: "Isso não pode durar" – e no entanto a mudança não é nem mesmo concebível, a não ser na forma de *cataclismo*. Vivemos no tempo das *revoluções impossíveis*, e Faulkner emprega sua arte extraordinária para descrever esse mundo que morre de velhice e nossa asfixia. Aprecio sua arte, mas não acredito em sua metafísica. *Um futuro vedado ainda é um futuro.*[51]

---

[49] Prefácio de Heidegger à sétima edição alemã de *Ser e tempo*: parte I (7. ed., trad. Márcia de Sá Cavalcante, Petrópolis, Vozes, 1998), p. 23.

[50] Jean-Paul Sartre, "Sobre *O som e a fúria*", cit., p. 99.

[51] Ibidem, p. 100.

66 A obra de Sartre

A expressão "um futuro vedado ainda é um futuro" (que se tornou o modelo de muitos dos paradoxos de Sartre, como "a recusa a engajar-se é uma forma de engajamento" ou "deixar de escolher é por si só uma escolha") pouco ou nada significa, em si e por si. O que irradia vida dentro dessa tautologia formal abstrata é o contexto (ou situação) em que está inserida. O subjetivismo da concepção heideggeriana de temporalidade ajuda-o a negar o "futuro vedado" de uma época dilacerada pela contradição inerente entre a necessidade de mudança e a impossibilidade de revoluções. Contudo – e eis o que decide a questão –, se as revoluções são ou não impossíveis é uma questão de *temporalidade real* que se está decidindo na arena sócio-histórica *concreta*. Assim, enquanto a temporalidade abstrata de "um futuro vedado ainda é um futuro" nega a temporalidade real da inércia social (determinada pelas condições temporais-históricas de alienação e reificação), essa temporalidade subjetivista da *possibilidade abstrata* também está sendo negada pela *possibilidade real* de revoluções concretas.

Os puristas heideggerianos sem dúvida definiriam o modo com que Sartre insere os conceitos adotados no contexto que vimos anteriormente como "ecletismo". Na verdade, esse tipo de "ecletismo" constitui a originalidade exemplar e a importância filosófica de Sartre. Ele consegue livrar-se da tensão manifesta de sua concepção juvenil de temporalidade atingindo uma tensão muito maior.

Essa tensão não só é muito maior, mas ao mesmo tempo incomparavelmente mais fecunda. Daí em diante, mesmo sem sabê-lo (a percepção da mudança de seu próprio desenvolvimento como engajamento teve início com a guerra), ele está situado exatamente no centro do turbilhão da temporalidade real, o qual ele não pode simplesmente contemplar de fora, a partir da "*temporalité intérieure*" do recolhimento literário. De fato, seu ato de engajamento durante a guerra tornou-se possível dentro do quadro dessa nova concepção e dessa tensão existencial intensificada, as quais são apropriadas para fornecer a base para a sistematização de uma obra global muito rica. Pois, sem o quadro alterado, ele bem poderia ter reagido à desumanidade da guerra e à fatalidade dos bombardeios em termos do mesmo esteticismo decadente de "interioridade" com o qual outrora se entusiasmara pela "poesia da velocidade e das máquinas" e pela "desumanidade e a grandiosa fatalidade da indústria".

Porém, o "cataclismo" chega e, depois dele, seguem-se levantes e revoluções – algumas inacabadas, outras derrotadas, outras, ainda, parcialmente bem-sucedidas, ou entravadas, frustradas, violentamente combatidas; todas, porém, dolorosamente reais. Será que todas elas poderiam deixar de ter consequências de grande importância para o outro lado da contradição que se encerrava na nova tensão existencial de Sartre? Dificilmente, como prova com exuberância seu desenvolvimento subsequente.

2.6

Não se trata de antecipar o desenvolvimento posterior de Sartre, mas de revelar a estrutura de seu pensamento como necessidade interior que constitui uma condição vital

Filosofia, literatura e mito 67

daquele desenvolvimento. Nesse sentido, devemos assinalar outra dimensão fundamental: o modo pelo qual Sartre torna-se um filósofo moral *malgré lui*.

O problema brota da caracterização do presente como uma *totalidade inerte*: um mundo morrendo de velhice, uma época de "revoluções impossíveis", disseminando e intensificando o sentimento de paralisia até mesmo pela consciência de "cataclismo" como única forma viável de mudança. Como pode a proposição abstrata "um futuro vedado ainda é um futuro" negar efetivamente tal tipo de ruína e de destruição? Apenas se dele se fizer um absoluto categórico que necessariamente transcenda toda temporalidade dada, por mais sufocantemente real que ela seja. E quem é o sujeito desse "futuro vedado"? Se é o indivíduo, a proposição é evidentemente falsa, pois o futuro vedado para o indivíduo está *inexoravelmente vedado*. Por outro lado, se o sujeito é a humanidade, a proposição é absurda, pois a humanidade não pode ter um "futuro vedado", a não ser vedando-o para si mesma sob a forma de um suicídio coletivo, caso em que não há futuro, vedado ou não – e, nesse caso, de fato, nem humanidade. Paradoxalmente, o significado existencial (não tautológico) da proposição produz-se pela *fusão* do indivíduo com o sujeito coletivo. Seu significado não é, assim, o que literalmente sugere (uma tautologia ou, quando muito, uma banalidade), mas o significado funcional de uma *negação radical* que não pode apontar para forças históricas palpáveis como portadoras de sua verdade e, por isso, deve assumir a forma de um imperativo categórico: o *dever moral*.

Essa dimensão da estrutura de pensamento de Sartre, indissoluvelmente ligada à questão do indivíduo e do sujeito coletivo, permanece uma característica fundamental de sua obra durante todo o seu desenvolvimento. Não que não possa haver mudanças quanto a isso no restante de sua vida, pois houve muitas. A questão é que, à medida que surgem, tais mudanças devem sempre afetar esse conjunto total de relações, notadamente os problemas de temporalidade e de moralidade, articulados em termos de sujeito e objeto, do indivíduo e do sujeito coletivo. Esses problemas são discutidos na Terceira Parte; aqui, porém, trata-se apenas de salientar a interconexão necessária entre a concepção de temporalidade de Sartre e a *especificidade* paradoxal de sua filosofia moral. A verdade é que esta última não é uma filosofia moral explícita, mas *latente* – e assim permanece, por mais que ele tenha procurado de maneira tenaz, em alguns manuscritos inacabados (inacabáveis), torná-la explícita. Em certa medida, isso se assemelha ao caso de ele escrever poesia lírica: não pode escrevê-la porque, de fato, a escreve – de forma difusa – *todo o tempo*. Ela é inerente a todas as suas análises, como o ponto de vista positivo do futuro, que assume a forma de uma negação radical, embora incapaz de identificar-se com um sujeito histórico. Em cada uma das obras que é obrigado a abandonar, suas tentativas de tornar explícitos seus princípios morais necessariamente se frustram, pois ele tenta cumprir essa tarefa atendo-se aos limites de sua ontologia fenomenológico-existencial, a qual torna redundante tal explicitação.

Paradoxalmente, a fim de manter-se um filósofo moral, sua filosofia moral deve continuar latente. A fim de expressar sua filosofia moral latente de forma plenamente desenvolvida, coisa que procura fazer seguidas vezes, Sartre teria de modificar substancialmente a estrutura de sua filosofia como um todo, inclusive a função, dentro dela, do dever moral

68   *A obra de Sartre*

categórico. Essa modificação, porém, deslocaria de forma radical – aliás, possivelmente tornaria supérfluo – exatamente o dever moral na estrutura de seu pensamento. Desse modo, ele só pôde produzir sua *Morale* deixando de ser um filósofo moral. Curiosamente, isso explica por que seus esforços conscientes que visam transcender suas posições anteriores resultam na reafirmação mais enérgica possível daquelas como a pré-condição necessária do "impossível empreendimento" em que está envolvido: a dedução de uma filosofia moral socialmente orientada a partir da estrutura ontológica da práxis individual.

Texto algum se encontra mais próximo de seu sistema original, expresso em *O ser e o nada*, do que "Determinação e liberdade"*, conferência realizada 23 anos mais tarde, em maio de 1966, no Instituto Gramsci, em Roma, e parte de um substancial manuscrito sobre sua *Morale*. Ela poderia, sem muita dificuldade, ser incluída nas páginas daquela obra anterior, *O ser e o nada*. Prova disso é que, ao querer transcender algumas de suas antigas posições, ele tem de fazê-lo "sem realmente tentar". Ou seja, tem de transcendê-las pela expansão, trazendo à discussão novas estruturas ontológicas – como de fato o faz na *Crítica da razão dialética* –, o que, objetivamente, *implica* certa suplantação, mesmo que ele não a expresse naquilo que, uma vez mais, pretendia ser um primeiro volume. Isso significa que a nova e a velha estruturas devem ser mantidas lado a lado, sem se integrarem. Pois, assim que a tarefa de integração é experimentada, no segundo volume ou em qualquer outra obra correlata, a dificuldade inerente de mover-se da latência à explicitação apresenta-se com intensidade revigorada, e estaremos de volta ao mundo de *O ser e o nada* pelo caminho de "Determinação e liberdade".

Vê-se, pois, como Sartre está correto ao caracterizar sua preocupação com a moralidade como sua "preocupação dominante". Com uma ressalva necessária. Essa preocupação invade seu horizonte *malgré lui*, de forma paradoxal, mediante sua definição de temporalidade e transcendência como contrárias à sua concepção anterior. Até a época em que escreve "L'art cinématographique", e por alguns anos depois disso, não há espaço para moralidade em seu mundo de "interioridade" resguardada que menospreza a preocupação do homem com o Bem e o Mal como uma "ideologia inútil" e reconcilia-se esteticamente com a "grandiosa fatalidade" da desumanidade capitalista, sem se dar conta da barbaridade de pronunciamentos desse tipo. Assim, quando Paul Nizan, amigo íntimo seu, observa, ao resenhar *A náusea*[52], que o pensamento de Sartre é "inteiramente alheio a problemas morais", ele está correto na caracterização de uma fase inicial do desenvolvimento de Sartre, embora seja extremamente discutível que nela se devesse incluir *A náusea*. (Sem dúvida, Nizan está influenciado pela lembrança dos debates que mantinham na faculdade.) De qualquer forma, trata-se de uma fase muito limitada. Na época da publicação de *A náusea*, ela certamente já terminara, graças à investigação de Sartre sobre a natureza da emoção e da imaginação, e graças à sua redefinição radical da temporalidade.

---

*   Jean-Paul Sartre et al., *Moral e sociedade: atas do congresso promovido pelo Instituto Gramsci* (trad. Nice Rissoni, Rio de Janeiro, Paz e Terra, 1994). (N. E.)

[52]   *Ce Soir*, 16 de maio de 1938.

2.7

A malha de conceitos de Sartre constitui um todo espantosamente coerente, no qual cada um dos elementos se liga de maneira orgânica aos demais. O modo como ele utiliza "invenção", por exemplo, pode por vezes parecer muito subjetivo, talvez até caprichoso, enquanto não for relacionado ao quadro conceitual como um todo. Contudo, tão logo se tome consciência dos conceitos correlatos, como vimos antes, a impressão unilateral de subjetividade desaparece. O conceito sartriano de invenção pareceria de fato extremamente voluntarista e absolutamente fútil, mesmo dentro de sua própria visão juvenil de temporalidade. Não é assim em sua concepção posterior. Uma vez que a fatalidade da determinação absoluta e da concatenação irreversível for eliminada de seu quadro, a "invenção" e a "imaginação" podem manter sua condição e adquirir maior importância em seu sistema de ideias. De modo inverso, também, a preocupação com *A imaginação** e *O imaginário*** (traduzido em inglês como *The Psychology of Imagination*) contribuiu enormemente para a elaboração de seu conceito de temporalidade.

O "passado" passa a estar ligado à "ordem intelectual" – condição sombria, "sem surpresa", governada pela causalidade unilateral da concatenação –, à inércia, ao desânimo, ao desespero. "Em *Cidadão Kane* o jogo terminou. Não estamos envolvidos num romance, mas numa história no pretérito. [...] Tudo é analisado, dissecado, apresentado na ordem intelectual, numa falsa desordem que é a subordinação dos eventos ao domínio das causas; tudo está morto."[53] O mesmo sucede com Zola, em quem "tudo obedece à mais estreita espécie de determinismo. Os livros de Zola são escritos a partir do passado, enquanto meus personagens têm um futuro"[54]. E, quando se apercebe de que o futuro está fora de algumas de suas obras, ele não hesita em condená-las. Falando a respeito de *Mortos sem sepultura****, insiste que "é uma peça faltosa. [...] o destino das vítimas estava absolutamente definido antes [...]. As cartas já estavam na mesa. É uma peça muito sombria, sem surpresa"[55]. O mesmo se dá com o volume IV de *Os caminhos da liberdade*, que abandona. Simone de Beauvoir repete as mesmas críticas e a mesma imagem de jogo utilizadas por Sartre, ao comentar: "Para seus heróis, no final de "Drôle d'amitié" [o capítulo publicado do volume IV] o jogo acabou"[56]. O futuro é que tinha sua aprovação, expressa com grande consistência na conotação positiva de sua esfera de conceitos associados, desde "esperança" e "autenticidade" até "surpresa" e "vida", e desde "ordem afetiva" (oposto

---

* Trad. Paulo Neves, Porto Alegre, L&PM, 2008. (N. E.)

** Trad. Duda Machado, São Paulo, Ática, 1996. (N. E.)

[53] Jean-Paul Sartre, "Quand Hollywood veut faire penser...", cf. p. 63 deste volume.

[54] "Qu'est-ce que l'existentialisme? Bilan d'une offensive", entrevista a Dominique Aury, *Les Lettres Françaises*, 24 de novembro de 1945.

***Lisboa, Presença, 1965. (N. E.)

[55] Entrevista a Jacques-Alain Miller, em Jacques-Alain Miller, *Um início na vida*, cit., p. 22.

[56] Simone de Beauvoir, *Force of Circumstance*, cit., p. 214.

70   *A obra de Sartre*

de "ordem intelectual") até "totalização dialética" que dá vida ao objeto de sua síntese, em vez de dissecá-lo na mesa funerária da análise pela análise.

Naturalmente, como tem sido salientado repetidas vezes, estamos falando de uma excepcional fusão de subjetividade e objetividade. Sartre não se arroga qualquer "objetividade científica". Sua malha de conceitos visa tanto evocar quanto situar e explicar. Contudo, sua fundida objetividade "subjetiva" é infinitamente mais objetiva do que a pretensa "objetividade" do jargão acadêmico. Sabendo muitíssimo bem que sempre nos encontramos dentro dos parâmetros da busca fundamental do homem, ele não "observa" e "descreve" simplesmente; ele *participa* e *age* ao mesmo tempo que *mostra*. Seu modo de ser não tem nada em comum com a "objetividade" pseudocientífica do jargão acadêmico socialmente insensível, que se assemelha às enzimas do aparelho digestivo que transformam tudo que cruze seu caminho invariavelmente na mesma espécie de produto final.

O quadro conceitual de Sartre é radicalmente diferente. Mais parece um sensível prisma duplo que recolhe de todas as direções as ondas luminosas da época de que é testemunha exemplar. Ele fragmenta as impressões recebidas em seus elementos constitutivos, mediante o prisma duplo de sua personalidade compulsiva, para voltar a ressintetizá-los na visão totalizadora *dele* que *reingressa* vigorosamente no mundo da qual foi tirada. "Mostrar e agir ao mesmo tempo", do ponto de vista do *futuro* – esse é seu objetivo. Isso implica estar fora e dentro simultaneamente, e explica por que ele precisa dos poderes combinados da filosofia, da literatura e do "mito". "Gostaria que o público pudesse ver nosso século, essa coisa estranha, *de fora*, como uma testemunha. E que, ao mesmo tempo, todos pudessem *participar*, pois este século é feito pelo público."[57] Sartre assumiu integralmente sua parte na feitura do século XX, investindo contra seus fetiches e aumentando sua autoconsciência. Esse caráter de testemunha participante, de engajamento criativo e revelador num envolvimento total, é o que dá à sua obra global a profundidade filosófica e a intensidade dramática que ela possui.

---

[57]   Entrevista a Robert Kanters, *L'Express*, 17 de setembro de 1959.

3
DE "A LENDA DA VERDADE" A UMA "VERDADEIRA LENDA": FASES DO DESENVOLVIMENTO DE SARTRE

3.1

Estar simultaneamente fora e dentro é também tarefa de um biógrafo, como o próprio Sartre demonstra com muita clareza em mais de uma ocasião (Baudelaire, Mallarmé, Genet, Flaubert). Escrever sobre alguém constitui uma relação específica entre duas "temporalizações singulares" distintas, na qual predominam às vezes afinidades, às vezes elementos de oposição. No caso de Flaubert, é primordialmente o contraste que atrai a atenção de Sartre: "Flaubert representa para mim exatamente o oposto de minha própria concepção de literatura: desengajamento total e uma determinada noção da forma que não é exatamente a que admiro. [...] Ele começou a fascinar-me exatamente porque o via como o contrário de mim mesmo"[1]. Em outras ocasiões (ao escrever, por exemplo, sobre Mallarmé ou Genet), afinidades importantes se encontram em primeiro plano. Porém, sejam as oposições ou as afinidades que deem o tom, não se pode cumprir de forma adequada a tarefa da investigação reveladora sem combinar os pontos de vista de "dentro" e de "fora": a compreensão solidária das motivações interiores, por mais marcantes que sejam os contrastes, e o impulso de transcendência crítica, por mais estreitas que sejam as afinidades.

Escrever sobre alguém é conjugar duas "temporalizações" sócio-históricas diferentes, mesmo que seja Lenin escrevendo sobre Marx. Tal empreendimento parte da premissa de que o segundo é significativo para o primeiro, contanto que o processo de investigação – que, ao mesmo tempo, é também uma forma de autorreflexão esclarecedora – possa servir como intermediário para o presente daqueles traços da temporalização original que contribuem objetivamente para a solução de determinadas tarefas e problemas. A reflexão sobre o passado só pode originar-se do significado que o próprio

---

[1] Jean-Paul Sartre, "Itinerário de um pensamento", cit., p. 217.

presente oferece – bem dentro do espírito da "projeção" sartriana para o futuro: ou seja, para a solução das tarefas atuais –, mas o ato mesmo de reflexão, pelo fato de estabelecer determinadas relações com o passado, também determina inevitavelmente sua própria orientação. Assim, a reflexão e a investigação crítica tornam-se autorreflexão e autodefinição críticas. O significado do presente é utilizado como uma chave para revelar o significado do passado que conduz ao presente, o qual, por sua vez, revela dimensões anteriormente não identificadas do presente que conduzem ao futuro, não sob a forma de determinações mecânicas rígidas, mas como antecipações de objetivos vinculados a um conjunto de motivações interiores. Desse modo, estamos envolvidos num movimento dialético que conduz do presente para o passado e do passado para o futuro. Nesse movimento, o passado não está em algum lugar *lá*, em sua remota finalidade e "clausura", mas bem *aqui*, "aberto" e situado entre o presente e o futuro, por mais paradoxal que isso possa parecer a quem pense em termos da "ordem intelectual" da cronologia mecânica. Pois o fato é que o presente não pode ter senão uma mediação entre ele próprio e o futuro: não o vazio momento infinitesimal que o separa do que vem a seguir, mas sim a grande riqueza e intensidade de um passado trazido à vida no tempo de exposição da reflexão penetrante e do autoexame crítico.

Assim, a história não é simplesmente inalterável, mas inesgotável. Isso é o que dá sentido à preocupação que se tem com o passado e determina a necessidade de constantes reinterpretações. Nada mais absurdo do que a ideia de "história definitiva", de "tratamento definitivo" deste ou daquele período, ou de uma "biografia definitiva" etc., a qual teria como corolário a antecipação de um estágio em que, dada a acumulação abundante de grande quantidade de coisas definitivas, não haverá mais necessidade de reexame constante da história. Caso ocorresse esse tipo de "definitividade", não seria apenas o historiador que poria de lado sua atividade, mas o próprio homem, que só pode ignorar ou rotinizar seu passado à custa da decapitação do próprio futuro.

Contudo, não há perigo algum de que essas ideias possam prevalecer, a não ser talvez em algumas áreas de despropósitos institucionalizados. Certamente, a indústria da história e da biografia populares rotinizadas deve garantir a seus leitores (a quem se nega a oportunidade de fazer história para além do momento decisivo de renúncia por meio da urna eleitoral) a excitação de um autêntico voyeurismo, propiciando-lhes a consolação de tratamentos "definitivos" e "revelações secretas" supostamente grandiosas. Se a participação de alguém não é mais do que olhar a história pelo buraco da fechadura, melhor seria que o espetáculo fosse visto como "definitivo", de modo a lhe dar a ilusão de estar observando a história em seu caráter definitivo e em sua imponente permanência. Pois a relação do homem com o passado não constitui esfera privilegiada de especialistas positivisticamente desorientados, mas sim uma dimensão existencial inseparável dos dilemas e desafios do presente. A avaliação de eventos e personalidades do passado, na medida em que surge das necessidades de uma relação definida, tem de ser tão definitiva quanto possível em termos da relação *dada*, o que significa necessariamente que, quanto mais definitiva for como articulação *específica* de temporalizações sócio-históricas concatenadas, menos definitiva pode ser em sua *universalidade*. Ou, de maneira mais precisa, sua universalidade deve se manifestar mediante uma temporalidade sócio-histórica determinada. Apenas o arcabouço da cronologia pura pode ter uma espécie de "universalidade muda" e de validade neutra – visto que ela se estende por todos os períodos – que é indistinguível da pura imediaticidade e da particularidade absoluta. Pois os dados da "cronologia pura" devem ser primeiro *selecionados* e arrumados numa ordem *estruturada*, a partir de determinado ponto de vista *histórico*, antes que possam adquirir qualquer significado, seja qual for.

Desse modo, o significado, em qualquer nível e em todos os contextos, não *se descobre* simplesmente no objeto das pesquisas de alguém (como supõem certos criadores de mitos, sociológicos ou de outras "ciências", condenando-se a ficarem ziguezagueando no nível de generalidade de uma lista telefônica, sem a manifesta função que esta possui), mas *desdobra-se* a partir dele pelo significado da temporalidade pesquisadora. Dizer, com Sartre, que "o importante não é o que *se é*, mas sim o que *se faz*" constitui um dos lados de uma inter-relação essencial. O outro lado foi expresso por Goethe quando insistiu que "para ser capaz de *fazer* alguma coisa, é preciso já *ser* alguma coisa"[2]. Este ser em dada situação, numa determinada conjunção da história, arraigado em forças sociais específicas, com seus interesses, necessidades e orientação, é o que constitui o princípio necessário de seleção. Sem isso, como poderia alguém simplesmente "reproduzir" o significado da obra de Sartre, a não ser reimprimindo seus 8 ou 9 milhões de palavras, juntamente com a exposição de alguns milhões de fatos e eventos correlatos? Um empreendimento como esse, ainda que fosse possível, equivaleria a não fazer absolutamente nada. O que faz das biografias de Isaac Deutscher obras duradouras não é o fato de conterem tudo em forma "definitiva" (e como poderiam?), mas sim o de oferecerem uma seleção significativa de dados, *relevantes* à sua própria busca e à orientação de seus contemporâneos. Assim, o fator isolado mais importante na constituição do significado é a paixão subjacente que dá vida à própria pesquisa.

Tudo isso não significa, é claro, que a objetividade na história seja negada. Ao contrário, uma definição precisa de sua natureza e de seus limites salva a objetividade histórica da desgraça do relativismo extremado que ela suporta pelas aspirações contraditórias do positivismo e do "cientificismo". Estas partem da presumida objetividade da "completude", ignorando a arbitrariedade da escolha da própria pesquisa, com o que a relação adequada entre pesquisa e pesquisador é completamente subvertida. Não é o pesquisador que procura pelos dados; ao contrário, a disponibilidade de dados abundantes cria o pesquisador reificado do discurso institucionalizado. E, naturalmente, a ideologia autojustificadora desse tipo de procedimento assume a forma de não considerar a necessidade de justificação de qualquer pesquisa, seja qual for, não importando quão trivial e irrelevante possa ser. Toda e qualquer coisa pode ser

---

[2] Citado por Thomas Mann em seu "Saggio autobiografico", em *Romanzo d'un romanzo* (Milão, Mondadori, 1952), p. 21.

74 *A obra de Sartre*

"pesquisada" e afixada num cartaz de uma forma pela qual a "objetividade" morta de dados empoeirados liga-se a um pseudossujeito impessoalmente "objetivo". O próprio iniciador dessa prática (Ranke) já não garantiu que todos os fatos e eventos humanos estão "equidistantes de Deus"? Ele passou a vida toda "combatendo" o relativismo histórico para, afinal, acabar por produzi-lo em sua forma mais exacerbada. Isso é supremamente irônico. Pois a metodologia da "completude" não estruturada liquida não só a objetividade histórica, mas também a si mesma. Ela converte os dados "equidistantes" em *provas* de equivalência significativa ou sem sentido, niilificando desse modo toda necessidade de completude: seu propósito e *raison d'être* originais. E, tendo conseguido niilificar sua própria base, transforma a atividade de produzir equivalências equidistantes numa forma de superfluidade que consome a si mesma.

Na verdade, o único Deus relevante para a história humana é feito à imagem do homem vivo tridimensional e, assim, os dados dessa história decididamente não são equidistantes dele. Alguns são mais significativos do que outros, e alguns são mais significativos a dada época do que a outra. A objetividade da história não é a objetividade de um prego, muito menos de uma pedra, pois "o homem não é um prego pensante", como Sartre muitas vezes nos lembra. A objetividade histórica é dinâmica e mutável, como o é a *vida*, não em si e por si – pois isso ainda se poderia reduzir a um conjunto de leis naturais mais ou menos simplificadas –, mas à medida que evolui, sobre uma base natural radicalmente modificada pelo trabalho e pela autorreflexão, dentro da *esfera social*. A objetividade da própria busca é determinada pelas condições de uma dada temporalidade, a qual, obviamente, implica antecipações e avaliações de tendências futuras de desenvolvimento. Não obstante, em sua objetividade dinâmica, toda pesquisa está sujeita a critérios de avaliação com respeito tanto aos seus determinantes sociais (inclusive suas limitações) quanto à natureza (realista ou de outro tipo) do que prevê.

Analogamente, dentro do próprio passado, preocupamo-nos com temporalizações concatenadas e não com algum tipo de retroprojeção arbitrária sobre uma tela vazia. Pois, embora o passado seja inesgotável, por certo não é desprovido de caráter. Não pode ser simplesmente moldado, de qualquer modo que se queira, de acordo com fantasia e capricho arbitrários: o peso e a lógica interna de sua evidência estabelecem limites objetivos a possíveis reinterpretações. O passado é inesgotável não em si e por si, mas sim em virtude do fato de estar objetivamente vinculado ao futuro que nunca está completado. À medida que o homem constrói a própria história, com base em determinações temporais e estruturais – preservando-as e superando-as –, certas características do passado, antes não visíveis, passam para o primeiro plano. Eram invisíveis não porque as pessoas fossem cegas ou enxergassem mal (embora, é claro, haja também inúmeros desses casos), mas porque não existiam da mesma forma antes da articulação objetiva de *relações* determinadas. O solo tem certas características, antes de se construir a casa sobre ele; em determinadas condições (das quais a casa também é parte integrante), as trincas nas paredes revelam, de maneira desagradável, que tais características eram de assentamento. O futuro não inventa nem cria as características do passado,

De "A lenda da verdade" a uma "verdadeira lenda" 75

mas as sistematiza no decorrer de sua própria autorrealização. Isso cria a necessidade de reinterpretações constantes e, ao mesmo tempo, estabelece limites objetivos que definem muito bem que curso elas devem tomar e até onde podem ir.

No decorrer de tais reinterpretações – na medida em que correspondem a um movimento autêntico na esfera social que lhes dá origem, em vez de serem produzidas de forma mecânica pelo discurso de uma indústria cultural reificada – as interpretações anteriores são inevitavelmente *aufgehoben* (não "refutadas"), no sentido de que uma etapa mais avançada pode revelar, a partir do objeto de sua busca concatenadora, uma complexidade maior de significado. A avaliação que Lukács faz de Goethe permite uma percepção mais profunda do grande escritor alemão do que as reflexões de Hegel sobre ele, independentemente da estatura relativa dos dois filósofos. E sua avaliação também não reivindica qualquer definitividade. O traço característico de uma linha de abordagem marxista não é algum tipo de tentativa de superar a esfera de sua própria transcendentabilidade – um espantoso absurdo –, mas precisamente sua percepção das determinações temporais de sua própria busca, e não apenas a de seu objeto. Deixando abertas as linhas de pesquisa, ao invés de tentar em vão fechá-las, e refletindo sobre as próprias motivações interiores e determinações temporais, uma abordagem desse tipo sem dúvida rejeita radicalmente as ilusões de definitividade e de completa conclusão. Ao mesmo tempo, reconhecendo e exemplificando o dinamismo da objetividade histórica, essa abordagem pode não só dar vida, com maior eficácia, ao seu objetivo de estudo, como também preparar o terreno para interpretações e reavaliações posteriores, enraizadas em novas situações existenciais que ela, portanto, também ajuda a pôr em evidência. Ninguém pode, realisticamente, visar a mais do que essa busca concatenadora, que está simultaneamente "fora" e "dentro" – uma transcendência de preservação do passado que é também uma forma de temporalidade e de autotranscendência determinadas. É isso, precisamente, que dá a esse tipo de busca sua *raison d'être*.

3.2

Outro mito que precisa ser destruído diz respeito ao suposto fenômeno de "rupturas" e "rompimentos radicais" no desenvolvimento histórico e intelectual. O intercâmbio dialético entre vida e obra, entre época e escritor, faz dessa ideia, como hipótese explicativa, algo que definitivamente não leva a nada. Segundo Sartre, o escritor continua a escrever mesmo após perder as ilusões sobre a natureza e o impacto da literatura e, portanto, de sua própria obra, pois "investiu tudo em sua profissão"[3]. Ainda que nada

---

[3]   Jean-Paul Sartre, "The Purposes of Writing", cit., p. 31. A mesma opinião encontra-se expressa em *As palavras*: "Desinvesti, mas não me evadi. Escrevo sempre. Que outra coisa fazer? *Nulla dies sine linea*. É meu hábito e também é meu ofício. Durante muito tempo tomei minha pena por uma espada: agora, conheço nossa impotência. Não importa: faço e farei livros; são necessários; sempre servem, apesar de tudo", idem, *As palavras*, cit., p. 182.

76 A obra de Sartre

mais houvesse do que esse "interesse ideológico"[4], isso seria o bastante para prevenir alguém a respeito da dialética da continuidade e descontinuidade, pois aponta para algo mais profundo, ou seja, para o fato de que

> você tem um passado que não pode repudiar. Mesmo que tente fazê-lo, jamais poderá repudiá-lo totalmente, porque ele é parte de você mesmo tanto quanto seu esqueleto [...]. A longo prazo, você não mudou muito, uma vez que não pode jamais pôr de lado a totalidade de sua infância.[5]

E o homem que fala nesses termos, em 1970, não é outro senão Sartre, que supostamente repudiou de maneira radical o próprio passado.

Considerando a relação entre o escritor e sua época, o problema a explicar é duplo: individualidade e "autonomia", por um lado, e determinações sociais, por outro. Eis como Sartre formula a questão:

> Gostaria que o leitor sentisse a presença de Flaubert por todo o tempo; o ideal seria que o leitor simultaneamente sentisse, compreendesse e conhecesse a personalidade de Flaubert, plenamente como indivíduo e também plenamente enquanto expressão de seu tempo.[6]

E em termos mais gerais:

> Pois acredito que um homem sempre pode fazer algo com o que é feito dele. É esse o limite que eu atualmente atribuiria à liberdade: a pequena ação que faz de um ser social totalmente condicionado alguém que não se rende completamente ao que seu condicionamento lhe atribuiu. [...] O indivíduo interioriza suas determinações sociais: interioriza as relações de produção, a família de sua infância, o passado histórico, as instituições contemporâneas, e então reexterioriza tudo isso em atos e opções que necessariamente nos remetem a essas interiorizações.[7]

Assim, os elementos constitutivos do desenvolvimento de um indivíduo podem ser resumidos da seguinte maneira:

(1) a formação de sua personalidade e de seu pensamento na juventude e a interiorização das instituições que vivencia (família, classe etc.);

(2) as determinações seguintes de seu ambiente social, com todas as suas mudanças, e a interiorização delas pelo indivíduo;

(3) a autodefinição do indivíduo em seu cenário social, pelo trabalho (por exemplo, escrevendo), e a reação a isso por parte de seu ambiente social;

(4) a interiorização da própria obra e das consequências sociais dela pelo indivíduo em questão (de seu "interesse ideológico" como intelectual, por exemplo);

(5) uma possível reexteriorização de uma crítica da última interiorização como negação das bases sociais do tipo de obra em questão (por exemplo, a negação do papel do "intelectual tradicional", no caso de Sartre).

---

[4] Sartre citando Isaac Deutscher em "A Friend of the People", cit., p. 292-3.

[5] Ibidem, p. 293-5.

[6] Jean-Paul Sartre, "Itinerário de um pensamento", cit., p. 216.

[7] Ibidem, p. 208-9.

Claro está que, enquanto os primeiros quatro elementos constitutivos são características do desenvolvimento dos indivíduos em geral, o quinto representa uma forma de autoconsciência crítica que é inseparável de uma crítica radical da sociedade. Mais ainda, uma vez que essa crítica interessa à perspectiva de um futuro distante, como condição necessária de sua concretização, a negação pode permanecer apenas teórica (como a *"liberté intérieure"* de Bergson), acoplada a uma reafirmação real, ainda que não necessariamente reinteriorização, do modo de existência do "intelectual tradicional" criticado não como um ideal, mas como uma realidade insuperável para o indivíduo em questão, reafirmando, desse modo, o poder de continuidade sobre a expectativa de um rompimento. Podemos ver isso claramente na resposta de Sartre à pergunta "Como vê você a nova missão do intelectual?", que começa com a sugestão de que "Antes de mais nada, ele deve *reprimir-se como intelectual"* e termina por esta confissão: "Decidi terminar o livro [sobre Flaubert], mas, enquanto estou trabalhando nele, *mantenho-me no nível do intelectual tradicional"*[8].

Evidentemente, no desenvolvimento de um escritor, o fator essencial é a maneira como ele reage aos conflitos e mudanças do mundo social em que está situado. Isso pode ser discriminado em dois elementos básicos: sua própria constituição (estrutura de pensamento, caráter, gostos, personalidade) e o grau relativo de dinamismo com que as forças sociais de sua época se confrontam umas com as outras, arrastando-o de um modo ou de outro para dentro de seus confrontos. Descrever os intercâmbios entre um escritor e sua época em termos de "rupturas" é, na melhor das hipóteses, extremamente ingênuo em ambos os casos, pois nem o desenvolvimento sócio-histórico, nem o individual caracterizam-se apenas por "rompimentos", mas por uma configuração complexa de mudanças e continuidades. Em certas épocas (como a Revolução Francesa) as descontinuidades estão em primeiro plano, e em outras (como o período entre 1871 e 1905) predominam as continuidades. Mas há sempre mudanças sob a superfície de continuidades, e algumas continuidades básicas persistem, por mais radicais que sejam os rompimentos em determinadas regiões (a Revolução Russa e as condições de produção agrícola por décadas a partir de então, por exemplo).

Uma sociedade compõe-se de múltiplas camadas de instrumentos e práticas sociais coexistentes, cada qual com seu ritmo específico próprio de temporalidade: fato esse que acarreta implicações de longo alcance para o desenvolvimento social como um todo. Esse é um problema da maior importância que deve ser tratado em seu cenário adequado, ou seja, no quadro de uma teoria de transformação e transição sociais. No presente contexto, o que interessa é que, até na mesma esfera (produção material, por exemplo), práticas que remontam à Idade da Pedra coexistem mais ou menos prazerosamente com atividades que requerem as mais avançadas formas de tecnologia. Isso não se limita de modo algum a sociedades como a Índia, onde a agricultura primitiva de subsistência é, ironicamente, complementada pela tecnologia da produção de armas

---

[8] Idem, "A Friend of the People", cit., p. 293 e 295.

78 A obra de Sartre

nucleares. Podemos encontrar exemplos semelhantes em nossas próprias sociedades (muito embora o peso relativo das práticas sociais mais antigas seja, naturalmente, muito diferente na vida econômica de nossa sociedade como um todo). Afinal, um Stradivarius numa linha de montagem é uma contradição em termos. Os melhores cinzéis para escultores são feitos hoje em dia por um velho ferreiro de Londres que trabalha com ferramentas e técnicas de milhares de anos atrás; não obstante, ele é capaz de humilhar as mais avançadas técnicas computadorizadas japonesas, alemãs e norte--americanas de produção de cinzéis, temperando o aço de tal modo que este associa, no mais perfeito grau, as qualidades de dureza e elasticidade que, juntas, constituem o cinzel mais desejável, como afirmou o próprio Henry Moore. Agora, se procurarmos pensar em todas as esferas sociais combinadas, com suas múltiplas variedades, graus diversos de complexidade, fases de "desenvolvimento desigual" (Marx) e diferenças naquilo que se poderia chamar de inércia estrutural, bem como em suas interações, conflitos, entrechoques, e até mesmo contradições antagônicas sob determinadas condições históricas, é óbvio que a redução dessa impressionante complexidade à simplificação voluntarista (por exemplo, stalinista) de "rupturas" imediatas que resultam num "rompimento radical" com o passado, em que todos os problemas são causados pelo "inimigo", só poderá produzir dolorosas hérnias sociais que, para serem curadas, podem levar gerações.

Mutatis mutandis, as mesmas considerações se aplicam ao desenvolvimento do indivíduo. Por um lado, sua necessidade e sua capacidade de mudar não coincidem necessariamente com o dinamismo (ou, se for o caso, estagnação social) de sua época e podem ser gerados conflitos em ambas as direções. (Isso é que produz o indivíduo "defasado" de sua época.) Além disso, certas dimensões de seu ser complexo são *estruturalmente* menos prontamente receptivas à mudança do que outras. O paladar, por exemplo: em algumas culturas, comer pimenta constitui o deleite supremo; em outras, uma forma de tortura. O problema que precisa ser explicado não é apenas a teimosa persistência do paladar adquirido no indivíduo, mesmo quando se transfere para uma cultura marcadamente diferente, mas também o fato de que os dois extremos se formam a partir da base comum da experiência inicial de sugar o leite materno. Ambos os problemas são explicáveis apenas por alguma configuração específica de continuidade e descontinuidade, com a predominância relativa de uma ou de outra – incomparavelmente mais quando levamos em conta a complexidade global de uma "individualidade singular". O modo pelo qual as diversas dimensões se associam em um todo coerente (e, quando não o fazem, temos os problemas de uma personalidade transtornada), a despeito das diferenças estruturais e das tensões entre os respectivos ritmos temporais (pois, felizmente, um homem não envelhece em bloco, uniformemente; se não fosse assim, envelheceria na velocidade autoacelerada de uma bola de aço rolando por um plano de forte declive), só pode ser compreendido mediante a dialética da continuidade e descontinuidade.

A estrutura de pensamento de um indivíduo forma-se em idade relativamente precoce, e todas as suas modificações subsequentes, sejam elas grandes ou pequenas, só podem ser explicadas como alterações da estrutura original, ainda que a distância transposta seja tão grande quanto a que vai do leite materno à pimenta. No entanto, não podem ser explicadas simplesmente como a "ruptura" da estrutura – a qual, em si e por si, não é nada, e por isso não explica absolutamente nada: "ruptura" só tem sentido como uma interação bem definida entre forças determinadas – ou como a invenção de uma estrutura nova em folha, seja a partir do nada, seja mediante uma transferência mecânica das determinações de uma época para a misteriosa *tabula rasa* (outro nome para nada) de uma "individualidade" rupturalmente esvaziada (o que é uma contradição em termos). A obra global de um intelectual apresenta muitas camadas de transformações estruturais, que só são inteligíveis como preservações substitutivas (ou substituições preservadoras), cada vez mais complexas, da estrutura original.

Contudo, não basta referir-se à dialética da continuidade e da descontinuidade. Dizer que a história, tanto individual quanto coletiva, manifesta-se por meio da continuidade e mudanças ganharia o *status* de um truísmo, não fosse o fato de que "interesses ideológicos" determinados fazem disso uma proposição teórica debatida ardorosamente. Ao examinar um escritor como Sartre, o problema interessante não é a unidade de continuidade e mudança em seu desenvolvimento, mas a forma ou configuração específica dessa unidade. De modo geral, podemos pensar nesse problema em termos de um espectro dentro do qual as continuidades ou descontinuidades predominam mais ou menos extensamente e em graus variáveis de intensidade (comparem-se, a propósito disso, Modigliani e Picasso, ou Kodály e Bartók, por exemplo). Não se deveria, também, ficar decepcionado com mudanças que são precisamente manifestações de uma continuidade subjacente mais profunda, pois o desenvolvimento intelectual de um indivíduo constitui-se de muitos aspectos, alguns dos quais têm muito mais peso do que outros na determinação da articulação da estrutura global. Quando Sartre exclama que "*on n'est pas plus sauvé par la politique que par la littérature*" (não se é salvo pela política mais do que pela literatura)[9], ele entrega a chave para a compreensão de que as formas marcadamente contrastantes de sua práxis são formas diversas de expressão da continuidade subjacente fundamental: sua busca apaixonada do "absoluto" de uma "salvação" não religiosa.

O traço mais notável do desenvolvimento de Sartre é a predominância fundamental da continuidade através de uma multiplicidade de transformações. Sua atividade vital assume forma extremamente paradoxal, pois ela não é simplesmente dominada por continuidades, mas, ao contrário, mostra-se interrompida por descontinuidades incompreensíveis, descritas de variadas maneiras, como "conversão radical", queda no "ultrabolchevismo", "rompimento radical com o passado" e assim por diante. A forma paradoxal da continuidade, bem como as tensões heterogêneas que determinam suas transformações relativas, é que, em conjunto, define a especificidade do desenvolvimento intelectual de Sartre.

---

[9] Entrevista a Jacqueline Piatier, *Le Monde*, 18 de abril de 1964.

80 *A obra de Sartre*

3.3

Se pretendemos acompanhar determinadas fases desse desenvolvimento, devemos proceder com muita cautela. Pois os movimentos na vida real são muito mais sutis do que o que se pode captar mediante periodizações, as quais, necessariamente, congelam qualquer movimento vivo. Ocorrem mudanças não só entre obras – para não falar entre períodos ou fases – mas dentro de determinadas obras; além disso, as continuidades não se interrompem em pontos de transição, mas persistem, por vezes, por todo o conjunto de uma obra global.

Não obstante, não se pode compreender de forma adequada a relação entre um escritor e sua época sem levar em conta, plenamente, o impacto dos eventos históricos e das transformações sociais, mesmo que se devam fazer as necessárias ressalvas, por um lado, quanto às superposições existentes e, por outro, quanto às constantes "mudanças capilares" que são primordialmente determinadas pela lógica interna do tema escolhido.

Tendo em mente essas reservas, podemos definir as principais fases do desenvolvimento de Sartre da seguinte maneira:

1. Os anos de inocência: 1923-1940.
2. Os anos de heroísmo abstrato: 1941-1945.
3. A busca da política no código da moralidade: 1946-1950.
4. A busca da moralidade no código da política: 1951-1956.
5. A busca da dialética da história: 1957-1962.
6. A descoberta do universal singular: 1963 em diante.

Vejamos rapidamente cada uma dessas fases.

1. Os anos de inocência: 1923-1940

O ano de 1923 representa a publicação de um conto[10] e de três fragmentos de um romance perdido[11], seguidos, após uma interrupção de quatro anos, do ensaio sobre "A teoria do Estado no pensamento francês moderno", anteriormente mencionado. Nenhuma dessas obras possui qualquer interesse a não ser puramente documental, pois são, na verdade, mais "exercícios de redação" do que obras originais. Os primeiros textos de Sartre a dar uma pista sobre o que estava por vir são sua carta em colaboração ao inquérito estudantil (ver p. 40-1) e *La légende de la vérité* [A lenda da verdade], escritos ambos em 1929, mas este último publicado apenas em 1931. "L'art cinématographique" (ver p. 62) é da mesma categoria, visto que os três textos apresentam traços de originalidade contra um pano de fundo de sabedoria adquirida, mas ainda estão longe de indicar um caminho próprio pela frente.

---

[10] Jean-Paul Sartre, "L'ange du morbide", *La Revue Sans Titre*, 15 de janeiro de 1923.

[11] Idem, "Jésus la Chouette, professeur de province", *La Revue Sans Titre*, 10 e 25 de fevereiro e 10 de março de 1923.

De *"A lenda da verdade"* a uma *"verdadeira lenda"* 81

A situação se altera com a publicação de *A transcendência do ego**, escrito em 1934 (publicado em 1936), e três outros importantes ensaios sobre problemas de psicologia filosófica: *Esboço para uma teoria das emoções*, *A imaginação* (ambos de 1935-36) e *O imaginário: psicologia fenomenológica da imaginação*, escrito entre 1935 e 1940, quando foi publicado[12]. Segundo Simone de Beauvoir, o grande projeto sobre psicologia filosófica (do qual *A transcendência do ego* e *Esboço para uma teoria das emoções* constituem uma pequena parte) é abandonado por Sartre porque ele o considera "pouco mais do que um exercício"[13]. Na verdade, é bem mais do que isso. Embora, mais tarde, Sartre revise profundamente algumas das afirmações mais extremadas a respeito da liberdade, feitas com base na psicologia filosófica exposta nessas obras, conserva seu quadro de referência conceitual não apenas em *O ser e o nada*, mas no decorrer de todo o seu desenvolvimento posterior. (Ver, por exemplo, "Itinerário de um pensamento", 1969, que explica seu projeto sobre Flaubert com as categorias de *O imaginário*[14].)

A essas obras devemos acrescentar não apenas o importante ensaio sobre a temporalidade em Faulkner (ver p. 63 a 65), como ainda seus ótimos contos[15] e um ro-

---

* Ed. port.: *A transcendência do ego,* seguido de *Consciência de si e conhecimento de si* (trad. Pedro M. S. Alves, Lisboa, Colibri, 1994). (N. E.)

[12] Seu *Esboço para uma teoria das emoções* [trad. Paulo Neves, Porto Alegre, L&PM, 2011] foi escrito em 1936, mas provavelmente revisto antes da publicação, em 1939. *A imaginação* foi escrito em 1953 e publicado em 1936. E *O imaginário* foi escrito e publicado em parte em 1939 e, como livro, em 1940. [As datas referem-se à publicação em francês.]

[13] "Nesse ínterim, Sartre estava escrevendo um tratado sobre psicologia fenomenológica a que deu o título de *La psyché* e de que, afinal, publicou apenas um excerto, chamando-o de *Esboço para uma teoria das emoções*. Aí desenvolveu sua teoria da 'objetividade psíquica', que havia sido esboçada no ensaio sobre *A transcendência do ego*. Mas, segundo seu modo de pensar, isso era pouco mais do que um exercício e, depois de haver escrito quatrocentas páginas, ele rompeu o compromisso de completar sua coleção de contos", Simone de Beauvoir, *The Prime of Life* (Harmondsworth, Penguin, 1965), p. 318.

[14] Cf., por exemplo, a seguinte passagem: "A terceira razão para escolher Flaubert é que ele representa uma continuação para *O imaginário*. Você decerto se lembra de que em um de meus primeiros livros, *O imaginário*, procurei demonstrar que uma imagem não é uma sensação reavivada ou reprocessada pelo intelecto, ou ainda uma percepção anterior modificada e mitigada pelo conhecimento, mas sim alguma coisa completamente diferente – uma realidade ausente, concentrada em sua ausência através do que chamei de *analogon*; quer dizer, um objeto que se presta à analogia e é trespassado por uma intenção. Por exemplo, quando você vai dormir, os pontinhos que ficam em seus olhos – os fosfenos – podem servir de analogia a todo tipo de imagem onírica ou hipnagógica. Entre o dormir e o despertar algumas pessoas veem formas indefinidas passarem, que são fosfenos através dos quais se concentram em uma determinada pessoa ou coisa imaginada. Em *O imaginário* tentei demonstrar que os objetos imaginários – imagens – são uma ausência. Em meu livro sobre Flaubert, estou estudando pessoas imaginárias – pessoas que, a exemplo de Flaubert, representam papéis. O homem é como um vazamento de óleo, subtraindo-se para o imaginário. Flaubert fez isso continuamente; porém também teve de encarar a realidade porque a odiava, e portanto há toda a questão da relação entre o real e o imaginário, que tento estudar na vida e na obra do autor", Jean-Paul Sartre, "Itinerário de um pensamento", cit., p. 218.

[15] Idem, "Intimidade", "O muro", "O quarto", "Erostato" e "A infância de um chefe", em *O muro* (Rio de Janeiro, Nova Fronteira, 2005).

82 *A obra de Sartre*

mance bastante notável, *A náusea*. A tendência geral é clara. Após os primeiros anos (1923-1928), que nada mais produziram do que "exercícios", surgem, dos tateios de *A lenda da verdade*, algumas obras filosóficas e literárias que definem a busca de Sartre como o estudo da experiência individual no nível de grande intensidade existencial. As dimensões social e política estão quase totalmente ausentes, ou surgem apenas no horizonte, com as cores da resignação e da "melancolia" (titulo original de *A náusea*), indicando o triunfo da reificação e da alienação. Essa ausência das dimensões social e política, antes da "queda" no engajamento, dá uma unidade característica à primeira fase do desenvolvimento de Sartre como os anos de inocência perversamente auto-orientada.

2. Os anos de heroísmo abstrato: 1941-1945

Com a guerra veio certo tipo de engajamento.

> O que o drama da guerra me deu, como deu a quantos dela participaram, foi a experiência do heroísmo. Não a minha própria, evidentemente – tudo o que fiz foram algumas escaramuças. Mas todo militante da Resistência capturado e torturado transformou-se em mito para nós. Claro que esses militantes existiam, mas também representavam uma espécie de mito pessoal. Será que seríamos capazes de resistir à tortura também? Nesse sentido, o problema era unicamente de resistência física – e não dos artifícios da história ou dos meandros da alienação. Um homem é torturado: que fará? Ou fala ou se recusa a falar. É isso que quero dizer sobre experiência do heroísmo, que é uma experiência falsa. Depois da guerra veio a experiência autêntica, a experiência de sociedade. Mas, no meu caso, creio ter sido necessário passar antes pelo mito do heroísmo.[16]

Essa experiência do heroísmo é abstrata não só porque Sartre tem de contemplá-la da margem, mas também porque toda a complexidade da época – pois mesmo um período de emergência histórica possui suas "artimanhas" e seus "caminhos de alienação", por mais diferentes que possam ser das do mundo do pós-guerra – é reduzida a um dilema moral, em concordância com o horizonte de uma subjetividade problemática e de uma individualidade que transcende a si mesma de maneira muito vacilante. A principal obra filosófica dessa fase é *O ser e o nada* (1943), que anuncia as possibilidades desse tipo de transcendência nas categorias extremamente abstratas da "ontologia fenomenológica", estruturada em torno da subjetividade. As três peças mais antigas de Sartre – *Bariona* (1941), *As moscas* (1943) e *Entre quatro paredes* (1943) – ajustam-se bem a esse quadro de referência intelectual, como também o faz *Os caminhos da liberdade* (cujos dois primeiros volumes foram escritos em 1941-1944 e publicados em 1945), deixando de lado as considerações estéticas feitas anteriormente; 1945 é também o ano em que são escritos dois importantes ensaios programáticos: "À propos

---

[16] Jean-Paul Sartre, "Itinerário de um pensamento", cit., p. 208.

De "A lenda da verdade" a uma "verdadeira lenda" 83

de l'existentialisme: mise au point"[17] e *O existencialismo é um humanismo*[18] – no qual o tom é mais positivo, mas o quadro de referência conceitual continua o mesmo, a despeito da nova "experiência de sociedade". A obra em que os traços problemáticos do heroísmo abstrato de Sartre saltam para o primeiro plano, sem contudo resultar numa alternativa estética ou conceitualmente viável, é *Mortos sem sepultura*[19], sua "peça fracassada" (cf. p. 69).

Contudo, ao registrar as características distintivas dessa fase, precisamos também estar cientes de algumas continuidades importantes. Devemos registrar não só que a "estrutura ontológica da práxis individual" continua a ser o quadro de referência que orienta textos ulteriores de Sartre sobre moralidade, entre os quais "Determinação e liberdade" (1966), mas também as afinidades estruturais com a *Crítica da razão dialética*, onde se supõe que o contraste seja mais marcante. Afinal, implicitamente em *O ser e o nada* e explicitamente em *Entre quatro paredes*, "o inferno são os outros". Ora, um dos temas centrais da *Crítica* é o que Sartre chama de "prático-inerte": a esfera do outro e de seus instrumentos e instituições. E vemo-nos diante da mesma definição envolvente: "O *inferno é o prático-inerte*".

3. A busca da política no código da moralidade: 1946-1950

Se a primeira fase se caracteriza pela predominância da subjetividade auto-orientada e a segunda pela afirmação de um heroísmo moral abstrato (a liberdade como inerente à estrutura ontológica do ser), a terceira fase está sob o signo da procura de uma política moralmente comprometida, ainda que conservando a soberania do indivíduo. Ela decorre naturalmente das fases anteriores, das quais essa terceira representa uma ampliação em direção aos problemas sócio-históricos concretos, sem dar muita atenção, se é que dá alguma, às realidades institucionais que são condição necessária de qualquer solução possível desses problemas. Mesmo *As mãos sujas** e *A engrenagem*** (ambas de 1948), que enfrentam diretamente alguns temas políticos importantes, fazem isso sob a forma de *dilemas morais* que aparentemente não são passíveis de solução.

As reflexões de Sartre sobre o engajamento são sistematizadas com grande emoção e coerência em *Baudelaire**** (1946), "Forjadores de mitos: os jovens dramaturgos da

---

[17] *Action*, 29 de dezembro de 1944; reproduzido em C/R, cit., p. 653-8.

[18] Conferência feita a 28 de outubro de 1945 e publicada em livro no ano seguinte pela Nagel, em Paris. [O volume *Sartre* da coleção Os Pensadores (São Paulo, Abril Cultural, 1978) reúne três textos de Sartre: "O existencialismo é um humanismo", "A imaginação" e "Questão de método", traduzidos por Vergílio Ferreira, Luiz Roberto Salinas Fortes e Bento Prado Júnior. (N. T.)]

[19] Escrito em 1945 e publicado em 1946.

* Ed. port.: Mem Martins, Europa-América, 1997. (N. E.)

** Ed. port.: Barcarena, Presença, 1964. (N. E.)

*** Ed. port.: Mem Martins, Europa-América, 1966. (N. E.)

84 *A obra de Sartre*

França" (1946), "A responsabilidade do escritor" (1947) e, sobretudo, *Que é a literatura?* (1947). Seus artigos sobre política estão cheios de imperativos, até mesmo nos títulos: "Jeunes d'Europe, unissez-vous! Faites vous-mêmes votre destin" [Jovens da Europa, uni-vos! Fazei vós mesmos seu destino]; "Il nous faut la paix pour refaire le monde" [Precisamos de paz para refazer o mundo]; "Il faut que nous menions cette lutte en commun" [É necessário que conduzamos essa luta juntos] etc. Ele define a tarefa fundamental do RDR (Rassemblement Démocratique Révolutionnairé) – movimento político efêmero a que esteve associado por algum tempo – como a unificação das "exigências revolucionárias com a ideia de liberdade"[20], mas nada tem a dizer sobre como conseguir isso, a não ser por um apelo irrealista diretamente à consciência dos indivíduos, independentemente de suas filiações políticas.

O RDR em breve se desfaz, mas a concepção que Sartre tinha da política como um imperativo moral persiste por algum tempo. Encara a essência da experiência iugoslava como "subjetividade [...] não como um ideal formal, mas como uma realidade efetiva"[21]. E, numa introdução ao *Portrait de l'aventurier* [Retrato de um aventureiro]* (1950) de Roger Stéphane, entoa o panegírico de Lawrence da Arábia, por "viver ao máximo uma condição impossível", uma "tensão intolerável" de antinomias e de contradições[22]. E

---

[20] Jean-Paul Sartre, "Le R. D. R. et le problème de la liberté", *La Pensée Socialiste*, 1948.

[21] Idem, "Faux savants ou faux lièvres?" (1950), em *Situations VI* (Paris, Gallimard, 1964), p. 28.

* Paris, Grasset, 2004. (N. E.)

[22] "Pourtant, après avoir applaudi à la victoire du militant, c'est l'aventurier que je suivrai dans sa solitude. Il a vécu jusqu'au bout une condition impossible: fuyant et cherchant la solitude, vivant pour mourir et mourant pour vivre, convaincu de la vanité de l"action et de sa nécessité, tentant de justifier son entreprise en lui assignant un but auquel il ne croyait pas, recherchant la totale objectivité du résultat pour la diluer dans une absolute subjectivité, voulant l'échec qu'il refusait, refusant la victoire qu'il souhaitait, voulant construire sa vie comme un destin et ne se plaisant qu'aux moments infinitésimaux qui séparent la vie de la mort. Aucune solution de ces antinomies, aucune synthèse de ces contradictoires. [...] Pourtant, au prix d'une tension insupportable, cet homme les a maintenus ensemble et tous à la fois, dans leur incomparabilité même; il a été la conscience permanente de cette incompatibilité. [...] je pense qu'il témoigne à la fois de l'existence absolue de l'homme et de son impossibilité absolue. Mieux encore: il prouve que c'est cette impossibilité d'être qui est la condition de son existence et que l'homme existe parce qu'il est impossible [...] une cité socialiste où de futurs Lawrence seraient radicalement impossibles me semblerait stérilisée" [Entretanto, após ter louvado a vitória do militante, é o aventureiro que eu acompanharei em sua solidão. Ele viveu até o fim uma condição impossível: fugindo e buscando a solidão, vivendo para morrer e morrendo para viver, convencido da frivolidade da ação e de sua necessidade, tentando justificar sua empreitada atribuindo-lhe um propósito no qual ele não acreditava, procurando a objetividade total do resultado para diluí-la em uma absoluta subjetividade, desejando o fracasso que ele rejeitara, rejeitando a vitória que almejava, querendo construir sua vida como um destino e deleitando-se somente nos momentos infinitesimais que separam a vida da morte. Nenhuma solução dessas antinomias, nenhuma síntese dessas contraditórias. [...] Contudo, ao preço de uma tensão insuportável, esse homem as manteve juntos e ao mesmo tempo, em sua própria incompatibilidade; ele foi a consciência permanente dessa incompatibilidade. [...] Creio que ele é testemunha tanto da existência absoluta do homem quanto de sua impossibilidade absoluta. Melhor ainda: ele prova que é essa impossibilidade de ser que é a condição de sua existência e que o homem existe porque ele é

assim é como ele define também moralidade: ela é "para nós simultaneamente inevitável e impossível"[23]. Portanto, deveríamos ficar surpresos ao saber que, nesse mesmo período, ele deixa de lado não só o volume IV de *Os caminhos da liberdade*, como também sua *Morale*, depois de lutar por 2 mil páginas com sua "impossibilidade insuperável"[24].

4. A busca da moralidade no código da política: 1951-1956

As frustrações da fase anterior – as irritações do período da Guerra Fria e o sentimento de Sartre de se ver impotente para causar um impacto numa direção positiva por meio de seus apelos político-morais aos indivíduos envolvidos – levam a uma maior busca espiritual. Os resultados mais destacados disso são *Saint Genet* (1950-1952) e, sobretudo, *O diabo e o bom deus* (1951), magnífica peça de teatro – talvez, isoladamente, sua maior obra: um drama que poderia ser chamado de a *Guernica* de Sartre.

A objetividade da história é descoberta indiretamente, sob a ameaça de autoaniquilação nuclear: "A fim de evitar que o mundo siga *seu próprio curso*, ameaçam com a supressão da história pela aniquilação do agente histórico"[25]. Sartre se lança numa atividade política febril, a fim de ajudar a evitar esse desastre definitivo. Torna-se figura proeminente do Movimento Mundial pela Paz, escrevendo artigos e fazendo inúmeros discursos públicos sobre o tema da paz mundial; e no plano da política interna é defensor apaixonado de uma nova Frente Popular[26].

Ainda há momentos em que Sartre mantém as ilusões sobre o poder político dos indivíduos independentes[27], mas procura estabelecer uma relação mais íntima com o

---

impossível [...] uma cidade socialista na qual os futuros Lawrence seriam radicalmente impossíveis me pareceria esterilizada], Jean-Paul Sartre, "Portrait de l'aventurier", em *Situations VI*, cit., p. 20-1.

Vale lembrar que, em 1945, em sua conferência *O existencialismo é um humanismo*, Sartre caracterizou Lawrence como um existencialista. Sem dúvida devido a críticas recebidas de seus amigos socialistas, Sartre omitiu essas referências no texto publicado.

[23] Idem, *Saint Genet*, cit., p. 177.

[24] Idem. Parte considerável de *Saint Genet* foi publicada em 1950, em vários números de *Les Temps Modernes*.

[25] Idem, "La bombe H, une arme contre l'histoire", *Défense de la Paix*, julho de 1954.

[26] Cf. idem, "Ce que j'ai vu à Vienne, c'est la Paix", *Les Lettres Françaises*, 1-8 de janeiro de 1953; e uma entrevista a Michel Saporta, *Cuadernos Americanos*, janeiro-fevereiro de 1954.

[27] "La pensée et la politique d'aujourd'hui nous mènent au massacre parce qu'elles sont abstraites. [...] Chacun est *l'Autre*, l'ennemi possible, on s'en méfie. Il est rare, en France, mon pays, de rencontrer des hommes; on rencontre surtout des étiquettes et des noms. Ce qu'il y a de neuf et d'admirable dans ce congrès de la Paix, c'est qu'il réunit des hommes. [...] Nous avons résolu, non de nous substituer à nos gouvernements, mais de communiquer entre nous, *sans eux*" [O pensamento e a política de hoje nos levam ao massacre porque são abstratos. [...] Cada um é o *Outro*, o possível inimigo do qual desconfiamos. Na França, meu país, é raro encontrar homens; encontramos sobretudo etiquetas e nomes. O que há de novo e admirável nesse congresso da paz é o fato de reunir os homens. [...] Resolvemos não substituir nossos governos por nós mesmos, mas nos comunicar entre nós, *sem eles*], intervenção de Sartre na sessão de abertura do encontro de Viena, a 12 de dezembro de 1952; publicada em *Congrès des Peuples pour la Paix, Vienne, 12-19 Dec. 1952*, Paris, 1953.

86 *A obra de Sartre*

Partido Comunista francês. Duas publicações mais importantes marcam essa tendência: *Les communistes et la paix* [Os comunistas e a paz] (1952-1954) e *L'affaire Henri Martin* [O caso Henri Martin] (1953), sem contar a peça *Nekrassov** (1955) e o roteiro cinematográfico *Les sorcières de Salem* [As bruxas de Salem] (1956). No campo dos estudos literários, seu interesse apaixonado está com aqueles que se engajam de forma consciente; ele deixa isso claro numa entrevista: "Mallarmé e Genet – ambos estão conscientes de seu engajamento. [...] [Mallarmé] é nosso maior poeta. Um homem selvagem e ardente. [...] Seu engajamento abrangia tudo – era tanto social quanto poético"[28].

A radicalização política de Sartre traz também seu rumoroso rompimento com Camus e, a seguir, não tão rumoroso, mas igualmente inevitável, com seu amigo e colaborador muito mais próximo, Maurice Merleau-Ponty. Sartre é acusado de capitulação, o que está muito longe da verdade. Na realidade, ele tentava influenciar, de fora, o Partido (prova disso é um importante artigo crítico, "Le reformisme et les fétiches"[29]), embora insistisse que, na França, a única força real de mediação para a política da classe trabalhadora fosse o Partido Comunista.

Como se dá conta mais tarde, após o choque do levante húngaro de outubro de 1956, Sartre está tentando fazer o impossível. As caracterizações que faz do Partido são muitas vezes projeções diretas de sua concepção de moralidade, a qual necessita, para sua concretização, de organismos históricos palpáveis. No fim, apesar de sua disposição de fazer algumas concessões, seu empenho em unificar os ideais morais com a realidade política não dá certo, e uma nova crise se instala. E, do mesmo modo como ele anteriormente caracterizava o nosso predicamento moral como governado por uma "impossibilidade intransponível" e pela simultaneidade de "inevitabilidade e impossibilidade", mais tarde resume os dilemas e antinomias de nossa condição política nos mesmos termos: "A colaboração com o PC é tão *necessária quanto impossível*"[30]. Assim, "A política no código da moralidade" e "A moralidade no código da política" – ainda que sejam diferentes suas ênfases em determinadas situações históricas – chegam estruturalmente à mesma coisa: à afirmação e à reafirmação de antinomias fundamentais.

5. A busca da dialética da história: 1957-1963

A decepção de suas expectativas políticas, apaixonadamente proclamada em seu livro-ensaio *O fantasma de Stalin*[31], propõe as perguntas "por que aconteceu tudo isso?" e "quais as esperanças para o futuro?", o que requer uma pesquisa sobre as estruturas e

---

* Ed. esp.: Madri, Alianza, 2007. (N. E.)

[28] Jean-Paul Sartre, "The Purposes of Writing", cit., p. 13.

[29] *Les Temps Modernes*, fevereiro de 1956.

[30] Entrevista a Simon Blumenthal e Gérard Spitzer, *La Voie Communiste*, nova série, junho-julho de 1962.

[31] Jean-Paul Sartre, "Le fantôme de Staline", *Les Temps Modernes*, novembro-dezembro de 1956 e janeiro de 1957, p. 577-697. [Ed. bras: *O fantasma de Stalin*, Rio de Janeiro, Paz e Terra, 1967.]

De "A lenda da verdade" a uma "verdadeira lenda" 87

determinações da história *vis-à-vis* as possibilidades da práxis individual. Isso significa retornar às origens, a fim de

> fornecer uma fundamentação filosófica para o realismo. O que em minha opinião é possível hoje em dia, e tentei fazer durante toda minha vida. Em outras palavras, como dar ao homem sua autonomia e também sua realidade em meio a objetos reais, evitando o idealismo e sem cair num materialismo mecanicista. Coloquei o problema nestes termos por ignorar o materialismo dialético, embora deva acrescentar que isso posteriormente me permitiu atribuir-lhe determinados limites – para legitimar a dialética histórica ao mesmo tempo rejeitando a dialética da natureza, no sentido de um processo natural que produz e resolve o homem em todo um conjunto de leis físicas.[32]

Essa "fundamentação e validação" é um empreendimento monumental do qual a *Crítica da razão dialética*, vasta como é, constitui apenas pequena parte. De fato, numa entrevista a Madeleine Chapsal, em 1959, Sartre anuncia de modo otimista: "O primeiro volume será publicado dentro de um mês e o segundo, dentro de um ano"[33]. Contudo, o segundo volume é abandonado depois dos primeiros capítulos, e o projeto é inteiramente substituído, alguns anos mais tarde, por uma investigação meticulosa da "individualidade singular" através da vida e da obra de Flaubert.

Naturalmente, os contatos de Sartre com a política não são interrompidos, mas assumem forma muito diferente. É a época da guerra argelina, e ele se envolve inteiramente, como indivíduo, na luta contra o perigo do fascismo, contra a tortura, a OEA, e tudo o mais. Analogamente, a vitória da Revolução Cubana é festejada por ele com grande entusiasmo, e ele continua a defendê-la contra toda espécie de ataque. Porém, é antes um solitário defendendo causas valiosas do que um membro ou associado de algum movimento político[34].

A autocrítica – nos ensaios sobre Brecht, *Le traître* de Gorz, Nizan e "Merleau-Ponty vivo" (1961) – assume a forma de severa acusação de toda a sua geração, juntamente com suas "esclerosadas" instituições. A pintura global é bastante sombria (da mesma

---

[32] Jean-Paul Sartre, "Itinerário de um pensamento", cit., p. 210.

[33] Idem, "The Purposes of Writing", cit., p. 9.

[34] Repetindo antigas esperanças de um *rassemblement* [agrupamento] político de base ampla, mas ainda assim eficiente (cf. sua participação no RDR), é sob uma luz semelhante que ele vê a militância de *La Cause Du Peuple*: "os militantes de *La Cause Du Peuple* não constituem um partido. É um grupo [*rassemblement*] político que sempre se pode dissolver. [...] Esse modo de proceder permite escapar à rigidez em que se aprisionou o Partido Comunista. [...] Hoje em dia, os maoístas criticam e abandonam a noção de *esquerdismo: eles querem ser a esquerda* e criar uma organização política ampla [*rassemblement*]" (entrevista a Michel-Antoine Burnier, *Actuel*, n. 28, e *Tout va Bien*, 20 de fevereiro-20 de março de 1973, trad. Robert d'Amico, *Telos*, verão de 1973; as citações são das p. 93 e 95 de *Telos*). Não importa, aqui, que o esquerdismo se caracterize muitas vezes precisamente por um voluntarismo de "querer ser a esquerda", que não leva em conta a correlação de forças objetiva. Nem estamos preocupados com a questão de se a realidade do maoismo francês corresponde ou não à descrição de Sartre. O que importa é a reafirmação do ideal de Sartre de uma organização política de base ampla e extremamente flexível: um *rassemblement* de indivíduos que não concordam com um partido político disciplinado e estruturado ao extremo.

88 *A obra de Sartre*

maneira em sua *Crítica*), e *Os sequestrados de Altona* (1959) – uma de suas peças mais vigorosas – ajusta-se organicamente a isso, com o exame que faz das determinações históricas em relação à responsabilidade humana. A história é questionada com um olhar esperançoso para o futuro, mas não há nada de tranquilizador no horizonte – pelo menos não por enquanto.

6. A descoberta do universal singular: de 1963 em diante

A publicação de *As palavras* (1963) dá sinais de certa forma de paz, expressa com serenidade também nas linhas que já vimos sobre a salvação na política e na literatura. Não é preciso dizer que Sartre tem um vivo interesse pelo mundo da política, especialmente no "Terceiro Mundo", desde escrever uma introdução a uma coletânea de ensaios de Lumumba, até presidir as deliberações do Tribunal Russell. E defende Régis Debray – em risco de ser executado na Bolívia – com a mesma paixão com que condena a intervenção russa em Praga. Há até um momento de grande entusiasmo positivo – em Maio de 1968, em Paris –, quando seus melhores sonhos a respeito da "imaginação no poder" parecem tornar-se realidade em seu próprio país. Ainda assim, mantém-se uma figura politicamente isolada, mesmo quando, por razões de solidariedade, aceita assumir a direção nominal do jornal *La Cause du Peuple*, que estava sendo perseguido.

Ao dar-se conta de que o "universal concreto" só é possível numa sociedade que seja feita da mesma substância, Sartre aceita as limitações do intelectual – por exemplo, em *As palavras*, nos ensaios sobre "L'universel singulier", em "Um apelo em favor dos intelectuais" – ainda que questionando as condições de sua existência. Decididamente, o projeto mais importante a esse respeito é *O idiota da família* (v. I e II, 1971, v. III, 1972) – vasta obra da qual perto de 3 mil páginas compactas já tinham sido impressas, embora ainda parecesse estar muito longe do final.

A *Crítica da razão dialética*, de Sartre, presumivelmente continuaria do seguinte modo:

> A diferença entre o primeiro e o segundo volume é a seguinte: o primeiro consiste em um trabalho abstrato onde mostro as possibilidades de troca, degradação, o prático-inerte, séries, coletivos, recorrência e assim por diante. Essa parte da obra está interessada apenas nas possibilidades teóricas de suas combinações. O objeto do segundo volume é a história propriamente dita. [...] meu objetivo será provar que há uma inteligibilidade dialética do que é singular. Pois a nossa história é singular. [...] O que procurarei demonstrar é a inteligibilidade dialética do que não pode ser encarado como universal.[35]

É extremamente difícil imaginar como se pode compreender a "história propriamente dita" mediante essas categorias, uma vez que o problema da história é precisamente o de como universalizar o singular sem suprimir suas especificidades. Em

---

[35] Jean-Paul Sartre, "Itinerário de um pensamento", cit., p. 224-5.

contraposição, contudo, é muito fácil perceber a transição natural da história à biografia, ou seja, dessa concepção sartriana de história ao projeto sobre Flaubert. Pois a inteligibilidade do singular não universalizável requer experiência vivida como base de sua compreensão. E a reconstrução da personagem, por meio do *imaginaire* necessariamente envolvido nela, oferece uma "Verdadeira lenda", no mais alto nível de complexidade. Algumas das estruturas fundamentais da própria história permanecem, pois, ocultas no segundo volume da *Crítica*, que nunca emerge, pois não parecem se ajustar ao quadro de referência da busca de Sartre. Em compensação, porém, as dimensões existenciais da "universalidade singular" são reavivadas, com grande riqueza e perspicácia.

3.4

Como se pode ver dessa exposição necessariamente sucinta, cada uma das fases do desenvolvimento de Sartre não é simplesmente resultado de determinações externas, mas de uma interação complexa entre as determinações *internas* de sua estrutura de pensamento e os eventos sociais e políticos de sua época. O imobilismo mortal dos anos anteriores à guerra; o sofrimento e o drama intensos da Segunda Guerra Mundial; a Guerra Fria iniciada pelo discurso de Churchill em Fulton, após o curto intervalo de sereno regozijo com a vitória compartilhada sobre o fascismo; a ameaça de uma devastação nuclear como consequência da instauração da Otan, seguida logo depois pela deflagração da guerra da Coreia; a explosão das contradições internas do sistema stalinista; e o novo dinamismo do "Terceiro Mundo" que recobrava seu ímpeto (com a Argélia, Cuba, Vietnã etc.) – cada uma dessas coisas coincide, grosseiramente, com uma fase do desenvolvimento de Sartre, propiciando-lhe um amplo quadro de referência histórico e político. Mas o *modo* de proceder de Sartre e a *distância* até onde é capaz de ir são determinados pela mais profunda natureza de seu próprio poder de percepção, como podemos ver claramente em suas transições desde a subjetividade auto-orientada basicamente capciosa, passando pelas formas intermediárias de engajamento moral e político ativo (poder-se-ia até dizer ativista), até a individualidade problemática do "universal singular".

Na superfície, as mudanças não só são fáceis de ver, mas assumem a forma surpreendente de rompimentos aparentemente radicais: cada fase é *abandonada* por sua vez, com declarações públicas conscientes de Sartre quanto ao "porquê" das clamorosas descontinuidades. Mas, se examinarmos com mais cuidado, damo-nos conta de que a sucessão de mudanças surpreendentes revela uma *continuidade* fundamental. Tentar compreender Sartre por seus rompimentos – que, em geral, limitam-se ao nível político – é como explicar a natureza das marés pelas correntes predominantes de vento. Do mesmo modo como se compreende a maré pela força da lua, e não pelo poder do vento, ainda que seja um furacão, o desenvolvimento de Sartre explica-se pela obstinada continuidade de sua busca fundamental. Se os "rompimentos" fossem o traço determinante, como se explicaria a validade duradoura das obras produzidas nas fases anteriores? O fato, porém, é que os

90 *A obra de Sartre*

avanços de Sartre não "invalidam" seus resultados anteriores, mas preservam-nos essencialmente, tanto em seu mundo da literatura quanto em seu pensamento filosófico. Ele é um homem que percebe as contradições do mundo à sua volta sob a forma de dilemas, antinomias e paradoxos. Seu louvor do "aventureiro" não é um deslize temporário, mas uma expressão de suas tensões interiores que continuam sendo uma dimensão permanente de sua obra global. Ele é o homem que "mantém continuamente a insuportável tensão" das contradições percebidas como antinomias insuperáveis. Pois a tensão não resolvida – passando por todas as suas transformações – impele-o para adiante e produz a validade duradoura de suas obras mais importantes: *A náusea, O imaginário, O ser e o nada, As moscas, Entre quatro paredes, As mãos sujas, O diabo e o bom deus, Saint Genet, Os sequestrados de Altona, Crítica da razão dialética* e *O idiota da família*[36].

Em 1945, ele declara: "A infância de Mathieu [...] não importa"[37] – isto é, em *sua* visão do mundo, o que significa que, por muito que importe na vida real comandada pela "má-fé", *não deve* importar. Em 1959 ele mostra, pela peça *Os sequestrados de Altona*, como o passado condiciona o presente, comentando sobre a triste realidade pela qual "as personagens são o tempo todo comandadas e contidas pelo passado, tanto quanto pelos outros. É devido ao passado – o seu próprio e o de todos os outros – que elas agem de determinada maneira. Como na vida real"[38]. A contraposição é tão surpreendente quanto enganadora. Pois uma vez mais ele apela para o "ponto de vista do futuro" e incita os homens a olharem para si mesmos "de fora", para serem capazes de notar que as coisas *não devem* ser de modo algum assim. E ele também procura demonstrar em "Determinação e liberdade", seis anos depois, que não há absolutamente nada na

---

[36] É certo que as obras de Sartre são inerentemente problemáticas, mas não de modo tal que as últimas delas possam ser consideradas menos problemáticas do que as primeiras. *Os caminhos da liberdade* não é um romance mais "maduro" do que *A náusea* (no sentido em que *A montanha mágica* de Thomas Mann é incomparavelmente mais maduro do que *Sua alteza real* [Rio de Janeiro, Nova Fronteira, 2000. (N. E.)]), nem a *Crítica da razão dialética* é mais "madura" do que *O ser e o nada*, no campo da filosofia, ou *O idiota da família*, do que *Saint Genet*, no campo da biografia. Nas obras posteriores há alguns novos princípios em ação – juntamente com um grande número que elas compartilham com as primeiras obras – e isso é tudo. A obra global de Sartre em seu conjunto é que é problemática, com seu negativismo esmagador, e não uma ou duas de suas fases limitadas que pudessem ser caracterizadas em relação à outra em termos de "rompimentos radicais". Nunca é demais enfatizar, Sartre – de certo modo como Picasso – não cria tanto "obras representativas" que se caracterizem como uma *obra global representativa*. Se quisermos buscar um grande paralelo no passado – claro que tendo em mente todas as diferenças e especificidades – podemos pensar em Voltaire, com seu negativismo que a tudo abrange. Situado numa outra conjuntura de grande transformação e transição sócio-histórica, Voltaire submete a velha ordem à crítica e à sátira mais devastadoras –, de modo totalmente diferente de Rousseau, que complementa organicamente seu negativismo radical com antevisões de uma nova ordem. Como sabemos muito bem, hoje em dia só se lê uma fração mínima da imensa obra global de Voltaire. Mas se tentarmos imaginar o século XVIII sem sua contribuição, imediatamente nos daremos conta do quanto ele seria mais pobre.

[37] Entrevista a Dominique Aury, *Les Lettres Françaises*, 24 de novembro de 1945.

[38] Jean-Paul Sartre, *O ser e o nada* (6. ed., trad. Paulo Perdigão, Rio de Janeiro, Vozes, 1998), p. 645 e 648.

"estrutura ontológica do ser" que os faça se comportar desse modo. Se o fazem, isso se deve a determinações sociais e políticas e a suas "interiorizações" pelo indivíduo – mas eles *não têm* de fazê-lo. Testemunha e participante, ele adverte-nos de que "seremos julgados"[39] pelo futuro, nosso futuro. Assim, *temos de agir* de acordo com a "estrutura ontológica" de nosso ser (em relação ao qual o passado de Mathieu, ou de quem quer que seja, realmente "não importa") e não do modo como realmente fazemos. A mais surpreendente continuidade jaz sob a superfície de um aparente rompimento.

A lua que determina os movimentos da onda da maré de Sartre é sua busca radical por revelar as dimensões fundamentais do ser, num mundo de compromissos e tentações atordoantes, apresentando linhas de baixa resistência que conduzem ao desastre por meio de uma infundada autoconfiança e da promessa de conforto. Não era essa sua maneira de ser, e não deve ser a nossa, diz-nos ele, cumprindo a tarefa de persuasão com incansável paixão.

"A unidade prodigiosa desta vida é sua intransigência na busca do absoluto", escreve Sartre a respeito de seu grande amigo, Giacometti[40]. Não há melhor maneira de resumir o movimento e a direção de sua própria obra global. Essa busca do absoluto não é algo misterioso e transcendental. Ao contrário, é muito precisa e palpável. Significa uma definição radical de um projeto fundamental do homem num sentido que implica necessariamente ir *até o limite*, independentemente do que pareça ser o limite para o indivíduo em questão, em qualquer um dos momentos no decorrer de seu desenvolvimento.

Os heróis de Sartre – Mallarmé, Genet, Nizan, Fucik, Giacometti, Hikmet e, na ficção, Julien Sorel – são homens que exploram a própria condição até o limite. Analogamente, seus anti-heróis – entre os quais Baudelaire e Flaubert – são os que se recusam a fazê-lo, condenando-se assim às consequências de sua escolha fundamental: uma fuga no imaginário e a aceitação da alienação. "O que me interessa em Flaubert é que ele *se recusou a ir até o limite*"[41], escreve Sartre, indicando claramente o sentido moral de seu envolvimento dolorosamente prolongado no tema. Sartre opta por "ir até o limite" e luta por isso com determinação e intransigência obstinadas, insistindo que a questão é:

---

[39] Entrevista a Robert Kanters, *L'Express*, 17 de setembro de 1959. O tema do "ser julgado" aparece muitas vezes nos textos de Sartre, entre os quais uma entrevista com Kenneth Tynan, em que disse: "A questão é que sabemos que seremos julgados, e não pelos critérios que utilizamos para julgar a nós mesmos". E acrescentou: "Há *algo de terrível* nesse pensamento", Kenneth Tynan, *Tynan Right and Left*, cit., p. 304. Desse modo, há sempre algo de ameaçador, de sinistro, de trágico no horizonte. Mesmo quando Sartre declara ter "sido sempre um otimista, na verdade, demasiadamente otimista", ele o faz juntamente com alguns pronunciamentos metafísicos sombrios: "O Universo continua escuro. Somos animais sinistros". E muito embora insista, nessa mesma entrevista, que a alienação, a exploração e a fome são os males com que devemos nos preocupar porque "relegam a segundo plano o mal metafísico", este último continua ameaçadoramente fazendo sua aparição, ao fundo, no "Universo escuro" sartriano (entrevista a Jacqueline Piatier, *Le Monde*, 18 de abril de 1964).

[40] Jean-Paul Sartre, "La recherche de l'absolu", cit., p. 293.

[41] Entrevista a Michel-Antoine Burnier, cit., p. 99.

92 *A obra de Sartre*

"o que você fez da própria vida?"[42]. O sucesso se mede pela capacidade de alguém em estabelecer "a *conexão real* com os outros, consigo mesmo e com a morte"[43], em oposição ao "mundo seguro e estéril do inautêntico"[44], em que os homens são apanhados por "um alvoroço de *evasões* de múltiplos tentáculos flácidos"[45].

O que quer que se pense sobre o que Sartre conseguiu realizar, ninguém pode acusá-lo de evasões. Explorar os limites, independentemente das consequências: esta é a característica fundamental de sua obra global. O caminho que trilhou, desde a subjetividade auto-orientada até a individualidade problemática do "universal singular", passa por territórios plenos de dilemas explosivos que ele descreve da forma mais paradoxal. "Há uma moralidade da política – tema difícil, jamais tratado com clareza – e, quando a política tem de trair sua moralidade, escolher a moralidade é trair a política. Encontre sua saída disso! Particularmente quando a política assumiu como meta realizar o reino do humano."[46] Grande parte de toda a obra de Sartre é gasta na identificação desse tipo de dilemas e paradoxos, mesmo quando ele não pode apresentar soluções para eles. Pois, ainda uma vez, a natureza mais profunda desses dilemas e paradoxos é que encarar os limites é a condição básica de sua identificação e possível solução. A busca apaixonada dos limites, por parte de Sartre, é que determina a continuidade fundamental de sua obra global através de todas as suas transformações.

---

[42] Jean-Paul Sartre, "La question" (1965), *Théâtre Vivant*, setembro de 1965.

[43] Prefácio para *Portrait of a Man Unknown*, de Nathalie Sarraute (1948), traduzido por Maria Jolas, em *Situations*, cit., p. 139.

[44] Ibidem, p. 141.

[45] Ibidem, p. 139.

[46] Jean-Paul Sartre, "Merleau-Ponty" (1961), em *Situations*, cit., p. 185.

SEGUNDA PARTE

BUSCA DA LIBERDADE

"Mas vir ao mundo como liberdade frente aos outros é vir ao mundo como alienável. Se querer ser livre é escolher ser neste mundo frente aos outros, então aquele que assim quiser também irá querer a paixão de sua liberdade."
"No furor, na ira, no orgulho, na vergonha, na recusa nauseante ou na reivindicação jubilosa, é necessário que eu escolha ser o que sou."

(O ser e o nada)

Jean-Paul Sartre e Simone de Beauvoir no Memorial Balzac (*c*. 1920, arquivo Gallimard).

4
BUSCA DO INDIVÍDUO:
AS PRIMEIRAS OBRAS

4.1

Discutindo o desenvolvimento intelectual de sua geração, Sartre escreve em *Questão de método*:

> Enveredávamos às cegas na via perigosa de um realismo pluralista que visava ao homem e às coisas na sua existência "concreta". Entretanto, permaneceríamos no quadro das "ideias dominantes" [...]. Confundimos por muito tempo o total e o individual; o pluralismo – que nos tinha servido tão bem contra o idealismo de Brunschvicg – impediu-nos de compreender a *totalização dialética*; deleitávamo-nos em descrever essências e tipos artificialmente isolados, mais do que em restituir o movimento sintético de uma verdade "devinda".[1]

Essas autodescrições, abundantes na obra de Sartre, devem ser tomadas com alguma cautela. Devemos ter sempre em mente que, nas declarações de Sartre, defrontamo-nos com tal fusão de subjetividade e objetividade que o significado do que é dito é sempre *autoassertivo*, mesmo quando sua forma manifesta é de *autocrítica*. A subjetividade compulsiva de Sartre não pode admitir estar errada no tempo presente – apenas retrospectivamente, em um passado um tanto distante. Além disso, a função de suas autocríticas retrospectivas (que, regra geral, são expressas com o pronome "nós" em vez de "eu") é precisamente a de *afirmar* a transcendência da posição criticada, em lugar de *expô-la*. É exatamente isso que acontece nessa passagem sobre a suposta confusão de antes entre o total e o individual e sobre a proclamada superação dessa posição em *Questão de método* e na *Crítica da razão dialética*.

---

[1] Jean-Paul Sartre, "Questão de método", em *Sartre*, cit., p. 120. (Daqui em diante, faremos referência a essa obra como *Método*.)

96 *A obra de Sartre*

Voltaremos em breve a esse problema específico. O que se quer salientar agora é que a identificação, por um pensador, de um aspecto problemático da própria obra não significa, automaticamente, que tenha encontrado uma solução para ele. Tampouco significa que a autocrítica retrospectiva seja necessariamente válida e deva ser aceita por seu significado manifesto. Em ambos os casos, estamos diante de afirmações que carecem de fundamentação e de provas, para que se possa chegar a uma conclusão em um sentido ou em outro. Dar-se conta de um problema pode propiciar a *possibilidade* de uma solução, mas ela não deve ser confundida com a própria solução, que deve ser estabelecida em bases objetivas e não apenas em autoafirmações críticas, por mais que estas possam ser *sentidas* como autênticas.

Isso é especialmente importante no acesso ao desenvolvimento de Sartre. Pois um dos traços mais notáveis de toda sua obra é que ele não permite que sua defesa se apoie simplesmente na evidência das *obras* que produz, mas tem de oferecer, também, o que considera ser suas únicas *interpretações* legítimas. Isso não se dá apenas por ser ele um escritor "controverso". Ao contrário, ser "controverso" é uma consequência necessária do princípio estruturador e organizador de sua obra – de sua "subjetividade compulsiva". Tanto assim que, além de certo ponto, é impossível separar a obra da autointerpretação.

Para ser exato, as intervenções pessoais de Sartre em discussões a respeito de suas próprias obras – já desde a publicação de *A náusea* – são verdadeiramente incomparáveis. Ele dá um número infindável de entrevistas, as quais controla inteiramente. Responde a seus críticos do modo mais franco, não só em entrevistas mas de outras formas também, desde pequenos artigos até enormes ensaios e desde conferências até cartas abertas. Além disso, suas opiniões sobre as diversas coisas que o preocupam e sobre o significado de suas inúmeras obras estão fielmente reproduzidas nos cinco extensos volumes autobiográficos de Simone de Beauvoir. Tal quantidade de excessiva autorreflexão é bastante extraordinária, seja qual for a aferição que dela se faça.

Tudo isso, porém, está longe de ser a dimensão completa das autointerpretações de Sartre. Esse quadro deve ser complementado não só por suas obras autobiográficas, *As palavras* e *Autoportrait à soixante-dix ans* [Autorretrato aos setenta anos] (1975), mas também por muitos de seus ensaios, como aqueles sobre Giacometti, Natalie Sarraute, Camus, Nizan e Merleau-Ponty, nos quais predominam suas reflexões pessoais, qualquer que seja o tema imediato. A isso devem-se acrescentar ainda algumas de suas peças de teatro (por exemplo, *O diabo e o bom deus*) e duas importantes obras biográficas (sobre Genet e Flaubert), nas quais as autointerpretações estão bem em primeiro plano. De fato, a maior parte de sua obra ocupa-se, mais ou menos diretamente, com o exame de si mesmo.

A natureza da busca de Sartre é tal que "explorar os limites" significa duas coisas: em primeiro lugar, uma avaliação e reavaliação intransigentes de seus próprios limites *internos* – da "autenticidade" ou não autenticidade de suas próprias escolhas e decisões –; e, em segundo lugar, a afirmação de sua subjetividade, de seu eu constantemente devassado, no mundo à sua volta, com o propósito de aclarar a diferença fundamental entre a "estrutura ontológica do ser" e a situação historicamente dada. (O problema da "interiorização" diz respeito à intersecção das duas.) O autoexame constitui, assim, o veículo para a avaliação dos problemas de uma época, e a preocupação com os problemas da época, sistematizados segundo as categorias da responsabilidade e da autenticidade, constitui o ponto nodal de um renovado autoexame.

Por isso, qualquer que seja o objeto de sua investigação, Sartre está sempre completamente absorvido nele. As frequentes autorreferências de suas análises não são meras características formais de apresentação e estilo: são inseparáveis da própria concepção do tema estudado. Em consequência, é muito difícil (e certamente problemático) separar uma proposição sartriana de seu contexto existencial – o "quando?" e o "por quê?" de sua concepção – e julgar sua validade inteiramente por si mesma. Sartre não apenas *concorda* com as próprias generalizações: *faz parte* delas. (Suas autorreferências muitas vezes significam *autenticações*[2] dessa dimensão existencial de suas afirmações.) Em outras palavras, ele se *engaja* inteira e apaixonadamente com a posição que sustenta a cada momento. Não é de admirar, portanto, que não possa reconhecer um erro a não ser retrospectivamente, quando o ponto em questão tenha deixado de ser parte integrante de seu quadro teórico global.

Devido a esse envolvimento existencial intenso nos problemas em pauta é que Sartre tem de assumir uma postura hostil diante de seus críticos, e não devido a algum tipo de "temperamento" misterioso que possa ser considerado a causa psicológica subjacente de sua autoafirmação agressiva. (De todo modo, o temperamento de um homem é controlável, se houver uma boa razão, e Sartre seria o primeiro a afirmar isso, no espírito de suas primeiras obras sobre psicologia filosófica.) A defesa apaixonada de sua posição é tão essencial à realização de seu projeto quanto sua formulação original. E uma vez que o elemento subjetivo é, em tão alto grau, parte integrante do empreendimento global, *ao ponto de que* ele pode, corretamente, reivindicar para si um *status* privilegiado para explicar o sentido de suas próprias obras, uma leitura inteiramente objetiva de obras desse tipo é, por definição, inapropriada. Não há dúvida de que há algo de suspeito acerca da fórmula repetitiva com que rejei-

---

[2]   Veja a descrição de sua experiência no campo de prisioneiros de guerra (cf. p. 23 deste volume), que é utilizada para autenticar sua análise da "distância" como um conceito significativo apenas em um contexto humano. O fato de ele contradizer em outros lugares a declaração de que a estreita proximidade de outros no campo "nunca foi perturbadora, na medida em que os outros eram parte de mim", simplesmente acentua o fato de que esse tipo de referência pessoal não aparece em sua obra pelo seu *conteúdo descritivo*, mas por sua *função autenticadora*. Na verdade não importa se Sartre teve *realmente* as experiências que descreveu. O que é estruturalmente importante é que suas proposições *teóricas* fundamentais são conjugadas e integradas a referências subjetivas *existencialmente autenticadoras*.

98 *A obra de Sartre*

ta a crítica tanto da esquerda (seja do PC francês[3], seja de Lukács[4]) quanto da direita (por exemplo, de Camus[5]), declarando que os críticos não tinham lido suas obras, para não falar em sua rejeição da autoexplicação de Guérin, com a sucinta afirmação de que "ele não compreende nada de seu próprio livro"[6], como já vimos. Ainda assim, a verdade parcial em tais acusações é a de que a leitura que o próprio Sartre faz das obras em questão é diferente das interpretações que ele contesta. Em outras palavras, ele insiste na importância do *ângulo* (o elemento subjetivo) na sistematização de teorias, o qual se relaciona com a questão da validade em sentido muito mais positivo do que geralmente se reconhece.

Isso posto, não podemos, contudo, ignorar os aspectos problemáticos. Uma obra global que requer a intervenção frequente do autor para explicá-la mostra sua vulnerabilidade, uma vez que ele não estará ali eternamente para fornecer a cada época as autointerpretações, que são constantemente reformuladas de modo a estar afinadas com as circunstâncias sócio-históricas que se modificam. Em última instância, sua obra, como a de qualquer outro, deve se apoiar na evidência que a própria obra exibe e, em relação a isso, as autointerpretações são, necessariamente, marginais. Uma personalidade compulsiva pode obter êxito em impor sua autoimagem a seus contemporâneos – pelo menos a alguns deles –, mas as gerações futuras decidirão a seu respeito sem esse tipo de intervenção.

Paradoxalmente, no prolongado processo de validação histórica, as autointerpretações assertivas do autor podem se mostrar contraproducentes, pois podem fundamentar polarizações artificiais e desviar a orientação da avaliação crítica da obra global como um todo para alguns de seus aspectos parciais. Pois, embora seja de vital importância ter em mente o envolvimento apaixonado do autor em problemas e preocupações *específicos* – a partir de cujo ângulo ele interpreta a si mesmo, bem como a tudo mais –, a fim de ter condições para compreender *cada um* dos pontos e fases de seu desenvolvimento, as autointerpretações têm valor muito limitado na avaliação da

---

[3] "Je le dis tout de suite: vos attaques me paraissent inspirés par la mauvaise foi et l'ignorance. Il n'est même pas sur que vous avez *lu aucun des livres* dont vous parlez" [Digo-lhe imediatamente: seus ataques parecem-me inspirados na má-fé e na ignorância. Não é nem mesmo certo que o senhor tenha lido algum dos livros de que fala], Jean-Paul Sartre, "À propos de l'existentialisme: mise au point", cit., p. 653-4.

[4] "Ses arguments sont nuls et non avenus: *il n'a pas lu L'être et le néant*" [Seus [de Lukács] argumentos são inválidos: ele não leu *O ser e o nada*], entrevista a François Erval, *Combat*, 3 de fevereiro de 1949. Por outro lado, quando o objeto principal de sua crítica é o PC francês, Sartre inverte completamente esse severo julgamento e refere-se a Lukács nos mais elevados termos elogiosos: "Le seul qui tente en Europe, d'expliquer par leurs causes les mouvements de pensée contemporains, c'est un communiste hongrois, Lukács" [O único na Europa que tenta explicar, a partir de suas causas, os movimentos contemporâneos do pensamento é um comunista húngaro, Lukács.], "Le réformisme et les fétiches", *Les Temps Modernes*, fevereiro de 1956, p. 1159.

[5] "Tenho pelo menos isto em comum com Hegel. *Você não leu nenhum de nós dois.* Você tem a péssima mania de não se dirigir à fonte", Jean-Paul Sartre, "Reply to Albert Camus" (1952), em *Situations*, cit., p. 66.

[6] *Les Temps Modernes*, dezembro de 1957, p. 1137.

totalidade de seu desenvolvimento, precisamente por estarem, sempre, arraigadas de maneira profunda em situações e preocupações específicas. Assim, uma vez mais, vemo-nos diante do dilema da "individualização" e da "universalização": o que é um grande trunfo em dado nível pode ser um empecilho potencialmente maior em outro.

Para considerar o conjunto de uma obra global, é preciso integrar a totalidade de cada um dos pontos e fases num movimento dinâmico, sem eliminar a vitalidade existencial dos elementos individuais. Qualquer tentativa de universalizar *diretamente* uma determinada fase – que é sempre constituída de elementos mais ou menos conflitantes – resultará apenas numa *projeção* histórica de uma parte específica sobre o todo e, ao mesmo tempo, na liquidação da tensão dinâmica a ele inerente. Pois qualquer fase específica representa *ipso facto* também um nível específico de realização e de ponto de repouso, o qual, se generalizado, inevitavelmente cristaliza o movimento (que chegou até ele e prosseguirá depois dele) e distorce seriamente a figura como um todo.

Em contraposição, o único modo de proceder propriamente histórico é utilizar o *próprio movimento* como *princípio de seleção* aplicado a todos os pontos e fases específicos. Consequentemente, esses elementos serão iluminados em todas as particularidades do desenvolvimento de um autor, as quais representam os *elos* do movimento global e, assim, mostram a *tendência* fundamental de seu desenvolvimento. Desse modo, a universalização surgirá como a *estrutura global* – uma estrutura dinâmica e não estática – cujos elementos individuais possuem pesos relativos que variam. Pois aquilo que *domina* um ponto ou fase específicos pode, em outros, ocupar posição muito subordinada, e vice-versa; e é o *padrão global* – o todo dinâmico – que, em última instância e objetivamente, determina as correlações estruturais respectivas, talvez atribuindo um peso relativo muito maior a um dado elemento de força embrionária do que aos elementos temporariamente dominantes, mas transitórios, cuja importância diminui à medida que se desdobra o padrão do desenvolvimento global.

É fácil, pois, perceber que as autointerpretações do autor, na medida em que são expressões do que quer que possa ser sua preocupação dominante num determinado momento, não precisam (poder-se-ia dizer, de fato, que não podem) refletir fielmente o movimento global com todas as suas complexidades e equilíbrios precários. Tais complexidades e equilíbrios têm de ser avaliados a certa distância, mas não à distância da posição recém-conquistada e defendida que deve, ela mesma, ser integrada e tornada objeto de um exame crítico dentro do quadro de referência global. E, uma vez que se trata da intensidade do envolvimento apaixonado de um autor em uma nova fase, devemos acautelar-nos particularmente quanto às autointerpretações de um autor – Jean-Paul Sartre – que, conscientemente, leva aos limites mais extremos o princípio do envolvimento e do engajamento existenciais. Uma aceitação precipitada de suas autoexplicações pelo seu significado manifesto (não importa se aprovando, ou com uma atitude negativa em relação às alterações reclamadas), que parece caracterizar um número muito grande dos escritos sobre Sartre, tende a encalhar a discussão em aspectos bastante periféricos de sua obra (por exemplo, a notoriedade de sua pretensa "con-

100   *A obra de Sartre*

versão radical"), desviando a atenção de seus princípios estruturais e de suas dimensões fundamentais. Por isso devemos tratá-las com cuidado especial.

4.2

Isso nos leva de volta à nossa pergunta inicial: devemos concordar com as restrições de Sartre sobre a pretensa confusão entre o total e o individual, o fato de ter deixado de compreender o problema da totalização dialética em suas primeiras obras, juntamente com a pretensão de um avanço radical quanto a isso em sua *Crítica* e nas obras relacionadas com a *Crítica*? Temos de postergar por algum tempo qualquer tentativa de resposta mais detalhada à segunda metade da pergunta, além de reiterar que a concepção de Sartre da totalização dialética conduz a um impasse na segunda parte da *Crítica* e à transmutação de sua busca por "tornar a história inteligível" numa forma de biografia ficcional. Vejamos agora como são as coisas nas primeiras obras.

Não há dúvida alguma de que a busca do indivíduo é a preocupação central dessas obras. Isso é inerente à problemática que visa a lançar os alicerces de uma psicologia fenomenológica, partindo do "fato irredutível"[7] da consciência. Contudo, seria totalmente errado sugerir que o problema da totalidade seja ignorado. Ao contrário, ele ocupa lugar muito importante em cada uma das primeiras obras. E não há sinal algum de que o total seja confundido com o individual. No mínimo, as linhas de demarcação estão traçadas de forma bem nítida, não são indefinidas. O que é extremamente problemático quanto aos primeiros estudos de Sartre sobre a totalidade é de caráter inteiramente diverso, como veremos logo a seguir.

Já no primeiro estudo filosófico importante de Sartre, *A transcendência do ego*, encontramos uma teoria da consciência sistematizada em relação ao problema da totalidade. Numa referência crítica à opinião de Husserl sobre o "eu transcendental" como condição da unidade e identidade da consciência, escreve Sartre:

> a individualidade de consciência provém evidentemente da natureza da consciência. A consciência não pode ser limitada (como a substância de Espinosa) senão por ela mesma. Ela constitui, portanto, uma *totalidade sintética e individual* inteiramente isolada das outras *totalidades do mesmo tipo* e o Eu não pode ser, evidentemente, senão uma expressão (e não uma condição) desta incomunicabilidade e interioridade das consciências. Podemos portanto responder sem hesitar: a concepção fenomenológica da consciência torna totalmente inútil o papel unificante e individualizante do Eu. É, ao contrário, a consciência que torna possível a unidade e a personalidade do meu Eu. O Eu transcendental não tem, portanto, razão de ser.[8]

---

[7]   Jean-Paul Sartre, "Uma ideia fundamental da fenomenologia de Husserl: a intencionalidade", em *Situações 1*, cit., p. 56. (Daqui em diante, faremos referência a essa obra como "Uma ideia".)

[8]   Idem, *A transcendência do ego*, cit., p. 48. (Daqui em diante, faremos referência a essa obra como *Transcendência*.)

Esse tema é ulteriormente desenvolvido na seção sobre a "Constituição do Ego como polo das ações, dos estados e das qualidades":

a intuição do Ego é uma miragem perpetuamente falaz, pois ela ao mesmo tempo dá tudo e não dá nada. Como poderia ser de outro modo, aliás, visto que o Ego não é a *totalidade real* das consciências (esta totalidade seria contraditória, como todo infinito em ato), mas a unidade ideal de todos os estados e acções. Sendo ideal, esta unidade pode, naturalmente, abarcar uma infinidade de estados. Mas percebe-se bem que o que é dado à intuição concreta e plena é somente esta unidade enquanto se incorpora no estado presente. A partir deste núcleo concreto, uma quantidade maior ou menor de intenções vazias (em direito, uma infinidade) dirigem-se para o passado e para o futuro e visam os estados e as ações que não estão dados presentemente. Os que têm algum conhecimento da Fenomenologia compreenderão sem dificuldade que o Ego seja ao mesmo tempo uma *unidade ideal* de estados, cuja maioria está ausente, e uma *totalidade concreta* que se dá por inteiro à intuição: isso significa simplesmente que o Ego é uma unidade noemática e não noética. Uma árvore ou uma cadeira não existem de outro modo. Naturalmente, as intenções vazias podem sempre ser preenchidas e um qualquer estado, uma qualquer acção pode sempre reaparecer à consciência como sendo ou tendo sido produzida pelo Ego.[9]

Vemo-nos, assim, diante de todo um grupamento de conceitos – "totalidade individual" e "totalidades do mesmo tipo", "totalidade real", "unidade ideal" (ou totalidade ideal) e "totalidade concreta" – em cujos termos se expressa a relação entre a consciência e o mundo. E Sartre não se satisfaz de modo algum em permanecer dentro da esfera da experiência subjetiva. Ao contrário, seu objetivo essencial é ontológico. Não apenas no sentido de que reivindica haver criado, com sua concepção do ego, "a única refutação possível do solipsismo"[10], corrigindo os erros de Husserl quanto a isso[11], mas também na medida em que visa solapar o que chama de "materialismo metafísico"[12], abrindo o parêntese fenomenológico dentro do espírito de um "realismo" filosófico[13].

O interesse de Sartre pela fenomenologia é, desde o início, existencial-ontológico. Ele quer captar os "existentes" em sua facticidade, em oposição às diversas espécies de pressupostos ou prejulgamentos metafísicos que parecem dominar não só as teorias filosóficas, como também suas aplicações na psicologia e alhures, e seu entusiasmo[14]

---

[9] Ibidem, p. 73.

[10] Ibidem, p. 81.

[11] "A refutação [de solipsismo] que Husserl apresenta em *Formale und Transzendentale Logik* e nas *Meditações cartesianas* não nos parece poder atingir um solipsista determinado e inteligente. Enquanto o Eu permanecer uma estrutura da consciência, será sempre possível opor a consciência com seu Eu todos a todos os outros existentes", ibidem, p. 81-2.

[12] Ibidem, p. 82-3.

[13] Ibidem, p. 104-6.

[14] Eis como Simone de Beauvoir descreve o encontro de Sartre com a filosofia de Husserl: "Sartre começava a dar-se conta de que, para dar uma organização coerente às ideias que dividiam sua mente, era essencial encontrar ajuda. As primeiras traduções de Kierkegaard foram publicadas por aquela época:

102 A obra de Sartre

pelas potencialidades da fenomenologia é a expressão direta dessas preocupações. Contudo, Sartre logo se dá conta das limitações da fenomenologia husserliana com respeito ao seu próprio programa:

As descrições fenomenológicas podem descobrir, por exemplo, que a própria estrutura da consciência transcendental implica essa consciência como constitutiva de um mundo. Mas é evidente que não nos ensinarão que a consciência deve ser constitutiva de tal mundo, ou seja, *precisamente* daquele em que estamos, com sua terra, seus animais, seus homens e a história de seus homens. Estamos aqui na presença de um fato primeiro e irredutível que se dá como uma especificação *contingente* e irracional da essência noemática de *mundo*. Muitos

---

não sentíamos qualquer estímulo especial para lê-las e nem tocamos nelas. Por outro lado, Sartre estava fortemente atraído pelo que ouvira a respeito da fenomenologia alemã. Raymond Aron estava passando um ano no Instituto Francês de Berlim e estudando Husserl, ao mesmo tempo que preparava uma tese de história. Quando veio a Paris, falou a Sartre sobre Husserl. Passamos toda uma tarde no Bec de Gaz, na rua Montparnasse. Pedimos a especialidade da casa, coquetel de abricó; mostrando sua taça, Aron disse: 'Veja, caro amigo, se você for um fenomenólogo, você pode falar sobre este coquetel e fazer filosofia a partir dele!' Sartre empalideceu de emoção com isso. Isso era exatamente o que ele vinha desejando conseguir fazer há anos – descrever os objetos exatamente como os via e tocava e, desse processo, extrair filosofia. Aron convenceu-o de que a fenomenologia ajustava-se exatamente a suas preocupações especiais: superar a antítese entre idealismo e realismo [materialismo], afirmando simultaneamente a supremacia da razão e a realidade do mundo visível, como se apresenta a nossos sentidos. No *boulevard* Saint-Michel, Sartre comprou o livro de Lévinas sobre Husserl e estava tão ansioso em informar-se sobre o assunto que foi folheando o volume todo enquanto caminhávamos, sem sequer haver cortado as páginas", *The Prime of Life*, cit., p. 135-6.

Não podia ser maior o contraste com Lukács. Do mesmo modo que Sartre, vinte anos depois, tivera de Raymond Aron, Lukács teve, de Max Scheler, durante a Primeira Guerra Mundial, um relato entusiasmado sobre a fenomenologia, mas reagiu a ele com extremo ceticismo. Eis como o próprio Lukács descreve o ocorrido: "Als mich zur Zeit des ersten Weltkrieges Scheler in Heidelberg besuchte, hatten wir hierüber ein interessantes und characteristisches Gespräch. Scheler vertrat den Standpunkt, die Phänomenologie seie eine universale Methode, die alles zum intentionalen Gegenstand haben könne. 'Man kann zum Beispiel', führte Scheler out, 'über den Teufel phänomenologische Untersuchungen machen, man muss nur zunächts die Frage der Existenz des Teufels in Klammer setzen'. – 'Freilich', antwortete ich, 'und wenn sie dann mit dem phänomenologischen Bild über den Teufel fertig geworden sind, dann öffnen sie die Klammer – und der Teufel steht leibhaftig vor uns'. Scheler lachte, zuckte mit den Achseln und antwortete nichts", György Lukács, *Existentialismus oder Marxismus* (Berlim, Aufbau, 1951), p. 36-7. ["Em Heidelberg, onde Scheler veio ver-me durante a Primeira Guerra Mundial, tivemos uma conversa muito interessante e muito característica sobre esse assunto. Scheler dizia que, sendo um método universal, a fenomenologia pode tomar tudo por objeto intencional. Assim por exemplo, disse ele, pode-se proceder perfeitamente ao exame fenomenológico do Diabo, colocando anteriormente entre parênteses o problema de sua existência. Muito bem, disse eu, em seguida, quando a análise fenomenológica do Diabo está terminada, resta-lhe só suprimir o parênteses e eis que o diabo surge diante de nós [...] Scheler riu, ergueu os ombros e não respondeu nada", György Lukács, *Existencialismo ou Marxismo?* (trad. José Carlos Bruni, São Paulo, Livraria Editora Ciências Humanas, 1979), p. 71.] A filosofia inicial de Lukács constituiu-se com base numa resposta positiva a Platão, Kant e Hegel, em conformidade com seu interesse fundamental de encontrar um caminho seguro de transcender o mundo de aparências enganadoras, mantendo-se, porém, sobre o terreno da realidade; daí a ideia do parêntese e da redução fenomenológicos ter sido inteiramente estranha a ele.

Busca do indivíduo: as primeiras obras 103

fenomenólogos chamariam "metafísica" a pesquisa que visa desvendar esse *existir contingente em seu conjunto.*[15]

Assim, a preocupação com a totalidade foi posteriormente concretizada como enfrentar o *mundo* como ele é, *exatamente* como ele costuma ser em sua contingência e facticidade, com o propósito de "desvendar esse existir contingente em seu conjunto". Esse mundo contingente dos "existentes" é o mundo das coisas e o mundo dos homens que podemos descobrir em sua totalidade complexa. Até mesmo as "famosas reações 'subjetivas' – ódio, amor, temor, simpatia – [...] são apenas maneiras de descobrir o mundo"[16]. Dentro do espírito de sua própria interpretação da fenomenologia que já trata o "parêntese" de Husserl como aberto, Sartre saúda o filósofo alemão como alguém que "nos restituiu o mundo dos artistas e dos profetas [...], limpou o terreno para um novo tratado das paixões [...]"; a partir de então, o culto da interioridade (Bergson, Proust) é totalmente insustentável: "tudo está fora, tudo, até nós mesmos: fora, no mundo, entre os outros. Não é em sabe-se lá qual retraimento que nos descobriremos: é na estrada, na cidade, no meio da multidão, *coisa entre as coisas, homem entre os homens*"[17].

O "novo tratado das paixões", para o qual se supõe que Husserl tenha preparado o terreno, é, naturalmente, *O ser e o nada* de Sartre, no qual aprendemos que "A psicanálise existencial irá revelar ao homem o objetivo real de sua busca, que é o ser como *fusão sintética do Em-si com o Para-si; irá familiarizá-lo com sua paixão*"[18]. Na verdade, não é Husserl quem prepara o terreno para essa concepção – a não ser em sentido indireto, propiciando o campo para as reflexões corretivas de Sartre –, mas sim o próprio Sartre, em suas obras anteriores e, em grande medida, também em *O ser e o nada*. Como sabemos, o volume dois dessa última obra, que devia ter apresentado em detalhe o programa anunciado na última citação, jamais foi escrito – pelo menos não na forma originalmente pretendida. É claro, porém, que muitas das obras seguintes de Sartre – não só a *Morale* abandonada, mas também *Saint Genet*, assim como inúmeros ensaios mais curtos e, sobretudo, *O idiota da família* – dedicam-se à problemática de familiarizar o homem com sua paixão e tentam levá-lo até mais perto de uma conclusão. Desse modo, a busca sartriana do absoluto – a elucidação da verdadeira meta da atividade do homem, que implica a refutação de diversas concepções equivocadas – tem de partir da análise da paixão e da emoção como as encontramos no mundo dos existentes contingentes: na atividade vital de indivíduos vivos orientada para metas. A pergunta "O que faz o homem seguir em frente através do êxito e do fracasso, da conquista e da derrota?" não pode ser respondida abstratamente, no plano genérico de alguma universalidade mistificadora (como o

---

[15] Jean-Paul Sartre, *O imaginário*, cit., p. 233.

[16] Idem, "Uma ideia", cit, p. 57.

[17] Idem.

[18] Idem, *O ser e o nada*, cit, p. 764.

104 *A obra de Sartre*

"Espírito do Mundo"), mas deve encontrar a evidência que a fundamente nas diversas manifestações da paixão humana como modos pelos quais indivíduos vivos tomam conhecimento do mundo em que estão situados e tentam enfrentar os problemas e os desafios de sua situação.

As primeiras obras, enquanto preparam o terreno, sistematizam os princípios centrais da filosofia de Sartre. A crítica de Husserl avança em duas linhas:

(1) o estabelecimento de uma necessidade autêntica para a redução fenomenológica (a *epoché* de Husserl), em termos das categorias existenciais sartrianas, conforme expressas em *A transcendência do ego*;

(2) um estudo daquilo que Sartre considera inadequado na descrição feita por Husserl das formas e modalidades da consciência, o que leva Sartre a especificar um quadro de referência ontológico em que se pode almejar uma solução para tudo aquilo que permaneceu de difícil compreensão para Husserl.

Sobre o primeiro ponto, o julgamento de Sartre é muito severo. Ele cita com aprovação o estudo de Fink sobre Husserl[19], o qual insiste que a "atitude natural da mente" – que dá origem às teorias científicas – é perfeitamente coerente em si mesma e, por isso, não há razão de espécie alguma para exercer uma redução fenomenológica. E Sartre continua:

> Com efeito, esta atitude natural é perfeitamente coerente e não se poderiam encontrar nela essas contradições que, segundo Platão, conduzem o filósofo a efetuar uma conversão filosófica. Assim, na fenomenologia de Husserl, a ἐποχή [*epoché*] aparece como um *milagre*. O próprio Husserl, nas *Meditações cartesianas* [Seção 1], alude de modo muito vago a certos *motivos psicológicos* que levariam a efetuar a redução. Mas esses motivos não parecem em nada suficientes e, sobretudo, a redução não parece poder efetuar-se senão no termo de um longo estudo; ela aparece, portanto, como uma operação *douta*, o que lhe confere uma espécie de gratuidade. Ao contrário, se a "atitude natural" aparece por inteiro como um esforço que a consciência faz para escapar a ela mesma, projetando-se no Eu [*Moi*]* e absorvendo-se nele, e se este esforço não é nunca completamente recompensado, se é suficiente um ato de simples reflexão para que a espontaneidade consciente se arranque bruscamente do Eu e se dê como independente, a ἐποχή já não é um milagre, já não é um método intelectual, um procedimento douto: é uma angústia que se nos impõe e que não podemos evitar, é ao mesmo tempo um acontecimento puro de origem transcendental e um acidente sempre possível da nossa vida cotidiana.[20]

Mesmo que a conclusão de Sartre seja bastante inesperada, o impulso de seu argumento é muitíssimo claro. Tendo conseguido libertar-se das algemas da filosofia acadêmica (Brunschvicg etc), Sartre está decidido a não se deixar envolver em nenhuma outra espécie de operação acadêmica que acabaria sendo meramente um método

---

[19] Eugen Fink, "Die phänomenologische Philosophie Edmund Husserl in der gegenwartigen Kritik", *Kant-Studien – Philosophische Zeitschrift der Kant-Gesellschaft*, n. 38, 1933, p. 406-23.

* Os colchetes usados para marcar as palavras francesas *Moi* e *Je* não constam na citação feita por Mészáros, sendo acréscimos da edição brasileira. (N. T.)

[20] Jean-Paul Sartre, *Transcendência*, cit., p. 81.

Busca do indivíduo: as primeiras obras 105

intelectual, um complicado procedimento metodológico erudito reservado para uns poucos. Ele procura um método que tenha uma base existencial na vida cotidiana e, assim, esteja aberto a todos. Essa concepção, que vincula diretamente a *epoché* à angústia e ao medo, estabelece também, mediante o mesmo vínculo, a relação essencial com as categorias existenciais de *liberdade*, indicando assim a possibilidade de autolibertação mediante a "reflexão purificadora" – da qual Sartre fala em *Emoções*, obra estreitamente correlata[21] – como a função palpavelmente relevante do empreendimento filosófico global em que estava empenhado. Assim, no decorrer da análise sartriana, um problema bastante abstrato de metodologia fenomenológica transmuda-se num importante pilar da ontologia existencial.

O segundo ponto de crítica anteriormente mencionado diz respeito às formas e modalidades da consciência segundo a caracterização de Husserl. Sartre tomou como ponto de referência uma gravura de Dürer que podemos perceber, de acordo com nossa vontade, como uma "coisa-objeto" ou uma "imagem-objeto", e fez as seguintes observações:

> Essa ambivalência hilética só é possível em um pequeno número de casos privilegiados (quadros, fotos, imitações etc.). Mesmo que ela fosse admissível, ainda seria preciso explicar *por que* minha consciência intenciona uma matéria como imagem e não como percepção. [...] a distinção entre imagem mental e percepção não poderia vir da simples intencionalidade; é necessário, mas não suficiente, que as intenções se diferenciem, é preciso assim que as matérias sejam dessemelhantes. [...] [A solução de Husserl, embora penetrante, é "bastante incompleta".] [...] Sabemos agora que temos de partir novamente do zero, negligenciar toda a literatura pré-fenomenológica e tentar antes de tudo obter uma visão intuitiva da estrutura intencional da imagem. [...] Será conveniente ainda comparar a consciência de imagem com a consciência de signo a fim de livrar definitivamente a psicologia do erro inadmissível que faz da imagem um signo e do signo uma imagem. Por fim, e sobretudo, será preciso estudar a *hylé* própria da imagem mental. É possível que, no caminho, devamos abandonar o domínio da psicologia eidética e recorrer à experiência e aos procedimentos indutivos. Contudo, é pela descrição eidética que convém começar: o caminho está livre para uma psicologia fenomenológica da imagem.[22]

Assim, a pergunta "por quê?" relativa à formação de uma imagem e não de uma percepção leva, de novo, à sistematização de uma ontologia existencial. Pois a possibilidade de uma "psicologia fenomenológica" como imaginada por Sartre (como sinônimo de "psicologia existencial", em contraposição à "psicologia eidética", estritamente fenomenológica) tem como pré-condição um afastamento radical de "toda a literatura fenomenológica", já que seu programa implica necessariamente a abertura do parêntese fenomenológico.

Isso é o que podemos encontrar, indicado com toda a clareza, de forma mais geral, numa passagem fundamental de *O imaginário*:

---

[21] Idem, *Esboço para uma teoria das emoções*, cit., p. 81. (Daqui em diante, faremos referência a essa obra como *Emoções*.)

[22] Idem, *A imaginação*, cit., p. 132-5. [Colchetes de Mészáros. (N. E.)]

106 *A obra de Sartre*

Chamaremos *"situações"* os diferentes modos imediatos de apreensão do real como mundo. Podemos dizer assim que a condição essencial para que uma consciência imagine é que ela esteja *"em situação no mundo"*, ou, mais brevemente, que ela "esteja-no-mundo". É a situação-no-mundo, apreendida como realidade concreta e individual da consciência, que serve de motivação para a constituição de um objeto irreal qualquer, e a natureza desse objeto irreal é *circunscrita* por essa motivação. Desse modo, a *situação* da consciência não deve aparecer como uma pura e abstrata condição de possibilidade para todo imaginário, mas sim como motivação concreta e *precisa* da aparição de tal imaginário particular. [...] Assim, ainda que pela produção do irreal a consciência possa parecer momentaneamente libertada de seu "estar-no-mundo", é, ao contrário, esse "estar-no-mundo" o que constitui a condição necessária da imaginação.[23] [...]

Portanto, é possível concluir: a imaginação não é um poder empírico e, acrescentado à consciência, é a consciência *por inteiro* na medida em que realiza sua *liberdade*; [...] a consciência está sempre "em situação" porque é sempre livre, para ela há sempre e a cada instante uma possibilidade concreta de produzir o irreal. Estas são as diferentes motivações que decidem a cada instante se a consciência será apenas realizante ou se imaginará. O irreal é produzido fora do mundo por uma consciência que *permanece no mundo*, e é porque é transcendentalmente livre que o homem imagina.[24]

Como se vê, a realidade do mundo é afirmada mediante a categoria de "situação", que assume um papel central na obra global de Sartre. (É significativo que seus ensaios

---

[23] Idem, *O imaginário*, cit., p. 241-2.

[24] Ibidem, p. 242-3. Devemos ter em mente, também, as seguintes restrições: "Num mundo imaginário, não há sonho de possibilidades, já que as possibilidades supõem um mundo real, a partir do qual as possibilidades são pensadas. A consciência não pode recuar em relação a suas próprias imaginações para imaginar uma sequência possível à história que ela está representando – isso seria acordar. [...] A partir de um certo momento da história, toda previsão torna-se, pelo próprio fato de aparecer, um episódio da história. Não posso deter-me, conceber outro fim, sem trégua, sem recurso, obrigado a contar-me a história: não há 'lances gratuitos'. Assim, cada momento da história oferece-se como tendo um futuro imaginário, mas um futuro que não posso prever, que virá por si mesmo, em seu tempo, possuir a consciência, contra o qual a consciência será esmagada. Assim, contrário ao que poderíamos crer, o mundo imaginário se dá como *um mundo sem liberdade – mas tampouco é determinado*; é o avesso da liberdade, é *fatal*", ibidem, p. 222. "Podemos concluir: o sonho não se apresenta – ao contrário do que Descartes acreditava – como a apreensão da realidade. Ao contrário: ele perderia todo o seu sentido, a sua própria natureza, se pudesse por um instante colocar-se como real. O sonho é antes de tudo uma história, e temos nele o mesmo tipo de interesse apaixonado que o leitor ingênuo tem ao ler um romance. O sonho é vivido como ficção [...] Só que é uma *ficção 'enfeitiçadora'*: a consciência [...] foi enlaçada. E o que ela vive, ao mesmo tempo da ficção apreendida como ficção, é a impossibilidade de sair da ficção. Assim como o rei Midas transformava em ouro tudo o que tocava, a consciência determinou-se a transformar em imaginário tudo quanto apreende: daí esse caráter *fatal* do sonho. A apreensão dessa fatalidade foi frequentemente confundida com uma apreensão do mundo sonhado como *realidade*. [...] O sonho é uma experiência privilegiada que pode ajudar-nos a conceber o que seria uma consciência que *teria perdido seu 'estar-no-mundo' e que seria privada*, ao mesmo tempo, *da categoria do real*", ibidem, p. 229-30. Essa última observação é particularmente importante para compreender o modo como Sartre afirma a função do real em relação à consciência ao mesmo tempo que rejeita todas as explicações deterministas.

Busca do indivíduo: as primeiras obras 107

sobre grande variedade de temas estejam reunidos em dez volumes – até agora – de *Situations*, e que uma das mais importantes áreas de sua atividade, o teatro, seja definida por Sartre como o *"teatro de situações"*.) De fato, a categoria situação, vinculada à função insuperável da realidade humana, constitui o fundamento filosófico da ideia de *engajamento* de Sartre, que não é, pois, algo arbitrário, subjetivo e voluntarista, mas inerente à estrutura ontológica do ser, como é concebida pelo filósofo existencial. Por certo, nessa etapa, "situação" ainda não se expressa como "engajamento", permanecendo um princípio filosófico abstrato. Não obstante, a formulação desse princípio é a pré-condição necessária para a sistematização da visão de Sartre como "engajamento", durante a guerra, bem como da inserção orgânica de "engajamento" em seu sistema filosófico como um todo.

Devemos mencionar também que o parêntese fenomenológico é aberto por Sartre do único modo que lhe era acessível, dadas suas vitais preocupações existenciais. Como solução para o problema das "motivações" de Husserl, o caráter específico de um modo determinado de consciência – nesse caso, a imaginação – é explicado pela especificidade da situação em si. Mas a *consciência por inteiro* que se encontra *em situação* é, certamente, a consciência de um indivíduo humano vivo. Por isso é que a relação é descrita em termos das "motivações *concretas* e *precisas*" de "tal imaginário *particular*", em oposição à "*pura* e *abstrata* condição de possibilidade para *todo* imaginário". Desse modo, "a consciência em situação" relaciona-se com o todo do mundo em que está situada numa dada conjuntura temporal. Seu caráter total – que faz Sartre falar da consciência *por inteiro* – é, pois, necessariamente, o de uma *totalidade individual* (separada das "totalidades da mesma espécie", como vimos anteriormente) diante do mundo como um todo.

Tudo isso não significa que o total e o individual se confundam, uma vez que a totalização dialética das totalidades individuais situadas no mundo real é uma preocupação perfeitamente legítima – e, de fato, continua sendo o modo de proceder característico de Sartre, até a presente data. O que certamente significa é que Sartre começa pelas determinações existenciais individuais – as situações de vida concretas e os projetos a elas correspondentes – em sua busca de uma síntese global final. Constrói suas estruturas ontológicas sobre a base daquela "totalidade sintética e individual", que é para ele a realidade existencial, e afirma a primazia das práxis individuais em todas as suas obras. Por isso ele tem de repudiar, com indisfarçável hostilidade, aquilo que chama – tanto nas primeiras obras como nas últimas – de "materialismo metafísico", que introduziria a "totalidade individual" no cenário histórico em um ponto de desenvolvimento muito posterior à concepção de Sartre, para a qual ela constitui a premissa primordial e o ponto de partida absoluto.

Mas ela é proposta apenas como o ponto de partida, não como a própria síntese global. Na concepção de Sartre, estamos diante de um *movimento*: movimento que tem a lógica interna da totalização em que as partes constituem um todo orgânico, ou pelo menos apontam para o todo:

108   *A obra de Sartre*

Dissemos, na introdução, que a significação de um fato de consciência consistia em indicar sempre a realidade-humana *total* que *se fazia* emocionada, atenta, perceptiva, desejante etc. O estudo das emoções verificou claramente esse princípio: uma emoção remete ao que ela significa. E o que ela significa é, de fato, a *totalidade* das relações da *realidade-humana* com o *mundo*. A passagem à emoção é uma modificação *total* do "ser-no-mundo" segundo as leis muito particulares da magia.[25]

Assim, as linhas de demarcação estão firmemente traçadas, e o quadro de referência global é "a totalidade das relações da realidade humana com o mundo". Por isso, Sartre é menos do que justo para com suas primeiras obras ao caracterizá-las, de maneira sumária, como obras em que o total se confunde com o individual. E é mais do que generoso para com as obras posteriores, ao proclamar a solução do problema da totalização, enquanto sua posição a respeito desse assunto de fato caracteriza-se por mudanças de menor importância e por uma continuidade fundamental ao longo de toda a sua obra global.

4.3

Examinemos agora os aspectos problemáticos da concepção de totalidade do jovem Sartre e vejamos o que acontece com eles no decorrer de seu desenvolvimento posterior.

O primeiro ponto a assinalar é que o *dualismo metodológico* da fenomenologia é transformado por Sartre numa *lei ontológica*:

Chama-se de espontânea uma existência que se determina por ela mesma a existir. Em outros termos, existir espontaneamente é existir para si e por si [exister *pour soi* et *par soi*]. Uma única realidade merece assim o nome de espontânea: a consciência. Para ela, existir e ter consciência de existir é a mesma coisa. Ou seja, a grande *lei ontológica* da consciência é a seguinte: a única maneira de existir para uma consciência é ter consciência de que ela existe. Segue-se, evidentemente, que a consciência pode determinar-se ela própria a existir, mas não poderia ter ação sobre outra coisa que não ela mesma. Pode-se formar uma consciência por *ocasião* de um conteúdo sensível, mas não se pode agir pela consciência sobre esse conteúdo sensível, isto é, tirá-lo do nada – ou do inconsciente – ou enviá-lo de volta ao nada. Portanto, se a imagem é consciência, ela é espontaneidade pura, isto é, consciência de si, transparência para si, e só existe na medida em que se conhece. Portanto, ela não é um conteúdo sensível. É absolutamente inútil representá-la como "racionalizada", como "penetrada de pensamento". *É preciso escolher**: ou ela é *inteiramente pensamento* – e então se poderá pensar por imagem – ou é *conteúdo sensível* – e nesse caso se poderá pensar por ocasião de uma imagem. Mas, no segundo caso, a imagem torna-se *independente* da consciência: ela aparece à consciência, segundo leis que lhe são próprias, mas não é consciência. E então essa imagem que se deve esperar, decifrar, observar, é simplesmente uma coisa. Assim, todo con-

---

[25]   Jean-Paul Sartre, *Emoções*, cit., p. 93.

*   A tradução em inglês usada por Mészáros traz, no lugar de "É preciso escolher", a frase "There is *no middle ground*" ("não há *meio-termo*"), expressão retomada por ele no próximo parágrafo. (N. T.)

teúdo inerte e opaco se coloca, pela necessidade de seu tipo de existência, entre os objetos, isto é, no mundo exterior. *É uma lei ontológica a de que há somente dois tipos de existência: a existência como coisa do mundo e a existência como consciência.*[26]

Temos a maior simpatia pela intenção implícita de Sartre: a crítica da *consciência reificada*, como aparece em teorias mecanicisticamente deterministas, o que inclui o "inconsciente" da psicanálise[27], visto que ele cai nessa categoria. Dentro desse mesmo contexto é que Sartre elabora seu conceito de "má-fé" (*mauvaise foi*)[28] como alternativa dialética às teorias que critica. Não pode haver qualquer dúvida de que tanto sua crítica do determinismo psicológico rudimentar[29] quanto seu conceito de má-fé representam conquistas importantes e duradouras da filosofia de Sartre. Ao mesmo tempo, a dimensão social está ausente em ambos os aspectos, reduzindo, assim, em grande medida, a eficácia de suas explicações. A crítica da consciência reificada permanece necessariamente parcial na medida em que seus termos de referência estão limitados às próprias teorias, sem indagar a respeito dos fundamentos sociais dessas teorias, as quais reproduzem, ainda que de maneira "sofisticada", a estrutura da reificação prática sob uma forma teórica reificada[30]. Pois a reificação não brota da estrutura mesma da consciência (se brotasse, nada poderíamos fazer a respeito), mas surge como resultado de uma totalidade complexa de processos sociais de que a consciência dos indivíduos constitui parte integrante. Analogamente, o conceito de má-fé deve ser integrado numa teoria geral da ideologia de que, mesmo nas mais recentes obras de Sartre, só há uns poucos fragmentos. Na falta dessa integração, exige-se da "má-fé" que explique muita coisa, o que resulta em tornar enevoado o foco de sua especificidade explicativa.

A eficácia da crítica de Sartre à consciência reificada está, além disso, contaminada pelo extremo dualismo de sua abordagem. O caráter ativo da consciência é estabelecido com base na tautologia de que a existência da consciência é exatamente a mesma coisa que a consciência de sua existência – em outras palavras, que a consciência é consciente e a autoconsciência é consciente de si mesma –, o que, a seguir, declara-se ser "a grande lei ontológica da consciência". Essa "lei ontológica" é, por sua vez, utilizada para excluir *a priori* o "meio termo" e, desse modo, exclui-se toda possibilidade de mediação. Em consequência, estamos diante da "lei ontológica" fundamental, segundo a qual há dois tipos de existência: a "coisa no mundo" e a consciência. Todo o argumento se constrói sobre essa suposição dualista sem a qual ele não pode ser sustentado. Do modo como é

---

[26] Jean-Paul Sartre, *A imaginação*, cit., p. 108.

[27] Ver especialmente idem, *Emoções*, cit., p. 48-55.

[28] Simone de Beauvoir, *The Prime of Life*, cit., p. 128.

[29] Ver a seção final deste capítulo.

[30] Para uma análise clássica desses problemas, ver o ensaio de Lukács sobre "Reification and the Consciousness of the Proletariat" (1922), em *History and Class Consciousness* (trad. Rodney Livingstone, Londres, Merlin, 1968), p 83-222. [Ed. bras.: "A reificação e a consciência do proletariado", em *História e consciência de classe*, trad. Rodnei Nascimento, São Paulo, Martins Fontes, 2003, p. 193-411.]

110   *A obra de Sartre*

proposta, sua crítica só se pode aplicar a algum *dualismo inconsistente* que pretendesse tanto sustentar seus princípios dualistas quanto fazer uso da noção de um "meio termo" como um terceiro tipo espúrio de existência; essa é a razão por que Sartre insiste em que pode haver apenas dois tipos.

E se considerássemos como uma alternativa o quadro de referência *monístico* de explicação? E se buscássemos na dialética do uno e do múltiplo – o único e um só tipo de existência e suas múltiplas mediações e transições – a resposta aos problemas propostos? Evidentemente, nesse caso, o argumento que se funda na afirmação categórica de suposições dualistas extremas esvai-se inteiramente no ar. Sartre, porém, nunca tenta seriamente enfrentar a alternativa monista, pois esse tipo de confronto iria obrigá-lo a tentar justificar suas próprias *suposições*. Em vez disso, prefere bradar contra o "materialismo metafísico" e a "dialética da natureza", enquanto simplesmente reafirma a validade categórica de suas próprias *premissas* como base necessária a toda discussão sobre o tema. Assim, tendo partido das posições de dualismo metodológico – o projeto de uma redução fenomenológica da experiência a seus elementos "irredutíveis" dentro da consciência –, vamos terminar com a ontologia de uma *totalidade radicalmente dilacerada*, da qual a mediação é eliminada, com as antinomias necessariamente inerentes a esse dilaceramento. Como vimos antes, Sartre condenou Husserl por causa do "milagre" da *epoché*. Agora, como consequência de sua própria "lei ontológica" dualista, que cria sua totalidade radicalmente dilacerada, estamos diante de um *mistério* em lugar do milagre: a desconcertante habilidade da consciência para usar o mundo sensorial como a vaga "ocasião" – pois o céu proíbe pensar em termos de *determinações* dialéticas – de sua própria *autogeração espontânea*.

O segundo ponto a ser mencionado é a determinação *negativa* da totalidade. Essa solução surge no decorrer da aplicação feita por Sartre de alguns princípios heideggerianos (com modificações significativas) à análise do imaginário:

> Toda criação imaginária seria totalmente impossível para uma consciência cuja natureza fosse precisamente de estar "no ambiente-do-mundo". [...] Para que uma consciência possa imaginar, é preciso que por sua própria natureza possa *escapar* ao mundo, é preciso que possa extrair de *si mesma* uma posição de *recuo* em relação ao mundo. Numa palavra: *ela precisa ser livre*. Dessa maneira, a tese de irrealidade nos ofereceu a possibilidade de negação como sua condição; ora, isso só se torna possível através da "*nadificação*"* *do mundo como totalidade*, e essa nadificação revelou-se para nós como sendo o avesso da própria liberdade da consciência. [...] Mas, reciprocamente, a possibilidade de *construir um conjunto* é dada como a estrutura primeira do ato de distanciamento. Desse modo, é suficiente colocar a realidade como um *conjunto sintético* para ficar *livre* em relação a ela, e essa superação é a própria liberdade, pois não poderia efetuar-se se a consciência não fosse livre. Assim, *colocar o mundo enquanto mundo ou "nadificá-lo" é uma só coisa*. Nesse sentido, Heidegger pode dizer que *o nada é estrutura constitutiva do existente*.[31]

---

*   A citação usada por Mészáros traz "*negate*" e "*negation*" ("negar" e "negação"), ao passo que a tradução brasileira usa "nadificar" e "nadificação". (N. T.)

[31]   Jean-Paul Sartre, *O imaginário*, cit., p. 239-40.

Assim, o imaginário representa a cada instante o sentido implícito do real. [...] essa posição específica do imaginário será acompanhada por um desmoronamento do mundo que não é mais do que o fundo nadificado do real.[32]

Essa posição não deve ser confundida com alguma defesa da arbitrariedade. De fato, Sartre torna explícita sua firme oposição a esses pontos de vista. Eis como esclarece sua relação com a ideia de Heidegger de superação, a qual estabelece o nada como a estrutura constitutiva do existente:

Mas essa ultrapassagem [*dépassement*] não pode ser operada de qualquer maneira, e a liberdade da consciência não deve ser confundida com o arbitrário. Pois uma imagem não é o mundo negado, pura e simplesmente, ela é sempre o mundo negado de um certo ponto de vista, exatamente aquele que permite colocar a ausência ou a inexistência de um determinado objeto que será presentificado "enquanto imagem". A posição arbitrária do real como mundo não poderia de modo algum fazer aparecer neste mesmo momento o centauro como objeto irreal. Para que o centauro apareça como irreal, torna-se rigorosamente necessário que o mundo seja apreendido como mundo-onde-não-há-centauro, e isso só poderá ser produzido se as diferentes motivações conduzirem a consciência a aprender o mundo como sendo *precisamente* de tal modo que o centauro não possa ter lugar nele.[33]

Analogamente, Sartre faz algumas ressalvas importantes sobre a relação entre imaginação e liberdade, bem como entre o nada e o mundo da existência:

a imaginação convertida em função psicológica e empírica é a condição necessária da liberdade do homem empírico no meio do mundo. Pois, se *a função nadificante própria à consciência* – que Heidegger chama ultrapassagem – é o que torna possível o ato de imaginação, seria preciso acrescentar reciprocamente que essa função só pode manifestar-se num *ato imaginante*. Não poderia haver aí uma intuição do nada, precisamente porque o nada não é coisa nenhuma e porque toda consciência – intuitiva ou não – é consciência de alguma coisa*. Para falar rigorosamente, a experiência do nada não é uma experiência indireta, é uma experiência que, por princípio, dá-se "com" e "em". As análises de Bergson permanecem válidas: por natureza, uma tentativa para conceber *diretamente* a morte ou o nada de ser está destinada ao fracasso. O deslizamento do mundo no seio do nada e a emergência da realidade humana no mesmo nada só podem efetuar-se pela posição de alguma coisa que é nada em relação ao mundo e em relação à qual o mundo é nada. Definimos assim, evidentemente, a constituição do imaginário. É a aparição do imaginário diante da consciência que permite apreender a nadificação do mundo como sua condição essencial e como sua primeira estrutura. [...] o imaginário é essa "alguma coisa" concreta em direção à qual o existente é ultrapassado.[34]

---

[32] Ibidem, p. 244.

[33] Ibidem, 240-1.

* Na tradução usada por Mészáros há uma frase que não consta na tradução brasileira: "*Nothingness* can present itself only as an *infra-structure of something*" [O *nada* só pode apresentar-se como *infraestrutura de alguma coisa*]. (N. T.)

[34] Ibidem, p. 243.

112 A obra de Sartre

Assim, a intenção de Sartre é perfeitamente clara. Por um lado, quer afirmar a *completa liberdade* da consciência e sua função negadora essencial. Por outro lado, está muitíssimo preocupado em mostrar que a consciência, a despeito de sua liberdade – ou, antes, por causa dela, uma vez que a "consciência está sempre 'em situação', porque ela é sempre livre", e o contrário, como vimos anteriormente –, não pode construir um outro mundo a não ser *precisamente* aquele em que vivemos. É claro, essa é uma solução por demais desconfortável, que oscila constantemente entre os polos extremos da indeterminação total e o que lhe é diametralmente oposto: a contingência, a facticidade, a "absurdidade"[35] maciças e a absoluta dadidade [*giveness*] das "coisas no mundo", com todas as suas férreas determinações. No momento mesmo em que a liberdade da consciência é afirmada em sua forma categórica, ela já é negada, de forma igualmente categórica, pela contingência absoluta do real como é exatamente – donde o sentimento de absurdidade. Do mesmo modo, no momento em que o real é afirmado como exatamente dado, ele já é negado e "ultrapassado", pois a consciência é a "ultrapassagem do real para fazer dele um mundo"[36]. Não obstante, por mais paradoxal que seja essa concepção, a motivação existencial por detrás dela é uma afirmação de grande interesse: o *pleno* reconhecimento da objetividade do real em sua exata dadidade (em oposição a qualquer tentativa de expandir diretamente "o nada" como um mito pseudo-objetivo) e a igualmente plena e apaixonada rejeição de suas determinações férreas, em nome da "ultrapassagem" mediante os projetos existenciais do mundo humano.

Voltando, porém, à determinação negativa da totalidade, "construir um conjunto" (ou "colocar o mundo enquanto mundo") e negá-lo vem a ser "uma só coisa". Essa perspectiva atribui ao nada e à negação o papel principal, como "a estrutura constitutiva do existente". A consequência dessa definição é que a totalidade (o real como um mundo) só pode ser identificada mediante seu "colapso", ou seja, quando o mundo surge como nada mais do que "o fundo nadificado do irreal". Assim, o mundo não é *o fundamento* do irreal (o imaginário) – pois isso ainda preservaria a realidade do real quando ele é elevado ao *status* de totalidade –, mas somente seu fundamento *negado*. Isso significa que, quando o imaginário constrói o real como um todo, mediante sua função negadora, o que faz surgir não é a totalidade como real, mas simplesmente uma completa "niilificação" que assume a forma de uma *totalidade imaginária* desarticulada que necessariamente perde sua totalidade na proporção direta de sua reconstituição como o real. Estamos, assim, diante de uma outra "lei ontológica", ainda que desta vez não explícita, a qual postula uma *razão inversa* na relação entre o total e o real. O problema é, pois, não a confusão entre o total e o individual, mas sim a niilificação existencial do primeiro mediante a identificação entre "totalização" e "*néantisation*".

---

[35] Cf. p. 115-6 deste volume.

[36] Jean-Paul Sartre, *O imaginário*, cit., p. 241.

Busca do indivíduo: as primeiras obras 113

Num quadro conceitual desse tipo, não pode haver lugar para a negação *dentro* da esfera da própria realidade objetiva: a negação deve sempre vir de fora. Pois

> é preciso que imaginemos o que negamos. Com efeito, o que *o objeto de uma negação faz não poderia ser um real*, já que isso seria afirmar o que negamos – mas não poderia ser também um *nada* total, já que precisamente negamos *alguma coisa*. Dessa forma, o objeto de uma negação deve ser colocado como imaginário.[37]

Assim, a "dialética da natureza" – de fato, qualquer espécie não sartriana de ontologia "realista" – deve ser, *a priori*, posta de lado por essa concepção. Na verdade, não devido à pretensa contradição lógica, pois Sartre é a última das pessoas a se preocupar com contradições lógicas *formais*. (Não há nada de mal nisso. Uma das categorias dialéticas mais fundamentais, *Aufhebung* [suprassunção] – preservação superadora e superação preservadora [*superseding preservation* e *preserving supersession*] –, é precisamente uma fusão de positividade e negatividade. Exatamente a espécie de "afirmação superadora" que, estranhamente, Sartre deseja excluir aqui como uma violação da lógica.) A verdadeira razão é o construto ontológico global que *precede* o argumento lógico, em vez de ser derivado dele, não obstante a apresentação que Sartre faz dos temas. Aliás, Sartre tem de desprezar qualquer possível contra-argumento ao seu próprio – por exemplo, o caráter simultaneamente positivo-afirmativo e negativo-superador de *Aufhebung* – porque tais contra-argumentos viriam solapar seus pressupostos ontológicos.

Como vimos anteriormente, na passagem sobre a "grande lei ontológica da consciência", Sartre declara que a "consciência pode determinar-se ela própria a existir" porque sua própria natureza é ser livre (por definição). Contudo, o preço que ele tem de pagar por essa definição – e o faz com grande coerência – é admitir que essa consciência livre "não poderia ter ação sobre outra coisa que não ela mesma". Consequentemente, a fim de ser capaz de cumprir sua função negadora, a consciência deve primeiro *homogeneizar* consigo mesma o objeto de sua negação. Isso só pode ter lugar sob a forma de uma dupla negação peculiarmente sartriana, a qual, diferentemente de Hegel ou Marx, não reproduz a realidade em um nível mais alto, mas restabelece constantemente a fragmentação da realidade. A primeira negação é universal ou genérica, visto que deve, compreensivamente (ou categoricamente), niilificar o caráter de realidade do real a fim de ser capaz de "agir" sobre ele, uma vez que o real (transmudado no "fundo nadificado do irreal") está subsumido na esfera da consciência niilificadoramente totalizadora. (Como vemos, a "totalização" é a função necessária dessa homogeneização niilificadora.) E a segunda negação é parcial ou específica visto que *alguma coisa* está sendo negada pela imaginação com base na negação universal anterior. E uma vez que a especificidade da segunda negação não pode surgir sem afetar a universalidade (a totalidade imaginária) em si, produzida mediante a primeira negação, somos lançados de volta a um real completamente divorciado da totalidade: o mundo

---

[37] Ibidem, p. 244.

114 *A obra de Sartre*

da fragmentação e do isolamento, da compartimentalização e da "serialização", da privatização e do confronto mortal – em uma só palavra, o mundo estéril da *reificação*. Não é de admirar, portanto, que o retrato existencial desse mundo seja pintado com as cores mais sombrias: "Quando o imaginário não é colocado de fato, a ultrapassagem e a nadificação do existente estão imersas no existente [...], *o homem está esmagado* no mundo, transpassado pelo real, ele está *muito perto da coisa*"[38].

Isso nos leva ao *terceiro* ponto importante, que diz respeito ao mundo dos objetos e sua utilizabilidade. Em *A náusea*, o problema se apresenta sob uma forma mais bem delineada, como tema principal do romance:

> Já não sou mais livre, já não posso fazer o que quero.
> Os objetos não deveriam tocar, já que não vivem. Utilizamo-los, colocamo-los em seus lugares, vivemos no meio deles: são úteis e nada mais. E a mim eles tocam – é insuportável. Tenho medo de entrar em contato com eles exatamente como se fossem animais vivos.
> Agora vejo; lembro-me melhor do que senti outro dia, junto ao mar, quando segurava aquela pedra. Era uma espécie de enjoo adocicado. Como era desagradável! E isso vinha da pedra, tenho certeza, passava da pedra para as minhas mãos. Sim, é isso, é exatamente isso: uma espécie de náusea nas mãos.[39]

A partir daí, o herói de Sartre prossegue dizendo, à medida que o tema se desenvolve, primeiro, que a náusea não está dentro dele mas, ao contrário, ele é que está "dentro dela"[40] e, a seguir, que a náusea é ele próprio[41]. Uma transição como essa parece, exteriormente, corresponder às etapas pelas quais (1) o homem entra em contato com o mundo dos objetos e simplesmente os utiliza (ausência da náusea); (2) percebe o caráter ameaçador dos objetos (a pedra, a náusea na mão); (3) é envolvido e engolido pelo mundo dos objetos (está dentro da náusea); e (4) ele próprio é reificado (ele e a náusea são uma só coisa, ele é "ela"). Contudo, as coisas são muito mais complicadas do que na visão de Sartre. Pois o ponto de controle total – uma experiência inesperada e estranha de totalidade – transmuda subitamente todas as coisas por alguma "mágica" em plenitude e vida e em transbordante totalidade. É significativo que, nesse ponto, o herói de Sartre tenha sua revelação a respeito da natureza da existência. Eis como ele a descreve:

> Fiquei sem respiração. Nunca, antes desses últimos dias, tinha pressentido o que queria dizer "existir". [...] comumente a existência se esconde. Está presente, à nossa volta, em nós, ela somos nós, não podemos dizer duas palavras sem mencioná-la e afinal não a tocamos. [...] E

---

[38] Ibidem, p. 243-4.

[39] Jean-Paul Sartre, *A náusea*, cit., p. 26-7.

[40] "Sua camisa de algodão azul sobressai alegremente contra a parede cor de chocolate. Também isso me dá Náusea. Ou antes, é a Náusea. A Náusea não está em mim: sinto-a ali na parede, nos suspensórios, por todo lado ao redor de mim. Ela forma um todo com o café: sou eu que estou nela", ibidem, p. 39.

[41] "A Náusea não me abandonou e não creio que me abandone tão cedo; mas já não estou submetido a ela; já não se trata de uma doença, nem de um acesso passageiro: a Náusea sou eu", ibidem, p. 187.

depois foi isto: de repente, ali estava, claro como o dia: a existência *subitamente* se revelara. Perdera seu aspecto inofensivo de categoria abstrata: era a própria massa das coisas, aquela raiz estava sovada em existência. Ou *antes*, a raiz, as grades do jardim, o banco, a relva rala do gramado, tudo desvanecera; a *diversidade* das coisas, sua individiualidade, eram apenas uma *aparência*, um verniz. Esse verniz se dissolvera, restavam massas *monstruosas* e moles, em desordem – nuas, de uma nudez apavorante e obscena.[42]

Uma totalidade como essa, de que se removeu o verniz da diversidade e da individualidade, não pode ser apreendida, segundo Roquentin-Sartre, em termos de medidas humanas que se aplicam ao mundo dos objetos utilizáveis. Assim, a reflexão a respeito da "superfluidade" de todos os existentes conduz à identificação do "absoluto" e do "absurdo", da "náusea" e da "existência", da "existência" (náusea) e da "contingência" (náusea) – tudo explicado como dimensões do "Mundo [...] esse "ser grande e absurdo":

Compreendi que não havia meio-termo entre a inexistência e aquela abundância extática. [...] Demais: era a única relação que podia estabelecer entre aquelas árvores, aquelas grades, aquelas pedras. Tentava inutilmente contar os castanheiros e situá-los com relação à Véleda; tentava comparar sua altura com a dos plátanos: cada um deles escapava das relações em que procurava encerrá-los, isolava-se, extravasava. Eu sentia o *arbitrário* dessas relações (que me obstinava em manter para retardar o *desabamento do mundo humano, das medidas*, das quantidades, das direções); elas já não tinham como agir sobre as coisas. [...]
A palavra "Absurdo" surge agora sob minha caneta; [...] havia encontrado a chave da Existência, a chave de minhas Náuseas, de minha própria vida. [...] lá eu tocava a coisa. Mas desejaria fixar aqui o caráter *absoluto* desse *absurdo*. [...] eu, ainda agora, tive a experiência do absoluto: o absoluto ou o absurdo. [...] *Absurdo, irredutível*; nada – nem mesmo um delírio profundo e secreto da natureza – podia explicá-lo. [...] o mundo das explicações e das razões não é o da existência. [...]
Sim, já perscrutara com aquela *inquietação* inúmeros objetos [...] e já sentira suas *qualidades frias e inertes esquivando*, escorregando entre meus dedos. [...] E o seixo, o famigerado seixo, a origem de toda essa história: não era... não me lembrava exatamente o que *se recusava* a ser. Mas não esquecera sua *resistência passiva*. [...]
O essencial é a contingência. O que quero dizer é que, por definição, a existência não é a necessidade. Existir é simplesmente estar presente; os entes aparecem, deixam que os encontremos, mas *nunca podemos deduzi-los*. Creio que há pessoas que compreendem isso. Só que tentaram superar essa contingência inventando um ser necessário e causa de si próprio. Ora, nenhum ser necessário pode explicar a existência: a contingência não é uma ilusão, uma aparência que se pode dissipar; é o *absoluto*, por conseguinte a *gratuidade* perfeita. Tudo é gratuito: esse jardim, essa cidade e eu próprio. Quando ocorre que nos apercebamos disso, sentimos o *estômago embrulhado*, e tudo se põe a flutuar [...]: é isso a Náusea; [...]
Eu era a raiz do castanheiro. Ou antes, era por inteiro consciência de sua existência. Ainda separado dela – já que tinha consciência dela – e no entanto perdido nela, nada mais senão ela. Uma *consciência pouco à vontade* e que todavia se abandonava com todo o seu peso, numa situação instável, sobre aquele pedaço de lenho inerte. [...] A existência não é algo que

---

[42] Ibidem, p. 188.

116 *A obra de Sartre*

se deixe de conceber de longe: tem que *nos invadir bruscamente*, tem que se deter sobre nós, pesar intensamente sobre nosso coração como um *grande animal imóvel* – do contrário não há absolutamente *nada* mais. [...]

Essa ideia de passagem era também uma invenção dos homens. Uma ideia muito clara. [...] Claro está, um movimento era algo diferente de uma árvore. Mas ainda assim era *um absoluto. Uma coisa*. [...] Tudo estava pleno, tudo em ato, não havia tempo fraco, tudo, até o mais imperceptível estremecimento, era feito com existência. [...] A existência em toda parte, ao infinito, demais, sempre e em toda parte; [...] minha própria carne palpitava e se entreabria, se abandonava à *germinação* universal: era repugnante. [...] Havia imbecis que vinham me falar de *vontade de poder* e de *luta pela vida*. [...]

Impossível ver as coisas dessa maneira. Molezas, fraquezas, sim[43]. [...] Eles [os troncos das árvores] não desejavam existir, só que não podiam evitá-lo; [...] Cansados e velhos, continuavam a existir, de má vontade, simplesmente porque eram *muito fracos para morrer*, porque a morte só podia atingi-los do exterior; só as melodias trazem orgulhosamente a morte em si mesmas, como uma *necessidade interna*; apenas elas não existem. *Todo ente nasce sem razão, se prolonga por fraqueza e morre por acaso*. [...]

Essa enorme presença, terá sido um sonho? [...] Subia até o céu, se espalhava por todo lado, enchia tudo com seu escorrer gelatinoso, e eu via profundidades e profundidades dela, muito mais longe do que os limites do jardim e as casas em Bouville, eu já não estava em Bouville, nem em lugar algum, flutuava. Não estava surpreso, bem sabia que aquilo era o Mundo, o *Mundo inteiramente nu que se mostrava de repente*, e sufocava de raiva desse *ser grande e absurdo*. Sequer se podia perguntar de onde saía aquilo, tudo aquilo, nem *como era possível que existisse um mundo ao invés de coisa alguma*.[44]

Como se pode ver, a descrição da experiência de Roquentin no parque revela vividamente os princípios básicos da filosofia existencial de Sartre. O mundo dos objetos – enquanto diferenciados, determinados, utilizáveis, enumeráveis, comparáveis etc. – passa a ser o mundo da aparência e do "verniz" e, mediante a angústia, o absoluto se revela como um todo indiferenciado, uma presença vasta e todo-poderosa, uma contingência absurda e gratuita, uma existência que a tudo permeia, o Mundo como irredutível, nu, um "ser grande e absurdo". Estamos aqui diante da "intuição direta da essência", de Husserl, em sua versão existencialista, com o parêntese fenomenológico inteiramente aberto. Sua força motriz (ou "motivação") é a paixão e a emoção que obrigam o absoluto a "se mostrar". Esse empreendimento se caracteriza, no plano da experiência, como angústia, náusea, fúria impotente etc. O homem é impelido pela paixão que se apresenta como a estrutura primária de sua realidade existencial.

É natural que *A náusea* procure exprimir a mensagem existencial sob forma ficcional, empregando o recurso da descrição minuciosa, da sugestão metafórica e da representação dramática. O propósito evocativo requer que as ideias filosóficas se aliem à imaginação vívida e não simplesmente sigam seu próprio curso. Assim, os vários elementos

---

[43] Devemos lembrar-nos, aqui, da antiga crítica de Sartre às ideias de "vontade de poder" etc., em sua colaboração para o inquérito entre estudantes; cf. p. 41 deste volume.

[44] Jean-Paul Sartre, *A náusea*, cit., 189-98.

conceituais fundem-se uns nos outros, às vezes como resultado direto da própria imaginação, enquanto um desenvolvimento rigorosamente conceitual das mesmas ideias exigiria definição mais acurada e expressão mais nitidamente diferenciada. Não obstante, todos os elementos constitutivos da concepção geral do jovem Sartre estão presentes em *A náusea*, de forma específica, e o mundo dos objetos – com relação ao problema da "utilizabilidade" – é descrito fundamentalmente do mesmo modo que em suas obras muito mais abstratas sobre psicologia filosófica, escritas no mesmo período.

Podemos ver isso muito claramente em seu *Esboço para uma teoria das emoções*, embora, é claro, as fronteiras estejam nesse caso traçadas com muito mais firmeza. Eis como Sartre caracteriza, nessa obra, o contraste fundamental entre o mundo como a "totalidade dos utensílios" e o mundo como uma "totalidade não utensílio":

> Assim a consciência pode "ser-no-mundo" de duas maneiras diferentes. O mundo pode aparecer-lhe como um complexo organizado de utensílios tais que, se quisermos produzir um efeito determinado, basta agir sobre elementos determinados do complexo. Nesse caso, cada utensílio remete a outros utensílios e à *totalidade dos utensílios*, não há *ação absoluta* nem mudança *radical* que se possa introduzir imediatamente nesse mundo. É preciso modificar um utensílio *particular*, e isto por meio de um outro utensílio que remete por sua vez a outros utensílios, e assim por diante, ao *infinito*. Mas o mundo pode também aparecer à consciência como uma *totalidade não utensílio*, isto é, modificável sem intermediário e por grandes massas. Nesse caso, as classes do mundo agirão *imediatamente* sobre a consciência, elas estão presentes a ele sem distância (por exemplo, o rosto que nos amedronta através da vidraça age sobre nós sem utensílios, não é necessário que uma janela se abra, que um homem salte dentro do quarto, caminhe sobre o soalho). E, reciprocamente, a consciência visa a combater esses perigos ou a modificar esses objetos sem distância e *sem utensílios* por modificações *absolutas* e *maciças* do mundo. Esse aspecto do mundo é inteiramente coerente, é o *mundo mágico*.[45]

Aqui nos vemos diante de outra dicotomia irremediável. O mundo em que temos de agir por meio de "utensílios" – o mundo de coisas enumeráveis e objetos comparáveis, de instrumentos predeterminados e instituições orientadas para um fim, de alvos teleológicos e ações individuais, de forças determinadas e transformações específicas – é um mundo infinitamente fragmentado que não pode ser descrito como *um todo* do ponto de vista do indivíduo que está tentando agir sobre ele, porque fazer assim envolve-nos em mais uma contradição lógica: a de pôr um fim ao infinito, ou de controlar e transformar o infinito por meio de uma parte dele, específica e infinitesimal. A construção sartriana é tão decisivamente dicotômica que ou estamos limitados à fração infinitesimal, de modo a nos resignarmos com a ideia de ação como uma série infinita de pequenas mediações de utensílios por utensílios por... ao infinito, ou nos defrontamos diretamente com a totalidade enquanto totalidade indiferenciada e uma totalidade não utensílio (o "ser grande e absurdo" que encontramos em *A náusea*) e "agimos"

---

[45] Idem, *Emoções*, p. 89-90.

118 *A obra de Sartre*

sobre ele "sem distância e sem utensílios", produzindo algum tipo de "modificação absoluta e maciça", mediante a *magia* da emoção. Até mesmo controlar a totalidade a fim de atingi-la radicalmente de um modo não mágico significaria considerar uma desagradável autocontradição.

É óbvio que seria um neopositivismo extremamente simplório aceitar com alegria a situação difícil das mediações fracionadas em nome de uma "engenharia social": seria o trabalho de um Sísifo demente que não leva em consideração a vantagem do infinito sobre ele e predica um resultado bem-sucedido aos próprios esforços. Sartre nada tem em comum com esse tipo de atitude. Sua descrição da difícil situação do homem no mundo dos utensílios está bem longe de ser uma descrição alegre. Ao contrário, para ele "o Universo continua escuro" (1964), como vimos anteriormente[46]. E em vão se esperaria eliminar a tristeza pelo outro lado da dicotomia. Pois a "modificação maciça do mundo" só ocorre naquilo que Sartre chama, explicitamente, de "*o mundo mágico*".

É claro, porém, que não poderia ser de outro modo, graças à representação sartriana do mundo das coisas utilizáveis. Sua representação da "totalidade dos utensílios" como uma série infinita de mediações estritamente parciais é uma deturpação que leva ao próprio fracasso (mas coerente em relação ao indivíduo que age isoladamente), visto que ela é descrita como uma *totalidade não estruturada*. As vagas conversas a respeito do "complexo organizado" das coisas utilizáveis (como, anteriormente, a respeito da "ocasião" da autogeração da consciência, em vez de sua determinação dialética mediante reciprocidades e interações mediadas) em nada ajudam na solução desse problema. Pois um "complexo organizado" a que se atribui a forma de uma série infinita não é organizado de modo algum, em qualquer sentido adequado da expressão. É mais como uma contradição em termos – um todo organizado que não é uma totalidade – do que uma estrutura autêntica. Na verdade, a *serialidade* como tal não é uma "estrutura ontológica do ser", mas o *simples postulado* de uma estrutura inerentemente problemática: o arranjo "enumerável" de coisas não estruturadas numa série infinita ("aberta"), no nível formal-conceitual; e uma mistificadora e *fenomênica manifestação* de uma estrutura subjacente (a estrutura da reificação e do fetiche da mercadoria) na esfera da realidade social.

A descrição que Sartre faz do mundo como uma totalidade não estruturada acaba por tornar-se, a um exame mais detido, produto de uma *dupla dicotomia*: (1) a oposição diametral entre a "coisa no mundo" (o mundo das coisas e objetos) e a consciência; e (2) a oposição existencial antagônica entre o homem (consciência) e "o outro". Não é preciso dizer que a mudança radical por meio da ação só é concebível se o mundo for uma *totalidade estruturada* na qual alguns elementos constitutivos possuem uma função estratégica maior do que outros; e a importância estratégica de qualquer fator específico ("utensílio", "instituição", "recursos") está na proporção direta de sua capacidade de controlar a *estrutura como um todo*. (Como se pode ver, não é uma questão de simples "enumerabilidade", mas de uma localização *qualitativa* – chave, estrate-

---

[46] Cf. p. 91 deste volume.

gicamente fundamental etc. – do fator em questão dentro da estrutura global.) Se tentamos executar uma mudança radical em nossa sociedade começando por discursar em um chá de esposas de caçadores de raposa, instando junto a elas para que usem da influência que têm com os maridos, e então passamos para o "utensílio" específico seguinte e, depois, ao seguinte, e assim por diante, na cadeia do "complexo organizado" estabelecido, iremos de fato nos perder para sempre no labirinto das séries infinitas que impomos a nós mesmos.

Felizmente, porém, há outros modos de produzir mudanças radicais no mundo social. As pré-condições necessárias de uma mudança social importante são (1) a identificação e utilização das contradições, forças e instituições historicamente dadas e (2) a adequação do sujeito da ação à tarefa. Se, contudo, concebe-se o sujeito como um indivíduo isolado, ele está fadado a permanecer prisioneiro da série infinita. Pois a realidade social só é uma totalidade estruturada em relação a um sujeito que é, ele mesmo, um todo complexo: o indivíduo *social* integrado (por meio de sua classe ou, numa sociedade sem classes, de algum outro modo) na comunidade a que pertence. Aos olhos do indivíduo isolado, a totalidade social tem de parecer, naturalmente, o agregado misterioso de passos específicos que ele não pode concebivelmente controlar para além de um ponto extremamente limitado, se tanto. Assim, esse indivíduo isolado que se contrapõe – dentro do espírito da dupla dicotomia sartriana – não só ao mundo dos objetos, mas também aos seres humanos do dado mundo social caracterizado como "o outro", nada mais pode fazer do que admitir a impotência de suas ações pessoais no "mundo das coisas utilizáveis" e deixar-se levar pelas curiosas estratégias do "mundo mágico". É aqui que a herança heideggeriana mais pesa sobre os ombros de Sartre. A concepção não dialética do mundo como uma totalidade não estruturada e a caracterização, a ela intimamente ligada, do sujeito da ação humana como indivíduo isolado, transmutam-se em "estruturas existenciais" a-históricas, e o mundo social é subsumido pelo mundo da magia: o mundo da emoção.

> [...] na emoção a consciência se degrada e transforma bruscamente o *mundo determinado* em que vivemos num *mundo mágico*. Mas há uma recíproca: é o próprio mundo que às vezes se revela à consciência como mágico quando o esperávamos determinado. Com efeito, não se deve pensar que o mágico seja uma qualidade efêmera que colocamos no mundo ao sabor de nossos humores. Há uma *estrutura existencial* do mundo que é mágica. [...] a categoria "mágica" rege as relações interpsíquicas dos homens em sociedade e, mais precisamente, *nossa percepção de outrem*. O mágico, diz Alain, é "o espírito arrastando-se entre as coisas", isto é, uma *síntese irracional de espontaneidade e de passividade*. É uma *atividade interna*, uma consciência apassivada. Ora, é precisamente dessa forma *que outrem* nos aparece, e isto não por causa de nossa posição em relação a ele, não pelo efeito de nossas paixões, mas por *necessidade de essência*. De fato, a consciência só pode ser objeto transcendente ao sofrer a modificação de passividade. [...] Assim *o homem é sempre um feiticeiro para o homem, e o mundo social é primeiramente mágico*.[47]

---

[47] Jean-Paul Sartre, *Emoções*, p. 84-5.

120 *A obra de Sartre*

Chamaremos emoção uma *queda brusca da consciência no mágico*. Ou, se preferirem, há emoção quando o *mundo dos utensílios desaparece bruscamente* e o mundo mágico aparece em seu lugar. Portanto, não se deve ver na emoção uma desordem passageira do organismo e do espírito que viria perturbar de fora a vida psíquica. Ao contrário, trata-se do retorno da consciência à atitude mágica, uma das grandes atitudes que lhe são essenciais, com o *aparecimento de um mundo correlativo, o mundo mágico*. A emoção não é um acidente, é um modo de existência da consciência, uma das maneiras como ela compreende (no sentido heideggeriano de "*verstehen*") seu "ser-no-mundo".[48]

Embora algumas partes dessas citações sejam muito esclarecedoras quanto à natureza da própria emoção, a utilização da emoção como chave para a compreensão do mundo social (como mágico) é extremamente problemática. Pois o homem pode ser "um feiticeiro para o homem" – mas não sabemos, todos nós, que feiticeiros são uma "invenção" do homem, no sentido sartriano do termo? E, se os homens se comportam *como se* fossem feiticeiros, não é devido a alguma necessidade ontológica essencial, que brota de uma estrutura existencial permanente e que para sempre se manifesta como síntese irracional inevitável de espontaneidade e passividade, mas sim devido a condições sócio-históricas determinadas – e, pelo menos em princípio, removíveis. Empenhar-se na tarefa de remover essas condições pela *reestruturação* do mundo social em que vivemos, de acordo com os autênticos fins humanos e em oposição ao poder autopropulsor de instituições "magicamente" reificadas, é precisamente o que confere sentido ao empreendimento humano no estágio atual da história. E não há "mágica" que ajude nisso.

Não é necessário ir mais longe; pois alguns aspectos adicionais desse complexo de problemas que poderíamos querer estudar são apenas corolários dos princípios básicos vistos até agora. Como mostraram os exemplos anteriormente citados, a totalidade, na filosofia inicial de Sartre, é:

(1) dualisticamente *fraturada*;

(2) *negativamente determinada*; e

(3) *não estruturada*, tanto como "totalidade de utensílios" dispostos numa série infinita quanto como totalidade social, denominada "o mundo mágico".

Naturalmente, nas obras posteriores de Sartre, há algumas mudanças também quanto a isso, cuja extensão e natureza precisa serão discutidas com algum detalhe nos capítulos seguintes. Agora, devemos limitar-nos a indicar, em resumo, a tendência geral do desenvolvimento posterior de Sartre no que se relaciona diretamente ao presente contexto.

Sobre o primeiro ponto, vemos que, em algumas de suas obras posteriores, Sartre dá-se conta da *necessidade* da mediação; pelo menos o *postulado* dessa mediação aparece repetidas vezes na *Crítica* e alhures. Contudo, a estrutura dualista de seu pensamento tende a reafirmar-se, por mais que ele se esforce em superar o dilaceramento em contextos *específicos*. Ele apresenta *um lado* da oposição dualista para funcionar como mediação, coisa que é inconcebível que faça. Assim, em lugar de mediações

---

[48] Ibidem, p. 90.

estruturais autênticas, temos declarações do tipo "a *particularidade irredutível* é uma maneira de *viver a universalidade*"[49] e "a criança torna-se esta ou aquela porque vive o universal como particular"[50], pelas quais "viver" e "vive" (que pertencem ao particular) tornam-se as pseudomediações entre a universalidade e a particularidade. Essa solução proporciona uma justificação geral para *evitar* sistematicamente o verdadeiro problema da mediação, ou seja: como é possível viver o universal como particular? Pergunta cuja resposta só pode ser: "por mediações específicas" (o que, certamente, requer a identificação precisa dessas especificidades) e não "vivendo-o" – que é a resposta de Sartre –, o que é incorrer em petição de princípio. E, certamente, incorre-se em petição de princípio não como resultado de alguma "confusão" (pseudoexplicação favorita na filosofia neopositivista, a qual, ela própria, incorre em petição de princípio ao explicar a pretensa confusão alegando a confusão), mas sim a partir da necessidade interna de uma filosofia que quer, simultaneamente, *manter* imutáveis seus pressupostos dualistas (o quadro de referência estrutural de seu raciocínio) – por exemplo, "O que chamamos liberdade é a irredutibilidade da ordem cultural à ordem natural"[51] – e "mediá-los" declarando que a "irredutibilidade" é a própria mediação.

Segundo, a determinação negativa continua a permear toda a filosofia de Sartre, para onde quer que olhemos. Três exemplos bastarão aqui, concernentes (1) à realidade em geral; (2) aos indivíduos particulares; e (3) a um todo social complexo, como a cidade. De acordo com Sartre, a possibilidade, dimensão fundamental da realidade humana, articula-se como "a presença do futuro como aquilo que falta e aquilo que revela a realidade por esta mesma *ausência*"[52]. Quanto ao segundo ponto, ficamos sabendo que "todo homem define-se negativamente pelo conjunto dos possíveis que lhe são impossíveis, isto é, por um futuro mais ou menos obturado"[53]. E, no terceiro contexto, lemos que "uma cidade é uma organização material e social que tira sua realidade da ubiquidade de sua ausência"[54]. Mais uma vez, Sartre procura introduzir restrições históricas e, mais uma vez, a estrutura original tende a reafirmar-se. Podemos perceber esse dilema no modo como ele aborda a história. Ele critica o marxismo por seu suposto fracasso em estudar as estruturas da história – objeto da investigação de Sartre na *Crítica* – "em si mesmas"[55]. Contudo, paradoxalmente, a análise ontológica que faz dessas estruturas, sob o aspecto das "possibilidades teóricas de suas combinações"[56], tende a negar a historicidade da história, ao defini-la como uma estrutura existencial

---

[49] Idem, *Método*, p. 168.

[50] Ibidem, p. 137.

[51] Ibidem, p. 178.

[52] Ibidem, p. 153.

[53] Idem.

[54] Ibidem, p. 146.

[55] Ver, especialmente, ibidem, p. 144-6.

[56] Idem, "Itinerário de um pensamento", cit., p. 224.

122 A obra de Sartre

básica: "se a História me escapa, isto não decorre do fato de que não a faço: decorre do fato de que *o outro* também a faz"[57]. Assim, se a história "me escapa" não é porque o "outro" é o *que quer que pareça* (isto é, antagonicamente oposto a "mim", por razões sócio-históricas determinadas), mas porque ele é "o outro" (isto é, devido à estrutura existencial ontológica da "alteridade"). Consequentemente, ou o outro deixa de fazer história e deixa para mim essa tarefa, ou a história continuará a escapar-me. E, ainda, ou o outro deixa de ser o outro, ou a história continuará do modo como a conhecemos do passado, ou seja, fora do controle humano consciente. E como essas possibilidades, na melhor das hipóteses, estão confinadas a momentos transitórios – como a obliteração do antagonismo entre o "eu" e "o outro" no "grupo-em-fusão" estruturalmente instável – "o outro" continua a lançar sua imensa sombra negra sobre a história, graças à determinação negativa de Sartre da estrutura ontológica existencial.

E finalmente, o problema da totalidade não estruturada. Quanto a isso é que são mais óbvias as mudanças na filosofia posterior de Sartre. Ele se envolve num estudo intensivo da temporalização histórica da maneira como ela se manifesta pelo intercâmbio, pelo "prático-inerte", pelas séries, coletivos, recorrência etc., ainda que primordialmente do ponto de vista das "possibilidades teóricas de suas combinações", como acabamos de ver. Por vezes, chega a comentar a especificidade histórica das condições sob as quais a série infinita predomina, porém com uma tendência a retirar – ou pelo menos enfraquecer em grande medida – a especificação histórica pelo próximo passo em sua linha de raciocínio. Podemos ver isso com muita clareza na citação que se segue:

> É preciso retomar o estudo dos coletivos a partir do início e mostrar que estes objetos, longe de se caracterizarem pela unidade direta de um *consensus*, representam ao contrário perspectivas de fuga. É porque, *sobre a base de condições dadas*, as relações diretas entre pessoas dependem de outras relações singulares e estas de outras ainda, *e assim por diante*, que há coação objetiva nas relações concretas; não é a presença dos outros mas sua *ausência* que funda esta coação, não é sua união mas sua separação. Para nós, a realidade do objeto coletivo repousa na recorrência; ela manifesta que a *totalização nunca está terminada* e que a totalidade não existe, *no melhor dos casos*, senão a título de totalidade *destotalizada*.[58]

Além disso, a dupla dicotomia que vimos no início reaparece aqui, posto que a história como tal é descrita como a esfera do antagonismo irreconciliável, em que o homem se contrapõe a "o outro", e a "existência" – em sua particularidade e irredutibilidade – se contrapõe ao conhecimento. (Também: vemo-nos diante de uma "luta do *pensamento* contra seus *instrumentos sociais*"[59] – como se o pensamento mesmo não fosse um instrumento social.) E até mesmo referências à magia se mantêm, até 1973 ("as relações entre as pessoas [...] se complicam por algum tipo de *magia*"), juntamente com a famosa frase da antiga obra sobre as *Emoções*: "o homem é um *feiticeiro para o*

---

[57] Idem, *Método*, cit., p. 150.

[58] Ibidem, p. 145.

[59] Ibidem, p. 162.

homem"[60], repetida palavra por palavra. Não é de admirar que, para Sartre, a resolução do antagonismo descrito em seu relato existencial-ontológico da história não possa ser a *concretização* da história (nas palavras de Marx, "a verdadeira história" que se segue à antagônica "pré-história" da humanidade), mas apenas o postulado problemático de sua *dissolução*: "a História só terá um único sentido e em que ela tenderá a se *dissolver* nos homens concretos que a farão em comum"[61]. Assim, desde que as várias formas institucionais etc. de nossa totalidade social "destotalizada" caracterizam-se como "realidades, cujo ser é diretamente proporcional ao *não ser da humanidade*"[62], o ideal da autorrealização humana deve surgir como a experiência direta de universalidade pelo homem concreto, cuja pré-condição é a dissolução progressiva de todas aquelas diferenciações e mediações pelas quais a história se sistematiza.

4.4

Os princípios metodológicos de uma filosofia são inseparáveis das proposições básicas pelas quais se pode definir toda orientação abrangente do pensamento em direção à realidade. Naturalmente, para fins analíticos, as regras metodológicas podem ter de ser tratadas em separado. Porém, elas não são inteligíveis por si sós nem têm a capacidade de proporcionar justificação para si mesmas. Tentar explicar princípios e regras metodológicos por si mesmos só pode ter como resultado o retrocesso infinito da meta--meta – ...meta-metodologia, ou em circularidade, ou numa combinação dos dois (como em certa "filosofia analítica" neopositivista que se esgota na produção de uma metodologia pela metodologia que se consome a si mesma, afiando obsessivamente seu facão até que a lâmina desapareça por inteiro na poeira de limalhas da autoperfeição e o filósofo fique segurando apenas o cabo).

Os problemas de método nascem do que se faz, e a compreensão filosófica da experiência determina seu próprio método – explícito ou latente. Todo conjunto específico de regras metodológicas apresenta-se como um modo específico de exame e seleção dentre todos os dados disponíveis com vistas a construir um todo coerente. Especificar como proceder, o que incluir ou excluir, como definir a relação entre o conhecimento filosófico e a totalidade do conhecimento disponível (inclusive científico e vulgar), como relacionar a atividade filosófica com a totalidade da práxis humana, e assim por diante – nada disso teria sentido se não pudesse se justificar pela natureza do próprio empreendimento filosófico da maneira como se desenvolveu no curso da história. (Afinal, por que se prestaria menor atenção às regras de determinado método filosófico, a não ser que se quisesse participar do desenvolvimento ulterior desse empreendimento

---

[60] Entrevista a Michel-Antoine Burnier, cit., p. 99.

[61] Jean-Paul Sartre, *Método*, cit., p. 151.

[62] Ibidem, p. 146.

124 *A obra de Sartre*

humano coletivo?) Além disso, as regras de um determinado método seriam arbitrárias se não pudessem ser justificadas por seus resultados em comparação aos obtidos pela adoção de métodos alternativos. A redução fenomenológica, por exemplo, é inteiramente fora de propósito sem as referências críticas, explícitas ou implícitas, às supostas deficiências da "atitude natural" e, assim, a todo o complexo de temas controversos – em epistemologia e ontologia – que deram origem à elaboração do método fenomenológico nas duas primeiras décadas do século XX.

As regras e princípios metodológicos são elaborados no decorrer da sistematização de uma dada filosofia como um todo. Essa é a razão por que não podem ser simplesmente transferidos de um cenário para outro, sem todas as modificações necessárias que homogeneízem as regras metodológicas e os princípios temáticos da filosofia em questão. Modificações ontológicas requerem mudanças metodológicas significativas até mesmo em filosofias que, explicitamente, professam sustentar as mesmas regras. Husserl, Heidegger, Sartre e Merleau-Ponty são todos, em certo sentido, fenomenólogos. Contudo, o modo de aplicar e modificar as regras da fenomenologia varia consideravelmente não só de um filósofo para outro, mas também no desenvolvimento de cada um deles[63]. Não cabe, aqui, tratar sistematicamente desses problemas. O espaço restrito exige que nos limitemos a uma breve discussão do inter-relacionamento dialético entre método e *Weltanschauung* (visão de mundo) como se apresenta nos textos de Sartre.

Já na época em que se deparou com Husserl pela primeira vez, o entusiasmo de Sartre pela fenomenologia era moderado por preocupações que lhe são eminentemente peculiares. Quando Raymond Aron, na primavera de 1933, chama sua atenção para a filosofia de Husserl, ele já está em busca de algum método pelo qual tivesse condições de expressar, de forma mais coerente, *suas próprias* opiniões a respeito da existência e da contingência. Ele acolhe bem a descoberta na medida em que ela pode ser subordinada à sua própria concepção e integrada à sua própria busca. Essa é a parte mais notável do relato de Simone de Beauvoir sobre tal evento. Pois, enquanto folheava o livro de Levinas sobre Husserl, que comprara no *boulevard* Saint-Michel logo depois da conversa com Aron, "o coração [de Sartre] apertou-se quando encontrou referências à contingência: *então, alguém lhe havia puxado o tapete?* À medida que continuou a ler, assegurou-se de que não era assim. A contingência parecia não desempenhar qualquer papel muito importante no sistema de Husserl"[64]. Assim, desde o início, Sartre possui ideias muito firmes a respeito do que quer do método fenomenológico: a formulação coerente de suas próprias preocupações ontológico-existenciais. Seu compromisso com estas precede em vários anos seu encontro com a fenomenologia, mas ocupa sua mente de forma muito caótica. Agora que fez sua descoberta, ele está decidido a utilizar a fenomenologia para dar forma, ordem e disciplina aos pontos de vista que tão forte-

---

[63] Há algumas mudanças importantes de método no desenvolvimento de Husserl e Heidegger, como também em Merleau-Ponty.

[64] Simone de Beauvoir, *The Prime of Life*, cit., p. 136.

mente o marcavam. Dessa intenção segue-se também que, na medida em que o novo método não se adapte à tarefa que tem em mente, terá de ser modificado do modo que seja necessário. Pois, desde o início, Sartre vê com muita clareza que introduz alguma coisa significativamente nova – por meio da sua problemática da contingência – à fenomenologia de Husserl. Não é, pois, de admirar que a primeira reflexão séria de Sartre sobre esse método, em 1934, assuma a forma de uma reavaliação radical de seus princípios básicos, desde o "ego transcendental" até a *epoché*, e desde a questão das "motivações" até o modo caracteristicamente sartriano de abrir o parêntese fenomenológico.

É claro que a relação entre método e ontologia não deve ser concebida dentro de um modelo de determinações unilaterais, mas sim como uma forma de reciprocidade dialética. Isso significa que, uma vez constituída a versão sartriana da fenomenologia, com base em seus princípios ontológicos mais importantes, o quadro de referência metodológico tendeu a circunscrever os limites dentro dos quais a realidade é vivenciada e avaliada. Assim, por exemplo, quando, em *Questão de método*, Sartre expressa total concordância com o método do marxista Lefèbvre, dá às palavras deste último sua interpretação pessoal. Pois os termos exatos da análise de Lefèbvre são estes:

(a) *Descritivo*. Observação, mas com um exame atento orientado pela experiência e por uma teoria geral.
(b) Analítico-regressivo. Análise da realidade. Esforço no sentido de reencontrar o presente, mas elucidado, compreendido, explicado.[65]

E eis como Sartre a interpreta:

A este texto tão claro e rico, nada temos a acrescentar senão que este método, com sua fase de descrição fenomenológica e seu duplo movimento de regressão depois de progressão, nós o cremos válido – com as modificações que podem me impor seus objetos – em todos os domínios da antropologia. É ele, aliás, que aplicaremos, como se verá adiante, às significações, aos próprios indivíduos e às relações concretas entre os indivíduos. Só ele pode ser heurístico; só ele destaca a originalidade do fato embora permitindo comparações.[66]

Como se pode ver, o interesse primordial de Sartre está em "significações" (que, alhures, ele chamou de "significações hierarquizadas"[67]), indivíduos, concretude e "originalidade" (singularidade) a serem conectados com a universalidade mediante comparações, a serviço de uma *heurística*. Em suma, sua preocupação é encontrar o método mais apropriado possível para explicar um *determinado indivíduo* (Flaubert, por exemplo) da maneira mais abrangente possível. O conhecimento antropológico, na visão de Sartre, mobiliza-se com vistas a esse fim. Em contraposição, a investigação de Lefèbvre

---

[65] Jean-Paul Sartre, *Método*, cit., p. 134. (A referência de Sartre é ao artigo de Henri Lefèbvre, "Perspectives de sociologie rurale", *Cahiers Internationaux de Sociologie*, n. 14, 1953.)

[66] Idem.

[67] "Definiremos o método de aproximação existencialista como um método *regressivo-progressivo* e *analítico-sintético*; é ao mesmo tempo um *vaivém* enriquecedor entre o objeto (que contém toda a época como *significações hierarquizadas*) e a época (que contém o objeto em sua totalização)", ibidem, p. 176.

126 *A obra de Sartre*

diz respeito a uma comunidade rural e, ao estudá-la, preocupa-se com a definição dos métodos adequados ao campo da sociologia rural. Consequentemente, a fase *descritiva*, para ele, é exatamente o que ela diz, ou seja, fazer um inventário dos dados do modo como se encontram na comunidade rural em questão, dentro do quadro de referência de uma teoria geral da sociedade. O que quer dizer que não pode haver "descrição pura", uma vez que a avaliação é parte integrante do empreendimento, em todas as suas fases, graças à teoria geral aplicada aos dados da descrição. É significativo, contudo, que Sartre traduza "descritivo" por *descrição fenomenológica* – que é um empreendimento totalmente diferente, tanto por declarar ser "descrição pura" quanto porque seu objetivo é a identificação de "essências".

A segunda fase, para Lefèbvre, é "analítico-regressiva". Pois ele quer *datar* (o itálico é dele) com precisão as diversas camadas históricas que coexistem na estrutura em questão; isto é, quer identificar a heterogeneidade dos elementos – com todos os seus contrastes – que compõem essa estrutura. Em outras palavras, essa fase diz respeito à elucidação de um corte transversal da estrutura, enquanto a terceira fase centra-se na compreensão e elucidação "histórico-genéticas" da totalidade dinâmica do presente. Mais uma vez, tipicamente, essa complementaridade das dimensões "analítico-regressiva" (ou "estrutural-analítica") e "histórico-genética" foi traduzida por Sartre como o "duplo movimento de regressão seguida de progresso", muito embora, de fato, o termo "progresso" não aparecesse na classificação de Lefèbvre. De qualquer modo, não está claro por que a fase histórico-genética deveria chamar-se "progressiva", já que o problema para Lefèbvre não era o de estabelecer uma sequência *temporal*, mas sim o de destacar as duas formas em que a história e a estrutura são tratadas no estudo: a história como subordinada à estrutura (a datação analítico-regressiva dos diversos elementos da estrutura) e a estrutura como subordinada à história (a compreensão histórico-genética do presente).

Se quisermos compreender as razões pelas quais Sartre decodifica para si próprio, e traduz para nós, os termos de Lefèbvre do modo como faz, temos de voltar muito ao passado, até chegarmos à constituição inicial de seus princípios metodológicos, expressos no *Esboço para uma teoria das emoções*. Ali se encontra esta passagem esclarecedora:

> As diversas disciplinas da psicologia fenomenológica são regressivas, ainda que o termo de sua regressão seja para elas um puro ideal; as da *fenomenologia pura*, ao contrário, são *progressivas*. Certamente perguntarão por que convém, nessas condições, usar simultaneamente as duas disciplinas. A fenomenologia pura bastaria, ao que parece. Mas, se a fenomenologia pura pode provar que a emoção é uma realização de *essência* da realidade-humana enquanto afeição, ser-lhe-á impossível mostrar que a realidade-humana deve se manifestar necessariamente em tais emoções. Que haja tal e tal emoção e somente estas, é algo que manifesta certamente a *facticidade da existência humana*. É essa *facticidade que torna necessário* um *recurso regulado à empiria*; é provavelmente ela que impedirá que a *regressão psicológica* e a *progressão fenomenológica* algum dia se juntem.[68]

---

[68] Idem, *Emoções*, cit., p. 93-4.

Temos aí os princípios metodológicos originais de Sartre, os quais, não obstante algumas mudanças importantes, continuam a estruturar também suas reflexões muito posteriores a respeito do "método progressivo-regressivo": a *regressão psicológica* (ou "recurso ao empírico") e a *progressão fenomenológica* orientada para a "essência da realidade-humana'". A razão pela qual Sartre tem de imaginar um *duplo movimento* é, ela mesma, dupla: por um lado, a "pureza" da fenomenologia pura significa que a *facticidade* (ou factualidade) da existência humana tem de lhe *escapar* por definição; e, por outro lado, a facticidade da existência humana (vale dizer, seu caráter "tal--e-tal"; sua natureza *exatamente* como a vivenciamos) requer disciplinas às quais a facticidade seja acessível se se quiser compreender e elucidar o objeto da pesquisa. Como integrar as duas continua sendo algo misterioso, dado o dualismo radical da ontologia sartriana e suas regras metodológicas correspondentemente dualistas. O duplo movimento está fadado a continuar sendo um constante "vaivém", um movimento oscilatório de reflexo recíproco de um polo para o outro, e assim por diante. O próprio Sartre o admite ao dizer que a regressão psicológica e a progressão fenomenológica estão destinadas *para sempre* a não se juntarem, embora acrescente, de maneira bem estranha, "provavelmente" – uma ressalva que é contrariada pela necessidade inerente à descrição que faz da oposição irreconciliável entre facticidade existencial e essência fenomenológica pura.

Esse dilema encontra-se também, com toda a clareza, em outra obra de juventude, *A imaginação*, em que a oposição que acabamos de ver entre facticidade e essência é complementada por aquela entre *particularidade* ("fato individual", "exemplos") e *universalidade*.

> [...] a fenomenologia é uma descrição das estruturas da consciência transcendental fundada na intuição das essências dessas estruturas. Naturalmente, essa descrição opera-se no plano da reflexão [...] [que] busca apreender as essências. Ou seja, ela começa colocando-se de saída no *terreno do universal*. Com certeza, ela opera a partir de *exemplos*. Mas é de pouca importância que o *fato individual* que serve de suporte à essência seja real ou imaginário. O dado "exemplar" seria uma *pura ficção*; o fato que pôde ser imaginado mostra que ele precisou realizar em si a essência buscada, pois *a essência é a condição de sua possibilidade*.[69]

Assim, estamos diante das dicotomias facticidade *versus* essência ("as essências das estruturas de consciência transcendental"), atualidade *versus* possibilidade e particularidade existencial *versus* universalidade fenomenológica. Temos essências, possibilidades e universalidade num polo, e facticidade, atualidade e particularidade no outro. E uma vez que a mediação (o "meio termo", o "terceiro tipo de existência" etc.) foi *a priori* descartada, como vimos anteriormente, a integração é dificilmente concebível. Em seu lugar, encontramos a sugestão de uma *dissolução* algo misteriosa dos dois polos (e do problema em questão), mediante o duplo movimento oscilatório de reflexão recíproca (em uma terminologia posterior: "vaivém", "*va-et-vient*") exatamente do mesmo

---

[69] Idem, *A imaginação*, cit., p. 120.

128 *A obra de Sartre*

modo que se supõe que o antagonismo da história desapareça mediante a *dissolução* da história. É por isso que, em uma formulação sua bem posterior,

> O método existencialista [...] quer permanecer heurístico. Não terá outro meio senão o "vai-vém": determinará progressivamente a biografia (por exemplo), aprofundando a época, e a época, aprofundando a biografia. Longe de procurar *integrar* logo uma à outra, *mantê-las-á separadas* até que o envolvimento recíproco *se faça por si mesmo* e ponha um *termo provisório na pesquisa*.[70]

4.5

Outra preocupação importante na filosofia de Sartre é sua tentativa de fornecer um "fundamento" ao marxismo por meio de sua fenomenologia existencial. Uma vez mais, seria muito equivocado ver isso somente no Sartre de *Questão de método* e no que veio depois. Pois, de fato, as origens dessa orientação já se encontram em sua obra pelo menos desde *A transcendência do ego*, muito embora sua atitude inicial para com o marxismo mostrasse muito mais restrições do que no final da década de 1950.

A esse respeito, devemos ter em mente duas considerações importantes. Em primeiro lugar, que, como estudante, Sartre aprende uma espécie mecânica de marxismo, tanto dos que a ele se opunham (seus professores) quanto dos que (como Politzer) defendiam sua causa. Em segundo lugar, que há uma antiga tradição filosófica – entre cujos fundadores encontram-se Simmel e Max Weber – que reconhece no marxismo, depois de muitos anos de *Totschweigen* (execução pelo silêncio), o valor de apresentar um interesse parcial (por oferecer interessantes hipóteses históricas), insistindo, porém, que carece de fundamentação filosófica e metodológica adequada. Consequentemente, até mesmo o jovem Lukács considera, por muitos anos, a ideia de criar a fundamentação filosófico-metodológica faltante, e Heidegger gira na mesma órbita intelectual no que diz respeito à problemática da "fundamentação", muito embora, compreensivelmente (no decorrer dos anos da desintegração alemã, que se seguiram à guerra de 1914-1918, mais dolorosa ainda pelo êxito da Revolução Russa), sua "ontologia fundamental" represente uma fundamentação não *para* o marxismo, mas *contra* ele, transferindo os problemas da alienação e da reificação da esfera sócio-histórica (o mundo dominado pelo capital) para o plano da temporalidade existencial-ontológica como manifesta através da "condição humana" na história enquanto tal[71].

---

[70] Idem, *Método*, cit., p. 170-1.

[71] Segundo Heidegger, "Porque Marx, através da observação da *alienação do homem moderno*, está consciente de uma *dimensão fundamental da história*, a visão marxista da história é superior a todas as demais visões", ver Iring Fetscher, *Marxismusstudien, Soviet Survey*, n. 33, julho-setembro de 1960, p. 88. Não é preciso dizer que Marx não observou a alienação como "a alienação do homem moderno", mas como a alienação do homem na sociedade capitalista. Como também não encarou a alienação como uma

Como já vimos, relativamente à temporalidade em Faulkner, o jovem Sartre está muito longe de simplesmente aceitar a abordagem heideggeriana. Suas simpatias políticas vão na direção da classe trabalhadora, ainda que não consiga identificar-se com ela como militante, ao contrário de seu amigo Nizan. Se Sartre é indiferente, isso se deve a ser ele muito cético quanto à possibilidade de uma revolução socialista e não por ser contrário às metas de uma revolução desse tipo, a qual prega como imperativo abstrato. Nessa etapa de seu desenvolvimento, sua busca orienta-se no sentido de definir o campo de ação do indivíduo e, por isso, qualquer concepção de determinações – seja ela a psicanálise ou o marxismo – que não provenha da autodeterminação consciente do indivíduo (porém consciente de maneiras diversas) deve ser considerada extremamente problemática.

Obviamente, se o valor do marxismo é medido dentro de um quadro de referência cujo centro é o indivíduo e sua consciência (visando atribuir responsabilidade até mesmo à consciência "não reflexiva"[72]), até mesmo uma concepção dialética do marxismo parecerá mecânica. Nesse sentido, é bastante secundário saber quão perspicazes poderão ou não ser Politzer e outros marxistas da juventude de Sartre. Em outras palavras, esse ponto é importante, quando muito, só como fator limitado para explicar a formação das ideias de Sartre, mas não a persistência de suas opiniões a respeito do marxismo, pois qualquer forma de marxismo, avaliada da perspectiva de uma ontologia existencial-individual, parecerá carente de "fundamentação". Dentro de um quadro de referência como esse, o marxismo não será mais do que uma "hipótese histórica" fecunda (talvez até mesmo a melhor) cuja *possibilidade*, porém, deve assentar-se sobre os alicerces de uma metodologia fenomenológico-existencial. Que a história se realiza sob condições socioeconômicas determinadas, sugerindo o funcionamento de certas leis, tudo isso é muito plausível – mas como será *possível* em relação à consciência e ao seu "projeto"? Na medida em que esse fundamento não se defina em termos do indivíduo e de seu projeto existencial, as condições e leis históricas parecerão *mecanismos externos* anteriores ao indivíduo, e a filosofia que se centra nelas parecerá uma filosofia *mecânica*, seja qual for seu mérito no nível das "hipóteses históricas", as quais, por definição, devem ser estabelecidas sobre a base de uma "ontologia fundamental" (antropologia existencial) e, assim, não podem fundar a si mesmas. Desse modo, na medida em que as "hipóteses históricas" do marxismo não podem ser subsumidas à concepção existencial da ontologia (antropologia), o marxismo deve ser "validado", "complementado", "corrigido" etc. – em suma, deve ser suplantado pela busca existencialista. Eis por que Sartre mantém uma atitude ambivalente quanto a isso, mesmo em obras em que seu

---

"dimensão fundamental da história", mas como um tema central de uma *dada* fase da história que pode ser superada historicamente. A ideia heideggeriana da alienação como uma "dimensão fundamental da história" é, na verdade, profundamente *anti-histórica*.

[72] O conceito de "consciência não posicional de si mesmo" desempenha papel muito importante no pensamento de Sartre. A esse respeito, cf. p. 194 deste volume.

130 *A obra de Sartre*

propósito explícito é anunciar a "dissolução" do existencialismo dentro do marxismo, como veremos logo a seguir.

Mas, voltando a suas primeiras obras, eis como aparece esse problema em *A transcendência do ego*:

> Sempre me pareceu que uma *hipótese de trabalho* tão fecunda como o *materialismo histórico* não exigia de modo nenhum como fundamento essa absurdidade que é o *materialismo metafísico*. Não é, com efeito, necessário que o objeto preceda o sujeito para que os pseudovalores espirituais se dissipem e para que a moral reencontre as suas bases na realidade. Basta que o Eu [*Moi*]* seja contemporâneo do mundo e que a dualidade sujeito-objeto, que é puramente lógica, desapareça definitivamente das preocupações filosóficas. O Mundo não criou o Eu [*Moi*], o Eu [*Moi*] não criou o Mundo, eles são dois objetos para a consciência absoluta, impessoal, e é por ela que eles estão ligados. Esta consciência absoluta, quando é purificada do Eu, nada mais tem que seja característico de um sujeito, nem é também uma coleção de representações: ela é muito simplesmente uma condição primeira e uma *fonte absoluta de existência*. E a relação de interdependência que ela estabelece entre o Eu [*Moi*] e o Mundo basta para que o Eu [*Moi*] apareça como "em perigo" diante do Mundo, para que o Eu [*Moi*] (indiretamente e por intermédio dos estados) retire do Mundo todo o seu conteúdo. Nada mais é preciso para *fundamentar filosoficamente* uma *moral* e uma *política absolutamente positivas*.[73]

Como o desenvolvimento subsequente de Sartre mostra, as coisas são bem mais complicadas do que sugere a citação que fizemos, pois, não obstante a adoção da fundamentação filosófica proposta para uma "moral e uma política absolutamente positivas", ambas continuam sendo uma meta indefinida em sua obra global. E esse não é, de modo algum, um desenvolvimento que surpreenda. Não é suficiente declarar que a dualidade sujeito-objeto é "puramente lógica", em conjunto com o postulado fundamental de uma "consciência absoluta, impessoal" sem sujeito, a "fonte absoluta de existência", para que se faça desaparecer o problema subjacente. Em todo caso, essa consciência está muito longe de ajustar-se à caracterização de Sartre de não ter "nada de um sujeito". Muito embora se contraponha à consciência estritamente individual, ela representa, na filosofia de Sartre, aquela *fusão* do indivíduo e do sujeito coletivo que vimos anteriormente a propósito de seu ensaio sobre Faulkner. O conceito fenomenológico de intencionalidade possibilita que Sartre una os dois polos, de modo a poder descrever a consciência em geral, ainda que a chamando de "impessoal", em termos indistinguíveis das características de uma consciência individual: "*A consciência assusta-se com a sua própria espontaneidade porque ela sente-a como para lá da liberdade*"[74]; de fato, dentro desse quadro, até mesmo o ego pode ser descrito como destinado pela

---

* Os colchetes usados para marcar as palavras francesas *Moi* e *Je* não constam na citação feita por Mészáros, sendo acréscimos da edição brasileira. (N. T.)

[73] Jean-Paul Sartre, *Transcendência*, cit., p. 82-3.

[74] Ibidem, p. 79.

Busca do indivíduo: as primeiras obras 131

consciência a "encobrir à consciência a sua própria espontaneidade"[75]. Em outras palavras, a consciência deve produzir sua "estrutura egológica" a fim de enganar a si mesma.

A esta altura, pode-se ver que a função filosófica da solução sartriana não é "tanto teórica quanto prática"[76] – no sentido de que aponta na direção de uma filosofia moral *latente*, ainda que, por certo, não a uma "absolutamente positiva":

Tudo se passa como se a consciência constituísse o Ego como uma *falsa representação* dela mesma, como se ela *se hipnotizasse* com este *Ego* que ela constituiu, se absorvesse nele, como se ela dele fizesse uma *sua salvaguarda* e a sua lei: é graças ao Ego, com efeito, que se poderá efetuar uma distinção entre o *possível e o real*, entre a aparência e o ser, entre o *querido e o sofrido*.

Mas pode acontecer que a consciência, subitamente, se apresente no plano reflexivo puro. Não talvez sem Ego, mas como escapando por todos os lados ao Ego, como dominando-o e sustentando-o fora dela por uma criação continuada. Neste plano, já *não há distinção entre o possível e o real*, visto que a *aparência é o absoluto*. Já não há *barreiras*, limites, nada mais que dissimule a consciência de si mesma. Então a consciência, apercebendo-se do que poderíamos designar como a fatalidade da sua espontaneidade, *angustia-se repentinamente*: é esta *angústia* absoluta e irremediável, este *medo de si*, que nos parece constitutivo da *consciência pura*.[77]

O conceito de "barreiras" é a chave para a compreensão de todo esse conjunto de relações, como, de fato, também a análise da temporalidade em Faulkner culmina com esta exclamação veemente: "um futuro *vedado* ainda é um futuro". O choque contra barreiras é um fato indubitável da "realidade-humana". Quanto a isso, a questão existencial, segundo Sartre, tem dupla face: (1) como explicar as barreiras que encontramos e (2) como lidar com elas? Como todas as concepções deterministas do mundo foram *a priori* rejeitadas, e a consciência foi descrita como a própria realidade-humana[78] e fonte absoluta da existência, a consciência como tal deve ser responsável por produzir suas próprias barreiras. Ela erige o ego como "a sua salvaguarda e a sua lei" e assim produz as distinções entre o possível e o real, entre aparência e ser, entre o voluntário e o sofrido etc. – distinções essas todas que repercutem contra ela. Desse modo, surge o "princípio da realidade" (pela diferenciação entre o possível e o real) e toma conta de nossa vida cotidiana. Resulta daí um modo de existência que só pode ser descrito com as categorias negativas da filosofia moral latente de Sartre. A descrição desse tipo de existência é verdadeiramente desoladora e bem merece a veemente condenação de Sartre. Tudo parece perdido até que, súbita e paradoxalmente, as próprias barreiras acabam sendo vencidas:

Todos os caminhos estão barrados, no entanto é preciso agir. Então tentemos mudar o mundo, isto é, vivê-lo como se as relações das coisas com suas potencialidades não estivessem reguladas por processos deterministas, mas pela magia. Entendamos bem que não se trata

---

[75] Ibidem, p. 80.

[76] Idem.

[77] Ibidem, 80-1.

[78] O fenomenólogo "interrogará a *consciência, a realidade humana* sobre a emoção", idem, *Emoções*, cit., p. 25.

132 *A obra de Sartre*

de um jogo: estamos acuados e nos lançamos nessa nova atitude com toda a força de que dispomos.[79]

A nova atitude surge como a negação efetiva do modo anterior de existência: a consciência "vive o mundo novo que acaba de constituir. Vive-o diretamente, interessa-se por ele, admite as qualidades que as condutas esboçaram. Isso significa que, quando todos os caminhos estão barrados, a consciência precipita-se no mundo mágico da emoção"[80]. Contudo, essa negação está fadada a continuar sendo uma solução problemática. Não só porque – de acordo com a *espontaneidade* subjacente – a "nova atitude" não pode ser induzida, mas surge por si mesma toda vez que surge ("pode acontecer [...]", "repentinamente [...]" etc.), mas também porque o novo estado é dominado pela *fatalidade*. "A fatalidade da sua espontaneidade [da consciência]" é descrita como "a consciência adormecendo"[81] porque

> a consciência é *vítima* de sua própria armadilha. Precisamente porque vive o novo aspecto do mundo acreditando nele, ela é *apanhada* em sua própria crença, exatamente como no sonho, na histeria. A consciência da emoção é *cativa*, mas não se deve entender por isto que um existente qualquer *exterior* a ela a teria encadeado. Ela é *cativa dela mesma* [...]. Assim, como a consciência vive o mundo mágico no qual se lançou, ela tende a *perpetuar* esse mundo.[82]

Daí a fascinação de Sartre pela imaginação do homem, que é simultaneamente a *vítima* e o *algoz* responsável por sua própria eliminação[83].

Desse modo, a "liberdade estonteante" e o "transbordamento infinito" da consciência não trazem ao homem libertação e satisfação. A consciência consegue êxito ao se livrar das contradições de uma de suas "atitudes" fundamentais e logo é presa pela fatalidade da outra. O homem parece estar encerrado em um mundo de antinomias: situação terrível que lhe impõe, como único modo autêntico de existência, o imperativo da incessante negação. Por isso o "aventureiro" é o herói de Sartre, que reconhece "a futilidade da ação e sua necessidade", baseado na "existência absoluta do homem e [na] impossibilidade absoluta dessa existência" – herói esse que somente encontra satisfação no "momento infinitesimal que separa a vida da morte"[84]. A latente filosofia moral de Sartre apresenta-se, assim, como a negação categórica desse mundo antinômico; ou, em outras palavras, a negatividade categórica de seu pensamento torna-se inteligível como uma filosofia moral latente que jamais alcança um ponto de repouso. Nessa visão, o homem deve negar as condições de existência, e tanto mais quanto mais vio-

---

[79] Ibidem, p. 63.

[80] Ibidem, p. 77-8.

[81] Ibidem, p. 79.

[82] Ibidem, p. 79-80.

[83] Ver idem, *O imaginário*, cit., p. 189-93, por exemplo.

[84] Cf. nota 22, p. 84 deste volume.

Busca do indivíduo: as primeiras obras 133

lentamente for arremessado às alternativas das antinomias existenciais. É a intensidade moral dessa paixão negadora que se recusa a admitir qualquer conjunto de determinações anterior à autodeterminação da consciência, de modo que esta última assumirá a responsabilidade total pela realidade-humana que constitui.

É bastante significativo que, nessa concepção de filosofia, as categorias epistemológico-ontológicas e morais sejam tão inextricavelmente entrelaçadas. Tanto é assim que as objeções epistemológico-ontológicas à fenomenologia são respondidas com afirmações morais:

> Os teóricos de extrema-esquerda acusaram algumas vezes a fenomenologia de ser um idealismo e de afogar a realidade na torrente das ideias. Mas se o idealismo é a filosofia sem mal de Brunschvicg, se ele é uma filosofia em que o esforço de assimilação espiritual não encontra nunca *resistências exteriores*, onde o *sofrimento, a fome, a guerra* se diluem num lento processo de unificação das ideias, nada é mais injusto que chamar idealistas aos fenomenólogos. Pelo contrário, há séculos que não se fazia sentir na filosofia uma corrente tão *realista*. Eles voltaram a mergulhar o homem no mundo, deram todo o seu peso às suas *angústias e aos seus sofrimentos*, às suas revoltas também.[85]

Pode-se aí constatar o deslocamento da epistemologia para a filosofia moral, visto que o idealismo é definido em termos de um fracasso em enfrentar o *mal* que domina nosso mundo sob a forma de sofrimento, fome e guerra; e, analogamente, o "realismo" é definido como uma ardente preocupação moral com respeito às "angústias e aos sofrimentos do homem". É secundário se a fome fenomenologicamente "reduzida" e parentética conserva muita semelhança com a fome real: em todo caso, na filosofia de Sartre, as portas do parêntese fenomenológico encontram-se escancaradas. O que é da mais alta importância para a compreensão da estrutura de sua filosofia é o fato de que, desde que se constituíram pela primeira vez, suas categorias epistemológico-ontológicas foram permeadas pela intensa paixão moral que goza da primazia em seu pensamento, de maneira tão profunda quanto o princípio da "primazia da razão prática" predomina no sistema kantiano.

Isso significa que estamos diante de uma integração estrutural de categorias morais, ontológicas e outras, e não apenas com ligações e associações laterais. Sartre sistematiza suas categorias epistemológico-ontológicas de modo que deem sustentação à sua concepção de moralidade. Toma conhecimento do que chama de "materialismo científico" apenas até o ponto em que os supostos corolários éticos dessa concepção de filosofia colidem com suas próprias preocupações morais. Ele não examina nem refuta as proposições básicas dessa filosofia ao nível em que elas são formuladas, mas simplesmente insiste que não é preciso "a absurdidade que é o materialismo metafísico [...] para que os *pseudovalores* espirituais se dissipem e para que a *moral* reencontre as suas bases na realidade". E a razão pela qual ele não pode considerar uma fundamentação filosófica diversa da sua (na qual a consciência é a "condição primeira e uma fonte absoluta de existência") é, mais uma vez, não epistemológico-ontológica, mas sim *moral*. Pois, se

---

[85] Jean-Paul Sartre, *Transcendência*, cit., p. 82.

134 *A obra de Sartre*

o objeto precedesse e determinasse o sujeito, seria impossível atribuir ao sujeito aquela responsabilidade categórica, absoluta e total que Sartre lhe quer atribuir[86].

Naturalmente, nessa concepção, devido à inextricável integração e fusão estrutural das categorias epistemológico-ontológica e moral, a "ontologia" deve ser identificada com *antropologia*. Pois nada se pode admitir anterior à "realidade humana", que se torna a fundamentação absoluta de tudo. Assim, a ontologia fundamental e a *antropologia existencial* tornam-se sinônimos:

> precisamente para a realidade humana, existir é sempre assumir seu ser, isto é, ser *responsável* por ele em vez de recebê-lo de fora como faz uma *pedra*. E, como a realidade humana é por essência sua própria *possibilidade*, esse existente pode *"escolher-se"* ele próprio em seu ser, pode ganhar-se, perder-se. [...] Assim, a realidade humana que é *eu* assume seu próprio ser ao compreendê-lo. Essa compreensão é a minha. Portanto, sou antes de qualquer coisa um ser que compreende mais ou menos obscuramente sua realidade de homem, o que significa que *me faço homem* ao compreender-me como tal. Posso então *me interrogar* e, sobre as bases dessa interrogação, levar a cabo uma análise da "realidade-humana", que poderá servir de *fundamento a uma antropologia.*[87]

A integração e a fusão estruturais das categorias funcionam, é claro, nos dois sentidos. Não apenas as categorias antropológico-ontológicas são permeadas pela moralidade existencial, mas também, inversamente, as categorias da ética sartriana só são plenamente inteligíveis em seu contexto antropológico-ontológico. "Responsabilidade", "liberdade", "possibilidade", "escolha" e assim por diante não são exatamente o que significariam numa proposição ética específica. Às vezes, até mesmo Sartre percebe que deve pô-las entre aspas, como o termo "escolher" na última citação – uma vez que Sartre recusa ao sujeito o *status* de um sujeito (o que, na verdade, significa uma fusão caracteristicamente sartriana do sujeito individual e do coletivo, como vimos anteriormente). Por isso é que a filosofia moral de Sartre deve permanecer *latente*, resistindo a todos os seus esforços visando organizá-la como sistema de moralidade relativamente autônomo. E é por isso que todo conceito de ontologia que não consiga identificar-se com a antropologia existencial deve ser rejeitado por Sartre, ainda que seu propósito manifesto tido de modo aberto e autêntico como certo seja a integração (ou "dissolução") da "ideologia" existencialista dentro do marxismo.

A atitude ambivalente de Sartre para com o marxismo, anteriormente mencionada, tem raízes na incompatibilidade entre a antropologia existencialista e a ontologia marxiana. Não que ele mesmo conceitue dessa forma o problema. Ao contrário, dada sua

---

[86] Mesmo em "Itinerário de um pensamento", no qual Sartre se mostra crítico quanto à forma extremada com que, em algumas de suas primeiras obras, enfatizou a liberdade e a responsabilidade do homem, volta a afirmar sua ideia fundamental de forma um tanto diferente: "a ideia que jamais cessei de desenvolver é a de que, afinal, sempre somos responsáveis pelo que é feito de nós mesmos. Mesmo que não seja possível fazer mais nada a não ser assumir essa responsabilidade. Pois acredito que um homem sempre pode fazer algo com o que é feito dele", idem, "Itinerário de um pensamento", cit., p. 208.

[87] Idem, *Emoções*, cit., p. 22-3.

Busca do indivíduo: as primeiras obras 135

solidariedade político-moral com as perspectivas de uma transformação socialista da sociedade, ele deseja muito enfatizar seu acordo completo com Marx. Ainda assim, a ambivalência se manifesta pela oscilação em seus argumentos, bem como pelo resumo final que ele faz das perspectivas de integrar existencialismo e marxismo. Ele oferece três explicações diferentes para essa atitude crítica:

1. Suas críticas são dirigidas a Engels[88].
2. Ele critica o "marxismo mecânico" contemporâneo[89].
3. Suas restrições críticas pretendem "atribuir determinados limites ao materialismo dialético – legitimar a dialética histórica ao mesmo tempo rejeitando a dialética da natureza"[90].

Na terceira explicação estamos extremamente próximos da fórmula original que louvava o materialismo histórico como uma hipótese de trabalho fecunda (agora ele valida a hipótese) e rejeitava a "absurdidade que é o materialismo metafísico" (agora ele limita o materialismo dialético, rejeitando a ideia de uma dialética da natureza, preocupado com o risco de ela *"reduzir o homem"*[91] a um simples produto de leis físicas, o que corresponde exatamente ao protesto original contra o "materialismo metafísico").

Quanto ao resumo final de Sartre das perspectivas de integrar existencialismo e marxismo, podemos perceber com muita clareza que os que lamentaram a suposta liquidação do existencialismo e falaram que Sartre havia sido "engolido pelo marxismo"[92] não possuíam qualquer base concreta para tal tipo de opinião. Pois palavras do próprio Sartre falam por si e falam bem diferente:

> Assim, a autonomia das pesquisas existenciais resulta necessariamente da negatividade dos marxistas (e não do marxismo). Enquanto a doutrina não reconhecer a sua anemia, enquanto fundar seu Saber sobre uma *metafísica dogmática* (dialética da Natureza), em lugar de apoiá-la na compreensão do *homem vivo*, enquanto rejeitar sob o nome de irracionalismo as ideologias que – como o fez Marx – querem separar o ser do Saber e fundar, em *antropologia*, o conhecimento do homem sobre a *existência humana*, o existencialismo prosseguirá

---

[88] "M. Rubel me censura por não fazer alusão a este 'materialismo marxiano' no meu artigo de 1946, *Matérialisme et Révolution*. Mas ele próprio dá a razão desta omissão: 'É verdade que este autor visa antes a Engels que a Marx'. Sim. E sobretudo os marxistas franceses de hoje", idem, *Método*, cit., p. 126; quanto à crítica de Sartre a Engels, ver também p. 100 de *Método*.

[89] Esse é um dos temas principais de *Método*.

[90] Jean-Paul Sartre, "Itinerário de um pensamento", cit., p. 210.

[91] "[...] cela [a preocupação de Sartre em "oferecer uma fundamentação filosófica ao realismo"] m'a permis, plus tard, d'assigner certaines limites au matérialisme dialectique – en validant la dialectique historique tout en rejetant une dialectique de la nature qui *réduirait l'homme*, comme toute chose, à un simple produit des lois physiques" [a preocupação em "oferecer uma fundamentação filosófica ao realismo" permite que, mais tarde, eu atribua certos limites ao materialismo dialético – ao validar a dialética histórica a partir da rejeição de uma dialética da natureza que *reduzirá o homem*, como todas as coisas, a um simples produto das leis físicas], idem, "Sartre par Sartre", em *Situations IX*, cit., p. 104-5.

[92] Ver, por exemplo, Mary Warnock, "The Radical Conversion", em *The Philosophy of Sartre* (Londres, Hutchinson, 1965), p. 135-81.

136 A obra de Sartre

suas pesquisas. Isto significa que ele tentará esclarecer os dados do Saber marxista com os conhecimentos indiretos (isto é, como o vimos, com palavras que denotam regressivamente estruturas existenciais) e engendrar no quadro do marxismo um verdadeiro conhecimento compreensivo que reencontrará o homem no mundo social e o seguirá em sua práxis ou, se se preferir, no *projeto* que o lança em direção dos possíveis sociais a partir de uma situação definida. Ele aparecerá, pois, como um fragmento do sistema, caído fora do Saber. A partir do dia em que a pesquisa marxista tomar a *dimensão humana* (isto é, o *projeto existencial*) como *fundamento do Saber antropológico*, o existencialismo não mais terá razão de ser: absorvido, superado e conservado pelo movimento totalizante da filosofia, ele deixará de ser uma investigação particular, para tornar-se o *fundamento de toda investigação*. As observações que fizemos no decorrer do presente ensaio visam, na fraca medida de nossos meios, a apressar o momento dessa *dissolução*.[93]

Assim, em lugar de uma "conversão radical" que tivesse levado a uma "liquidação" do existencialismo, o que encontramos é um pronunciamento que reafirma energicamente não apenas a oposição de Sartre à "metafísica dogmática", como também o projeto, que durou toda a sua vida, de *fundamentar o marxismo* numa *antropologia existencial*. E a última palavra, "dissolução", não poderia estar mais distante daquilo que ela sugere a uma leitura apressada. Pois a mensagem está expressa de maneira precisa na frase anterior. O existencialismo só será "dissolvido" quando se tornar o *fundamento de toda investigação*, isto é, a premissa universalmente aceita de toda filosofia futura.

Em todo caso, mesmo que Sartre esteja querendo ler Marx a seu modo, suas respectivas visões sobre a relação entre ontologia e antropologia estão longe de serem idênticas. Pois, já em 1844, Marx salientava que

> as sensações, paixões etc. do homem não são *apenas determinações antropológicas* [...], mas sim *verdadeiramente* afirmações *ontológicas* do ser (*natureza*) [...]. Só mediante a indústria desenvolvida, ou seja, pela mediação da propriedade privada, vem a ser (*wird*) a *essência ontológica* da paixão humana, tanto na sua totalidade como na sua humanidade; a ciência do homem é, portanto, propriamente, um produto da autoatividade (*Selbstbetätigung*) prática do homem.[94]

Assim, para Marx, ontologia e antropologia não são sinônimos; a primeira é a base inquestionável da última e, nesse sentido, a "precede". Consequentemente, o problema não é simplesmente a "materialidade", ou seja, "o fato de que *o ponto de partida é o homem como organismo animal* que parte de necessidades e cria conjuntos materiais"[95], mas precisamente as condições ontológicas objetivas sob as quais podem ocorrer tais desenvolvimentos. Isso é que faz Marx insistir no princípio ontológico inerente ao desenvolvimento da tecnologia moderna, que consiste em "resolver cada processo em seus movimentos constitutivos, *sem considerar de modo algum a possibilidade de*

---

[93] Jean-Paul Sartre, *Método*, cit., p. 191.

[94] Karl Marx, *Manuscritos econômico-filosóficos* (trad. Jesus Ranieri, São Paulo, Boitempo, 2004), p. 157.

[95] "L'anthropologie" (1966), em *Situations IX*, cit., p. 93.

sua execução pela mão do homem"[96]. Não nos deve preocupar, aqui, se é ou não necessário aplicar o nome de "dialética da natureza" (e, se for o caso, com que ressalvas) ao estudo dessas condições. O que interessa é que elas são claramente não "antropológicas" – dizem respeito a leis fundamentais do movimento da natureza e aos pré-requisitos do desenvolvimento humano conformes a essas leis naturais objetivas e em resposta a elas – mas constituem os pontos de referência últimos da ontologia à qual se deve integrar uma concepção dialética da antropologia como uma parte no todo. Como, porém, a integração do existencialismo e do marxismo concebida por Sartre é diametralmente oposta a isso, seu projeto de "fundamentar" o marxismo continua hoje tão distante de sua realização quanto em 1934.

4.6

As primeiras obras de Sartre são escritas em um período de grandes contradições que fazem prever, ameaçadoramente, a possibilidade de um "cataclismo" sem precedentes. Para homens de visão, que querem dar seu testemunho, a gravidade da situação é evidente, não só pela grande crise econômica mundial de 1929-1933, mas também pelas "soluções" que se seguiram a ela, desde o surgimento do fascismo até a depressão e o desemprego crônicos que caracterizaram a vida de todos os países capitalistas liberais no decorrer da década de 1930 e que só se amenizam ao trágico preço da "revitalização" da economia, com a deflagração da Segunda Guerra Mundial, a serviço da produção de material bélico, que impôs seu devastador padrão de criação de prosperidade também depois da guerra. Olhando de longe para esse período, em "Situação do escritor em 1947", Sartre descreve, em termos sugestivos, seu poder formador:

A partir de 1930, a crise mundial, o surgimento do nazismo, os acontecimentos na China, a guerra civil espanhola nos abriram os olhos; pareceu-nos que o chão ia faltar debaixo de nossos pés e, de súbito, para nós também começou a grande escamoteação histórica: esses primeiros anos da grande Paz mundial de repente tinham de ser considerados como os últimos do período entre as duas guerras; em cada promessa que havíamos saudado era preciso ver uma ameaça; cada dia que tínhamos vivido revelava a sua verdadeira face: a ele nos havíamos abandonado sem desconfiança, e eis que ele nos encaminhava em direção a uma nova guerra, com uma rapidez secreta, com um rigor oculto sob um ar despreocupado; nossa vida de indivíduo, que parecera depender de nossos esforços, de nossas virtudes e falhas, de nossa boa ou má fortuna, da boa ou má vontade de um punhado de pessoas, de repente nos pareceu governada, até os mínimos detalhes, por forças obscuras e coletivas, e suas circunstâncias mais íntimas refletiam o estado do mundo inteiro. De repente, nos sentimos bruscamente situados: sobrevoar os fatos, como gostavam de fazer os nossos predecessores, tornou-se impossível; havia uma aventura coletiva que se desenhava no porvir e era a nossa aventura. [...] o segredo de nossos gestos e de nossas determinações mais íntimas estava diante de nós,

---

[96] Karl Marx, *Capital* (trad. Samuel Moore e Edward Aveling, Moscou, Foreign Languages, 1958, v. I), p. 486. [Ed. bras.: *O capital*, livro I, São Paulo, Boitempo, no prelo.]

138 *A obra de Sartre*

na catástrofe a que os nossos nomes iriam vincular-se. A historicidade refluiu sobre nós; em tudo o que tocávamos, no ar que respirávamos, na página que líamos, naquela que escrevíamos, no próprio amor, descobrimos algo como um gosto de história, isto é, uma mistura amarga e ambígua de absoluto e transitório.[97]

A experiência da história pode ser desconcertante se for refletida na consciência como uma forma de relativismo histórico. Analogamente, a percepção das forças coletivas que regem uma situação histórica pode ser paralisante, caso o indivíduo não consiga definir sua própria margem de ação em relação a elas. Sartre preocupa-se extremamente em escapar a ambos esses perigos. Com respeito ao primeiro deles, o interesse dominante de sua busca é encontrar "*o absoluto no interior da própria relatividade*" de modo a ser capaz de opô-lo ao "*relativismo moral*"[98]. E, quanto ao poder das forças coletivas, seu propósito é demonstrar as "possibilidades" – e a responsabilidade – do indivíduo diante das "angústias e dos sofrimentos do homem", neste mundo de aventura coletiva a que não pode realmente escapar, por mais que se esforce para consegui-lo mediante as estratégias da "má-fé".

Em sua busca do indivíduo integral, ainda que não soberano, Sartre quer demonstrar que o homem de sua busca é totalmente livre (responsável) e, contudo, totalmente situado num mundo contingente. Como isso é possível? Será esse ponto de vista compatível com as concepções predominantes de homem? A resposta de Sartre é um enfático não, e ele parte para provar a validade de sua ideia de homem: esse, na verdade, é o tema mais essencial de todas as suas obras iniciais. Já vimos suas objeções ao marxismo. Além disso, vamos nos referir sucintamente a duas outras importantes linhas de abordagem dentre aquelas que ele critica: o positivismo e a psicanálise.

No culto positivista dos "fatos", Sartre identifica um defeito estrutural básico: a ausência de um conceito exato de homem – o que significa que o que temos é uma acumulação de dados sem objetivos e quase totalmente cega, e não uma teoria verdadeira. Assim: "Se deve haver mais tarde um conceito rigoroso de homem – e isso mesmo é duvidoso –, esse conceito só pode ser considerado como coroamento de uma ciência acabada, isto é, ele é remetido ao infinito"[99]. O todo é desprezado e seu lugar é usurpado por fragmentos. E, uma vez que a especificidade do humano (o homem como uma "totalidade sintética") não orienta a investigação, podem-se considerar inteiramente gratuitas as esperanças de que ela possa emergir do amontoado de determinações fragmentárias e mecanicistas.

A atitude de Sartre para com a psicanálise é igualmente negativa, embora – ao contrário de suas opiniões sobre as variedades do positivismo – reconheça que seus problemas são originais e importantes e, por isso, devem ser apreciados em seus próprios termos. A razão pela qual tem de rejeitar as teorias psicanalíticas é a mesma que

---

[97] Jean-Paul Sartre, *Que é a literatura?*, cit., p. 157-8.

[98] Ambas as citações: ibidem, p. 159.

[99] Idem, *Emoções*, cit., p. 15.

Busca do indivíduo: as primeiras obras 139

se encontra por trás das críticas que expressa em outras direções: a inadmissibilidade radical de determinações anteriores ou exteriores às autodeterminações da consciência. Essa é a razão pela qual a crítica à psicanálise permanece essencial para ele, por mais que procure – dentro de um clima intelectual extremamente favorável às explicações psicanalíticas – dar o máximo crédito a Freud por centrar sua atenção numa área de grande importância. Percebe claramente que o que está questionando é "o *princípio mesmo* das explicações psicanalíticas", pois na psicanálise "o significado é inteiramente separado do significante"[100]. A essa abordagem, contrapõe sua concepção dialética da relação entre significante, significado e significação:

> Portanto, se ela [a consciência] possui uma significação, deve contê-la nela como estrutura de consciência. Isto não quer dizer que essa significação deva ser perfeitamente explícita. Há muitos graus possíveis de condensação e de clareza. Quer dizer apenas que não devemos interrogar a consciência de fora, como se interrogam os vestígios do fogo e do acampamento, mas de dentro; deve-se buscar nela a significação. A consciência, se o *cogito* deve ser possível, é ela mesma o fato, a significação e o significado.
>
> [...] se a simbolização é constitutiva da consciência, é lícito admitir uma ligação imanente de compreensão entre a simbolização e o símbolo. Só que será preciso convir que a consciência se constitui como simbolização. Nesse caso, não há nada por trás dela e a relação entre símbolo, simbolizado e simbolização é uma ligação intraestrutural da consciência. Mas se acrescentarmos que a consciência é simbolizante sob a *pressão causal* de um fato transcendente que é o desejo recalcado, recaímos na teoria precedentemente assinalada que faz da relação do significado ao significante uma relação causal. A contradição profunda de toda a psicanálise é apresentar ao mesmo tempo uma ligação de *causalidade* e uma ligação de *compreensão* entre os fenômenos que ela estuda. Esses dois tipos de ligação são incompatíveis.[101]

É bastante significativo que a mesma linha de raciocínio seja seguida por Sartre numa entrevista, mais de três décadas mais tarde, que culmina com a rejeição da "mitologia do inconsciente", que constitui "um conjunto de rigorosas determinações mecanicistas, [...] uma causalidade, [...] um mecanismo"[102]. E não é de admirar. Pois muita

---

[100] Ibidem, p. 50-1.

[101] Ibidem, p. 52-4.

[102] "[...] essa linguagem produz uma mitologia do inconsciente que não posso aceitar. Estou de pleno acordo com a dissimulação e a repressão enquanto fatos. Mas as palavras 'repressão', 'censura' ou 'impulso' – palavras que ora expressam um tipo de *finalismo*, ora um tipo de *mecanismo* – eu rejeito. Tomemos o exemplo da 'condensação', que é termo ambivalente de Freud. Pode-se interpretá-lo simplesmente como um fenômeno de associação, à maneira dos filósofos e psicólogos ingleses dos séculos XVIII e XIX. Desenham-se duas imagens unidas externamente, elas se condensam e formam uma terceira: o atomismo psicológico clássico. Mas pode-se também interpretar o termo, ao contrário, na acepção de finalidade. A condensação ocorre porque duas imagens combinadas respondem a um desejo, a uma necessidade. Esse tipo de ambiguidade é recorrente em Freud. O resultado é uma estranha representação do inconsciente como um conjunto de *rigorosas determinações mecanicistas*, sob qualquer hipótese uma *causalidade*, e ao mesmo tempo como uma *misteriosa finalidade*, de tal maneira que há "artifícios" do inconsciente assim como há "artifícios" da história; contudo, é impossível reunir os dois casos na obra de muitos analistas – pelo menos os primeiros analistas. Creio haver sempre uma *ambiguidade fundamental* neles; o incons-

140 *A obra de Sartre*

coisa aconteceria se Sartre decidisse modificar significativamente suas opiniões sobre esses pontos. O fato é que não rejeitou apenas o princípio psicanalítico de explicação para certos fatos e problemas, mas ofereceu sua explicação concorrente. Como ficamos sabendo pelas memórias de Simone de Beauvoir, os principais conceitos de sua alternativa à psicanálise foram expressos já em fins da década de 1930, quando:

> Sartre formulou a noção de *mauvaise foi* [má-fé], a qual, segundo ele, abarcava todos aqueles fenômenos que outras pessoas atribuíam ao *inconsciente*. Nós nos púnhamos a expor essa desonestidade em todas as suas manifestações: subterfúgios semânticos, falsas recordações, fugas, fantasias compensatórias, sublimações e tudo mais. Exultávamos cada vez que descobríamos uma nova saída, um outro tipo de fraude.[103]

Muito mais ainda se construiu sobre esses alicerces posteriormente, e a *mauvaise foi* continua sendo um dos principais conceitos no conjunto da obra global de Sartre, sistematizada em todos os detalhes em *O ser e o nada* e utilizada em muitas obras subsequentes. E a função imaginada por Sartre para sua "psicanálise existencial" é radicalmente diferente da psicanálise tradicional. Uma vez mais, é importante que se tenha em mente o papel da moralidade na filosofia sartriana como um todo a fim de que se possa compreender e apreciar a função que ele atribui à psicanálise existencial:

> as diversas tarefas do Para-si podem ser objeto de uma psicanálise existencial, pois todas elas visam produzir a síntese faltada da consciência e do ser sob o signo do valor, ou causa de si. Assim, a psicanálise existencial é uma descrição moral, já que nos oferece o sentido ético dos diversos projetos humanos.[104]

Evidentemente, nenhuma variação da teoria freudiana poderia preencher tais funções. Por isso, a psicanálise tradicional e a "psicanálise existencial" continuam a ser mundos à parte e Sartre tem de mergulhar na árdua tarefa de escrever um "novo tratado das paixões" valendo-se inteiramente dos próprios recursos, tomando como centro de referência a condição "factícia" do indivíduo existencial.

Socialmente, as primeiras obras de Sartre são concebidas entre dois polos de negatividade: por um lado, a apaixonada condenação de sua própria classe e da ordem burguesa da sociedade que a acompanha e, por outro, a rejeição da ideia de identificar-se com a luta da classe trabalhadora. Um incidente lembrado por Simone de Beauvoir ilustra muito bem que a negação da ordem dominante por Sartre não está associada a um envolvimento positivo. Em vez disso, ele opta pela posição do *estranho auto--orientado*, por maior que seja a simpatia que possa sentir, às vezes, pelos oprimidos, a uma distância razoavelmente remota. Eis o relato de Simone de Beauvoir:

---

ciente é, em determinado momento, outra consciência, e no momento seguinte algo outro que não a consciência. Então, o que é outra coisa que não a consciência torna-se simplesmente um mecanismo", idem, "Itinerário de um pensamento", cit., p. 210-1.

[103] Simone de Beauvoir, *The Prime of Life*, cit., p. 128.

[104] Jean-Paul Sartre, *O ser e o nada*, cit., p. 763.

As colunas da imprensa diária estavam cheias de falências, escândalos e dos suicídios dos homens de negócios e financistas internacionais. O mundo caminhava para um estado de instabilidade. Muitas vezes Sartre considerou se não devíamos nos juntar aos que estavam trabalhando por aquela revolução. Lembro-me especialmente de uma conversa que teve lugar na *ferrasse* do grande café de Rouen, o Café Victor, que dava para o *quai*. Mesmo em esferas em que éramos ideologicamente bem informados, defrontar-se com algum fato concreto continuava a ter sempre efeito sobre nós e dava origem a copiosa discussão subsequente. Foi o que aconteceu nessa tarde. Um estivador, decentemente trajado em seu macacão azul, sentou-se a uma mesa próxima da nossa: o gerente o expulsou. O incidente não nos ensinou nada de novo, mas ilustrou a ideia de segregação de classe com toda a ingenuidade de uma gravura de Epinal e serviu como ponto de partida para uma discussão de amplas consequências. Pusemo-nos a nos indagar se era bastante que nos simpatizássemos com a luta em que se empenhavam as classes trabalhadoras: não deveríamos juntar-nos a ela? [...] Nessa ocasião específica decidimos [...] que embora a luta proletária nos dissesse respeito, ainda assim *não era a nossa luta*; tudo que se podia exigir de nós era que devêssemos sempre *pronunciar-nos a seu favor em qualquer discussão*.[105]

Assim, em vez de uma identificação apaixonada com a luta por uma nova sociedade, encontramos um intelectualismo paternalista, limitado a participar de discussões e debates meramente teóricos. Naturalmente, esse não é um detalhe biográfico simplesmente para dar um colorido ao cenário de fundo do desenvolvimento de Sartre, mas sim um fator de grande importância na constituição de seu sistema filosófico como um todo. A decisão de ser *"crítico em vez de construtivo"*[106] é um modo bastante vago de definir o que está em jogo aqui. Pois, na realidade, isso significa que a crítica por si só – que é desprovida de um quadro de referência positivo ("construtivo") – está condenada a ser extremamente abstrata e longínqua das realidades sociais palpáveis.

O jovem Sartre assume seu lugar na terra-de-ninguém do estranho auto-orientado, o que acarreta consequências de longo alcance para a sistematização de sua filosofia. Uma vez que sua rebelião moral se pronuncia dentro de um vácuo social, sua crítica só pode se manifestar sob a forma de um imperativo moral abstrato que deve manter-se latente e unido às categorias de uma ontologia existencial, como vimos anteriormente. Por analogia, uma vez que a ideia de engajamento sociopolítico é rejeitada por Sartre – muito embora o conceito de engajamento moral seja parte integrante de sua filosofia desde o início da década de 1930 – as categorias existenciais pelas quais se exprimem suas opiniões em seu sistema original tendem a ser *a-históricas* ("para-si", "em-si", "vertigem da possibilidade", "voo absoluto", "espontaneidade monstruosa"), não obstante "a experiência de história" que ele descreve retrospectivamente em 1947. E, no que diz respeito às relações de dominação e de opressão (que, uma vez mais, condena sob a forma de um "dever" moral), em suas primeiras obras elas são transformadas no antagonismo existencial-ontológico abstrato entre o "para-si" e "o outro", em um

---

[105] Simone de Beauvoir, *The Prime of Life*, cit., p. 134.

[106] Ibidem, p. 135.

142 *A obra de Sartre*

nível, e, em outro, nos conflitos de relações "interpsíquicas" (e, de fato, "intrapsíqui-cas"), despojando-se, assim, de sua especificidade sócio-histórica. (Do mesmo modo, a alienação e a objetificação tendem a fundir-se, com a ajuda de variantes da categoria de reificação, e essa fusão produz a mesma espécie de efeitos.) Finalmente, uma vez que o ponto de vista das primeiras obras de Sartre é o do estranho negativamente definido e auto-orientado, que rejeita energicamente a orientação de sua classe, sem ser capaz de adotar as perspectivas do polo oposto, o "tema" de sua filosofia não pode ser um sujeito *coletivo* sócio-historicamente determinado e palpável, mas sim uma fusão existencialista de *individualidade particular* (a contingência e a facticidade do indivíduo existencial) e *universalidade abstrata* (a consciência como tal em sua "espontaneidade impessoal").

Assim, a busca de Sartre pelo indivíduo, em suas primeiras obras, revela – dentro do espírito da oposição kierkegaardiana a Hegel – o absoluto como "a insuperável opacidade da experiência vivida"[107] ou, em outras palavras, "a irredutibilidade e a especificidade do vivido"[108]. O que essa busca produz não é o *indivíduo* – pois o verdadeiro indivíduo não se pode captar senão em sua especificidade e universalidade sócio-histórica como *indivíduo social* – mas a *individualidade* e a *particularidade* como tais: "o absoluto no cerne mesmo da relatividade", definido como a irredutibilidade opaca da experiência vivida. (Isso é a particularidade elevada diretamente ao nível do absoluto, processo que se tornou a versão sartriana da "universalização do indivíduo", embora insistindo na irredutibilidade e na não universalizabilidade.) Uma vez mais, percebemos aqui os determinantes sociais dessa concepção. Pois, mais tarde, Sartre tem de admitir que a insuperável opacidade da experiência vivida – por exemplo, o sofrimento – diante do conhecimento só se sustenta "onde o saber permanece *incapaz de transformá-la*"[109]; o que significa que toda a questão da "irredutibilidade absoluta" e da "opacidade insuperável" depende da própria *práxis social*, da qual o conhecimento e a experiência vivida são dimensões integrantes e, por isso, não podem, de maneira abstrato-antinômica, ser postos um contra o outro, com pretensa base em alguma "ontologia fundamental".

Muita coisa se altera de forma significativa no curso do desenvolvimento posterior de Sartre. Os anos da guerra despedaçam os muros que seu vácuo social erguera e o problema do engajamento – não só moral e estético-literário, mas também social e político – passa a ocupar o lugar central em seus escritos nos mais variados contextos (da análise literária à polêmica política) e em todos os níveis (de observações ocasionais a exposições filosóficas sistemáticas). Naturalmente, a acuidade social cada vez maior traz

---

[107] Para utilizar uma expressão posterior que – considerando retrospectivamente o empreendimento existencialista – resume bem o significado da preocupação inicial de Sartre; ver Jean-Paul Sartre, *Método*, cit., p. 115.

[108] Ibidem, p. 116.

[109] Idem.

consigo um esforço consciente para salientar as dimensões políticas e históricas de suas preocupações, coisa que requer a modificação de algumas das antigas proposições e categorias fundamentais. Inevitavelmente, contudo, esse empreendimento – ainda que sentido de maneira ardorosa naquelas circunstâncias de crises sociais palpáveis – tem de ser levado a cabo por Sartre dentro do quadro de referência de uma filosofia cuja estrutura se constituíra sob condições muito diferentes e com preocupações bastante diversas em mente. Desse modo, ele é obrigado a dar resposta ao desafio dos marcantes desenvolvimentos sócio-históricos (durante a guerra e depois dela) em termos de sua filosofia, sistematizada originalmente na década de 1930, enquanto a reestrutura na medida em que isso é internamente viável. É claro que isso não é possível sem a manifestação constante de tensões importantes[110] entre a estrutura original e as novas exigências das quais se tornara ardoroso defensor. Que ele é incapaz de resolver essas tensões é inerente à estrutura antinômica de seu sistema original. Que ele não estivesse disposto a resolvê-las, simplesmente pondo de lado suas antinomias, constitui uma medida de sua obstinada integridade e da profundidade de seu comprometimento. O fato de não estar próxima uma solução filosófica para os problemas que ele abrangeu em seu sistema original deve ser considerado juntamente com o outro lado da moeda, pois manter viva a "tensão insuportável" de suas antinomias constitui o solo fértil sobre o qual Sartre descreve dramaticamente – e não apenas por intermédio do teatro – o mundo em que todos nós vivemos, criando desse modo uma obra que é manifestamente representativa de nossos tempos.

---

[110] Exemplo evidente das tensões internas da filosofia de Sartre é que, enquanto na página 116 do *Método*, ele admite que a tese existencialista só se sustenta na medida em que o conhecimento continua impotente para transformar o ser, na página 191 volta a afirmar, de maneira irrestrita, o afastamento entre "o ser e o Saber" e, sem apresentar qualquer prova, afirma que Marx, ao contrário dos marxistas posteriores, sustenta a mesma visão existencialista.

5
LIBERDADE E PAIXÃO:
O MUNDO DE *O SER E O NADA*

5.1

"O homem é fundamentalmente *desejo de ser*" (692)[1] – afirma uma frase críptica de *O ser e o nada*. Para compreendê-la, precisamos ter perfeita consciência de que, no mundo de *O ser e o nada*, todas as categorias principais estão articuladas ao "ser", inclusive "o desejo de fazer", que é reduzido ou a "ter" (705) ou a "ser" (711). Mais ainda, o próprio "ter" converte-se em ser mediante a "posse", da qual é dito ser uma "relação mágica: sou *esses objetos que possuo*" (722), pois "Na posse, *sou meu próprio fundamento* na medida em que existo Em-si" (723). Assim, quando, dois anos depois de escrever *O ser e o nada*, Sartre afirma que o existencialismo define o homem como "nada mais do que o conjunto dos seus *atos*"[2] e que o existencialismo é "uma moral de ação e de compromisso"[3], testemunhamos uma virada significativa de ênfase, que abre novas possibilidades de envolvimento social e político concreto em seu desenvolvimento posterior à guerra.

Contudo, durante os anos de guerra, as coisas continuam mais abstratas no universo conceitual de Sartre. *O ser e o nada* é uma síntese monumental – um "Ensaio de ontologia fenomenológica", segundo seu subtítulo – que parte da afirmação da primazia da subjetividade e permanece ancorado nas categorias psicológicas das primeiras obras de Sartre. O caráter abstrato de *O ser e o nada* é consequência da compressão de grande variedade de problemas filosóficos heterogêneos dentro das categorias elaboradas com base na inspiração anterior de Sartre na psicologia filosófica. Posteriormente, ao cha-

---

[1] Neste capítulo, números isolados entre parênteses referem-se a *O ser e o nada*. [Nesta tradução, optou-se pela utilização da edição brasileira: *O ser e o nada: ensaio de ontologia fenomenológica* (trad. Paulo Perdigão, Rio de Janeiro: Petrópolis, Vozes, 1998), citada anteriormente. (N. E.)].

[2] Jean-Paul Sartre, "O existencialismo é um humanismo", cit., p. 13.

[3] Idem, p. 15.

146 *A obra de Sartre*

mar essa grande obra de "a *eidética da má-fé*", estabelecendo agudo contraste entre sua abordagem e "o estudo empírico de nossas lealdades e das forças desumanas que as pervertem"[4], ele oferece uma caracterização muito apropriada de seus limites. Pois as notórias dificuldades de compreensão não são tanto questão de complexidade inerente, quanto, isto sim, do caráter incomodamente estranho do tom subjetivo em que a obra foi composta, apresentando uma síntese compreensiva "do homem e do mundo" sob seus aspectos subjetivos e na qual a objetividade – no espírito do "realismo fenomenológico" – aparece amplamente mediada e transmutada dentro das categorias da subjetividade existencialista sartriana.

O ser e o nada é uma ontologia concebida do ponto de vista dessa subjetividade, e "a experiência da sociedade" é posta em jogo apenas até o ponto em que pode oferecer *ilustrações* – muitas vezes esplendidamente realistas – do "mundo" extremamente abstrato (não o mundo empírico, mas um construto ontológico) no qual "a realidade humana" (subjetividade ou individualidade) se situa.

> Tudo se passa como se houvesse uma *Paixão* do Para-si, que perder-se-ia a si mesmo para que a afirmação "mundo" pudesse chegar ao Em-si. [...] o mundo e a coisa-utensílio, o espaço e a quantidade, assim como o tempo universal, são puros nadas substancializados [...] "Há" ser porque sou negação do ser, e a mundanidade, a espacialidade, a quantidade, a utensilidade, a temporalidade, só vêm ao ser porque sou negação do ser. (284-5)

Tudo isso pode soar como perturbadoramente subjetivo e remotamente abstrato. Não obstante, a intenção subjacente é plenamente clara: fornecer uma elucidação vigorosamente coerente de tudo em termos do ser da "realidade humana" e da *paixão* que a anima e que torna seu "projeto" inteligível. Como vimos no capítulo anterior, em 1934 Sartre creditou a Husserl o grande feito de haver aberto caminho para um novo tratado das paixões. Agora, deixa claro por que, em sua opinião, o próprio Husserl não podia lançar-se à realização do projeto de escrever o tão necessário novo tratado das paixões. "Por ter reduzido o ser a uma série de significações, o único nexo que Husserl pode estabelecer entre meu ser e o ser do outro mundo é o do *conhecimento*; portanto, não escapou, mais do que Kant, ao solipsismo" (306). Não é preciso dizer que seria absurdo imaginar um novo tratado das paixões em termos de uma forma de solipsismo, por mais sofisticada que fosse.

É preciso que a afirmação da primazia do ser seja o ponto de partida e o alicerce necessário de análise sobre o qual se pode fazer um estudo desse tipo. Por isso, Sartre propõe uma abordagem que não é apenas diferente, mas diametralmente oposta à de Husserl. Em vez de reduzir o ser a significados (conhecimento), explica o conhecimento e os significados em termos do ser e de seu projeto, insistindo que o ser é "o irredutível evidente* e, portanto, qualquer tentativa de reduzi-lo a alguma outra

---

[4] "Merleau-Ponty", em *Situations*, cit., p. 161. O texto de Sartre fala de "eidética" (*eidetique*) e não de uma "imaginação eidética". Alterei a tradução de acordo com isso.

* "*L'irréductible évident*", no original. A edição usada por Sartre traduziu como "*the self-evident irreducible*", o "irredutível autoevidente". (N. T.)

coisa, e assim tentar ir além dele, é contraditória em si mesma: "pois, evidentemente, é impossível remontar-se mais além do ser", e teremos atingido o limite absoluto "ao atingir o projeto de ser" (692). O que resta, então, é uma elucidação desse projeto de ser – o mesmo que "familiarizá-lo [o homem] com sua paixão" (764) – o que, de forma nenhuma, implica ir além do ser ou reduzi-lo a alguma outra coisa. Ao contrário, a tarefa de elucidação importa no projeto de avançar na direção do ser como ele se constitui, e a compreensão da estrutura ontológica do ser não é um empreendimento *teórico*, mas sim inerentemente *prático* (tarefa da "razão prática", na terminologia kantiana), que envolve a elaboração da *ética* e da *psicanálise existencial* – nunca concluídas. A ontologia sartriana culmina, pois, nestas últimas, fornecendo-lhes uma fundamentação, mas ao mesmo tempo também se fundamenta em sua ética e psicanálise existencial, uma vez que não é concebível imaginar qualquer outra fundamentação.

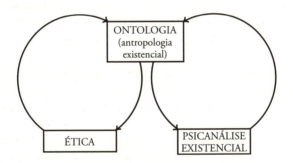

Essa estrutura conceitual pode ser brevemente ilustrada destacando-se a íntima inter-relação estrutural e a *reciprocidade* entre a ONTOLOGIA sartriana (associada por Sartre também à ANTROPOLOGIA EXISTENCIAL) e a ÉTICA em sua inseparabilidade da PSICANÁLISE EXISTENCIAL.

Essa estrutura conceitual pode parecer circular e, em certo sentido, certamente é circular. Contudo, a circularidade envolvida não constitui algum tipo de "confusão conceitual" ou de imperfeição cuja eliminação pudesse melhorar a filosofia de Sartre. Só se conceberia eliminá-la ao preço de acabar com as características essenciais do existencialismo sartriano, que não pode ser reduzido a uma epistemologia elegante e formalmente consistente, porém vulgar, e nem, na verdade, a uma fenomenologia husserliana encarada na qualidade de "ciência rigorosa" (*eine strenge Wissenschaft*) como "a ideia de um maluco genial, mas, não obstante, *uma ideia maluca*"[5]. Pois, em sua

---

[5] "The Writer and His Language" (entrevista a Pierre Verstraeten, 1965), em Jean-Paul Sartre, *Politics and Literature* (trad. J. A. Underwood, Londres, Calder & Boyars, 1973), p. 112.

148 *A obra de Sartre*

filosofia, estamos envolvidos diretamente com o homem que se interroga a respeito de seu próprio projeto, o qual tenta ocultar de si mesmo, com todas as ambiguidades, subterfúgios, estratégias de má-fé e circularidades implicadas. Por isso é que a "ontologia fenomenológica" sartriana deve ser concebida como uma antropologia existencial que se funde com preocupações morais e psicanalíticas práticas nesse "novo tratado das paixões" e, assim, "circularmente", enrosca-se em si mesma, fundamentando-se precisamente nas mesmíssimas dimensões existenciais que afirma fundamentar. Em consequência, tentar eliminar a antropologia existencial da ontologia fenomenológica de Sartre, a fim de torná-la "formalmente consistente", seria equivalente à futilidade e ao absurdo de tentar a quadratura do círculo.

De qualquer modo, Sartre não se incomoda nem um pouco com essa circularidade, mas a assume declaradamente, como veremos em inúmeros contextos, desde *O ser e o nada* até a "circularidade dialética" exposta na *Crítica da razão dialética*. Afirmações como: "não há dialética de minhas relações com o outro, mas *círculo vicioso*" (454) são abundantes em *O ser e o nada* e constituem parte essencial da mensagem existencial dessa obra. A "circularidade" do quadro conceitual global e o impasse paralisante expresso de maneira sugestiva por observações como a que acabamos de citar são inseparáveis. As proposições fundamentais do existencialismo sartriano são determinadas por essa estrutura conceitual global e, inversamente, esta deve assumir a forma que realmente assume em consequência da mais íntima natureza das proposições existencialistas fundamentais. Na verdade, Sartre argumentaria que, dado o caráter absoluto do *círculo existencial* – a assunção necessária da "contingência" e da "facticidade", o que significa que *"jamais podemos sair do círculo vicioso"* (454) –, o *círculo existencialista* é sua única aproximação ou equivalente filosófico adequado.

Voltaremos a esses problemas em mais de uma ocasião. O que se quer agora assinalar é que *O ser e o nada* só é verdadeiramente inteligível como um esboço monumental dos esquemas surpreendentemente originais do novo tratado das paixões, estruturado em torno da proposição aparentemente circular de que *liberdade é paixão e paixão é liberdade*. Não temos, pois, nessa obra, simplesmente uma "harmonização" entre liberdade e paixão, após séculos de discussão filosófica insistindo na primazia desta ou daquela em prejuízo daquela ou desta, mas sim a afirmação apaixonada da *identidade* essencial das duas. Assim, não mais se concebe a liberdade como puramente transcendental, deixando o mundo da aparência e da necessidade fechado em si mesmo, enquanto se proclama superá-lo de forma transcendental pela postulação de um mundo distinto de essências e de liberdade (o mundo da *Ding an sich* – "coisa em si" – de Kant e seus seguidores): ela é a dimensão mais fundamental da existência humana lutando apaixonadamente por se realizar. E Sartre violou a filosofia tradicional não apenas no que respeita às características formais de sua obra, mas até no modo de desenvolvimento e no estilo de apresentação. Em vez de oferecer uma "descrição imparcial e objetiva", seguida de "prova rigorosamente sustentada" (o ideal até mesmo daquele "maluco ge-

Liberdade e paixão: o mundo de O ser e o nada 149

nial", o pobre Husserl), ele afirma e reafirma apaixonadamente sua proposição básica relativa à liberdade e à paixão de muitas formas diferentes, e a "prova existencial" emerge pela plausibilidade de sua "autenticidade": outro conceito que remete à liberdade, numa circularidade aparente, reafirmando ao seu próprio modo a identidade básica entre liberdade e paixão.

Se "o projeto fundamental, ou pessoa, ou realização livre da verdade humana encontra-se por toda parte, em todos os desejos" (694), e se é nossa liberdade mesma "que constitui os limites que irá encontrar depois" (594), como afirma Sartre, então todas as variedades do determinismo psicológico são *a priori* postas de lado como estruturalmente incapazes de sequer perceber o problema, quanto mais de oferecer uma solução viável para suas dificuldades. A "psicologia exata e objetiva" deve ser descartada como um "solipsismo" (298) que trata o outro como um objeto, negando seu caráter de sujeito de modo bastante semelhante ao que encontramos na famosa descrição que Sartre fez de uma das estratégias fundamentais da má-fé. As mesmas considerações se aplicam ao conhecimento em geral. "O ponto de vista do *conhecimento puro* é *contraditório*: só existe o ponto de vista do *conhecimento comprometido*. [...] um surgimento comprometido no determinado ponto de vista que *somos*" (391). Assim, o conhecimento é uma dimensão do ser, e "erros" ou "equívocos" de conhecimento devem tornar-se inteligíveis com base nas estruturas ontológicas fundamentais, em vez de se "dissolverem" por meio de manipulação conceitual: circularidade solipsista que assume a existência distinta e o poder legislativo absoluto de seu próprio pensamento – "imparcial", "objetivo", "exato", "rigoroso", "não ambíguo" etc. Em oposição a todas essas abordagens, Sartre insiste na impregnação prática necessária dos pontos de vista teóricos. Em sua defesa de uma "psicanálise existencial", ele não procede a partir de uma refutação teórica ao determinismo psicológico (do qual a psicanálise tradicional é uma das múltiplas variedades), mas sim a partir da identificação dos determinantes práticos que se projetam acriticamente na imagem teórica:

> Em cada caso de reflexão, a angústia nasce como estrutura da consciência reflexiva na medida em que esta leva em consideração a consciência refletida; mas continua válido o fato de que posso adotar condutas a respeito de minha própria angústia – em particular, condutas de fuga. Tudo se passa, com efeito, como se nossa conduta essencial e imediata com relação à angústia fosse conduta de fuga. O *determinismo psicológico*, antes de ser uma concepção *teórica*, é em primeiro lugar uma *conduta de fuga*, ou, se preferirmos, o fundamento de todas as condutas de fuga. É uma conduta refletida com relação à angústia; afirma existirem em nós *forças antagônicas* cujo tipo de existência é comparável ao das *coisas*, dotando-as de uma inércia e uma exterioridade que atribuem seu fundamento a algo que não os próprios atos e são eminentemente tranquilizadoras por constituírem um *jogo permanente de desculpas*. [...] Mas tal determinismo, defesa reflexiva contra a angústia, não se dá como intuição reflexiva. Nada pode contra a evidência da liberdade e assim se apresenta como *crença de fuga*, termo ideal no rumo do qual podemos fugir da angústia. [...] (85) Assim, escapamos da angústia tentando captar-nos de fora, como um *outro* ou como uma *coisa*. (88)

150 *A obra de Sartre*

Como se pode ver, as imagens reificadas do determinismo psicológico são explicadas em termos de atitudes práticas determinadas que emanam da estrutura ontológica do ser, a qual constitui a preocupação básica de Sartre nessa "eidética da má-fé". Essas reificações teóricas da realidade humana são tão necessárias, na medida em que brotam da estrutura ontológica angustiante e não da teoria como tal, quanto livremente assumidas, uma vez que podem ser praticamente contraditadas por tipos alternativos de atitude e de conduta e por suas conceitualizações apropriadas. E o fracasso necessário dessas teorias deterministas de reificação psicológica, que representam uma capitulação à fuga e às escusas, exigem um tratado radicalmente novo das paixões, que insista ao mesmo tempo na inescapabilidade da liberdade ("o homem está condenado a ser livre") e na situação necessária dessa liberdade dentro da contingência da existência humana motivada por sua paixão ontológica. (A paixão empírica é considerada a expressão simbólica da paixão ontológica fundamental.) "Consideremos então toda a existência humana como uma paixão, o tão famoso "amor-próprio" sendo mais do que um meio escolhido livremente entre outros para realizar esta paixão" (763).

5.2

Num discurso em que a *ambiguidade*[6] é assumida e cultivada conscientemente, em vez de ser considerada um resíduo de imperfeição conceitual que deve ser eliminado por meio de procedimentos analíticos apropriados, o uso de metáforas não se destina apenas a colorir o estilo da apresentação. Em *O ser e o nada*, as metáforas surgem com grande frequência e se encontram inextricavelmente enredadas com a mensagem filosófica que não se pode exprimir de nenhuma outra forma. Em uma entrevista, muitos anos mais tarde, Sartre criticou o uso que fizera de metáforas em *O ser e o nada*, dando como exemplo a frase tão citada "O homem é uma paixão inútil", que recebeu comentários hostis, não, de fato, por suas qualidades literárias, mas devido à sua mensagem ateísta, segundo a qual "a paixão do homem é inversa à de Cristo, pois o homem se perde enquanto homem para que Deus nasça. Mas a ideia de Deus é contraditória, e

---

[6] "[...] filosofia é uma questão de tomar emprestado e inventar conceitos que, progressivamente, mediante uma espécie de dialética, levam-nos a uma percepção mais ampla de nós mesmos ao nível da experiência. Em última análise, a filosofia sempre se destina a anular-se. [...] Isto resulta que a filosofia deve estar continuamente se destruindo e renascendo. A filosofia é pensamento na medida em que pensamento já é invariavelmente o momento inerte da práxis, uma vez que, no momento em que ocorre, a práxis já está formada. Em outras palavras, a filosofia vem atrás, embora não obstante sempre olhando para a frente. Ela não deve permitir-se dispor de nada mais do que conceitos, isto é, palavras. Ainda assim, porém, o que conta em favor da filosofia é o fato de que essas palavras não são completamente definidas. A *ambiguidade da palavra filosófica* antes de mais nada oferece algo que pode ser utilizado para ir mais além. Pode ser utilizada para mistificar, como muitas vezes faz Heidegger, mas pode também ser utilizada para fins exploratórios, como ele também utiliza. [...] A filosofia preocupa-se com o criador das ciências e não pode lidar com ele com *palavras científicas*; só pode lidar com ele com *palavras ambíguas*", "The Writer and His Language", cit., p. 110-1.

nos perdemos em vão; o homem é uma paixão inútil" (750). Eis como Sartre se defende, em 1965:

> Se me distraio por um momento e utilizo um estilo de frase literária numa obra filosófica, tenho sempre a leve sensação de estar enganando meu leitor; é uma quebra de confiança. Certa vez, escrevi a frase – lembrada por seu aspecto literário – "*L'homme est une passion inutile*" [O homem é uma paixão inútil]. Eis um caso de quebra de confiança. Devia ter dito aquilo em termos rigorosamente filosóficos. Em minha *Crítica da razão dialética* creio que não posso, de modo algum, ser acusado de quebra de confiança.[7]

Certamente, está longe de ser verdade que Sartre tenha evitado, nas obras posteriores, as práticas literárias que condenou como "quebra de confiança", ainda que apareçam de maneira mais limitada na *Crítica da razão dialética* do que em *O ser e o nada*. Contudo, isso não está em questão a esta altura, quando nossa preocupação é mostrar o papel que tais práticas desempenham na sistematização e autenticação da sugestiva mensagem filosófica da "eidética da má-fé" de Sartre.

Em todo caso, é difícil aceitar não apenas que o exemplo dado por Sartre seja uma quebra de confiança, mas também que a frase em questão pudesse ser traduzida em "termos rigorosamente filosóficos". Pois, se o modo literário de expressão é condição essencial para a transmissão da mensagem filosófica (para não dizer, também, para sua autenticação subjetiva, o que ocorre fartamente em *O ser e o nada*), então ele não pode, é óbvio, ser considerado quebra de confiança. Mas ainda se pode contestar, legitimamente, o caráter problemático de um discurso filosófico particular que, para sua sistematização, precisa fazer amplo uso de metáforas. Nesse caso, todo o discurso deveria ser questionado, e não apenas algumas frases isoladas, que poderiam ser traduzidas de forma menos evocativa. Porém, como se poderia pôr em "termos rigorosamente filosóficos" a frase sem dúvida notável "O homem é uma paixão inútil"? Como vimos anteriormente, depende-se tanto de referências à "paixão" como característica ontológica fundamental nesse "novo tratado das paixões" que qualquer tentativa de eliminar a paixão da definição da "realidade humana" iria esvaziá-la de seu núcleo essencial em torno do qual tudo mais está estruturado.

> Cada realidade humana é ao mesmo tempo projeto direto de metamorfosear seu próprio Para-si em Em-si-Para-si e projeto de apropriação do mundo como totalidade de ser-Em-si, sob as espécies de uma qualidade fundamental. Toda realidade humana *é uma paixão*, já que projeta perder-se para fundamentar o ser e, ao mesmo tempo, constituir o Em-si que escape à contingência sendo fundamento de si mesmo, o *Ens causa sui* que as religiões chamam de Deus. (750)

Elimine-se "paixão" desse discurso e ele perderá tanto seu poder sugestivo quanto seu significado existencial. Por outro lado, se as restrições de Sartre aplicam-se ao adjetivo "inútil", e não a "paixão" – o que é difícil saber, já que ele não deu indicação

---

[7] Ibidem, p. 96.

152 A obra de Sartre

nenhuma de como colocar a frase criticada "em termos rigorosamente filosóficos" –, então a autocrítica importa de fato muito pouco, se é que importa algo, uma vez que a mensagem de um *fracasso necessário* (sentido literal da "paixão *inútil*" ontologicamente frustrada) é, de fato, transmitida de maneira muito eficiente pelo adjetivo que ele utilizou, sem que isso envolva absolutamente nenhuma quebra de confiança. Assim, pois, de forma paradoxal, a arrasadora condenação de Sartre desse exemplo específico, em termos tão duros, exprime sua relutância em ser crítico a respeito do discurso filosófico de *O ser e o nada* como um todo, uma vez que as continuidades desse discurso com seu pensamento posterior, a despeito de algumas diferenças significativas, são por demais ponderáveis para permitir que se lance a um exame crítico de grande amplitude dessa obra. A "autocrítica" surge de novo como um "deveria ter sido" retrospectivo, associado a uma *autoafirmação* positiva que proclama uma solução exemplar do problema na *Crítica da razão dialética*, muito embora, de fato, não apenas se mantenha a maior parte do quadro categorial de *O ser e o nada* (embora, naturalmente, complementado por uma variedade de novas categorias), como ainda alguns argumentos e exemplos específicos da obra anterior voltam a aparecer em novos contextos na obra posterior, demandando referência ao contexto original (não oferecida pelo próprio Sartre) para adquirir sua plena significação[8].

---

[8] Isto, é claro, não é verdade apenas para a *Crítica da razão dialética* de Sartre, mas, em geral, para sua obra mais recente. Por exemplo, em "The Writer and His Language", ele retoma um tema importante de *O ser e o nada*, sem se referir a ele explicitamente. O tema diz respeito ao significado existencial do desejo: "para mim, o universal concreto deve sempre implicar uma espécie de autoconsciência que não é conceitual, uma espécie de autoconsciência que é consciência do Desejo, consciência da História. Vejamos a consciência do Desejo, por exemplo. A meu ver, um desejo utiliza necessariamente a força da necessidade, mas enquanto a necessidade é um simples requisito – necessidade de comer, e comer o que quer que seja, desde que comível – o desejo está no nível da titilação de Epicuro, isto é, necessito comer isto e não aquilo. Tão logo eu queira comer isto e não aquilo, a coisa que quero comer remete-me ao universo. Porque, basicamente, se detesto ostras, mas gosto de lagosta, ou vice-versa, isto sempre é por uma razão que vai além das ostras ou da lagosta por si sós; há determinadas relações com a vida, relações com todas as coisas, que nos remetem a nós mesmos ao mesmo tempo que nos remetem ao universo", "The Writer and His Language", cit., p. 103.

A afirmação de que nosso paladar remete-nos a nós mesmos e ao universo é, ao mesmo tempo, imensamente vaga e obscura. Se quisermos descobrir o significado das relações sugeridas, devemos voltar a *O ser e o nada*, que dá como exemplos os mesmos tipos de alimento: "Comer, com efeito, é apropriar-se por destruição, é, ao mesmo tempo, entupir-se de certo ser. E este ser é dado como uma síntese de temperatura, densidade e sabor propriamente ditos. Em uma palavra, esta síntese significa certo ser; e, quando comemos, não nos limitamos a conhecer, mediante o paladar, determinadas qualidades deste ser; ao degustá-las, apropriamo-nos delas. [...] Determinados sabores se dão de imediato, alguns são como estopins de ação retardada, outros se entregam por etapas, alguns vão diminuindo lentamente até desaparecer, outros desaparecem no momento mesmo em que supomos possuí-los. [...] Compreende-se que [...] o sabor recebe uma arquitetura complexa e uma matéria diferenciada; é esta matéria estruturada – que nos apresenta um tipo de ser singular – que podemos assimilar ou rejeitar com náuseas, segundo nosso projeto original. Portanto, não é em absoluto indiferente gostar de ostras ou moluscos, caracóis ou camarões, por pouco que saibamos deslindar a significação existencial desses alimentos. De modo geral, não há paladar ou inclinação irredutível. Todos representam certa escolha apropriadora do ser. Cabe à

Liberdade e paixão: o mundo de O ser e o nada 153

O uso excessivo de metáforas em *O ser e o nada* não é simplesmente um modo literário de expor com maior poder evocativo uma proposição filosófica abstrata. Se tivesse sido concebido como tal, teria sido um fracasso; pois o caráter abstrato continua a existir apesar da imagem pitoresca, como já mencionamos anteriormente. Também não é consequência de inevitável complexidade dialética, em termos da qual Sartre defende enfaticamente os períodos longos e complicados de sua *Crítica da razão dialética*. As inúmeras metáforas de *O ser e o nada* não são exemplos isolados de apresentação literária: constituem um todo coerente e, como tal, ligam-se indissoluvelmente às *ambiguidades* do próprio quadro conceitual. Para compreender e avaliar a natureza e a importância dessas metáforas, devemos, primeiro, centrar a atenção sobre as ambiguidades subjacentes, à luz das quais as imagens específicas da "eidética da má-fé" de Sartre revelam sua necessidade para a constituição de um discurso filosófico coerente, vigoroso e extremamente específico. Uns poucos exemplos bastarão para ilustrar as conexões de que nos ocupamos.

Depois de afirmar que *"minha liberdade corrói minha liberdade"* (591), Sartre prossegue na discussão da relação entre o particular e o "global":

> [...] é necessário consultar a história de cada um para ter-se uma ideia singular acerca de cada Para-si singular. Nossos projetos particulares, concernentes à realização no mundo de um fim em particular, integram-se no projeto global que somos. Mas, precisamente porque somos integralmente escolha e ato, esses projetos parciais não são determinados pelo projeto global: devem ser, eles próprios, escolhas, e a cada um deles permite-se certa margem de contingência, imprevisibilidade e absurdo, embora cada projeto, na medida em que se projeta, sendo especificação, seja sempre compreendido em relação à totalidade de meu ser-no-mundo. [...] liberdade é liberdade de escolher-se, mas não liberdade de não escolher. Com efeito, não escolher é escolher não escolher. (592)

---

psicanálise existencial compará-los e classificá-los. Aqui, a ontologia nos abandona; ela simplesmente nos capacitou a determinar os fins últimos da realidade humana, seus possíveis fundamentais e o valor que a impregnam" (749-50).

Como vemos, a sugestão de que nossa preferência por certos tipos de alimento "remete-nos a nós mesmos e ao universo" não representa avanço algum sobre *O ser e o nada*. Na verdade, pode-se argumentar que, no contexto da teoria existencialista sartriana de uma apropriação simbólica do ser, o problema pode ser discutido com alto grau de particularização sugestiva, que visa a estabelecer a identidade existencialmente significativa de casos particulares de ação e de apropriação do ser, enquanto a obra posterior padece da imprecisão de simplesmente remeter a questão aos polos da individualidade ("nós mesmos") e da universalidade ("o universo"). A consciência social maior de Sartre traz consigo um novo problema, mas não necessariamente sua solução. Pois enquanto a formulação original em *O ser e o nada* supera o problema da mediação, ao estipular uma reação direta de identidade entre os exemplos particulares de comportamento apropriador e a universalidade de uma apropriação simbólica do ser ("não há paladar ou inclinação irredutível"), a obra posterior, ao deslocar seu quadro de referência em direção a uma maior concretização social, impõe a si mesma o encargo de fornecer as categorias de uma mediação social adequada entre particularidade e universalidade. Essa imprecisão só poderia ser eliminada pelo preenchimento do vácuo bastante ameaçador existente entre "nós mesmos" e o "universo" por uma mediação social bem definida.

154 *A obra de Sartre*

Os elementos desse raciocínio são muito complicados e se tornam ainda mais complicados pelo fato de que nem sempre se fazem conceitualmente explícitos. Em vez disso, propõem-se metáforas em alguns pontos-chave, as quais são plenamente integradas no desenvolvimento do argumento, de tal modo que podem trazer em si parte da mensagem existencial e, assim, dar sustentação a toda ela.

A necessidade de manter juntos muitos fatores *antinômicos* – resistindo à tentação da solução fácil de louvar falsamente um dos lados da antinomia, afirmando de modo dogmático a validade do outro; digamos "liberdade" às custas da "contingência" – é que torna a tarefa de pôr tudo "em termos rigorosamente filosóficos" não apenas difícil, mas quase impossível. Se sou "inteiramente escolha" (inteiramente liberdade), então os elementos particulares de uma situação não podem conduzir a uma *determinação*, a qual iria contradizer frontalmente minha "liberdade absoluta" e a correspondente "responsabilidade absoluta", mas somente numa "ocasião" em que minha liberdade deve determinar-se livremente. (Deve, já que, mesmo que não o faça, realmente o faz sob a forma de "escolher não escolher".) Nasce, como resultado, esse estranho híbrido de metáfora conceitual (ou conceito metafórico): a "ocasião" sartriana[9], que mantém perigosamente equilibrados sobre o fio da navalha os requisitos antinômicos da liberdade e da contingência-facticidade, sem eliminar nenhum dos lados em benefício do outro. Além disso, uma vez que "o projeto livre é *fundamental,* porque é *meu ser*" (590), ele deve ter algumas características significativas que, porém, não podem importar num caráter, numa natureza ou numa determinação determinante, já que isso, uma vez mais, solaparia minha liberdade. Analogamente, cada uma de minhas escolhas deve ser feita livremente a partir de uma gama infinita de escolhas possíveis e, ao mesmo tempo, deve ser totalmente injustificável, uma vez que a "justificabilidade" impor-se-ia como uma espécie de *determinação* moral que se apossa de minha liberdade e a destrói, revelando-se desse modo existencialmente repugnante, por mais "moral" que seja. Assim, para que o conceito de meu projeto "original", "inicial", "fundamental" e "global"[10] seja significativo, o projeto global deve ter algum efeito significativo sobre minhas escolhas específicas sem, contudo, *determiná-las* em nada. Dessa maneira, outro estranho conceito é posto em jogo: a "*especificação*" do projeto global sob a forma dos projetos específicos por "*ocasião*" de determinados "*elementos*" de minha situação, a qual em nenhuma circunstância deve ser interpretada como uma *determinação* de minhas escolhas, quer por meu projeto global (meu ser), quer pelas forças (sociais, políticas, psicológicas e outras) atuantes em minha situação. A *situação*, também, não deve ser concebida como um conjunto de condições objetivas que determinam meu projeto, mas antes como a materialização concreta de meu projeto e, assim, algo criado por mim na "ocasião" e mediante a unificação de determinados "elementos" que terei encontrado em minha contingência e facticidade. Como na filosofia de Kant, as determinações do mundo empírico não

---

[9]   A esse respeito, ver seção 4.2, p. 100-8 deste volume.

[10]   Essas expressões referem-se essencialmente à mesma coisa.

Liberdade e paixão: o mundo de O ser e o nada   155

podem condicionar nem contradizer minha liberdade, que conserva, a despeito de toda evidência em contrário, seu poder absoluto. ("O homem não poderia ser ora livre, ora escravo: é *inteiramente livre* e *sempre livre*, ou não o é" (545) – segundo a colocação de Sartre.) Porém, em contraste com a filosofia de Kant, a liberdade pode ser contradita por si própria, e não apenas em parte, mas inteira e absolutamente, sem com isso invalidar nem um pouco o absoluto categórico da liberdade. Que isso soe como absurdo realmente não importa em "sentido estritamente filosófico". Sartre aceita o desafio e de maneira atrevida o chama de absurdo, sob a condição de que isso não se dê porque um pensamento filosófico falhe na sustentação de suas regras formais, mas como questão relativa às condições ontológicas da realidade humana:

> Sendo a liberdade ser-sem-*apoio* e sem-*trampolim*, o projeto, para ser, deve ser constantemente renovado. Eu escolho a mim mesmo perpetuamente, e jamais a título de tendo-sido--escolhido, senão recairia na pura e simples existência do Em-si. A necessidade de escolher-me perpetuamente identifica-se com a perseguição-perseguida que sou. Mas, precisamente por tratar-se de uma escolha, essa escolha, na medida em que se opera, designa em geral como possíveis outras escolhas. A possibilidade dessas outras escolhas não é explicitada nem posicionada, mas *vivida no sentimento de injustificabilidade*, e exprime-se pelo fato da absurdidade de minha *escolha* e, por conseguinte, de meu ser. Assim, *minha liberdade corrói minha liberdade*. (591)

Como vemos, a liberdade não é limitada por algo exterior a ela, e ainda assim é totalmente niilificada. A validade absoluta da liberdade é afirmada categoricamente e, contudo, as condições de sua concretização (negação), em conformidade com minha contingência e facticidade, são plenamente respeitadas, sem o menor pré-julgamento sobre se as manifestações específicas de minha liberdade, unificada sob meu projeto global único, serão marcadas pela "autenticidade" ou pela "má-fé". A problemática kantiana que insiste no absoluto da liberdade é inteiramente mantida e, ainda assim, totalmente transformada, uma vez que não mais se limita a um mundo transcendental. Os elementos antinômicos da concepção sartriana mantêm-se reunidos, ainda que de um modo mais incômodo, e o conceito existencial de liberdade deixa de ser um princípio transcendental sublime. Assume uma forma palpável, um corpo, na verdade, e surge vorazmente engajado em uma função assaz "não socrática" que deve escandalizar a todo liberal utilitarista que se preze. Temos um vislumbre dela: *corrosão*. E, horror dos horrores, "*minha liberdade corrói minha liberdade*", e disso só eu sou culpado. Essa metáfora – exatamente como outras antes mencionadas – nem é um recurso literário para tornar as coisas mais coloridas, nem é traduzível. É uma parte essencial da estrutura filosófica específica que exibe grande número de níveis muito diferentes, entre os quais o "não dito" e o "figurativamente implicado", bem como o "metaforicamente condensado", além dos "termos filosóficos rigorosos" de uma progressão conceitual explícita. Por certo, pode-se muito bem questionar a *ambiguidade fundamental* da concepção de liberdade de Sartre em *O ser e o nada*, com sua estrutura antinômica de afirmação categórica e simultânea negação. Contudo, o que deve estar fora de discussão é que, dados os elementos dessa concepção –

156 *A obra de Sartre*

por mais problemáticos que sejam –, "minha liberdade corrói minha liberdade" representa um elemento constitutivo essencial, bem como a súmula que melhor se ajusta a ela.

A mesma ambiguidade se evidencia na descrição que Sartre fez da relação entre o Para-si e o Em-si como "um *duplo jogo* de *oposições unilaterais*" desprovidas de reciprocidade, insistindo sobre a afinidade do Para-si com "as realidades 'ambíguas' de Kierkegaard" (146), de modo a poder afirmar que "O valor [...] acha-se *por toda parte* e em *parte alguma*, no âmago da relação nadificadora 'reflexo-refletidor', *presente e inatingível, vivido* simplesmente como o sentido concreto dessa falta que constitui meu ser presente" (146). Dada a concepção antinômica da relação entre o Para-si e o Em-si como oposições *unilaterais* (rígidas, não dialéticas), precisa-se da metáfora de um "*duplo jogo*" para reconciliá-los. E, uma vez que nos defrontamos com uma relação inteiramente desprovida de reciprocidade, a síntese imaginada de "Em-si-Para-si ou Valor" (145) só pode ser concebida como uma "*totalidade irrealizável*" (146). Assim, a ambiguidade fundamental é inevitável em vista da estrutura antinômica. A síntese impossível das oposições unilaterais só pode existir como uma totalidade irrealizável, e como tal deve estar presente "por toda parte e em parte alguma": deve, simultaneamente, estar "à mão", imediatamente presente, e inteiramente fora de alcance. O sentido com que aqui nos defrontamos é um sentido rigorosamente subjetivo. Equivale a dizer que, mesmo que o Valor (o "Em-si-Para-si") seja uma totalidade irrealizável, o projeto fundamental da "realidade humana" (meu ser, com todo seu "absurdo") é inteligível como um empenho apaixonado para a realização da síntese irrealizável, impossível. Os conjuntos de conceitos metafóricos empregados por Sartre não alteram as relações antinômicas – nem se espera que o façam. Não podem criar o movimento de reciprocidade que leva à síntese sobre um terreno para o qual o antagonismo *a priori* é afirmado "para sempre". Tudo que podem fazer, e que se espera que façam, é oferecer uma *autenticação subjetiva* para o empenho de minha "realidade humana" em direção à síntese impossível de uma totalidade irrealizável. À falta de uma autenticação desse tipo, o discurso a respeito de "autenticidade" se tornaria totalmente vazio, e a "eidética da má-fé" de Sartre solaparia e destruiria a si mesma. Assim, as metáforas são ao mesmo tempo necessárias e intraduzíveis. Pois, dados os elementos dessa concepção, só é viável uma autenticação subjetiva[11], que, todavia, não pode ser produzida "em termos rigorosamente filosóficos". Ao mesmo tempo, "o *duplo jogo* de oposições unilaterais" –

---

[11] Uma vez mais podemos observar tanto as semelhanças quanto as diferenças com respeito a Kant. Do mesmo modo como em Kant "dever implica poder", em Sartre "a força da circunstância" não pode jamais desafiar a exigência existencialista de autenticidade. Ao mesmo tempo, o fato de o quadro de referência de Sartre ser existencial-ontológico, e não transcendental, modifica significativamente a função do "dever" em seu sistema. O "dever" sartriano está subordinado à exigência geral de autenticidade que, por sua vez, se expressa em oposição direta aos diversos sistemas de valor existentes, entre os quais, é claro, todas as formas de axiologia religiosa. Contudo, este é um problema muito mais complexo do que pode parecer à primeira vista. A respeito disso, ver também nota 31, p. 180 deste volume.

Liberdade e paixão: o mundo de O ser e o nada   157

uma patente contradição em termos, "em termos rigorosamente filosóficos" – oferece, de forma efetiva e legítima, exatamente a espécie de movimento que mantém unidas as antinomias e as afasta, enquanto autentica subjetivamente as possibilidades de escolha individual "contra toda probabilidade": bem dentro do espírito do discurso existencial de Sartre sistematizado em *O ser e o nada.*

Analogamente, a relação entre o Para-si e o ser é descrita como um paradoxo exagerado: "o Para-si é *presença imediata* ao ser e, ao mesmo tempo, *desliza* com *distância infinita* entre ele mesmo e o ser" (285). A coincidência entre presença imediata e distância infinita não pode ser conceituada "em termos rigorosamente filosóficos". Deve ser estabelecida mediante a vigorosa imagem do Para-si convertido em distância infinita "*que desliza*" entre si mesmo e o ser. Esse edifício conceitual particular é extremamente frágil: desabaria ao mais leve toque de um exame "filosófico rigoroso". Os elementos conceituais perigosamente instáveis (o Para-si que é *idêntico* à presença imediata, mas ao mesmo tempo *desliza* entre o *em si* e o ser como uma distância infinita) são sustentados pela imaginação, que não reconcilia *conceitualmente* os constituintes antinômicos (isso seria impossível), mas os une *figurativamente*. Em outras palavras, o discurso funciona pela invenção de uma imagem vívida, cujo propósito é a "unificação" subjetivamente autenticada dos elementos de outra unificação impossível – isto é, a síntese figurativa-evocativa dos termos antinômicos que, no nível do discurso, são deliberadamente deixados de lado. A unificação-separação paradoxal e a ambiguidade fundamental a ela correspondente afirmam-se, uma vez mais, como inerentemente necessárias à mensagem existencialista.

Tendo designado o valor como uma "totalidade irrealizável", em virtude de ser ele a unificação impossível do Em-si-Para-si – uma totalidade irrealizável pela qual, não obstante, devemos nos empenhar, como vimos anteriormente –, o ser do valor com que devemos deparar (e, de fato, devemos deparar com ele, pois de outra forma ele seria inteiramente desprovido de plausibilidade existencial e de autenticação subjetiva) só pode ser "um *ser-fantasma* que *rodeia* e *penetra* de ponta a ponta o Para-si"(268). (Note-se ainda o modo pelo qual a expressão "de ponta a ponta" foi acrescentada a fim de intensificar a força evocativa do ser-fantasma circundante e penetrante.) Dentro de um quadro axiológico como esse, a consecução dos objetivos que nos propomos é, uma vez mais, descrita como uma unificação impossível por definição, e comparada à situação do burro que tenta alcançar uma cenoura presa, inapelavelmente fora de seu alcance, ao varal da carroça que está puxando:

> Do mesmo modo, corremos atrás de um possível que nosso próprio trajeto faz aparecer, que não passa de nosso trajeto e, por isso mesmo, define-se como *fora de alcance. Corremos rumo a nós mesmos*, e somos, por tal razão, o ser *que jamais pode se alcançar*. Em certo sentido, o trajeto é desprovido de significação, posto que o termo nunca aparece, mas *é inventado* e projetado *à medida que* corremos em sua direção. E, em outro sentido, não podemos negar-lhe esta significação que o trajeto rejeita, porque, apesar de tudo, o possível é o sentido do Para-si: portanto, há e não há sentido na evasão. (267-8)

158 *A obra de Sartre*

A imagem é muito significativa e sua função é a mesma que antes: a afirmação simultânea de vizinhança imediata e de distância inalcançável sustenta a unificação impossível da realidade humana com seu ser. Dentro do espírito do existencialismo, exatamente porque meu ser deve ser constantemente recriado mediante a renovação permanente do projeto que ele é, a meta da minha perseguição – uma vez que sou "perseguição-perseguida" – não pode jamais ser dada, na medida em que sua dadidade atuaria como um determinismo e solaparia minha liberdade. A partir dessa determinação negativa da posição existencialista diante do determinismo, surge a estranha imagem de "correr rumo a nós mesmos" perseguindo a meta da unificação impossível entre nós e nosso ser, o qual, por definição, está "fora de alcance". Que mais poderia ser uma perseguição como essa se não "significado sem sentido" e "falta de sentido significativa"? E, uma vez que a meta deve permanecer sempre fora de alcance, a "autenticidade" deve estar presente no próprio *trajeto*, que "*inventa*" e projeta sua meta sem jamais alcançá-la. (Eis por que "todas as atividades humanas são *equivalentes* [...] e todas estão fadadas por princípio ao fracasso. Assim, dá no mesmo embriagar-se solitariamente ou conduzir os povos" (764). O que conta é o próprio trajeto – em direção a nós mesmos – que inventamos proporcionalmente à medida que corremos em direção a isso, ou seja, a nós mesmos.)

Novamente, o discurso seria inteiramente incoerente "em termos rigorosamente filosóficos". Pois, como pode alguém correr em direção a si mesmo, rigorosamente falando? (A imagem do burro e da cenoura é um exemplo muito ruim. De modo algum transmite o sentido de Sartre tal como surge das linhas que vêm na sequência. Pois, no caso do burro, a meta está de fato dada na cenoura, e o burro jamais seria tão burro para continuar "para sempre" como uma perseguição-perseguida-perseguindo uma cenoura inalcançável.) Dentro do espírito do existencialismo de Sartre, os elementos antinômicos devem ser rigorosamente mantidos à parte no nível discursivo. E, ainda assim, isso deve ser conseguido sem permitir que sejam representados como forças antagônicas dentro de nós "cujo tipo de existência é comparável ao das coisas" (85). A possibilidade de um domínio existencial sobre eles deve ser demonstrada, se é que a concepção existencialista de liberdade significa alguma coisa. Porém, dado o papel da contingência e da facticidade nessa mesma concepção, o poder da liberdade para alcançar sua meta inalcançável da unificação impossível só pode ser demonstrado sob a forma de uma autenticação subjetiva, que é consumada, de maneira sugestiva, pela complementação do nível *discursivo* por um nível *metafórico*, de tal modo que esses dois níveis não são desenvolvidos lado a lado – o que nada mais significaria do que a introdução de ornamentos literários conceitualmente supérfluos – mas se tornam plenamente *integrados*. A notável "atração popular" do existencialismo de Sartre (a ponto de tornar-se um *cult* que dominou os cafés do Quartier Latin de Paris nos anos imediatamente seguintes à guerra), apesar de seu terrível caráter abstrato e da intensa ambiguidade de seu quadro conceitual como um todo, é inseparável dessa característica de total integração (fusão) dos níveis metafórico e discursivo em *O ser e o nada*.

O último exemplo que podemos oferecer, neste espaço limitado, diz respeito aos conceitos de "causalidade", "movimento" e "tempo". Dentro de um quadro conceitual em que liberdade e escolha, projeto e meta, situação e ser são definidos da forma como vimos, os conceitos de "causalidade", "movimento" e "tempo" devem ser igualmente definidos de tal modo que o discurso existencialista não seja desintegrado, mas, ao contrário, se intensifique. A linguagem do determinismo é enfaticamente rejeitada e temos uma definição de causalidade como "a captação do ser-que-aparece *antes* que apareça, como sendo *já aí*, em seu próprio nada, para *preparar* sua aparição" (273). Analogamente, "o movimento também não é; é o menor ser de um ser que não consegue se abolir nem ser completamente; é o *surgimento*, no *âmago mesmo do Em-si*, da exterioridade de indiferença. Essa *pura vacilação* do ser é uma aventura contingente do ser" (279-80). A partir desse ponto, falta apenas um passo para ele dizer que:

> este [o tempo universal] se revela como *vacilação presente*: no passado, já não passa de uma *linha evanescente*, um sulco deixado por um *navio* em movimento e *que se desfaz*; no futuro, não é em absoluto, por não poder ser seu próprio projeto: é como o avanço continuado de uma *lagartixa na parede*. Seu ser, por outro lado, tem a *ambiguidade incaptável do instante*, pois não se poderia dizer que é ou que não é. (280)

A ambiguidade fundamental de "é e não é", de "por toda parte e em parte alguma", de "presença imediata e distância infinita", de "significado e ausência de sentido", e assim por diante, é central na mensagem existencialista. Essa ambiguidade, em todas as suas manifestações particulares, é a ambiguidade existencial de liberdade e contingência: do caráter absoluto da liberdade e da necessidade férrea de sua incorporação na situação concreta da realidade humana. Manter a autenticidade angustiante do discurso existencialista diametralmente oposta ao determinismo e sua "má-fé", enquanto reconhece todo o peso da contingência e da facticidade, significa um ato de equilíbrio imensamente difícil sobre um fio de arame, sob o perigo constante de se precipitar e romper em dois, uma metade do lado do determinismo mecanicista e outra do lado da "pura indeterminação". Para resgatar a "causalidade", a "temporalidade" e o "movimento" da objetividade reificada do determinismo mecanicista, sem permitir que se desintegrem no discurso vazio da "indeterminação", Sartre precisa não apenas da imagem estranha de "algo-nada" que "prepara" – não *determina* – "seu aparecimento", mas também de toda uma gama de metáforas e imagens – desde a "vacilação pura" e a "vacilação presente" até a "linha evanescente, um sulco deixado por um navio em movimento e que se desfaz" e o "avanço continuado de uma lagartixa na parede" – de modo que o difícil ato de equilíbrio possa ser mantido. As pressões de sustentar o discurso existencialista por meio desse ato de equilíbrio, que utiliza o nível metafórico para reunir na mais instável união elementos de rigorosa determinação e de absoluta indeterminação, produzem uma manipulação de conceitos que podem parecer mero sofisma, caso lido em sentido puramente discursivo, separado do contexto total. Temos encarado a notável descrição das diversas manifestações do projeto global como suas "especificações", de modo a nos defender contra a possibilidade de uma leitura deter-

160 *A obra de Sartre*

minista. Analogamente, numa das últimas citações, o nada já se encontra ali antes de aparecer, a fim de "*preparar*[12] sua aparição", deixando o sentido da palavra "preparar" vagamente indefinido em função dos requisitos de equilíbrio. Mas talvez o exemplo mais notável se encontre no contexto de uma definida relação entre "passado" e "facticidade". Esses dois termos, insiste Sartre, indicam uma só e mesma coisa:

> O passado, com efeito, tal como a facticidade, é a contingência invulnerável do Em-si que tenho-de-ser, sem nenhuma possibilidade de não sê-lo. É o *inevitável* da *necessidade de fato*, não a título de necessidade, mas em virtude do fato. É o ser de fato que não pode *determinar* o conteúdo de minhas motivações, mas as paralisa com sua contingência, porque elas não podem suprimi-lo nem modificá-lo. (171-2)

É um triste consolo que a inevitabilidade, que permeia nosso ser no modo de uma necessidade de fato não o faça em virtude da *necessidade*, mas em virtude *do fato*, e essa espécie de diferenciação, considerada "em termos rigorosamente filosóficos", parece nada mais ser do que sofística demasiado capciosa. O mesmo vale para a afirmação de que essa curiosa necessidade de fato, que se impõe como *inevitabilidade*, não *determina* também *ipso facto* nossas motivações, mas apenas as *paralisa*. Contudo, tudo isso se mostra sob uma luz diferente se inserirmos tais proposições no discurso de Sartre como um todo, em vez de as examinarmos isoladamente. Pois Sartre traça uma nítida linha de demarcação entre *motivação* e *determinação*, o que, por sua vez, traz consigo a necessidade de uma redefinição radical de todos os conceitos inter-relacionados dentro do mesmo espírito, entre os quais "causalidade", "temporalidade", "movimento" e, na verdade, "necessidade" e "inevitabilidade", visto que eles são admissíveis no quadro do discurso existencialista. Porém, uma vez que a mais íntima estrutura desse discurso é inteiramente *antinômica*, permanece nela uma imensa *tensão* "de ponta a ponta" que tende a despedaçá-la, a despeito de todo esforço de manipulação conceitual e de unificação metafórica. É essa tensão que irrompe à vista de todos como um aparente sofisma naqueles contextos em que ainda predomina a discursividade nua: isto é, antes que Sartre consiga complementar o nível discursivo de seu discurso com o nível metafórico, criando desse modo a singular unificação existencialista factível dos elementos antinômicos sob a forma de uma autenticação subjetiva.

---

[12] Observe-se a ambiguidade da sintaxe nessa frase, tão evidente no original francês quanto na tradução: "La causalité première, c'est la saisie de l'apparu avant qu'il apparaisse, comme étant déjà là dans son propre néant pour préparer son apparition" (273). Diz-se que o "aparecido" já está lá "em *sua própria* nadidade", antes de aparecer de modo a preparar "sua (?) aparição". Se é o aparecido que prepara "sua" aparição, então "ele" deve realmente preparar *sua própria* aparição. A ambiguidade sintática juntamente com o caráter vagamente indefinido de "prepara" eliminam radicalmente qualquer leitura determinista. Por isso é que o "aparecido" deve existir primeiro na modalidade de "*sua própria* nadidade", o qual, por sua vez, incumbe-se de "preparar" sua própria aparição como realmente aparecida. Tal concepção de causalidade (como a apreensão da função preparatória, mas naturalmente não determinante, do nada na aparição do aparecido) traz consigo, algumas páginas depois, uma definição de *movimento* como "o menor-ser de um ser que não consegue se abolir nem ser completamente" (280).

Liberdade e paixão: o mundo de O ser e o nada   161

É isso que podemos testemunhar no exemplo que acabamos de citar. A antinomia existencialista afirma-se de maneira muito firme imediatamente após a fala algo desconcertante a respeito da necessidade do fato e da paralisia não determinante das motivações, tornando-as inteligíveis em termos rigorosamente discursivos quando Sartre admite que "Entre *passado* e *presente* existe uma *heterogeneidade absoluta*" (172). Porém, as coisas não podem parar por aí, nem é o pretendido, como se evidencia pela estranha manipulação conceitual da inevitabilidade e da livre motivação que antecipa – ou, antes, postula – alguma espécie de síntese, ainda que não consiga alcançar seu objetivo. E, por certo, uma unificação conceitual da *absoluta heterogeneidade* "em termos estritamente filosóficos" seria uma monstruosa contradição em termos. Contudo, ela deve ser realizada de algum modo no interesse da mensagem existencialista. Assim, do outro lado da linha divisória conceitual brutalmente rompida – a admissão explícita de uma "absoluta heterogeneidade" –, encontramos uma *homogeneização* ainda mais notável dessa heterogeneidade, consumada através do uso de uma imagem bem delineada. Testemunhamos uma "presentificação" do passado (isto é, sua transformação em alguma espécie de um presente vivido) – que não se poderia imaginar que funcionasse em nível rigorosamente discursivo – e a afirmação de seu "valor *evanescente*", com um apelo à *memória* como quadro de referência da *autenticação subjetiva*. Estamos diante de uma bela descrição, bem-sucedida em enterrar a antinomia existencialista bem abaixo da superfície (onde permanece até que venha a irromper de novo em algum outro contexto), e acabamos ficando com uma *impressão* de unificação:

> a *lembrança* nos apresenta o ser que éramos com uma *plenitude de ser* que lhe confere uma espécie de *poesia*. Esta *dor* que tínhamos, ao se coagular no passado, não deixa de apresentar o sentido de um *Para-si*, e, contudo, existe *em si mesmo*, com a *fixidez silenciosa* de uma dor alheia, uma *dor de estátua*. (172)

Não há nenhuma tentativa de pretender que a antinomia da heterogeneidade absoluta tenha deixado de existir. Acontece apenas que ela se torna existencialmente suportável pela força poética da memória que transforma o passado numa espécie de presente e lhe confere uma plenitude de ser, ainda que mantendo também seu caráter passado na imobilidade silenciosa de uma estátua. O ato de equilibrar é alcançado com êxito, sem distorcer ou falsificar seus próprios termos de referência, graças ao fato de que a unificação impossível da "absoluta heterogeneidade" limita-se ao plano subjetivo. Ali ela produz uma autenticação existencialista de sua rejeição categórica do passado como um determinismo, apelando à experiência da memória vivida: procedimento que, uma vez mais, deixa a questão inteiramente aberta, quer constituamos "a plenitude do ser" de nosso ser passado "autenticamente", quer por "má-fé". O existencialismo de Sartre não precisa de mais do que uma indicação (prova seria um termo demasiado forte) da *possibilidade* de autenticidade diante da contingência absoluta do passado, e é exatamente isso – nem mais, nem menos – que ele consegue produzir mediante a plena integração dos níveis discursivo e metafórico, pois, dada a estrutura inerentemente antinômica do discurso de Sartre.

162 *A obra de Sartre*

(a) o único modo pelo qual ele pode produzir a indicação de uma *autenticidade possível* é o uso maciço de imagens metafóricas; e,

(b) mesmo através do uso mais amplo desse tipo de imagem, ele só pode produzir a indicação de uma mera *possibilidade*, seguida de frequentes afirmações de condenação e de fracasso necessário, como vimos anteriormente.

Assim, as eventuais notas de rodapé a respeito da *"possibilidade* de uma moral da libertação", que deveria seguir uma "conversão radical" (511) algo misteriosa, devem ser encaradas com muitíssima cautela. Extrair uma "moral da libertação e da salvação" coerente da categoria de mera possibilidade assemelha-se previsivelmente ao imperativo sartriano de uma impossível unificação. Se, mais tarde, o autor da *Crítica da razão dialética* foi menos dependente das imagens metafóricas do que em *O ser e o nada*, isso se deu, em parte, por estar menos orientado para a possibilidade abstrata do que antes (uma vez que via mais positivamente as categorias de carência, necessidade e determinação) e, em parte, porque procurava introduzir a categoria da *mediação* no discurso das oposições antinômicas. No entanto, o exame do caráter preciso de tais mudanças e de até que ponto elas devem ser consideradas bem-sucedidas será deixado para a Terceira Parte[13].

Em *O ser e o nada*, a estrutura conceitual antinômica permanece em evidência do começo ao fim, determinando a constante repetição de ambiguidades e metáforas. Essas três características – antinomias, ambiguidades e metáforas – estão, pois, indissoluvelmente ligadas umas às outras como características *estruturais* do discurso existencialista de Sartre sobre liberdade e contingência. Uma vez que o equilíbrio instável que caracteriza a mensagem existencialista deve ser "inventado" e permanentemente recriado sob a forma de um conjunto coerente de conceitos, e uma vez que o nível metafórico desempenha papel essencial na produção da coerência única que emerge através da transformação radical da linguagem determinista do cotidiano em todo e qualquer contexto particular, deparamos com a *ubiquidade* das imagens metafóricas como um *processo em andamento*. A sugestividade dessas imagens não pode ser apreciada de forma devida simplesmente em termos das qualidades pitorescas de cada uma delas tomada isoladamente[14] – como o garçom representando no café, citado em toda parte –, mas vai muito além. Sua intensidade é cumulativa e surge em parte da articulação em andamento de um sistema coerente de imagens interligadas, constituído de maneira não de todo diferente de um conjunto de variações musicais sobre algum tema existencialista fundamental, razão por que o item determinado é sempre incomparavelmente mais rico em conjunção com o todo do que por si próprio. Porém, a intensidade vai ainda mais além da notável coerência estrutural do nível metafórico

---

[13] Ver capítulo sobre a concepção sartriana das "estruturas formais da história", na Terceira Parte.

[14] A discussão dessa importante questão a respeito do uso que Sartre faz das metáforas é extensa demais para ser incluída aqui, em nota de rodapé. Por essa razão, o leitor a encontrará no final deste capítulo, sob o título "Nota sobre *O ser e o nada*".

como um todo. Isso é devido também à função vitalmente importante preenchida pelas imagens metafóricas por intermédio das suas imagens particulares e "conceitos-metáforas" na constituição do discurso existencialista de Sartre. Em outras palavras, a intensidade quase hipnótica dessas imagens é exatamente tão *conceitual* quanto *representativa*. Assim, quando Sartre afirma que deveria ter escrito *O ser e o nada* de modo a evitar o que agora chama de "quebra de confiança", ele não se dá conta[15] de que não o poderia ter feito. E tanto melhor assim. Pois, tivesse ele tido êxito em ajustar-se a seu ideal retrospectivo, teríamos sido privados de uma das mais originais e representativas obras filosóficas do século XX.

5.3

A maneira pela qual os diversos temas existencialistas são desenvolvidos em *O ser e o nada* pode ser denominada de "caleidoscópica", no sentido de que um quadro conceitual de elementos notavelmente escassos é sistematizado em detalhe mediante um número virtualmente infindável de exemplos particulares e de especificações descritivas. Por si só, o quadro conceitual pode parecer, à primeira vista, muito simples, dado o número extremamente limitado de categorias básicas. Contudo, um olhar mais atento revela algumas complicações perturbadoras em todos os níveis.

Para começar, as categorias constantemente recorrentes são dispostas como pares antinômicos ("Ser/Nada", "Em-si/Para-si", "Eu/Outro", "Liberdade/Contingência", "Possibilidade/Necessidade", "Autenticidade/Má-Fé", e outras) e seu inter-relacionamento é concebido sob a forma de "oposições unilaterais de heterogeneidade absoluta", como vimos anteriormente. Uma complicação adicional é que o contraste entre essas oposições unilaterais não constitui um movimento: representa, antes, a descrição de um impasse paralisante e, assim, cada movimento com que deparamos deve ser introduzido "de fora", por assim dizer. É claro, porém, que não pode haver

---

[15] Há grande dose de desconforto até mesmo na inspirada entrevista de 1965 "The Writer and His Language", cit., na qual Sartre fala sobre a relação entre filosofia e prosa literária. Após condenar a utilização de um "torneio literário de frase numa obra filosófica" como uma quebra de confiança em lugar de "termos rigorosamente filosóficos" (p. 96), ele prossegue contrapondo filosofia e prosa da seguinte maneira: "a prosa literária parece-me ser a totalidade imediata, ainda que não consciente de si mesma, e a filosofia deveria fortalecer-se com a ambição de alcançar aquela consciência, embora dispondo apenas de conceitos" (p. 108). Contudo, algumas páginas adiante, dentro do contexto em que rejeita a ideia de Husserl, de filosofia como uma "ciência rigorosa", como sendo "a ideia de um maluco genial, mas ainda assim uma ideia maluca", ele não só exalta a ambiguidade como também o elemento literário, dizendo que "a filosofia contém sempre uma *prosa literária dissimulada*" (p. 112). E quando, ao final da entrevista, Pierre Verstraeten procura fazê-lo definir-se sobre alguns pontos específicos, Sartre dá algumas respostas curiosas: "Não creio que tenha jamais usado a palavra 'vontade' sem pô-la entre aspas – quero dizer aspas *teóricas, invisíveis*" (p. 122). E ainda: "Escrevo em tantas linguagens diferentes que as *coisas passam de uma para outra*; escrevo na linguagem da prosa, escrevo na linguagem da filosofia, escrevo na linguagem do teatro, e assim por diante" (p. 123). Essa última resposta é muito verdadeira, mas é claro que não constitui resposta à pergunta sobre a relação entre linguagem filosófica e a prosa literária.

164   *A obra de Sartre*

nada "fora" dos contornos estruturais fundamentais de uma concepção filosófica sintetizadora. Se determinada totalização filosófica concebe o mundo como um impasse paralisante, o movimento que se pode ajustar dentro do quadro de uma totalização desse tipo deve ser bastante problemático. E, de fato, o desenvolvimento "caleidoscópico" dos temas, como veremos logo a seguir, tem a função de criar esse movimento peculiar em *O ser e o nada*. Vemo-nos diante de uma sucessão infindável de francas transformações e permutações, tanto conceituais quanto metafóricas, pelas quais as instâncias ilustrativas tomadas da vida cotidiana revelam a concepção sartriana das estruturas ontológicas básicas.

O padrão desse desenvolvimento é muito revelador. Pois os diversos exemplos da vida cotidiana e o correspondente uso comum da linguagem são descritos, moldados e manipulados por Sartre – algumas vezes a ponto de ele mesmo admitir que foram "forçados"[16] – até que se possa afirmar a existência de plena correspondência entre os exemplos empíricos e as estruturas ontológicas fundamentais. Desse modo o "movimento" da particularização e da exemplificação caleidoscópicas não introduz dinamismo algum nas estruturas estáticas subjacentes, mas sim, invariavelmente, culmina na afirmação rígida de uma paralisia que a tudo permeia. O quadro conceitual das oposições unilaterais delineia de maneira afiada o caráter do movimento superadicionado que tem de desaparecer abruptamente no próprio momento em que ajuda a pôr em relevo a *identidade* essencial dos existentes particulares com as estruturas ontológicas subjacentes. O movimento de particularização está estritamente a serviço de – e, de fato, subordinado a – afirmação e reiteração da mensagem primária da concepção global. Constitui, pois, uma concepção totalmente equivocada da natureza de *O ser e o nada* falar em termos de grandes elogios ao talento descritivo de Sartre e, ao mesmo tempo, fazer observações de menosprezo quanto à sua concepção teórica e a seu rigor filosófico. Essas duas dimensões não só se mantêm ou sucumbem juntas como ainda a concepção global constitui, indiscutivelmente, o "*übergreifendes Moment*"[17] em relação ao detalhe descritivo e à particularização sugestiva. Sem dúvida, a descrição de Sartre da ausência de Pedro da cafeteria constitui um texto admirável; porém, apenas em termos do conjunto total de relações especificadas por Sartre. De fato, ele é completamente fora de propósito, e talvez até sem sentido, sem a concepção ontológica global na qual o "nada" e a "carência" assumem um significado determinado, multifacetado e bastante incomum, em cujos termos a "ausência palpável" de Pedro pode e deve ser interpretada.

A grande preferência de Sartre por escrever filosofia, que em nada surpreende em vista da facilidade incomparável com que produz obras filosóficas monumentais, é

---

[16] "Crer é saber que se crê, e *saber* que se crê é já não crer. Assim, *crer é já não crer*, porque nada mais é senão crer, na unicidade de uma mesma consciência não tética de si. *Decerto, forçamos aqui a descrição* do fenômeno ao designá-lo com a palavra *saber*; a consciência não tética não é saber; mas, por sua própria translucidez, acha-se na origem de todo saber. Assim, a consciência não tética (de) crer é *destruidora da crença*" (117).

[17] "*Übergreifendes Moment*" – o momento de importância suprema.

Liberdade e paixão: o mundo de O ser e o nada   165

compreensível precisamente em relação a um talento que se lança ao processo laborioso de delinear a obra a partir das premissas de uma concepção global estabelecida com a maior firmeza (dirão alguns: rigidamente preconcebida) como o traço dominante do empreendimento como um todo. A síntese ali está logo no início na intuição original do quadro conceitual global, e o processo de escrever consiste na sistematização detalhada da intuição básica, sob controle extremamente rigoroso em cada uma das etapas. A grande facilidade de escrever vem do fato de que a direção global do desenvolvimento é antecipada com toda a determinação desde o primeiro momento e, desse modo, o novo tratado das paixões "escreve-se por si só", por assim dizer, tal como é descrito por Sartre em seu *Esboço para uma teoria das emoções*:

> as palavras que escrevo são exigências. É o modo mesmo como as percebo através de minha atividade criadora que as constitui como tais: elas aparecem como potencialidades que devem ser realizadas. [...] Sinto simplesmente a tração que elas exercem. Sinto objetivamente a exigência delas. Vejo-as realizarem-se e, ao mesmo tempo, reclamarem realizar-se ainda mais. [...] a exigência das palavras que traço é diretamente presente, sentida e pesada. Elas puxam e conduzem minha mão. Mas não à maneira de pequenos demônios espertos e ativos que a empurrariam e puxariam: elas têm uma exigência passiva.[18]

O curioso conceito de uma "exigência passiva" torna-se, na verdade, significativo com referência ao projeto global. Sartre sabe "antecipadamente" quando as palavras estão prestes a se tornarem reais, porque o projeto global guia firmemente sua mão com "exigência passiva". Porque, mesmo que os detalhes menores e as imagens específicas não possam, como é evidente, ser conhecidos com antecedência, a *direção* precisa do desenvolvimento e o *caráter* ou *tipo* específico das imagens aceitáveis são peremptoriamente antecipados na intuição original dos esboços básicos e no quadro categórico de um empreendimento que realiza conscientemente a elaboração de um novo tratado das paixões, a partir de uma premissa que afirma a identidade fundamental entre liberdade e paixão. Isso é, de fato, muito diferente da situação em que Sartre, corretamente, critica sua "peça fracassada", *Mortos sem sepultura*, como uma peça "sem surpresas"[19], uma vez que o destino dos personagens está "absolutamente definido antes". Um processo como esse pode ser inteiramente inadmissível no teatro, mas a ausência de surpresas não constitui um malogro no desenvolvimento de uma concepção filosófica, na qual a relação entre as partes e o todo é, justificavelmente, governada pela *necessidade*, mesmo no existencialismo de Sartre[20]. E na medida em que o empreendimento global é condu-

---

[18]   Jean-Paul Sartre, *Emoções*, cit., p. 60-1.

[19]   Entrevista a Jacques-Alain Miller, em Jacques-Alain Miller, *Um início na vida*, cit., p. 22.

[20]   À página 39 de *O ser e o nada*, Sartre insiste em que "A necessidade concerne à ligação das proposições ideais" e, às páginas 578-9, escreve que "a conexão entre o possível derivado (resistir à fadiga ou entregar-se a ela) e o possível fundamental não é uma condição de dedutibilidade. É uma conexão entre a *totalidade* e a estrutura *parcial*. A visão do projeto permite 'compreender' a estrutura singular considerada. Mas os gestaltistas mostraram que a pregnância das formas totais não exclui a variabilidade de certas estruturas secundárias. Há certas linhas que posso acrescentar ou subtrair em determinada figura

166 *A obra de Sartre*

zido dentro do espírito de que até mesmo os gestos aparentemente mais insignificantes são manifestações significativas da realidade humana em sua totalidade – daí a definição da tarefa da filosofia como a "hermenêutica da existência"[21] já no *Esboço para uma teoria das emoções* – a abordagem interpretativa em relação à análise ou descrição de qualquer situação específica é dada automaticamente e imposta sem cerimônias sobre seja qual for o detalhe ou exemplo ilustrativo que Sartre mencione, desde a comida até o alpinismo ou a patinação no gelo, sem deixar espaço algum para "surpresas" quanto ao significado ontológico que se permita que cada um dos exemplos revele[22].

Há algo de quase mecanicista nesse padrão de desenvolvimento interpretativo rigorosamente controlado, que nunca se cansa de reiterar as estruturas elementares subjacentes por ocasião de cada um dos casos específicos. A extrema irregularidade de *O ser e o nada* – caracterização que se aplica também, *mutatis mutandis*, a outros empreendimentos filosóficos de Sartre de proporções tão ou ainda mais vastas, de *Saint Genet* à *Crítica da razão dialética* e à trilogia inacabada sobre Flaubert – é consequência necessária desse padrão "caleidoscópico" de desenvolvimento. Pois essa estrutura global imensamente engenhosa – a invenção do caleidoscópio que, por sua vez, cria uma variedade inesgotável de imagens complexas mediante o jogo combinado de uns poucos elementos simples – pode, com a mesma facilidade, oferecer algumas descrições esplendidamente impressionantes e sugestivas bem como algumas permutações monotonamente repetitivas. O exemplo a seguir dá uma boa ideia do que está envolvido no que acabamos de dizer:

> O Presente não poderia passar sem converter-se no antes de um Para-si que se constitui como o depois. Portanto, há apenas um fenômeno: o surgimento de novo Presente petrificando [*passéifiant*] o presente que ele era, e Preterificação [*Passéification*] de um presente conduzindo a aparição de um Para-si para o qual esse Presente converter-se-á em passado. O fenômeno do devir temporal é uma modificação global, pois já não deve ser necessariamente Presente desse Passado. Além disso, esta metamorfose não atinge apenas o Presente puro: o Passado anterior e o Futuro são igualmente afetados. O Passado do Presente que sofreu a modificação da Preteridade torna-se passado de um Passado, ou Mais-que-Perfeito. No que concerne a este, fica de súbito suprimida a heterogeneidade no Presente e no Passado, pois o que se distinguia do Passado como Presente transformou-se em Passado. No curso da metamorfose, o Presente continua sendo Presente desse Passado, mas se torna Presente passado desse Passado. Significa, primeiro, que tal Presente é homogêneo com relação à série do Passado que dele remonta até o nascimento; em segundo lugar, que já não é mais seu Passado

---

sem alterar seu caráter específico. Há outras, ao contrário, cuja adição encerra a desaparição imediata da figura e a aparição de outra. O mesmo dá-se com respeito à relação entre os *possíveis secundários* e o *possível fundamental*, ou *totalidade formal* de meus possíveis".

[21] De fato, Sartre afirma que essa "hermenêutica da existência vai poder fundar uma antropologia" (*Emoções*, cit., p. 23); tema recorrente da filosofia de Sartre, desde as primeiras obras até sua *Crítica da razão dialética*.

[22] Do mesmo modo, o conceito "serialidade" na *Crítica da razão dialética* não é *derivado* da situação pitoresca da fila de ônibus; ao contrário, ele *cria* esse último exemplo e outros semelhantes.

Liberdade e paixão: o mundo de O ser e o nada 167

ao modo de ter-de-sê-lo, mas sim ao modo de ter-tido-de-sê-lo [*avoir eu à l'être*]. O nexo entre Passado e Mais-que-Perfeito é um nexo à maneira do Em-si: e este nexo aparece sobre o fundamento do Para-si presente, que sustenta a série do Passado e dos Mais-que-Perfeitos, soldados em um único bloco. [...] Mas Futuro e Presente passado se solidificaram em Em-si sobre o fundamento de meu Presente. Assim, o Futuro, no decorrer do processo temporal, passa ao Em-si sem jamais perder seu caráter de Futuro. Enquanto não é alcançado pelo Presente, torna-se simplesmente Futuro dado. Quando alcançado, é afetado pelo caráter de idealidade; mas esta idealidade é idealidade Em-si, pois se apresenta como falta dada de um passado dado, e não como faltante que um Para-si presente tem-de-ser à maneira do não-ser. Quando o Futuro é ultrapassado, permanece para sempre, à margem da série dos Passados, como Futuro anterior: Futuro anterior de tal ou qual Passado convertido em Mais-que--Perfeito, Futuro ideal dado como copresente a um Presente convertido em Passado. (201-3)

E assim vai, interminavelmente, com tortuosidade e repetitividade desconcertantes. Se pode haver em filosofa uma verdadeira "quebra de confiança", no sentido de Sartre de "estar enganando o leitor", é certamente essa. Poderíamos até pensar que, com isso, ele está apenas fazendo o leitor de bobo, se realmente não soubéssemos que Sartre é sempre muito sério em relação a tudo que escreve.

O que incomoda em passagens como essa é o fato de colocarem em jogo o mecanismo de transformações verbais e se satisfazerem em girar e girar continuamente em círculos. Se ao fim das transformações verbais nos indagarmos o quanto progredimos em relação ao problema, a resposta mais sensata será: absolutamente nada. Isso é tão verdade que, apenas quatro linhas após a maçante citação que fizemos, Sartre é levado a declarar que "conviria quase inverter os termos para achar a verdade". E por que não? Estaríamos ainda girando em círculos, mesmo que na direção contrária. De fato, é isso que Sartre nos leva a fazer por mais duas páginas, quando então admite que "Ao que parece, voltamos ao ponto de partida" (204). E uma vez que, nesse contexto específico, Sartre já esgotou as possibilidades de permutações conceituais abstratas, para a frente e para trás, vemo-nos diante de um novo desvio como solução, na frase imediatamente a seguir: "Mas, na verdade, *não há problema*". Talvez haja. Mas, se houver, por que tanto barulho em torno disso? E eis a resposta: "Se supormos ter achado um [problema], deve-se a que, apesar de nossos esforços para pensar o Para-si como tal, não logramos evitar fixá-lo no Em-si" (205). É bom saber que, enquanto estávamos sendo ludibriados, Sartre era nosso fiel companheiro e partilhava de nossa condição. Porém, esse conhecimento não muda o fato desconcertante propriamente dito, ou seja, de que, após nossa longa e tortuosa jornada de autoindulgência verbal, conseguimos chegar exatamente a parte alguma.

Contudo, em certo sentido, foi bom que Sartre não tivesse revisado essas passagens de verbosidade inconclusiva. Pois elas ajudam a identificar as tensões envolvidas e as razões pelas quais até mesmo a incomparável destreza de Sartre de manipulação conceitual e de transformação linguística pode não ter êxito na apresentação do problema. Se relermos cuidadosamente a citação feita anteriormente – e devemos fazê-lo por diversas vezes, a fim de sermos capazes de adquirir alguma perspectiva de sua sedutora

168 *A obra de Sartre*

confusão – descobriremos que ela não nos leva a lugar nenhum porque simplesmente reafirma, em sua abstratividade nua, os imperativos conceituais fundamentais do quadro categorial de Sartre como um todo no contexto da temporalidade, sem qualquer tentativa de uma mediação necessária. Sabemos, desde o início, que a relação básica entre o Para-si e o Em-si foi concebida em termos tais que possui implicações inevitáveis para as diversas dimensões da temporalidade, tanto quanto para tudo mais. (Por exemplo, a heterogeneidade absoluta entre passado e presente é o concomitante necessário dessa relação fundamental.) Contudo, tais implicações devem ser documentadas mediante particularização e especificação, em conformidade com o caráter preciso do contexto existencial em questão, pois de outra forma o empreendimento filosófico que visa demonstrar a identidade essencial das manifestações empíricas de existência com as estruturas ontológicas subjacentes deixa de atingir seu objetivo e, assim, deixa de indicar a possibilidade de uma opção existencialista autêntica dentro do espírito da "hermenêutica da existência" programática.

Em nossa citação, lamentavelmente, testemunhamos a manifestação desse fracasso. As implicações iniciais são expressas como imperativos abstratos e, como tal, reiteradas seguidas vezes. Temos um vislumbre da heterogeneidade necessária entre passado e presente, seguida por uma súbita alusão à homogeneidade. Esta última, no entanto, em cortante oposição à nossa citação anterior que tratava do mesmo problema, não é demonstrada mediante particularização e autenticação subjetiva. É meramente afirmada como um requisito estrutural abstrato ("fica de *súbito suprimida* a heterogeneidade no Presente e no Passado") e, uma vez que não há nada em que se baseie, isso deve ser imediatamente desdito ("O nexo entre Passado e Mais-que--Perfeito é um nexo *à maneira do Em-si*"). Ademais, uma vez que testemunhamos a manifestação de imperativos contraditórios – a preservação da heterogeneidade, tanto quanto sua eliminação –, as duas são reunidas abstratamente em mais outra declaração sem base, segundo a qual o nexo entre Passado e Mais-que-Perfeito, que se dá sob ã forma do *Em-si*, "aparece sobre o fundamento do *Para-si* presente". E o fracasso evidencia-se também, significativamente, no nível metafórico. Pois a metáfora "soldados em um único bloco" não está *integrada* no discurso, mas – ainda uma vez em oposição cortante a nossas citações anteriores – é simplesmente acrescentada ao final dele, como uma imagem decorativa que exagera de maneira rude o que ele afirma, revelando desse modo tanto a necessidade fortemente sentida pelo autor de reconciliar as tensões antinômicas quanto sua incapacidade de reuni-las sob outra forma do que a abstratamente imperativa. As mesmas considerações se aplicam ao restante de nossa longa citação e, por isso, não devem nos deter por mais tempo. O que tudo isso indica, afinal, é que, no exemplo que acabamos de ver, estamos diante não de uma demonstração existencialista da correspondência significativa entre as dimensões temporais da existência e algumas estruturas ontológicas fundamentais, mas sim diante de uma reapresentação particularmente não instrutiva daquilo que sabíamos desde o início, ou seja, que o Para-si é radicalmente diferente do Em-si e, por isso, não se deve tentar "fixar o Para-si no Em-si".

Não podia ser maior o contraste com nosso próximo exemplo, o qual demonstra da melhor maneira o lendário poder de Sartre de fazer viver, como realidade existencial palpável, até mesmo as mais abstratas conexões filosóficas. A análise de Sartre começa definindo jogo como "uma atividade cuja origem primordial é o homem, cujos princípios são estabelecidos pelo homem e que não pode ter consequências a não ser conforme tais princípios" (710). O jogo é considerado uma manifestação de liberdade mediante a qual o homem "escapa à natureza naturada [*naturée*]" (710), em virtude do fato de ter completo controle sobre o ato, seu valor e as regras. Os exemplos empíricos de jogo são descritos por Sartre em termos de seu significado existencial mais profundo:

o desejo de fazer reduz-se a certo desejo de ser. O ato não é por si mesmo seu próprio objetivo: tampouco seu fim explícito representa tal objetivo e seu sentido profundo; mas o ato tem por função manifestar e presentificar a ela mesmo a liberdade absoluta que constitui o próprio ser da pessoa. Esse tipo particular de projeto, que tem a liberdade como fundamento e objetivo, mereceria um estudo especial. Com efeito, diferencia-se radicalmente de todos os outros, por visar um tipo de ser radicalmente diferente. Seria necessário, de fato, explicar extensamente suas relações com o projeto de ser-Deus, que nos pareceu ser a estrutura profunda da realidade humana. Mas este estudo não pode ser feito aqui: pertence, com efeito, a uma Ética [...]. Não obstante, fica estabelecido que o desejo de jogar é, fundamentalmente, desejo de ser. (710-11)

Desse modo, a preocupação ontológica com a experiência do jogo é levada numa direção até o ponto em que a estrutura última da realidade humana – o projeto de ser Deus – coloca em discussão a *ética* como complemento necessário à análise ontológica. E, como a particularização e a especificação vívidas que Sartre faz das estruturas ontológicas progridem em sentido contrário, essa preocupação chega mais uma vez a um ponto em que necessariamente requer complementação pelo terceiro elemento constitutivo desse discurso, a *psicanálise existencial* (716), como veremos logo a seguir. A intensidade e a riqueza dessas páginas não surgiriam simplesmente dessas imagens particulares. Ao contrário, são inseparáveis do fato de que os exemplos empíricos são referidos à totalidade de suas dimensões, uma vez que as três regiões do discurso existencialista – ontologia, ética e psicanálise existencial, fundamentando-se reciprocamente – são postas em jogo em torno do foco de convergência das experiências tangíveis, que por sua vez exibem nitidamente a coerência estrutural de uma concepção filosófica complexa como um todo. Sartre toma como exemplo principal a experiência de esquiar:

Este puro Em-si [o campo de neve], similar ao *plenum* absoluto e inteligível da extensão cartesiana, fascina-me como a pura aparição do não-eu; o que almejo então é precisamente que este Em-si esteja comigo em uma relação de emanação, sem deixar de ser Em-si. Este é o sentido dos bonecos e bolas de neve feitas pelas crianças. [...] O sentido do esqui não é somente o de permitir deslocamentos rápidos e a aquisição de uma habilidade técnica, nem o de me possibilitar jogar, aumentado ao meu capricho a velocidade ou as dificuldades do percurso; é também o de me permitir *possuir* esse campo de neve. [...] A neve surge como a matéria de meu ato, do mesmo modo que o emergir do martelo é pura completação do

170 *A obra de Sartre*

martelar. Ao mesmo tempo, escolhi certo ponto de vista para apreender este declive nevado: tal ponto de vista é uma determinada velocidade que emana de mim, que posso aumentar ou diminuir como quiser, e que constitui o campo percorrido em objeto definido, inteiramente distinto do que seria em outra velocidade. [...] Sou eu, portanto, que dou forma ao campo de neve pela livre velocidade que dou a mim mesmo. Mas, ao mesmo tempo, atuo sobre minha matéria. A velocidade não se limita a impor uma forma a uma matéria dada algures; ela cria uma matéria. A neve, que afundava sob meu peso quando eu caminhava, que se liquefazia quando eu tentava segurá-la, subitamente se solidifica sob a ação de minha velocidade; ela me conduz. [...] Isto porque tenho uma relação especial de apropriação com a neve: o deslizamento. [...] Mas nem por isso deixo de realizar uma síntese em profundidade; dou-me conta de que a camada de neve organiza-se em suas profundezas para me sustentar; o deslizamento é a ação à distância; garante meu domínio sobre a matéria, sem que eu precise me enterrar nesta matéria e enviscar-me nela para subjugá-la. Deslizar é o contrário de enraizar-se. A raiz já está meio assimilada à terra que a nutre, é uma concreção vivente da terra e só pode utilizar-se da terra fazendo-se terra; [...] O deslizar, ao contrário, realiza uma unidade material em profundidade sem penetrar além da superfície: é como um amo a quem se teme e que não precisa insistir, nem erguer a voz, para ser obedecido. Admirável imagem do poder. Daí o famoso conselho: "Deslizem, mortais, sem se apoiar"[23] que não significa "fiquem na superfície, não vão fundo nas coisas", mas, ao invés, "realizem sínteses em profundidade, sem comprometer-se". [...] Assim, o deslizar aparece como idêntico a uma criação continuada: a velocidade, comparável à consciência e simbolizando aqui a consciência. (711-14)

Assim, a descrição eidética do exemplo particular do ato de esquiar culmina com a revelação de uma relação *simbólica* que universaliza sua significação. Podemos, agora, realmente compreender e apreciar por que o exemplo particular foi levado para dentro do discurso existencialista. Do mesmo modo, com relação a esse exemplo, podemos compreender a diferença fundamental entre a fenomenologia pura e a descrição fenomenológica sartriana que é empreendida a serviço da "hermenêutica da existência". Pois a "essência" que uma descrição husserliana do esquiar revelaria pode não ter nada a ver com a região existencial-ontológica do ser: esta seria excluída pela necessária "parentesiação", que é um pré-requisito metodológico *a priori* de sua abordagem. A revelação husserliana da essência do esquiar poderia se referir apenas ao Em-si por seu significado, e em nenhuma circunstância a alguma *paixão ontológica* fundamental que o pudesse "*simbolizar*" existencialmente. Sartre, em contraste, torna inteligível o projeto de esquiar como um projeto de "realização de sínteses em profundidade", abarcando a totalidade das relações da realidade humana em sua plena intensidade. Graças a essa abordagem, a experiência cotidiana de esquiar afasta-se bilhões de anos-luz de nosso horizonte: a concepção de um significado simbólico torna a experiência vulgar, simplesmente incomensurável com sua contrapartida existencialista. Agora, a "hermenêutica da existência" põe diante de nós algo totalmente diferente: a neve como "impenetrável e fora de alcance", representando a "síntese entre eu e não-eu" (715) de uma

---

[23] "*Glissez, mortels, n'appuyez pas.*" Ver também Sartre, *As palavras*, cit., p. 183.

forma específica de apropriação possessiva. Até mesmo a "resistência" que a neve parece exercer sobre nós torna-se inteligível nos mesmos termos de apropriação ontológica:

> Senti essa resistência com minha fadiga, e pude medir a cada instante o progresso de minha vitória. Aqui a neve se identifica ao *outro*, e as expressões correntes "subjugar", "vencer", "dominar" etc., indicam suficientemente que se trata de estabelecer, entre eu e a neve, a relação entre *amo e escravo*. Reencontraremos este aspecto de apropriação no alpinismo, na natação, na corrida de obstáculos etc. O pico sobre o qual se fincou uma bandeira é um pico que foi *apropriado*. (715)

Assim, tudo é posto sob a mesma luz, e a significação ontológica dos exemplos particulares pode ser exposta sob uma forma generalizada:

> um aspecto capital da atividade esportiva – e em particular dos esportes ao ar livre – é a conquista dessas enormes massas de água, de terra e de ar que parecem, *a priori*, indomáveis e inutilizáveis; e, em cada caso, a questão é possuir, não o elemento por si mesmo, mas *o tipo de existência Em-si* que se expressa por meio deste elemento: o que queremos possuir por sob as espécies da neve é a *homogeneidade da substância*; é da *impenetrabilidade do Em-si* e sua *permanência intemporal* que queremos nos apropriar por sob as espécies da terra ou da rocha etc. A *arte, a ciência, o jogo*, são atividades de apropriação, seja total ou parcialmente, e o que querem apropriar, para-além do objeto concreto de sua busca, é *o próprio ser, o ser absoluto do Em-si*. (715-6)

E este é ponto em que o desígnio global se torna inteiramente visível, afirmando a unidade do particular e do geral na síntese entre a ontologia existencialista e a psicanálise existencial:

> Assim, a ontologia nos ensina que o desejo é originariamente desejo de ser e se caracteriza como livre falta de ser. Mas ela nos ensina também que o desejo é a relação com um existente concreto no meio do mundo e que este existente é concebido segundo o tipo de Em--si; nos ensina que a relação do Para-si com este Em-si desejado é a apropriação. Estamos pois em presença de uma *dupla determinação do desejo*: por um lado, o desejo se determina como desejo de ser um certo ser que é o Em-si-Para-si e cuja existência é *ideal*; por outro lado, o desejo se determina, na grande maioria dos casos, como relação com um Em-si *contingente e concreto* do qual projeta apropriar-se. Haverá uma determinação superoposta à outra? Essas duas características serão compatíveis? A psicanálise existencial só poderia ter convicção de seus princípios se a ontologia tiver definido *previamente* a relação entre esses dois seres – o Em-si concreto e contingente, ou *objeto* do desejo, e o Em-si-Para-si, ou *ideal* do desejo – e houver explicitado a relação que une a apropriação, como tipo de relação com o Em-si, e o próprio ser, como um tipo de relação com o Em-si-Para-si. (716)

Essas poucas páginas nos apresentam, como que num microcosmo, a totalidade da concepção existencialista de Sartre. Podemos testemunhar o desenvolvimento dos temas específicos com base nas categorias existencialistas fundamentais. Inevitavelmente, quanto mais nos aproximamos do cerne ontológico no processo de descrição eidética, tanto mais as antinomias de sua estrutura avançam para o primeiro plano, afetando profundamente o caráter de cada um dos casos. É por causa das antinomias estrutu-

172 *A obra de Sartre*

rais subjacentes que a apropriação deve ser concebida – em contraste o mais marcado possível com a noção empírica que dela temos – como nada mais do que uma relação *simbólica* com uma idealidade, e em sua idealidade, que corresponde à estrutura ontológica última, ela deve ser encarada "simultaneamente como algo dado *de uma só vez* [...] e exigindo a *infinidade do tempo* para realizar-se" (723). Em outras palavras, estamos novamente diante de uma *realização impossível* dentro do mais verdadeiro espírito da mensagem existencialista:

> é impossível realizar a relação simbolizada pela apropriação. Em si mesma, a apropriação *nada contém de concreto*. Não é uma atividade real (como comer, beber, dormir etc.) que, adicionalmente, poderia servir de *símbolo* a um desejo em particular. Ao contrário, só existe a título de *símbolo*; é seu simbolismo que lhe confere a sua significação, sua coesão, sua existência. Portanto, *não* se poderia encontrar na posse um *gozo positivo* à parte de seu *valor simbólico*; ele é apenas a indicação de uma suprema satisfação de posse (a do ser que seria seu próprio fundamento), que se acha *sempre para além* de todas as condutas apropriadoras destinadas a realizá-la. (724)

Não é uma inclinação idiossincrática por transformações paradoxais que produz esse tipo de contrastes antinômicos, mas, ao contrário, o quadro conceitual de antinomias estruturais é que tende a sistematizar-se, muitas vezes mediante formulações paradoxais extremadas e, às vezes, até chocantemente extremadas: "a destruição realiza a apropriação – talvez mais aguçadamente do que a criação –, pois o objeto destruído já não está aí para mostrar-se impenetrável. [...] destruir é recriar assumindo-se como único responsável pelo ser daquilo que existia para todos" (724-5). Bastante verdadeiro, não importa quão chocantemente paradoxal o seja. Mas, é claro, verdadeiro apenas em termos das definições fundamentais do quadro conceitual global que o precede. Os paradoxos particulares são apenas instâncias do quadro conceitual de oposições unilaterais: podem ser derivados do último com a facilidade das transformações caleidoscópicas que, num momento, lançam a luz de um lado da antinomia e, no momento seguinte, a luz contrastante de seu contrário sobre o ponto específico em questão e, nos casos mais extremos, podem até mesmo combinar as duas luzes em um só feixe, de modo a revelar com autenticidade o "equilíbrio difícil" da concepção existencialista.

Contrariamente às interpretações que isolam de modo arbitrário as descrições particulares da concepção filosófica e a esta as opõem, podemos identificar nitidamente a determinação pela concepção global até mesmo dos menores detalhes. Tomadas isoladamente, afirmações como "o Em-si se transforma em nada" (711-12) – isto é, quando pego um pouco de neve e meus dedos a fazem derreter – ou "a neve subitamente se solidifica sob a ação de minha velocidade; ela me conduz" (713) constituem absurdos insustentáveis. A neve derretida não é de modo algum "o nada" e, em todo caso, as coisas podiam dar-se ao inverso – ou seja, meus dedos gelados soltando-se de minhas mãos para dentro do "nada", ao invés de a neve se derreter – dependendo da temperatura externa. Como também não é verdade que a neve se solidifica e me conduz "sob a ação de minha *velocidade*". Apesar da velocidade ou não velocidade, o que preciso, antes de

Liberdade e paixão: o mundo de O ser e o nada 173

tudo, é da *plataforma de apoio* de meus esquis, ou algum dispositivo semelhante, e *eles* é que conduzem, e não minha velocidade que deve, ela mesma, ser "conduzida": isto é, tornada possível pelo suporte subjacente. Obviamente, porém, não se pode permitir que esse tipo de trivialidade factual se ponha no caminho do ímpeto eidético de Sartre. Muito pelo contrário, uma vez que admitir que o que me conduz é a materialidade desajeitada de meus esquis, e não a livre determinação do meu nada elegantemente veloz, seria destruir a oposição existencialista entre deslizar e "enraizar", uma vez que se pode ser obrigado a dizer que o esquiar é "uma concreção em movimento da neve" por analogia com a raiz descrita como "uma concreção vivente da terra" (713). Pois obviamente estamos falando do mesmo processo de "inércia material" dominando a inércia material: num caso, "só pode utilizar-se da terra fazendo-se terra" (713) e, no outro, "só pode utilizar-se da neve comprimida para deslizar fazendo-se uma espécie de neve comprimida". (A liberdade implícita em chamar o esqui de "uma espécie de neve comprimida" não é nem um pouco maior do que chamar de "terra" a raiz.)

A seletividade das imagens particulares, com suas omissões descritas, é ditada pelos requisitos necessários da concepção existencialista como um todo. Os esboços das imagens particulares são traçados rapidamente no processo autogerador das transformações caleidoscópicas como projeções mediadas do quadro categórico básico (identificadas, em última instância, como os equivalentes simbólicos deste último) e não se pode permitir que nada perturbe a descrição. Se o contrário aflora no correr das transformações autogeradoras – por exemplo, uma vez que tão logo o caso particular do esquiar é generalizado como "deslizamento" (e deve ser generalizado, no processo de tornar-se um equivalente simbólico), é inevitável que isso chame a nossa atenção para outras formas de deslizamento –, ele é categoricamente posto de lado no momento em que surge. "O deslizar sobre o gelo, que risca o gelo e encontra uma matéria já de todo organizada, é de qualidade muito inferior [ao esquiar], e, se agrada apesar de tudo, é por outras razões" (714). Nunca se soube quais possam ser essas outras razões. A forma caleidoscópica de progressão permite que Sartre se livre da dificuldade simplesmente afirmando que a característica que apareceu (riscar a superfície) é inferior. Contudo, isso traz consigo outro problema, ou seja, a percepção (como uma reflexão posterior) de que esquiar também "risca o gelo". Mas não há problema; outra afirmação eidética ajudará a livrá-lo também dessa dificuldade, pela anulação do contraefeito dessa característica desconcertante e assim, de certa forma, dizendo o contrário daquilo que foi obrigado a admitir pela lógica de seu próprio exemplo. Ele faz isso se referindo à

> leve decepção que experimentamos sempre que vemos atrás de nós as marcas que nossos esquis deixaram sobre a neve: como seria melhor se esta se restaurasse à nossa passagem! Além disso, quando nos deixamos deslizar pelo declive, acostumamo-nos à ilusão de não deixar impressões; pedimos à neve para comportar-se como esta água que secretamente ela é. (714)

E é aí que a dominante subjetividade de Sartre se transforma na necessária força de sustentação de todo o empreendimento. Pois, se alguém questionar as liberdades que

174 *A obra de Sartre*

ele toma com seus próprios termos de análise, ele não hesitará um momento sequer em descartar seus críticos, de maneira tão categórica como abandona os exemplos e ilustrações visivelmente contrários à sua própria direção interpretativa, dizendo que seus críticos não leram sua obra, ou se o fizeram não a entenderam, ou que são, *a priori*, incapazes de compreendê-la, ou até mesmo que são incapazes de compreender suas próprias obras. Não podia ser de outro modo numa concepção em que partimos de uma descrição do esquiar e terminamos com uma afirmação legislativa de como a neve ideal deve se comportar no ato *simbólico* de apropriação.

Nenhuma concepção filosófica pode ser divorciada da subjetividade específica de seu autor, que a sustenta em sua sistematização. Isso é tão verdadeiro sobre Sartre quanto sobre Spinoza e Descartes, Hegel e Marx, Wittgenstein e Heidegger. A excessiva subjetividade de Sartre é complemento necessário de uma concepção que deve impor ao leitor, através de quaisquer liberdades que suas descrições eidéticas possam exigir, a convicção de que as coisas *são*, em sua profundidade ontológica (da qual as manifestações empíricas e os modos de comportamento são apenas o símbolo), aquilo que devem ser, segundo a "hermenêutica da existência" existencialista.

É o contexto total que confere o significado apropriado aos exemplos e instâncias particulares. É a articulação da concepção global que sustenta os pontos particulares, não importa quanto elas tenham de ser "forçadas". Toda seletividade é necessariamente tendenciosa e, por isso, necessita de um quadro de referência mais amplo para sua justificação do que da "precisão" dos detalhes. De fato, a seleção de casos particulares "acurados" necessita tanto de uma justificação quanto de "tomar liberdades". Em ambos os casos, o critério de justificação só pode ser a coerência de um discurso significativo, e a "precisão de detalhes" não constitui garantia nenhuma de que estejamos no caminho certo desse discurso, como testemunham todas as variedades deprimentemente pedestres de positivismo e neopositivismo.

Da mesma maneira, o fato de que os termos de descrição ou análise de um autor se afastem pronunciadamente de nossa experiência cotidiana não constitui por si só evidência contra a coerência significativa de seu discurso. As "inexatidões" e as "descrições forçadas" de Sartre não são apenas inexatidões e descrições forçadas. Como já vimos antes, no caso do "enraizar-se" como diametralmente oposto a "deslizar", elas são constitutivas extremamente tendenciosas do significado pretendido. Ao ler a maioria de suas análises e descrições, damo-nos conta de que se afastam significativamente da percepção que temos das mesmas relações e, contudo, não nos importamos com isso, precisamente devido à coerência vigorosamente sugestiva de seu discurso. Não nos importamos com as liberdades que ele toma precisamente porque nos damos conta, no que tange à concepção global, "do que ele está pretendendo dizer" na medida em que sua visão se desdobra diante de nós em toda sua coerência e originalidade existencialistas.

Ninguém pode negar a profunda originalidade do discurso de Sartre em *O ser e o nada*. Porém, meramente se referir a essa originalidade não é o bastante para identificar sua especificidade. Pois há uma diferença fundamental entre a originalidade de, digamos, *O capital* de Marx e a da obra de Sartre. O que aqui nos ocupa não é a questão da grandeza relativa, mas a determinação da atitude de um autor para com a própria obra como condição essencial do caráter peculiar dessa obra.

No caso de Sartre, como manifestação direta de sua subjetividade dominante, a originalidade não é somente o tipo de solução dada a alguns problemas significativos: é também um *alvo consciente*, permanentemente perseguido, do empreendimento intelectual. A busca da originalidade surge para ele em momento crucial de seu desenvolvimento, como um imperativo para emancipar-se por completo da influência de outros, de modo a ser capaz de seguir seu próprio caminho. Dentro desse espírito é que ele escreve, em carta a Simone de Beauvoir, em 1940: "Desde que acabei com meu complexo de inferioridade diante da extrema esquerda, sinto uma liberdade de pensamento que jamais tivera antes. Também diante dos fenomenólogos. Parece-me que estou no caminho certo para encontrar a mim mesmo"[24]. Essa atitude é vigorosamente fortalecida ao ser alçada a *status* teórico na concepção de Sartre da "autenticidade" existencialista como busca de um projeto pessoal específico; e, desse momento em diante, esse princípio cardeal da "hermenêutica da existência" passou a ser inseparável da autoafirmação radical de sua subjetividade dominante. De fato, para ser mais preciso, a busca sartriana de originalidade como meta consciente já fazia parte intensamente de seu "projeto original" desde época bem anterior, como podemos ver em *As palavras* e outros textos autobiográficos de que dispomos. A mudança que podemos testemunhar por volta de 1940 – que coincide com sua experiência traumática com a esquerda e, consequentemente, com a definição de sua busca pessoal como uma "aventura individual" estritamente – é que sua atitude como escritor diante da própria obra cristalizou-se então em torno de uma versão específica da autenticidade da existência individual, definida, de modo diametralmente oposto à "má-fé" que vimos antes, como o "espírito de seriedade", que ousa presumir que perseguir objetivos sociais é mais louvável do que se embriagar sozinho.

Vemos, assim, uma singular fusão de determinações pessoais com dada postura teórica, e essa fusão torna-se o núcleo organizador da síntese de *O ser e o nada*. Como tal, ela determina, em última análise, não só a atitude de Sartre para com outros pensadores, relegando a questão das considerações acadêmicas a um *status* realmente sem importância nenhuma[25], como também seu vínculo ao tratamento da experiência como

---

[24] Carta a Simone de Beauvoir, 6 de janeiro de 1940, publicada em *Magazine Littéraire*, n. 103-104, setembro de 1975, p. 24.

[25] O próprio Sartre nunca deu muita atenção a esse tipo de consideração (ver, por exemplo, seu encontro com o pensamento de Husserl) e seria totalmente errado utilizar a medida de precisão acadêmica na avaliação de sua obra. As referências de Sartre a outros pensadores sempre estão estritamente subordinadas a suas preocupações imediatas, e às oscilações consideráveis na avaliação (por exemplo, de uma avaliação essencialmente negativa de Marx a uma extremamente positiva e, depois, mais uma vez, a uma avaliação quase completamente negativa) são, igualmente, resultado de mudanças em suas preocupações. Conse-

176 *A obra de Sartre*

evidência interpretativa. A esmagadora subjetividade de Sartre, tal como incorporada ao quadro estrutural de sua concepção, é que determina inteiramente e de modo *cortante* que tipo de evidência é admissível à consideração e que espécie de uso se deve fazer dos dados admitidos. (De fato, a palavra "dados" é bastante inadequada. Pois, no momento em que são enfocadas pela generalização teórica, as informações empíricas são fundamentalmente transformadas através da descrição eidética e da especificação caleidoscópica.)

Marx consome a maior parte de sua vida trancado no Museu Britânico, empenhado em desenterrar as provas que não apenas dão base à sua concepção teórica como também a ampliam, modificam e intensificam, exibindo, assim, uma relação inerentemente dialética entre teoria e pesquisa. Nada poderia ser mais alheio do que isso ao modo de proceder de Sartre. (Não é, pois, de admirar que ele tenha de interromper o projeto de estudo da história precisamente no momento em que as permutações mais ou menos autogeradoras das "estruturas formais da história" estavam delineadas e em que se impunha de modo inevitável a necessidade de evidências sob a forma de uma pesquisa histórica continuada.) Ele mantém para com seus relatos de pormenor a mesma espécie de atitude do monarca absoluto para com seus súditos: trata-os como bem lhe apraz; e isso de maneira muito legítima, uma vez que, sendo o fundamento categoricamente autoafirmado da própria legalidade, ele os constitui de tal modo que eles devem a própria existência como súditos à estrutura constitutiva da concepção global em que lhes é permitido surgir. E, do mesmo modo que a busca consciente da originalidade fora teorizada e autenticada existencialisticamente como o projeto único de uma aventura estritamente individual, agora a atitude soberana para com a experiência empírica é elevada a um *status* teórico no espírito da "hermenêutica da existência", que declara seu interesse apenas pelo significado *simbólico* que ela mesma gera, cria e inventa.

O que vemos, então, é uma singular integração de determinações subjetivas e objetivas em um tipo específico de síntese que mantém permanentemente a soberania da concepção global sobre os detalhes específicos de sua sistematização. O modo caleidoscópico de desenvolvimento é das mais adequadas formas de manifestação desse tipo de síntese, por ser ao mesmo tempo aberto e fechado. É surpreendentemente aberto com respeito às possibilidades de transformações *parciais* autogeradoras, e é rigidamente fechado no que concerne à estrutura fundamental e ao esquema categorial do *todo*. Por essa razão é que cada nova fase do desenvolvimento de Sartre sempre traz consigo um novo modo de apresentar os pormenores, associado à pretensão de que isso importa em uma síntese radicalmente nova.

A novidade é ao mesmo tempo verdadeira e rudemente exagerada. Verdadeira no sentido de que a nova fase, na medida em que representa uma experiência mais rica

---

quentemente, nossa atitude para com a obra de Sartre deve prender-se à validade de suas preocupações na medida em que possam ter sustentação em seus próprios fundamentos, e não ser torvada por nosso desacordo com as interpretações extremamente auto-orientadas que faz de outros pensadores.

(p. ex., o desafio da política e "a experiência da sociedade" nos anos do pós-guerra), exige a reformulação das preocupações fundamentais de Sartre com respeito aos elementos da nova experiência. E, uma vez que a síntese específica de *O ser e o nada* é *completa* precisamente em sua *incompletude e inacababilidade*, a nova experiência da política e sociedade não pode ser simplesmente inserida em seu esquema categorial, que se articulava como um novo tratado das paixões, concebido sob seus aspectos individualista-subjetivos como "a eidética da má-fé".

Ao mesmo tempo, a pretensão de novidade radical põe de lado caracteristicamente duas continuidades básicas. Em primeiro lugar, as categorias anteriores mais importantes sempre se transferem para as sínteses posteriores (como, de fato, é o caso também da relação entre *O ser e o nada* e os estudos mais antigos de psicologia filosófica, bem como de *A náusea*), ainda que complementadas por outras novas, assim estabelecendo a mais notável continuidade no esquema categorial da filosofia de Sartre como um todo, não obstante suas inúmeras transformações parciais. E, em segundo lugar, a relação estrutural entre qualquer dado conjunto de categorias – em *O imaginário, O ser e o nada, Crítica da razão dialética* ou, no que diz respeito ao assunto, *O idiota da família* – e as particularizações empíricas, em cujos termos aquelas são expressas, permanecem essencialmente as mesmas, seja qual for o campo de experiência que venha a fornecer os casos ilustrativos de especificação interpretativa. Em outras palavras, partimos sempre dos esboços nitidamente definidos da concepção global como o *"übergreifendes Moment"* esmagador do dado empreendimento, o que não deixa espaço para uma dialética autêntica entre teoria e pesquisa.

Desse modo, a abordagem de Sartre continua sendo a mesma, quer escreva sobre a experiência da cólera e do esquiar, quer sobre a Négritude, ou até mesmo quando inventa, com suprema mestria, as experiências profundamente significativas que Flaubert devia ter tido. É o valor representativo desse modo único de síntese, do qual *O ser e o nada* é o exemplo supremo, elaborado *por meio de*, e não *a despeito* de sua esmagadora subjetividade, que faz de Sartre uma figura de destaque.

5.4

Sartre critica Heidegger por não ter se preocupado com a sexualidade, do que resulta que "seu 'Dasein' nos aparece como assexuado" (477). Em contraposição a isso, Sartre insiste "que o Para-si é sexual em seu próprio surgimento frente ao Outro e que, através dele, a sexualidade vem ao mundo" (504).

O problema em jogo não é, pois, uma questão de importância secundária (embora se pudesse ter essa impressão ao ler alguns livros sobre a ontologia de Sartre[26]), mas, ao contrário, bastante fundamental para a "hermenêutica da existência", que se preocupa com o significado da "realidade humana" em todas as suas manifestações. Pois se o

---

[26] Ver, por exemplo, Klaus Hartmann, *Sartre's Ontology* (Evanston, Northwestern University Press, 1966).

178   *A obra de Sartre*

Para-si é sexual no próprio momento em que aparece diante do Outro, então a sexualidade só pode ser elucidada em termos das mais profundas estruturas ontológicas. Como em qualquer outra parte em que atingimos as conexões últimas, somos aqui convidados a captar o problema não como "fazer", mas como o projeto de *ser*. "Ser-no-mundo é projetar possuir o mundo" (729), e a sexualidade é parte integrante da realização desse projeto e, *como tal*, ocupa lugar central no tratado existencialista das paixões.

Nunca é demais enfatizar que o significado dessas relações está longe de ser imediato: ele é simbólico. Sartre adota, como ponto de partida de sua própria hermenêutica, o *insight* de Pascal; este clarificava, "em uma atividade [caçar ou jogar tênis, por exemplo]*, que seria absurda se *reduzida a si mesma*, uma significação que a transcende, isto é, uma indicação que remete à realidade do homem em geral e a sua condição" (689). Sartre generaliza essa abordagem e interpreta as diversas manifestações da vida psíquica como "sustentando relações de simbolização a símbolo com as estruturas fundamentais e globais que constituem propriamente a pessoa" (696). Assim, seja qual for a experiência sob exame – fadiga numa escalada de montanha, ou desejo sexual, ou jogo, ou náusea, ou preferência por certos tipos de alimento, e assim por diante –, nossa busca de significado deve orientar-se pelo mesmo princípio:

> trata-se de recobrar, sob aspectos *parciais* e incompletos do sujeito, a verdadeira concretude, a qual só pode consistir na *totalidade de seu impulso rumo ao ser* e de sua relação original consigo mesmo, com o mundo e com o Outro, na unidade de relações internas e de um *projeto fundamental*. (689)

Nesse sentido, compreende-se a sexualidade como um projeto existencial fundamental que visa simultaneamente (a) o Outro e (b) o ser em geral. Quanto ao primeiro aspecto:

> no desejo, faço-me carne em presença do outro para apropriar-me da carne do outro (389). O desejo é uma conduta de encantamento. Uma vez que só posso captar o Outro em sua facticidade objetiva, trata-se de fazer submergir sua liberdade nesta facticidade [...], para que eu, ao tocar esse corpo, toque finalmente a livre subjetividade do outro. Este, o verdadeiro sentido da palavra posse. (489)

E quanto ao segundo aspecto:

> Tapar o buraco é originariamente fazer o sacrifício de meu corpo para que a *plenitude de ser* exista, ou seja, sofrer a *paixão do Para-si* para modelar, aperfeiçoar e preservar a totalidade do Em-si. [...] passamos boa parte de nossa vida a tapar buracos, preencher vazios, *realizar e fundamentar simbolicamente o pleno*. (747-8)

É claro, porém, que aqui, como em qualquer outra parte, o ideal envolvido acaba por tornar-se um *ideal impossível*: "O próprio desejo está *condenado ao fracasso*" (492), "o prazer é a morte e o fracasso do desejo" (493), e a plenitude do ser é igualmente irrealizável, o que, afinal, faz do homem uma "paixão inútil".

---

*   Colchetes de Mészáros. (N. E.)

Liberdade e paixão: o mundo de O ser e o nada 179

Como vemos, a realidade humana, sob o aspecto da sexualidade, corresponde às mesmas determinações ontológicas de liberdade e paixão com que nos defrontamos em outros contextos, no espírito de uma visão verdadeiramente totalizante. Assim, o envolvimento de Sartre com a pesquisa psicológica já em seus tempos de estudante, e posteriormente intensificado em seus projetos literários (*A náusea* e as novelas da década de 1930), bem como em seus textos teóricos sobre *Emoção* e *Imaginação*, mostra ter sido incomparavelmente mais do que um começo fortuito. De fato, há um sentido de necessidade quanto a isso: um desenvolvimento orgânico que se realizou completamente na década de 1940. Em *O ser e o nada*, os *insights* psicológicos integram-se com as categorias ontológicas de marca registrada sem igual da hermenêutica existencialista, e o novo tratado das paixões é sistematizado como uma eidética da má-fé que visa revelar as realidades paradoxais da estrutura ontológica, desse modo não só tornando inteligíveis as manobras e manifestações perturbadoras da má-fé, que escapam até mesmo às mais engenhosas abordagens psicanalíticas, como ainda oferecendo a possibilidade de uma solução existencial aos problemas envolvidos.

Podemos identificar, na estrutura de *O ser e o nada*, duas linhas de raciocínio essencialmente diferentes, ainda que naturalmente interligadas. *Primeiro*, o ímpeto polêmico, frequentemente explícito, na definição de Sartre das categorias e relações básicas. Sob esse aspecto, o alvo mais óbvio é constituído pelas diversas teorias psicológicas (em especial a psicanálise e a psicologia positivista-behaviorista), mas todas as concepções correlatas, desde as teorias das "paixões da alma"[27], de Descartes, até Marx, como paradigma do ponto de vista da "seriedade"[28], e até a ideia de Proust de um "mecanismo passional"[29], são dissecados criticamente por Sartre em conformidade com seu conceito de má-fé.

---

[27] "Uma tendência bastante comum, com efeito, visa assemelhar os atos livres e os atos voluntários, e a restringir a explicação determinista ao mundo das paixões. É, em suma, o ponto de vista de Descartes. A vontade cartesiana é livre, mas existem as 'paixões da alma'. Descartes tentará ainda uma interpretação fisiológica dessas paixões" (545).

[28] "Não por acaso, o materialismo é sério; tampouco por acaso, acha-se sempre e por toda parte como a doutrina favorita do revolucionário. Isto se dá porque os revolucionários são sérios. Eles se conhecem primeiro a partir do mundo que os oprime e querem mudar esse mundo opressor. [...] Marx colocou o dogma primordial da seriedade ao afirmar a prioridade do objeto sobre o sujeito; e o homem é sério quando se toma por um objeto" (709-10). Podemos ver aqui um bom exemplo do problema mencionado na nota 25 da p. 175 deste volume. Marx não propôs nada parecido com o que lhe atribuiu Sartre, cujas críticas são pertinentes à pior espécie de vulgarização do marxismo. Contudo, essa distorção grosseira do pensamento de Marx não afeta a validade da ideia de Sartre de que "o homem é sério quando se toma por um objeto".

[29] Em contraposição ao determinismo fisiológico de Descartes, "Mais tarde, buscar-se-á instituir um determinismo puramente psicológico. As análises intelectualistas que um Proust, por exemplo, tentou realizar do ciúme ou do esnobismo podem servir de ilustração e esta concepção do 'mecanismo' passional. Seria necessário então conceber o homem como simultaneamente livre e determinado; e o problema essencial seria o das relações entre esta liberdade incondicionada e os processos determinados da vida psíquica: de que modo tal liberdade irá dominar as paixões, como irá utilizá-las em seu próprio benefício?" (545).

180 *A obra de Sartre*

A *segunda* dimensão de análise que se pode perceber é, de fato, a mais fundamental. Consiste na tentativa de Sartre de definir as próprias estruturas ontológicas básicas em termos pelos quais o significado da realidade humana possa ser identificado. "Qual o *sentido* do ser, na medida em que compreende essas duas regiões de ser *radicalmente cindidas?*" (40), indaga Sartre; e empenha-se em elucidar esse significado estritamente em termos da relação ontológica entre as duas regiões do ser indicadas: o Para-si e o Em-si, excluindo categoricamente a possibilidade de uma explicação religiosa. E une as dimensões polêmica e substantiva de sua análise sob a hipótese de que as diversas concepções teóricas erradas surgem como *estratégias de fuga* em face das angustiantes opções existencialistas que o homem é compelido a enfrentar. A notável coesão estrutural de *O ser e o nada*[30] – a impressão que temos de que toda essa vasta obra "foi feita de um só golpe" ou "escrita de um fôlego só", uma vez que, qualquer que seja o problema específico em foco, sempre nos vemos diante de uma ideia central única: a busca, pelo homem, da totalidade irrealizável – vincula-se estreitamente a esse tratamento das alternativas teóricas como momentos subordinados da concepção global do significado da realidade humana.

A rejeição consciente do quadro de explicação religioso traz consigo a declaração de que o significado existencialista da realidade humana deve ser *constituído* pelo ser que se encontra no centro da hermenêutica da existência. A natureza do empreendimento humano é identificada como a autoconstituição de significado e valor em todos os níveis, desde os projetos corriqueiros de "despertadores, cartazes, formulários de impostos, agentes de polícia, ou seja, tantos e tantos parapeitos de proteção contra a angústia" (84), até o primitivo "projeto de ser Deus" (693). Se existe um sentido para o empreendimento humano – e, segundo Sartre, existe com toda a certeza, muito embora alguns críticos religiosos sectários[31] o acusem de niilismo –, ele deve ser inerente a *todas* as facetas da experiência. Por consequência, Sartre avança em sua busca esquadrinhando sistematicamente as mais variadas formas de atividades da vida: trabalho, sexualidade, jogo, arte, ciência e a produção e o consumo de alimentos. Ele descobre que, muito embora as formas e modalidades dessas atividades difiram entre si significativamente, de tal modo que podemos apreender determinadas especificidades, digamos

---

[30] A *Crítica da razão dialética* de Sartre é, de fato, muito diferente quanto a isso. Porém, não se deve concluir que, por essa razão, a *Crítica da razão dialética* seja uma obra menos importante.

[31] Na verdade, são numerosas as referências religiosas em *O ser e o nada* e nenhuma delas pode ser descrita como niilista. Ao contrário, Sartre anseia por dar respostas quanto ao significado de muitas categorias religiosas – desde "pecado" e "pecado original" até "orgulho", "pudor", "cair em desgraça", "ser ideal", "paixão de Cristo" etc. – em termos de seu próprio discurso, em vez de simplesmente descartá-las, como faria um niilista. Não obstante suas severas referências críticas à axiologia religiosa como a "perda" e o "sacrifício" da realidade humana no interesse do "*ens causa sui*", a problemática religiosa constitui um elemento de importância vital para o raciocínio de Sartre, no sentido de Marx, segundo o qual "a negação da negação" (isto é, a negação da religião como negação e alienação do homem) permanece inextricavelmente imbricada com e necessariamente dependente daquilo que ela nega, uma vez que é incapaz de definir a "realidade humana" em termos positivos e autossustentados.

Liberdade e paixão: o mundo de O ser e o nada 181

do jogo, em comparação ao comer, o significado existencial último de todas elas é fundamentalmente o mesmo. Ele se dá no "projeto de possuir o mundo", o qual só é concebível como uma apropriação possessiva do mundo, quer se pense em sexualidade – como o projeto "de possuir a transcendência do Outro enquanto pura transcendência e, ao mesmo tempo, enquanto corpo" (489) –, quer na significação existencial dos alimentos, descrita como a "*escolha apropriadora do ser*" (750). Sob essa luz, podemos agora entender por que, para Sartre, o desejo não pode ser um desejo de *fazer*. Todas as atividades, no sentido de Pascal, referem-se "à realidade do homem em geral e a sua condição" e, assim, representam meramente a forma pela qual uma característica ontológica fundamental da realidade humana – "*falta*" afirmando-se por meio do *desejo* (136) – se manifesta como "o desejo de um objeto transcendente" (480), isto é, como um desejo de *ser*.

Na constituição do significado por meio da atividade, atribui-se posição privilegiada à constituição do *valor*, uma vez que todos os valores corriqueiros "tiram seu sentido, na verdade, de um projeto inicial meu, espécie de eleição que faço de mim mesmo no mundo" (84) e, como tal, torna-se origem da ação ulterior. Naturalmente, a constituição do valor não é uma atividade isolada. Antes, é inerente a todas as atividades como uma estrutura de apoio que vincula as manifestações simbólicas do ser a seus fundamentos ontológicos. No correr da constituição desses valores surgem estratégias da má-fé e, por contraste, de boa-fé procuramos nos livrar da armadilha da má-fé autoimposta.

Caracteristicamente, Sartre não só declara que "é indiferente[32] ser de boa ou má-fé" (118), mas chega ao extremo de afirmar a primazia da má-fé sobre a boa-fé. "A boa-fé busca escapar à desagregação íntima de meu ser rumo ao Em-si que deveria ser e não é. A má-fé procura fugir do Em-si refugiando-se na desagregação íntima de meu ser" (118). Assim, o discurso a respeito da "autenticidade" está fadado a permanecer algo vazio, uma vez que a "positividade" aparente da boa-fé nada mais é do que a dupla negatividade de uma "fuga de uma fuga da desintegração" a que é impossível atribuir outra coisa que não seja um significado "regulador" puramente de natureza imperativa. Como tal, ela tem um *status* ontológico radicalmente diferente do da má-fé. Esta constitui "uma ameaça imediata e *permanente* de todo projeto do ser humano", e essa ameaça ou risco permanente origina-se do fato de que "a consciência, ao mesmo tempo e em seu ser, é o que não é e não é o que é" (118). A má-fé surge, pois, da estrutura

---

[32] Uma vez mais, essa posição não deve ser confundida com niilismo. Pois Sartre prossegue dizendo que essa indiferença "não significa que não se possa escapar radicalmente da má-fé. Mas isso pressupõe uma reassunção do ser deteriorado por si mesmo, reassunção que denominaremos autenticidade e cuja descrição não cabe aqui" (118). A dificuldade que se observa na posição de Sartre é que, tendo ele estabelecido a primazia ontológica da má-fé sobre a boa-fé, não pode ensaiar uma descrição positiva da boa-fé e da autenticidade sem o perigo de cair na má-fé. Assim, vir a se atracar com a autenticidade e a boa-fé, dentro de uma "ética da liberação e da salvação", permanece a promessa evasiva de alguma outra obra.

182 *A obra de Sartre*

mais íntima da própria consciência, enquanto a boa-fé é parasita da persistente negatividade da fuga desintegradora que tenta fazer. A boa-fé, na verdade, é duplamente problemática. Em primeiro lugar porque, ao contrário da má-fé – que emana da estrutura ontológica da própria consciência e, assim, não precisa de apoio adicional –, a boa-fé não possui esse tipo de escora ontológica óbvia e precisa ser sustentada por meio de alguma motivação existencial bem fundada, que Sartre deixa de especificar. (É significativo ele omitir o problema, que para ele é estruturalmente insolúvel, sugerindo em uma nota de rodapé, e de maneira bastante gratuita, uma "fuga radical" da má-fé mediante a autorrecuperação ou autenticidade, "cuja descrição não cabe aqui" (118), nem, aliás, em nenhum outro lugar de *O ser e o nada*.) E o segundo traço problemático da boa-fé é que, mesmo que se tenha achado uma motivação, ela está fadada, dado seu "caráter parasitário" ou sua dependência estrutural da má-fé, a continuar sendo um "ideal irrealizável" e permanentemente frustrado.

Porém, quaisquer que sejam as reservas feitas a respeito da abordagem desses problemas por Sartre, não se pode deixar de perceber que, no quadro de sua hermenêutica existencial, estão sintetizados os mais variados aspectos da experiência de forma vigorosamente coerente. Todas as espécies de atividades bem como todas as formas de vida psíquica tornam-se inteligíveis em termos de projetos existenciais específicos estruturados em torno de nosso projeto fundamental, sobre o qual se diz que é idêntico à escolha original do ser de alguém. O conceito de "paixão" ocupa posição estratégica nessa hermenêutica da existência; e, de fato, nenhum outro conceito poderia ocupar seu lugar. Pois Sartre tem de explicar, antes de tudo, o que faz com que a realidade humana persista em sua busca do ser, e tem de ser capaz de fazê-lo sem introduzir um *determinismo* no quadro. A consciência não pode, por si só, realizar coisa nenhuma. Como também em nada ajudará o princípio abstrato da "liberdade da vontade", uma vez que não pode fornecer a motivação para suas próprias deliberações. E é aí que a "paixão" demonstra sua importância essencial para a visão de Sartre.

Veremos logo mais o significado ontológico fundamental de seu conceito de paixão. Mas, primeiro, precisamos relancear outro sentido em que a paixão é mencionada em *O ser e o nada*. Esse segundo sentido é bastante parecido com o utilizado na linguagem vulgar, ou por filósofos e psicólogos, e Sartre começa por livrá-lo daquilo que considerava ser uma rede de deformações deterministas:

> Uma tendência bastante comum, com efeito, visa a assemelhar os *atos livres* e os *atos voluntários*, e a restringir a explicação determinista ao mundo das *paixões*. [...] Seria necessário então conceber o homem como simultaneamente *livre* e *determinado*; e o problema essencial seria o das relações entre esta liberdade incondicionada e os processos determinados da vida psíquica: de que modo tal liberdade irá dominar as paixões, como irá utilizá-las em seu próprio benefício? Uma sabedoria que vem da Antiguidade – a sabedoria dos estoicos – ensinará a concordar com as próprias paixões para que se possa dominá-las; em suma, irá aconselhar o homem a conduzir-se em relação à afetividade como o faz com respeito à natureza em geral, quando a obedece a fim de melhor controlá-la. A realidade humana surge, pois, como um livre poder sitiado por um conjunto de processos determinados. Distinguir-se-ão atos

Liberdade e paixão: o mundo de O ser e o nada 183

inteiramente livres, processos determinados sobre os quais exerce poder a vontade livre, e processos que escapam por princípio à vontade humana. (545-6)

Sartre rejeita enfaticamente essa posição e a ela contrapõe sua própria concepção:

Aqui, como em todos os casos, constatamos que o estado de consciência é um mero ídolo da psicologia positiva. Se há de ser liberdade, a *vontade* é necessariamente negatividade e potência de *nadificação*. Mas, então, já não vimos mais por que reservar *autonomia* para a vontade. (547)

Mas não é só: a vontade, longe de ser a manifestação única ou pelo menos privilegiada da liberdade, pressupõe, ao contrário, como todo acontecimento do Para-si, o fundamento de uma liberdade originária para poder constituir-se como vontade. A vontade, com efeito, coloca-se como *decisão refletida* em relação a certos fins. [...] a paixão pode posicionar os mesmos fins. Por exemplo, frente a uma ameaça, posso fugir correndo, por medo de morrer. Esse *fato passional* não deixa de *posicionar implicitamente* como fim supremo o valor da vida. (548)

Assim, a liberdade, sendo assimilável à minha existência, é fundamento dos fins que tentarei alcançar, seja pela vontade, seja por esforços passionais. Não poderia, portanto, limitar-se aos atos *voluntários*. Mas as volições são, ao contrário, tal como as paixões, certas *atitudes subjetivas* através das quais procuramos atingir os fins posicionados pela liberdade original. (549)

Assim, as paixões (no plural), como atitudes subjetivas, estão em paridade com as volições, uma vez que ambas são manifestações da liberdade original. O ato passional é aquele que tem por *motivo* uma paixão específica (550-1), mas que, apesar de tudo, é livre. "É o conjunto dos desejos, emoções e paixões que me impele a executar certo ato" (552), mas todos eles nascem com base na liberdade original.

Contudo, Sartre não se detém nesse ponto, mas vira a mesa a respeito da vontade, a qual, no ponto de que partimos, parecia ter uma posição privilegiada em relação à liberdade. Agora, aprendemos que atribuir uma posição privilegiada à vontade não podia ser mais ilusório. Pois "a deliberação voluntária é sempre *ilusória*" (556).

Quando delibero, *os dados já estão lançados*. E, se sou levado a deliberar, é simplesmente porque faz *parte de meu projeto originário* dar-me conta dos móbeis por deliberação, mais do que por essa ou aquela forma de descoberta (pela paixão, por exemplo, ou simplesmente pela ação, que revela o conjunto organizado dos motivos e fins, tal como minha linguagem me revela meu pensamento). [...] Quando a vontade intervém, a decisão já está tomada, e a vontade não tem outro valor senão *o de anunciadora*. (557)

E isso nos leva ao significado fundamental da paixão, que não é uma atitude subjetiva, mas a base sobre a qual se erguem todas as atitudes. Em última análise, isso é idêntico à própria "liberdade original", que postula os fins que procuramos atingir. Isso constitui nossa própria existência como a escolha original (um *impulso* em direção ao ser) "que cria originariamente todos os *motivos* e *móbeis* que podem conduzir-nos a ações *parciais*" (573). Se eu quero compreender o significado existencial-ontológico do fato de me abandonar livremente à *fadiga* (em oposição a algumas hipóteses deterministas, fisiológicas ou psicológicas), devo referir essa ação à minha escolha original de

184 *A obra de Sartre*

ser, uma vez que "esta *paixão do corpo* coincide, para o Para-si, com o *projeto de 'fazer existir' o Em-si*" (563). Dizendo de forma generalizada:

> O Para-si, por sua *negação de si*, converte-se em afirmação do Em-si. [...] na quase-totalidade do Ser, a afirmação ocorre ao Em-si: a aventura do Em-si é ser afirmado. Esta afirmação, que não podia ser operada como afirmação de si pelo Em-si sem destruir seu ser-Em-si, ocorre ao Em-si realizada pelo Para-si; é como um ek-stase passivo do Em-si, que o deixa inalterado e, contudo, efetua-se nele a partir dele. Tudo se passa como se houvesse uma *Paixão* do Para-si, *que perder-se-ia a si mesmo* para que a afirmação "mundo" pudesse chegar ao Em-si. (284)

Como se vê, a introdução da paixão no conjunto primário de relações modifica radicalmente tudo. Em virtude dessa paixão é que o empreendimento humano pode dar-se completamente e assumir um caráter, uma direção e um significado – sem isso, estaríamos aferrados à "consciência" e à "liberdade" concebidas como uma abstração cristalizada, inteiramente privada de qualquer possibilidade de desenvolvimento. Por meio da paixão, a liberdade e a consciência adquirem um "corpo" – e, de fato, não apenas em sentido figurado – tanto que se torna possível falar sobre a "paixão do corpo" para levar a cabo o projeto original da liberdade de "fazer o Em-si existir": descrição que se coloca diametralmente oposta à visão costumeira do corpo como o depositário de determinações físicas e fisiológicas. Graças à identidade primária de liberdade e paixão é que a liberdade pode ser "situada": isso é concebido de tal modo que ela não possa ser *senão situada* (embora, é claro, com todas as ambiguidades[33] necessariamente implicadas).

Através dessa fusão entre liberdade e paixão é que a liberdade se torna uma categoria existencial significativa. E a paixão, analogamente, por meio de sua fusão com a liberdade, adquire caráter único. Não é apenas uma antiga paixão qualquer, mas a paixão ontológica fundamental da realidade humana que visa fazer com que a aventura existencial se dê através da "facticidade da liberdade"[34], presa a uma contingência absoluta e, ainda assim, permanecendo absolutamente livre.

A paixão ontológica fundamental define-se, pois, como autonegação e autossacrifício: uma paixão para "perder-se" de modo que o "mundo" possa chegar ao Em-si, como vimos há pouco, ou "que a plenitude do ser exista" (747), ou ainda "para fundamentar o ser e, ao mesmo tempo, constituir o Em-si que escape à contingência" (750), e assim por diante. A escolha fundamental é a escolha original de nosso ser e, como tal,

---

[33] "[...] a situação, produto comum da contingência do Em-si e da liberdade, é um fenômeno ambíguo, no qual é impossível ao Para-si discernir a contribuição da liberdade e a do existente em bruto. Com efeito, assim como a liberdade é um escapar, também a situação é livre coordenação e livre qualificação de um dado em bruto que não se deixa qualificar de modo algum" (600; ver também p. 595-9 e 625-6).

[34] "[...] o fato de não poder não ser livre é a facticidade da liberdade, e o fato de não poder não existir é a sua contingência. Contingência e facticidade identificam-se: há um ser cuja liberdade tem-de-ser em forma do não-ser (ou seja, da nadificação). Existir como o fato da liberdade ou ter-de-ser um ser no meio do mundo é a mesma coisa, o que significa que a liberdade é originariamente relação com o dado" (599).

Liberdade e paixão: o mundo de O ser e o nada   185

"necessita ser escolha consciente" (569), ainda que, como Sartre tenha se apressado a acrescentar poucas linhas depois, não uma escolha *deliberada*. Ao contrário: "ela é o fundamento de toda deliberação", uma vez que "uma deliberação requer uma interpretação a partir de uma escolha originária" (569).

Consciência, nesse sentido sartriano – que distingue claramente entre "escolha consciente" e "escolha consciente (deliberada)", de modo a ser capaz de descartar a ideia do "inconsciente" –, é uma "consciência não posicional"[35]. Em correspondência à escolha consciente não deliberada, a consciência não posicional é

> nós-consciência, pois não se distingue de nosso ser. E, uma vez que nosso ser é precisamente nossa *escolha originária*, a consciência (de) escolha é idêntica à *consciência* que temos (de) *nós*. É preciso ser consciente para escolher, e é preciso escolher para ser consciente. *Escolha e consciência* são uma só e a mesma coisa. [...] ter consciência de nós mesmos e escolher-nos são a mesma coisa. (569-70)

Sartre insiste que não pode haver algo que seja um "fenômeno psíquico inconsciente" (89) e, mais tarde, acrescenta que os proponentes da teoria psicanalítica hipostasiaram e coisificaram a má-fé, "sem evitá-la" (100). Não é preciso dizer que a problemática do inconsciente é por demais complexa para ser resolvida por qualquer fórmula particular, uma vez que um tratamento adequado requer o desenvolvimento de uma teoria coerente da ideologia, expressa não meramente em termos gerais, mas com grande concretude e especificidade, diretamente aplicáveis a indivíduos particulares. E o que quer que se possa descobrir na filosofia de Sartre, dado seu quadro individualista de categorias, certamente não será uma teoria apropriada da ideologia.

Mas não nos ocupamos aqui dessa necessidade. Pois o que está em questão neste contexto específico é que a identificação existencialista que ele faz entre escolha e ser, entre escolha e consciência, entre escolha de nós mesmos e consciência de nós mesmos de forma não posicional, permite-lhe propor uma solução não determinista para o problema psicanalítico do inconsciente. De saída, o inconsciente é posto de lado, por definição, como impossível *a priori*, uma vez que partimos da identidade original entre paixão fundamental/escolha de ser (liberdade)/consciência não posicional, e todas as estruturas específicas da consciência, quer afetivas (como desejos, emoções e paixões), quer volitivas, reflexivas etc., constituem-se sobre a base de sua identidade original e, por isso, compartilham inteiramente da carga de responsabilidade absoluta, como formas específicas de manifestação da síntese original.

O fenômeno do inconsciente é tomado como *má-fé* que se considera (na forma não posicional da "consciência irrefletida e fundamental" (583) em contraposição à "consciência refletida") ser "inconsciente", a fim de ser capaz de escapar à "angústia" (ou seja, à carga da liberdade inevitável). A possibilidade de uma estratégia como essa

---

[35] Também chamada "consciência irreflexiva", "consciência não tética" e "cogito pré-reflexivo". Como vimos na nota 16 da p. 164 deste volume, embora essa consciência não tética não nos proporcione conhecimento, "por sua própria translucidez, acha-se na origem de todo saber" (117).

186 *A obra de Sartre*

não é provada, mas presumida indiretamente por analogia à psicologia da Gestalt, que associa a primazia da forma total com a variabilidade das estruturas secundárias[36]. Por consequência, Sartre afirma ser possível para mim "impor-me *reflexivamente*, ou seja, no plano *voluntário*, projetos que *contradizem* meu projeto inicial sem, contudo, *modificar* fundamentalmente esse projeto inicial" (581). Desse modo, é possível falar até da "má-fé da vontade" (583), contrariando da maneira mais marcante possível qualquer teoria do inconsciente.

Por certo, Sartre deve considerar a hipótese psicanalítica um absurdo total, uma vez que ela contradiz diametralmente sua própria concepção de nossa liberdade absoluta e responsabilidade absoluta, a qual insiste que somos totalmente responsáveis não só pelas guerras que suportamos, mas até mesmo por nosso nascimento, raça, nacionalidade, pelo lugar onde vivemos e pelo passado[37]. Tudo isso soaria mil vezes mais absurdo do que os vaticínios lamentosos de um tresloucado profeta do fim dos tempos, se Sartre não pudesse sustentar suas chocantes asserções, pelo menos na forma de uma autenticação subjetiva.

Em seção anterior, vimos rapidamente as razões pelas quais, dada sua concepção individualista da realidade humana como uma aventura estritamente individual, Sartre tem de se contentar com uma autenticação subjetiva e construir uma "ontologia fenomenológica" nos moldes de uma antropologia existencial, e a seção final deste capítulo será dedicada a uma investigação mais pormenorizada desse problema crucial. A esta altura, a questão não é a determinação dos limites existencialistas do quadro conceitual de Sartre como um todo, ou seja, a questão do *por que* este *tem de* ser articulado do modo como em realidade o é, mas sim a identificação dos vínculos estruturais e das interconexões conceituais. Em outras palavras, a questão de *como*

---

[36] A esse respeito, ver a citação na nota 20, p. 165 deste volume.

[37] "O *passado* que sou, tenho-de-sê-lo, sem nenhuma possibilidade de não sê-lo. Assumo sua *total responsabilidade, como se* pudesse modificá-lo, e, todavia, não posso ser outra coisa senão ele" (168-9). "[...] convém partir desta *antinomia*: a realidade humana *recebe* originariamente seu *lugar* no meio das coisas – a realidade humana é aquilo pelo qual algo como sendo um lugar vem às coisas" (603). "[...] existo meu lugar, *sem escolha, também sem necessidade*, como puro fato absoluto de meu ser-aí. Sou aí: não aqui, mas aí. Eis o fato absoluto e incompreensível que está na origem da extensão e, consequentemente, de minhas relações originais com as coisas (com estas coisas, mais do que com aquelas outras). Fato de pura *contingência – fato absurdo*" (604). "[...] a facticidade é a única realidade que a liberdade pode descobrir [...], a liberdade é a apreensão de minha facticidade" (607). "Decerto, ao nascer, tomo um lugar, mas sou *responsável pelo lugar que tomo*. Vê-se aqui, com maior clareza, a conexão inextricável de liberdade e facticidade na situação" (609). "[...] o caráter irremediável chega ao passado a partir de minha própria escolha do futuro; [...] mas se a liberdade é escolha de um fim em função do passado, reciprocamente o passado só é aquilo que é em relação ao fim escolhido" (611-2). "Passado vivo, passado semimorto, sobrevivências, ambiguidades, antinomias: o conjunto dessas camadas de preteridade é organizado pela unidade de meu projeto" (614). "Assim, *escolhemos nosso passado* à luz de certo fim, mas, a partir daí, ele se impõe e *nos devora*" (618). "Assim, tal como a localização, o passado integra-se à situação quando o Para-si, por sua escolha do futuro, confere à sua facticidade passada a um valor, uma ordem hierárquica e uma premência a partir dos quais essa facticidade *motiva* seus atos e suas condutas" (619).

isso tudo funciona e *o que* torna possível as transformações "caleidoscópicas" múltiplas que já testemunhamos.

Como vimos, as relações ontológicas mais fundamentais são definidas por Sartre em termos da identidade entre liberdade e paixão na autoconstituição da realidade humana, o que também corresponde à identidade primária entre ser, escolha e autoconsciência. Essa última equação ontológica mostra-se extremamente fecunda porque seus termos são definidos de tal modo que se tornam intercambiáveis desde o início, estabelecendo assim a possibilidade de variações virtualmente infindáveis e transformações autogeradoras. Os conceitos primários podem, em primeiro lugar, ser combinados entre si, e todas as derivações conceituais complementares podem fundir-se com as precedentes, o que resulta num círculo de relações e de conjuntos de definições em contínua ampliação[38].

Podemos ficar confusos ao ler a sugestão aparentemente arbitrária de que ser é a mesma coisa que *ser livre*. Porém, se captarmos o significado das afirmações de Sartre de que "não há diferença entre o ser do homem e seu 'ser livre'" (68), no contexto da equação original entre liberdade e paixão como sua base ontológica fundamental, tal sugestão deixa de ser chocante e aparece como uma especificação quase analítica dos termos originais de referência, uma vez que o ser do homem como "ser livre" é meramente outro modo de afirmar a inextrincável unidade entre "liberdade e situação", de acordo com as regras da hermenêutica existencialista.

O mesmo procedimento é seguido na afirmação da identidade entre liberdade e obrigação (79), ser e escolha (544), escolha e consciência (569), escolha e ação (596), consciência e desejo (486), situação e motivação (599), contingência e facticidade (598) e muitíssimas outras combinações (tais como intenção e ação, consciência e consciência da liberdade, facticidade da liberdade e contingência da liberdade etc.), entre as quais, às vezes, as mais inesperadas, como jogo e angústia (710-1).

Com base na equação ontológica fundamental de Sartre, alguns procedimentos lógicos bastante heterodoxos tornam-se perfeitamente legítimos: por exemplo, o estabelecimento da *carência* como característica ontológica fundamental da realidade humana com referência à existência do *desejo* (137). Muito embora seja tomar liberdades com a lógica dizer que, "rigorosamente falando", o homem é uma falta porque o desejo é uma falta, também é perfeitamente sustentável na base sobre a qual essa equação surge, ou seja, a definição fundamental da realidade humana como uma paixão ontologicamente significativa para se perder, de modo que a falta original deve ser remediada mediante o estabelecimento da plenitude do ser. Num discurso estruturado desse modo, não pode haver nada de errado em dizer que "a *consciência* elege-se

---

[38] De modo algum Sartre se embaraça com a circularidade envolvida. Afirma que é da natureza da consciência existir "em círculo" (25) e, em outro contexto, define o mundo como "um complexo sintético das realidades-utensílios na medida em que estas se indicam mutuamente segundo *círculos cada vez mais amplos*" (59). De modo análogo, as relações com o Outro são caracterizadas pelo círculo (506), e Sartre reitera seguidamente que jamais podemos sair do círculo vicioso (p. ex., 412).

188 A obra de Sartre

desejo" (486), ou, de fato muito mais desconcertante, que "*meu corpo* é uma estrutura consciente de minha consciência" (416). O discurso sartriano é estruturado do jeito que é para nos impor seus próprios quadros e termos de referência e, consequentemente, tornar aceitáveis as "chocantes" asserções da hermenêutica existencialista. E a estreita integração de metáforas ao discurso como um todo, bem como a utilização do método das transformações caleidoscópicas, que vimos nas seções precedentes, servem precisamente ao mesmo propósito.

Vista sob essa luz, a insistência sobre "liberdade absoluta" e "responsabilidade absoluta" está longe de ser tão absurda, como Sartre mesmo sugeriu algumas vezes em entrevistas bastante posteriores[39]. Seus pronunciamentos extremados a respeito do caráter absoluto da liberdade são parte integrante de um discurso extremamente complexo que deve ser lido dentro de seus próprios termos de referência, quer se concorde, quer não se concorde com os princípios básicos dessa filosofia. Em parte, é uma questão para lembrar as ressalvas diretas ou indiretas que podem ser encontradas disseminadas por toda a obra e que constituem o complemento necessário das formulações extremadas. E, em parte, uma questão para avaliar a função moralista-exortativa que proclama a liberdade absoluta do homem com a força de uma "descrição ontológica" para assim ser capaz de lhe atribuir a obrigação de uma responsabilidade absoluta.

Porém, mais do que tudo, a legitimidade de ler Sartre dentro de seus próprios termos de referência diz respeito à coerência fundamental de um discurso filosófico representativo que obedece a suas determinações interiores. Uma vez constituído o núcleo de uma concepção significativa – como resultado de uma "escolha original" ou "projeto fundamental", ou qualquer outro nome que nos preocupemos em dar àquelas determinações existenciais-sociais que, em última análise, estruturam uma visão de mundo coerente –, tudo mais se segue com "férrea necessidade", mesmo quando se é o paladino da liberdade absoluta. (Divergir dessa necessidade interior ou é alguma espécie de inconsistência, quaisquer que sejam suas razões, ou um passo em direção à transformação significativa e à reestruturação da concepção original. Nesse sentido, a ideia de uma "conversão radical" é certamente viável, mas um tratamento adequado de suas condições exigiria algumas definições muito precisas no quadro de uma teoria totalizadora.)

Nesse sentido, dadas certas proposições e certas definições fundamentais, deve-se insistir não apenas que "*motivação* não é *causação*" (70), mas também que "a estrutura *ineficiente* dos motivos é que condiciona minha liberdade [...] não existe um motivo *na* consciência: existe, sim, *para* a consciência", uma vez que "*cabe* à consciência conferir-lhe sua *significação* e *importância*" (78). Devemos também observar aqui a estrutura de natureza imperativa deste elemento do discurso de Sartre: a definição da consciência em termos de sua *tarefa*. Assim como num trecho anteriormente mencionado é dito que a liberdade-angústia "se caracteriza por uma obrigação perpetuamente renovada de

---

[39] Ver, por exemplo, "Itinerário de um pensamento", cit.

Liberdade e paixão: o mundo de O ser e o nada 189

refazer o Eu que designa o ser livre" (79), a paixão ontológica fundamental da realidade humana, o "perder-se", é sustentada através de uma cláusula "como se".

Sartre afasta-se explicitamente da moralidade kantiana, orientada para o "fazer" (a ação), em nome de uma ontologia existencialista cujo ponto último de referência é o "ser" (535) e, quase no final de *O ser e o nada*, declara que "não é possível tirar *imperativos* de *indicativos* da ontologia" (763). O problema é, no entanto, que os supostos indicativos da "ontologia fenomenológica" (antropologia existencial) estão profundamente impregnados de imperativos em todos os níveis, desde os mais fundamentais conjuntos de relações até as estruturas secundárias e as descrições parciais, e o "*ser*" em questão é uma "*escolha de ser*" que "deve ser constantemente renovada": isto é, um "fazer", no sentido kantiano do termo. Indo além, quando ele proclama que a hermenêutica existencialista tem êxito ao eliminar a distinção entre a intenção e o ato, o verdadeiro estado da questão é bem mais problemático do que sua proclamação sugere. Pois o "ato" em questão é *escolher*, que é afirmado por definição como idêntico a "fazer" (596), e a liberdade de nossa ação é tornada subjetivamente plausível meramente em termos da possibilidade de uma *escolha autêntica* – a escolha do nosso ser. A filosofia kantiana "persegue" *O ser e o nada* do começo ao fim (e, por certo, não apenas *O ser e o nada*), ainda que os constitutivos kantianos estejam inteiramente integrados ao molde único do discurso de Sartre.

Os "indicativos ontológicos" de liberdade e responsabilidade absolutas surgem na filosofia de Sartre sob o signo do mais estrito "dever" e operam no contexto da mais severa contingência. E, é evidente, tudo isso é articulado em termos caracteristicamente sartrianos. O caráter absoluto da liberdade é estabelecido mediante sua identidade, por definição, com a *inevitabilidade da escolha*, mesmo nas circunstâncias de uma recusa deliberada a escolher, e as categorias de "contingência" e "facticidade" são trazidas ao primeiro plano para fazer-nos lembrar de que não devemos ter quaisquer ilusões voluntaristas quanto ao possível impacto de nossas ações. Sartre vai tão longe quanto possível em reconhecer a "força da circunstância", em falar a respeito da "necessidade do fato" e da ambiguidade inerente da "liberdade em situação", como vimos anteriormente. Conceder mais do que isso não só restringiria sua concepção de liberdade como ainda solaparia e, finalmente, destruiria seu quadro de referência filosófico como um todo. Ele tem de continuar insistindo que somos absolutamente livres e absolutamente responsáveis, acrescentando que "é a contingência da liberdade e a contingência do Em-si que se expressam em situação pela *imprevisibilidade* e pela *adversidade* dos arredores" (625-6), dizendo com isso que a adversidade de meu meio ambiente impõe-me a obrigação absoluta de suportar a carga total de responsabilidade também pela minha situação, *a qual* devo, pois, *ser*, em vez de apenas ser *nela*.

E assim prossegue de um lado para o outro, salientando ora um dos lados, ora o outro. Ele está plenamente ciente do equilíbrio extremamente instável que, num momento, ameaça lançar toda a estrutura para um lado e, no momento seguinte, para o outro: por isso é que tem de estar constantemente empenhado em rebalancear e requalificar, de modo a manter a integridade da concepção fundamental. "Sou responsável por tudo,

190 *A obra de Sartre*

de fato, *exceto por minha responsabilidade mesmo, pois não sou o fundamento de meu ser"* (680). Tudo bem. Mas então, em última instância, eu não sou responsável por absolutamente nada! Isso mostra a grande honestidade de Sartre como pensador, pois não faz nenhuma tentativa de esconder esse dilema intragável. Obviamente, porém, ele não pode permitir que isso permaneça como a palavra final sobre o assunto. E, como não há outra saída, o "como se" kantiano vem novamente em socorro. Assim como a paixão fundamental da realidade humana em perder-se para a plenitude do ser só pôde ser estabelecida em termos de "como se", aqui, na frase que segue imediatamente aquela que acabamos de citar, vemo-nos diante da última restrição: "Portanto, tudo se passa *como se* eu estivesse *coagido a* ser responsável".

As escoras imperativas de toda a estrutura revelam-se de modo inequívoco. Sou absolutamente livre em virtude de ser compelido a escolher (condenado a ser livre), e porque tudo se passa como se a realidade humana, por meio do livre exercício de sua paixão fundamental, tenha decidido se perder, então a plenitude do ser pode existir. Do mesmo modo, sou absolutamente responsável porque, em meu ser absolutamente livre, sou idêntico à minha situação, por mais devastador que possa ser o "coeficiente de adversidade"[40] e, por isso, tudo se passa como se eu fosse compelido a ser absolutamente responsável, quer eu assuma a terrível carga dessa responsabilidade, quer tente fugir dela através das manobras da má-fé.

De que lado está o coração de Sartre nesse equilíbrio entre liberdade e responsabilidade, de um lado, e contingência e adversidade, de outro? A resposta é revelada por uma espantosa inconsistência: seguramente, uma versão existencialista do "lapso freudiano" à altura de um homem da estatura de Sartre. Isso ocorre no contexto da discussão de Sartre sobre a morte e o suicídio. Acertadamente, ele censura Heidegger pelo tratamento dado por este à "morte", insistindo que, em vista de a morte ser uma contingência radical, ela não pode pertencer à estrutura ontológica do Para-si e, consequentemente, deve ser afastada de todas as conjecturas ontológicas (668). A morte não pode ser meu possível, uma vez que é a nadificação de *todas* as minhas possibilidades, "o que já não mais faz parte de minhas possibilidades" (658). Analogamente, "o *suicídio* é um *absurdo* que faz minha vida soçobrar no absurdo" (662) e, naturalmente, traz consigo a nadificação de todas as minhas possibilidades. Contudo, ao tratar de uma situação de extrema gravidade, em que as possibilidades de uma escolha autêntica estão sufocadas pela adversidade, Sartre não hesita um só momento em alçar a morte por suicídio à dignidade de uma possibilidade ontológica autêntica.

Assim, ficamos sabendo que

> [...] não há *acidentes* em uma vida; [...] se sou mobilizado em uma guerra, esta guerra é minha guerra, é feita a minha imagem e eu a *mereço*. Mereço-a, primeiro, porque sempre

---

[40] "Coeficiente de adversidade" – termo tomado de *L'eau et les rêves*, de Gaston Bachelard (Paris, José Corti, 1942). [Ed. bras.: *A água e os sonhos*, 2. ed., trad. Antônio de Pádua Danesi, São Paulo, WMF Martins Fontes, 2002.] Significa a resistência das coisas ou objetos com relação aos projetos humanos.

Liberdade e paixão: o mundo de O ser e o nada 191

poderia livrar-me dela pelo *suicídio* ou pela deserção: esses *possíveis últimos* são os que devem estar sempre presentes a nós quando se trata de enfrentar uma situação. Por ter deixado de livrar-me dela, *eu a escolhi.* (678-9)

Deserção, sim, mas suicídio? Essa posição não é menos grotesca do que a teoria de Locke de um "consentimento tácito", e o "interesse ideológico" está igualmente visível nela. A única diferença é que estamos muito mais favoravelmente dispostos a uma ideologia que assume responsabilidade numa luta pela liberdade do que em face da "legitimação liberal" da escravidão-assalariada institucionalizada.

Mas podemos considerar a posição de Sartre somente como um "dever" moral que exige, naturalmente, uma justificação adequada – justificação que não se pode conceder ao suicídio, nem mesmo em seus próprios termos de referência – e definitivamente não como um "indicativo da ontologia". A asserção: "o suicídio constitui um modo entre outros de ser-no-mundo" (680), longe de ser um dos "indicativos da ontologia", é uma mera racionalização de voluntarismo extremo, não importa quanto possamos simpatizar com seu intento subjacente.

Contudo, a necessidade de afirmar a mensagem existencialista em *O ser e o nada* ao preço de tais inconsistências é extremamente rara. Como seria de esperar, o empreendimento do delicado balanceamento é realizado com êxito mediante aqueles métodos legítimos e poderosamente originais de articulação que vimos antes. Inevitavelmente, o discurso sobre a liberdade absoluta e a responsabilidade absoluta marca profundamente *O ser e o nada*, em sua negatividade que a tudo permeia, com o caráter do *heroísmo abstrato*. De acordo com essa eidética apaixonada da má-fé, é da mais profunda natureza de nossas condições ontológicas, que transcende a temporalidade e vale tanto para o feudalismo quanto para nossas condições atuais, que tenhamos "possibilidades *infinitas* de escolha" (640) e, por isso, não devemos nos conformar com a escolha da fuga desintegradora, numa tentativa de nos esquivarmos da responsabilidade da liberdade. E a nenhum grau de adversidade ou fracasso é permitido invalidar o heroísmo abstrato desse imperativo de autenticidade, que permanece indefinido como uma escolha genérica de ser, necessariamente desprovida de qualquer indicação do que possa constituir uma forma tangível de ação autêntica. Pois o imperativo associa-se a uma ressalva reveladora que se mescla perfeitamente tanto com o heroísmo abstrato quanto com a autenticidade subjetiva da hermenêutica existencialista de Sartre: "Só pode haver Para-si livre enquanto comprometido em um mundo resistente. [...] O *êxito não importa em absoluto à liberdade*" (595). Estamos diante de um imperativo abstrato de "engajamento" defrontando-se de forma genérica com "um mundo resistente", e o empreendimento continua a ser uma aventura estritamente individual, em luta contra o "Outro" ou capitulando para as ilusões da solidariedade coletiva no "espírito de seriedade" na estrada estéril da fuga desintegradora.

Se é essa a relação de forças, se é assim que se traçam as linhas de demarcação na eidética da má-fé, então é evidente que o êxito não deve ser importante para a liberdade. O que vale é a autenticidade do próprio empreendimento, princípio este

192 *A obra de Sartre*

que é compatível não só com a afirmação da "equivalência" ontológica de todas as espécies de esforço[41], mas até mesmo com o prognóstico sombrio do fracasso, em última análise necessário, de todos os projetos da realidade humana, prognóstico que realmente não é um prognóstico, mas sim o reconhecimento de uma certeza absoluta, inerente à estrutura ontológica fundamental do ser que define o homem como uma "paixão inútil". Estamos fadados a fracassar em nossa tentativa de dominar os outros tanto quanto no projeto de amor que "tem em seu ser-Para-outro a raiz de sua destruição" (470).

Contudo, "se querer ser livre é escolher ser neste mundo frente aos outros, então aquele que assim se quiser também irá querer a paixão de sua liberdade" (645). Eis por que "no furor, na ira, no orgulho, na vergonha, na recusa nauseante ou na reivindicação jubilosa, é necessário que eu escolha ser o que sou" (648). E isso resume tudo, uma vez mais, de uma maneira tipicamente sartriana. E, no esforço último de rebalanceamento, também nos é dado ver um lampejo de esperança, ainda que apenas como a promessa da possibilidade de uma "conversão radical"[42]. Mais uma vez, estamos diante das imperativas "condições de possibilidade" dessa conversão radical, muito embora esta apareça como um "indicativo da ontologia". E novamente é autenticada em termos estritamente individuais, com base na integridade subjetiva de um exemplo particular, que toma sua inspiração do mundo do "imaginário" (*l'imaginaire*), especialmente do mundo dos heróis de Dostoiévski e Gide. O conceito ao qual cabe transmitir o lampejo de esperança de uma forma délfica, antecipando o culto do "aventureiro" feito por Sartre após a guerra, é o *"instante"*, visto por ele como "um começo que se dá como fim

---

[41] Em *O existencialismo é um humanismo*, Sartre escreve que se algum dia os homens decidissem instituir o fascismo e outros homens fossem "suficientemente covardes e desorganizados para consentirem isso, nesse momento o fascismo será a verdade humana, e tanto pior para nós" (*O existencialismo é um humanismo*, cit., p. 13). A despeito do fato de a posição pessoal de Sartre ser nitidamente de oposição ao fascismo, o princípio subjacente é extremamente problemático. Isso é muito semelhante à situação paradoxal de Bertrand Russell no fim de sua vida. Pois, tendo passado a maior parte de seus dias relativizando totalmente os julgamentos de valor como uma forma de emocionalismo, considerava seu compromisso pessoal com o desarmamento nuclear, e com muitas outras causas valiosas, inteiramente insustentáveis em termos de sua própria filosofia.

[42] A questão de uma conversão importante está formulada de maneira realista em alguns contextos específicos. Por exemplo, quando Sartre escreve: "Não resta dúvida de que eu podia ter agido de outro jeito, mas o problema não é esse. Seria melhor formulado assim: podia eu ter agido de outro modo sem modificar sensivelmente *a totalidade orgânica dos projetos que sou*? [...] *mas a que preço?*" (560). E, mais adiante, escrevendo a respeito de ceder à fadiga, assinalou que "Não significa que eu deva necessariamente parar, mas apenas que só posso negar-me e parar através de uma *conversão radical* de meu ser-no-mundo, ou seja, por uma brusca metamorfose de meu projeto inicial, isto é, por outra escolha de mim mesmo e de meus fins. Tal modificação, além disso, é sempre possível" (572). Tudo isso é muito claro e factível, uma vez que a "conversão radical" em questão implica apenas passar de um conjunto de políticas e estratégias pessoais para outro, embora muitos dos projetos específicos possam pertencer a ambos, de conformidade com o princípio da *Prägnanz*, que define a relação entre "possíveis secundários" e o "possível fundamental". Contudo, há um mundo de diferença entre essa espécie de "conversão radical" e aquela apenas postulada na nota de rodapé apocalíptica a respeito da ética da salvação.

de um projeto anterior; [...] é precisamente o que se produz no caso de uma modificação de nosso projeto fundamental" (575).

Na verdade, a condição de possibilidade de uma conversão radical é a suspensão das determinações temporais especificadas por minha escolha anterior, e isso pode ser concebido no quadro da hermenêutica da existência sartriana apenas como o instante infinitesimal que se coloca entre dois projetos fundamentais radicalmente diferentes. Mas isso deve ser apresentado como um "indicativo da ontologia": ficamos sabendo que isso *é produzido* no caso de uma modificação radical de um projeto fundamental. Em outras palavras, a condição de possibilidade de uma conversão radical é a modificação radical do projeto fundamental através do instante. A mudança é concebida como um "instante libertador" no qual sou "subitamente exorcizado" e torno-me "radicalmente outro", executando uma metamorfose total de meu projeto original (586). E se, paradoxalmente, Sartre sustenta também que "é necessário compreender que a escolha original estende o tempo" (574), isso apenas traz para o primeiro plano as complexidades muitas vezes ameaçadoras de uma estrutura de pensamento antinômica, sem invalidar a importância primordial do instante libertador, que converte a situação precária em um momento estimulante e permite que o tempo em expansão faça meramente declarações mais ou menos prosaicas:

> Esses instantes extraordinários e maravilhosos, nos quais o projeto anterior desmorona no passado à luz de um projeto novo que surge sobre suas ruínas e que apenas ainda se esboça, instantes em que a humilhação, a angústia, a alegria, a esperança, casam-se intimamente, instantes nos quais abandonamos para captar e captamos para abandonar – tais instantes em geral têm podido fornecer a imagem mais clara e mais comovedora de nossa liberdade. (586)

De fato, uma descrição poética comovente da unidade existencialista de liberdade e paixão. No que se refere ao que deixamos partir para poder alcançar e que alcançamos para poder deixar partir, ou até onde isso nos levará com base na premissa necessária de nossa "paixão inútil", ou, ainda, qual o valor dessa conversão radical, enquanto o Outro continua a ser ontologicamente estabelecido como a permanente ameaça e o perversor até mesmo do mais autêntico projeto – todas essas questões estão banidas para sempre do horizonte de uma hermenêutica da existência concebida como uma aventura irremediavelmente individual.

5.5

O ponto de vista a partir do qual Sartre articula sua hermenêutica da existência é o do individualismo anarquista[43], e seu ponto de referência último é "a *solidão ontológica*

---

[43] Sartre reconheceu seu libertarianismo anarquista de maneira bem franca em algumas entrevistas. O relato de Simone de Beauvoir sobre a experiência que tiveram num café de Rouen (cf. p. 141 deste volume), quando decidiram que a luta proletária não era a luta deles, é de extrema importância quanto a isso, embora certamente as raízes de tal decisão estejam em um passado bem mais distante. Em *O ser*

194 *A obra de Sartre*

[original]* do Para-si" (563). Nesse espírito, ele insiste que o que chama de impulso em direção ao ser "só pode ser puramente individual e único" (689). É compreensível, pois, que a ontologia da solidão de Sartre assuma as dimensões de uma eidética da má--fé que pode ser coerentemente formulada do ponto de vista da individualidade isolada. E, em consonância com esse caráter da obra, as provas diante das quais nos vemos em *O ser e o nada* ou são analítico-dedutivas[44], ou surgem como representações, autênticas e plausíveis subjetivamente, de uma condição existencial.

A postura ontológica individualista de Sartre afirma-se pela atribuição ao "Outro" de um *status* radicalmente diverso do Para-si, com consequências de longo alcance para todos os aspectos de sua concepção. Segundo Sartre, "O outro [...] é uma hipótese *a priori* que *só tem por justificativa* a unidade que permite operar em nossa experiência" (296).

> [...] a realidade humana parece solitária [...] porque a existência do outro tem a natureza de um fato contingente e irredutível. Nós encontramos o outro, não o constituímos. E se, todavia, esse fato há de nos aparecer sob o ângulo da necessidade, não o será com a necessidade própria das "condições de possibilidade de nossa experiência", ou, se preferirmos, com a *necessidade ontológica*. (323)

Tal como Marx, Sartre deve muito à caracterização hegeliana da relação Senhor--Escravo em *A fenomenologia do espírito*. Cada um deles, porém, desenvolve os *insights* originais de Hegel em direções diametralmente opostas. A crítica de Marx à abordagem de Hegel visa aprofundar o dinamismo histórico inerente àquela relação, retificando a violação por parte de Hegel, ideologicamente determinada, da lógica interna de sua própria concepção[45]. Sartre, ao contrário, elimina radicalmente a dimensão histórica da relação e a transforma numa estrutura existencial atemporal. E, ao recusar ao Outro um *status* ontológico próprio, torna toda a relação extremamente problemática, determinando de modo peculiar não só o caráter do Outro, mas também a natureza da autoconsciência, especialmente em sua forma coletiva (o "Nós-sujeito"), como veremos logo a seguir.

Certamente, a asserção da solidão ontológica fundamental do Para-si não pode ser sustentada no isolamento. Como consequência, toda a amplitude de categorias a que

---

e o nada, Sartre atribuiu o anarquismo à burguesia; "a fraqueza da classe opressora radica no fato de que, embora dispondo de aparelhos precisos e rigorosos de coerção, ela é, em si mesma, profundamente anárquica. O 'burguês' [...] é uma consciência que não reconhece seu pertencer a uma classe" (530).

* No original de Mészáros, *"ontological solitude"*. No entanto, a versão em inglês diz *"original solitude"* (p. 456), e a francesa, *"solitude originelle"* (p. 500). A expressão "solidão ontológica" aparece uma única vez em *O ser e o nada*: na edição inglesa, p. 229; na brasileira, p. 298; e na francesa, p. 267. Ainda que Sartre tenha dito "solidão original", manteremos daqui em diante a expressão conforme usada por Mészáros, "solidão ontológica". (N. T.)

[44] Ver, por exemplo, a "prova ontológica" de Sartre nas páginas 32-5 de *O ser e o nada*, cit.

[45] Quanto a isso, ver meu ensaio "Marx filósofo", no livro *Filosofia, ideologia e ciência social* (trad. Ester Vaisman, São Paulo, Boitempo, 2008).

o Para-si está intimamente ligado pode ser definida em termos estruturalmente idênticos. Em outras palavras, as categorias são dispostas, de um lado, como primárias ou fundamentais ontologicamente e, de outro, como derivadas ou parasitárias. Eis como as mais importantes relações são descritas em *O ser e o nada*:

Ontologicamente primárias	*Derivadas ou parasitárias*
Consciência	O mundo
Ponto de vista individual	Ponto de vista global
Negação	Afirmação
Para-si	Em-si
Solidão ontológica	Unificação
Eu	O Outro
Totalidade individual	Humanidade
Conflito	Solidariedade
Singularidade incomparável	Nós-sujeito e Nós-objeto
Má-fé	Boa-fé
Falta	Realização
Possibilidade	Probabilidade
Liberdade e paixão	Causalidade e necessidade
Contingência e facticidade	*Ens causa sui*
Totalidade destotalizada	Totalidade totalizada
Deus ausente	Ideal ou valor
O Imperativo (realizar o irrealizável)	Exigências da sociedade
Imperfeição e fragmentação	A Síntese Imaginária (Beleza)

Se essa é a estrutura ontológica do ser, é inevitável, pois, que o significado ontológico mais profundo da realidade humana não possa ser senão o *sofrimento*, e a consciência dessa realidade humana deve ser definida como uma *consciência ontologicamente infeliz*: abordagem essa que, uma vez mais, elimina todas as conotações históricas do conceito de "consciência infeliz" de Hegel:

> a realidade humana surge como tal em presença de sua própria totalidade ou si enquanto falta desta totalidade. [...] ela reúne em si os caracteres incompatíveis do Em-si e do Para-si. [...] A realidade humana é sofredora em seu ser, porque surge no ser como perpetuamente impregnada por uma totalidade que ela é sem poder sê-la, já que, precisamente, não poderia alcançar o Em-si sem perder-se como Para-si. A realidade humana, por natureza, é consciência infeliz, sem qualquer possibilidade de superar o estado de infelicidade. (141)

Sartre constrói um quadro ontológico a partir de um conjunto de relações antinomicamente estruturadas e, consequentemente, situando-se ele mesmo de um dos lados, argumenta que a unificação de uma das partes com a outra é impossível por serem elas estruturalmente incompatíveis. Assim, aquilo que podia muito bem ser uma relação

196 *A obra de Sartre*

antinômica, em virtude de algumas determinações históricas identificáveis, é transformado em um absoluto. No espírito de seu compromisso ontológico com um ponto de vista individualista, associado a uma exclusão *a priori* da possibilidade "de assumir um ponto de vista global'" (450), Sartre insiste, como se se tratasse de algo absolutamente autoevidente por si mesmo, que "o si *é individual* e impregna o Para-si como seu *acabamento individual*" (142). Não é difícil concordar que, na medida em que o projeto ontológico é concebido como a perfeição individual do si, essa perfeição só pode "impregnar" o Para-si. Do mesmo modo, se adoto como ponto de partida absoluto "a solidão ontológica do Para-si", só posso atribuir ao Outro um *status* ontológico derivado e hipotético. É claro, porém, que todo esse procedimento é extremamente problemático. Pois só "analiticamente" (tautologicamente) é verdadeiro que "o si é individual" na medida em que o "si individual" certamente é individual. Porém, esse "si individual" não é nada mais do que um construto filosófico unilateral.

O si real, por contraste, é a unidade dialética entre o indivíduo e as determinações sociais, logo ambos, individual e não individual; por isso, não pode ter concebivelmente uma mera "perfeição individual". Contudo, uma vez que parti de uma concepção ontológica individualista puramente do si, a ideia da completude deve e só pode surgir como o imperativo abstrato de uma totalidade irrealizável. Além disso, uma vez que só se pode atribuir ao "Outro" um *status* ontológico totalmente inadequado como mera hipótese, todas as combinações possíveis entre o si e o Outro têm de sofrer as consequências da determinação ontológica problemática deste último. Como resultado, a dimensão social do si aparece como uma ilação ontológica posterior, que se ergue sobre a base derivada da hipótese do Outro, transformando o Para-si em um ser degradado, petrificado e reificado: "O Para-si, *sozinho*, é transcendente ao mundo, é o nada pelo qual há coisas. O outro, ao surgir, confere ao Para-si um ser-Em-si-no-meio-do-mundo, como coisa entre coisas. Esta petrificação em Em-si pelo olhar do outro é o sentido profundo do mito da Medusa" (531).

Há de se notar uma mudança significativa de ênfase em comparação com o antigo ensaio de Sartre sobre a ideia de intencionalidade de Husserl, que termina com algumas palavras de entusiasmo, no espírito de um otimismo epistemológico e ontológico: nós nos descobrimos no metrô, na cidade, no meio da multidão, "*coisa entre as coisas, homem entre os homens*"[46]. Agora, as três últimas palavras são reveladoramente eliminadas e a sufocante atmosfera da reificação a tudo permeia. Ademais, o otimismo epistemológico e ontológico que caracterizava não só o ensaio sobre Husserl, mas também *A transcendência do ego*[47], torna-se agora um alvo existencialista sob mira, condenando Hegel em nome de uma concepção fundamental da condição humana dominada por um conflito irreconciliável:

---

[46] Jean-Paul Sartre, *Situações 1*, cit., p. 57.

[47] O mesmo otimismo epistemológico é evidente em *A transcendência do ego*. Em contraposição, agora a *multidão* se torna uma "*materialidade monstruosa*", e o indivíduo indefeso é descrito como "submergido na multidão-instrumento pelo olhar do líder" (523).

Liberdade e paixão: o mundo de O ser e o nada 197

Em primeiro lugar, Hegel nos parece pecar por um otimismo epistemológico. Com efeito, parece-lhe que a verdade da consciência de si pode aparecer, ou seja, que pode ser realizado um acordo objetivo entre as consciências, com o nome de reconhecimento de mim pelo outro e do outro por mim. (311)

Mas há em Hegel outra forma de otimismo, mais fundamental. É o que convém chamarmos de otimismo ontológico. Para ele, com efeito, a verdade é verdade do Todo. E Hegel se coloca do ponto de vista da verdade, ou seja, do Todo, para encarar o problema do outro. [...] consciências são momentos do todo, momentos que são, por si mesmos, "*unselbstständig*" [dependentes], e o todo é mediador entre as consciências. Daí um otimismo ontológico paralelo ao otimismo epistemológico: a pluralidade pode e deve ser transcendida rumo à totalidade. (315)

[...] o único ponto de partida seguro é a interioridade do *cogito*. [...] Nenhum otimismo lógico ou epistemológico poderia, portanto, fazer cessar o *escândalo* da pluralidade das consciências. Se Hegel supôs tê-lo conseguido, é porque nunca apreendeu a natureza desta dimensão particular de ser que é a consciência (de) si. [...] ainda que tenhamos conseguido fazer a existência do outro participar da certeza apodíctica do *cogito* – ou seja, de minha própria existência –, nem por isso logramos "transcender" o outro rumo a alguma totalidade intermonadária. A dispersão e a luta das consciências permanecerão como são. (316)

Assim, a pluralidade de consciências é um "escândalo", e a "luta" é uma condição ontológica primária e insuperável. "O conflito é o sentido originário do ser-Para-outro" (454), e a unidade com o Outro é radicalmente impossível (455-6). A relação se concebe na estrutura *formal* de reciprocidade, entendida como simetria, obliterando a dimensão de uma gênese sócio-histórica real. "Procuro subjugar o outro, o outro procura me subjugar" (454). A verdade plena e amargamente intragável da questão, no entanto, é que apenas um dos lados do conflito é bem-sucedido na escravização do outro e, ainda assim, não em virtude de alguma reciprocidade ontológica abstrata, mas porque, como um fato da "existência bruta", ele obtém historicamente o domínio das condições de trabalho e isso destrói até mesmo a aparência da reciprocidade formal, efetivando a estrutura da dominação não como um imperativo ontológico, mas como um conjunto de relações sociais reais, *historicamente* persistente, e assim, pelo menos em princípio, também historicamente *superável*.

Contudo, a reciprocidade formal de Sartre, que é constituída sobre a premissa ontológica do "estes individuais" antagonicamente opostos – muito parecida com o *bellum omnium contra omnes* de Hobbes –, só pode ser descrita como um círculo existencial--ontológico fatal: "o círculo vicioso das relações com o Outro" (506). "Meu projeto de recuperação de mim é fundamentalmente projeto de reabsorção do outro" (455), mas a estrutura formal de reciprocidade assegura que o projeto falhe e se reproduza perpetuamente como irrealizável, negando assim, *a priori*, toda possibilidade de escapar do círculo vicioso dignificado ontologicamente. A ideia de uma relação *dialética* com o Outro é categoricamente rejeitada em favor da circularidade existencial, estipulando que "jamais podemos sair do círculo vicioso" (454), como vimos anteriormente. E até mesmo as estratégias mais fundamentais de fuga, o *sadismo* e o *masoquismo*, estão condenadas à futilidade. Nem o *ódio* consegue ir mais longe do que isso: "O ódio não per-

198 A obra de Sartre

mite sair do círculo vicioso. Representa simplesmente a última tentativa, a tentativa do desespero. Após o fracasso desta tentativa, só resta ao Para-si *retornar ao círculo* e deixar--se oscilar indefinidamente entre uma e outra das duas atitudes fundamentais" (511). Se as condições e determinações ontológicas fundamentais são descritas desse modo, como poderia a ideia de "uma moral da libertação e da salvação", alcançada "ao termo de uma conversão radical que não podemos abordar aqui" (511), ser algo mais do que um postulado gratuito, encapsulado numa nota de rodapé de três linhas? Assim, como poderia *minha* "conversão radical"[48] alterar fundamentalmente a "estrutura ontológica do ser", que é definido como *a priori* incompatível com a ideia de uma mudança, em contraste o mais cortante possível com a "experiência *psicológica* realizada por um homem *histórico*" (531)? E quanto ao Outro? A esse respeito devo visualizar a simultânea "conversão radical" de todos – o que é *a priori* rejeitado, doze páginas depois da nota de rodapé, como "um projeto abstrato e irrealizável do Para-si rumo a uma totalização absoluta de si mesmo e de todos os outros" (523) – ou devo buscar abrigo na ideia mítica do "*instante*", associado ao entusiasmo do igualmente místico "*Apocalipse*", uma ideia que surge na obra de Sartre imediatamente após a guerra.

Do modo como as coisas estão em *O ser e o nada*, o círculo existencial-ontológico define o caráter e os limites do empreendimento humano:

> Trabalha-se para viver e vive-se para trabalhar. A questão do sentido da totalidade "vida--trabalho" – "Por que trabalho, eu que vivo?", "Por que viver, se é para trabalhar?" – só pode ser posta no plano reflexivo, já que encerra uma descoberta do Para-si por si mesmo. (266)

Essa passagem segue-se à descrição do uniforme de um operário que conserta telhados, como exemplo de como o "ser-Para-outro" reporta-nos à "remissão ao infinito dos complexos de utensilidade", retratada como uma cadeia da qual o "para quem" é meramente um elo incapaz de romper a cadeia. É compreensível, pois, que a determinação ontológica das estruturas de reificação restringe a busca do sentido ao nível *reflexivo* de uma descoberta da própria "incomparável singularidade". E é aqui que as limitações da postura individualista se tornam penosamente visíveis. Pois, obviamente, a cadeia da reificação capitalista deve ser rompida se eu quero constituir um significado que me é recusado dentro do círculo, embora, por certo, seja impossível conceber a realização dessa tarefa por meio de uma ação puramente individual.

Sartre é, naturalmente, um pensador grande demais para estabelecer uma solução tão absurdamente individualista que elevaria Dom Quixote à estatura de todos os

---

[48] Em seu ensaio sobre "O existencialismo de Sartre", Marcuse escreveu: "Numa nota em *L'être et le néant* [*O ser e o nada*] foi dito que era possível uma moralidade de libertação, mas que isso exigiria uma 'conversão radical'. Os escritos de Sartre e as atitudes que tomou nestas últimas duas décadas são uma conversão desse tipo", em *Studies in Critical Philosophy* (Londres, NLB, 1972), p. 189. Isso pode ser verdadeiro sobre Sartre, pessoalmente, mas esse tipo de conversão pessoal (se é que podemos descrever o desenvolvimento de Sartre nesses termos) não resolve a contradição existente entre a moral da libertação e da salvação postulada e a estrutura ontológica do ser, como foi sistematizado em *O ser e o nada*.

Liberdade e paixão: o mundo de O ser e o nada 199

heróis positivos da literatura mundial combinados em um só, de Hércules e El Cid a Figaro e Julien Sorel. O senso de realismo de Sartre não só especifica a inseparabilidade necessária de Dom Quixote (liberdade absoluta) e Sancho Pança (contingência e facticidade absolutas), mas também produz uma fusão completa dos dois na identidade estipulada de "*escolha* autêntica" e "*ação* radical": um vigoroso Dom Quixote que traz *em* si, e não apenas *consigo*, o seu Sancho Pança. (Não há, pois, perigo de uma colisão frontal com o moinho de vento da sociedade. Nosso herói fundido não se interessa pelo êxito da liberdade, mas pela possibilidade da ação. E ele pode ser sempre bem-sucedido no agir, pois o que quer que faça ou não faça é necessariamente ação, até mesmo quando tudo importe em nada mais do que a escolha de recusar-se a escolher.)

Mesmo assim, porém, o empreendimento permanece problemático. Pois a auto-descoberta individual de alguém, não importa quão autêntica seja a escolha, não pode afetar significativamente as estruturas compactas da dominação, com todos os seus antagonismos e complexos instrumentais. Por isso é que a busca do significado não pode se tornar inteligível "no nível *reflexivo*": o terreno da individualidade isolada. "Trabalha-se para viver e vive-se para trabalhar" não é apenas um círculo, mas o mais vicioso de todos os círculos viciosos concebíveis nas circunstâncias do trabalho alienado, precisamente porque, como circularidade de um "existente em bruto", constitui a base material de toda dominação, logo é radicalmente incompatível com uma vida plena de significado. Assim, a busca de significado é idêntica a *romper o círculo vicioso da auto-objetificação alienada*, a qual implica não uma "autodescoberta do Para-si", mas o rompimento prático e a reestruturação radical de toda a imensa cadeia de complexos instrumentais, em relação à qual o indivíduo isolado, em toda a sua "incomparável singularidade", nada mais é do que uma vítima indefesa. E, dado o tamanho do empreendimento, para não falar em seu caráter inerente, isso significa que a efetivação da tarefa envolvida só pode ser concebida como uma intervenção radical ao nível da *práxis social*, com o objetivo de submeter ao controle social consciente as determinações materiais cruciais, humanas, institucionais e instrumentais: tarefa que implica uma viável *consciência social* responsável pela situação, em contraste com a autoconsciência puramente *individual* concernente à sua própria autodescoberta autêntica no nível reflexivo-contemplativo.

Contudo, o mundo de *O ser e o nada* é radicalmente incompatível com essa consciência social. Partindo da "solidão ontológica do Para-si", a existência do Outro é estabelecida às custas de identificar *objetividade* com *alienação* e estipulando a *insuperabilidade absoluta* dessa alienação:

> Meu pecado original é a existência do outro; [...] Capto o olhar do outro no próprio cerne de meu ato, como *solidificação* e *alienação* de minhas próprias possibilidades (338). [...] minha *possibilidade* se converte, *fora de mim*, em *probabilidade* (341). Assim, o ser-visto constitui-me como um ser sem defesa para uma liberdade que não é a minha liberdade. [...] esta escravidão não é o resultado – *histórico* e susceptível de ser *superado* (344). Meu ser Para-outro é uma queda através do vazio absoluto em direção à *objetividade* (352). A vergonha é o sentimento de pecado original [...] simplesmente pelo fato de [eu] ter "caído" no

200 A obra de Sartre

mundo, em meio às coisas, e necessitar da *mediação* do outro para ser o que sou (369). [...] pelo fato da existência do outro, existo em uma situação que tem um lado de fora, e que, *por esse mesmo fato*, possui uma dimensão de *alienação* que *não posso remover de forma alguma*, do mesmo modo como não posso agir diretamente sobre ela. Este limite à minha liberdade, como se vê, é colocado pela *pura e simples existência* do outro (644). Assim, o sentido mesmo de nossa livre escolha consiste em fazer uma situação que exprime tal escolha e da qual uma característica *essencial* é ser *alienada*, ou seja, existir como forma em si para o outro. *Não podemos escapar a esta alienação*, pois seria absurdo sequer sonhar em existir de outro modo que não em situação. (644-5)

Como se poderia escapar do círculo pela solidariedade que se ergue sobre o fundamento de uma condição compartilhada, se a "pura e simples existência" do Outro converte a objetividade em escravidão permanente pela definição da "essência" de toda situação como alienação? Como se poderia sequer conceitualizar a possibilidade de uma luta social contra a objetividade reificada, se é atribuída à reificação a dignidade ontológica de "solidificação" e "petrificação", tal como contida no "sentido profundo do mito de Medusa"[49]? E como se poderia almejar um fim do desamparo da individualidade isolada mediante uma reciprocidade *dialética* e uma *mediação* com outros, se a dialética da reciprocidade é convertida em uma circularidade autodestrutiva e a mediação é *a priori* condenada como o domínio do Outro em meu próprio ser, depois de ter eu caído miticamente pelo "vácuo absoluto" na objetividade-alienação--petrificação da minha situação?

Ao adotar o ponto de vista do individualismo anarquista, Sartre impõe a si mesmo as características limitações desse quadro como uma série de conceitualizações para a exclusão de outras: uma abordagem cujo traço mais saliente é a rejeição *a priori* da possibilidade de uma supressão histórica da alienação, desvinculando a *objetividade* da *reificação*, em uma reversão radical do processo histórico original de vinculação correspondente à "condição inconsciente" do desenvolvimento humano

---

[49] O fato de que o mito de Medusa (531) tenha sido virado "do avesso" para ajustar-se à teoria (pois originalmente não é o mítico olhar do Outro sobre mim que causa minha petrificação, mas sim *meu próprio* olhar proibido para a Medusa) não nos deve preocupar demais. Muito mais importante é o uso geral feito das relações simbólicas apresentadas. Em última análise, todas elas se prendem à questão da apropriação: o individualismo de Sartre o impede de conceber a apropriação senão em termos simbólicos, uma vez que uma plena apropriação em relação ao indivíduo isolado é claramente inconcebível. Essa posição é projetada miticamente a um passado que precede a divisão do trabalho, e aí encontramos a versão existencialista de Sartre da "robinsonada", que se destina a alinhar *produção* e *apropriação* como individualistas e, como tais, ontologicamente fundamentais. Estamos diante de uma fictícia antropologia de gabinete, em nome de uma descrição ontológica das relações fundamentais, e terminamos com uma conclusão perversa que identifica o "luxo" como mais próximo da propriedade original: "*Originariamente* [...], *eu mesmo* faço para mim o objeto que quero possuir. *Meu arco, minhas flechas* [Sexta-feira chega depois] [...] A divisão do trabalho obscureceu essa relação primordial sem eliminá-la. O *luxo* é uma degradação da relação; na forma primitiva do luxo, possuo um *objeto que fiz fazer* [*fait faire*] para mim, por pessoas minhas (escravos, criados nascidos na casa). O luxo é, pois, a forma de propriedade mais próxima da propriedade primitiva" (720).

até o presente momento. A postura individualista de Sartre, contudo, priva-o das ferramentas conceituais exigidas para visualizar uma solução de tais problemas. No quadro conceitual de *O ser e o nada*, a possibilidade de uma consciência coletiva genuína é um falimento *a priori*, uma vez que a autoconsciência é, por definição, puramente individual, e a ideia de um inconsciente é categoricamente rejeitada já no nível da consciência individual. Assim, podemos ver de novo que Sartre caminha em direção diametralmente oposta ao desenvolvimento dado por Marx a esses problemas. Embora adote a identificação hegeliana entre *alienação* e *objetividade*, que é inerentemente a-histórica, ele vai muito mais longe, liquidando até mesmo os resquícios de historicidade dessas relações ao declarar a vacuidade do conceito de uma humanidade historicamente em desenvolvimento. Antecipando em mais de duas décadas as lamentações de Althusser, Sartre escreveu:

> Mas, caracterizando-se Deus como ausência radical, o esforço para realizar a *humanidade como nossa* é renovado sem cessar e sem cessar resulta em *fracasso*. Assim, o "nós" humanista – enquanto nós-objeto – propõe-se a cada consciência individual como um ideal *impossível* de atingir, embora cada um guarde a ilusão de poder chegar a ele ampliando progressivamente o círculo das comunidades a que pertence; esse "nós" humanista mantém-se como um *conceito vazio*, mera indicação de uma possível extensão do uso vulgar do nós. Toda vez que utilizamos o "nós" nesse sentido (para designar a humanidade sofredora, a humanidade pecadora, para determinar um *sentido objetivo da história*, considerando o homem como um objeto que *desenvolve suas potencialidades*), limitamo-nos a indicar certa experiência concreta a ser feita em presença do terceiro absoluto, ou seja, Deus. Assim, o conceito-limite de humanidade (enquanto totalidade do nós-objeto) e o conceito-limite de Deus implicam-se mutuamente e são correlatos. (523-4)

O fato, no entanto, é que a "humanidade como nossa" existe muito claramente em forma alienada e praticamente se afirma como história do mundo através do mercado mundial e da divisão do trabalho em escala mundial[50]. Além disso, o conceito de homem que desenvolve suas potencialidades em nada implica a formulação de um ideal impossível, encarado a partir do ponto de vista ilusório do Terceiro absoluto, Deus, mas requer que se capte a realidade desconcertante das estruturas de dominação no processo dinâmico de seu desdobramento objetivo e de sua dissolução potencial, do ponto de vista de um sujeito coletivo que se autodesenvolve[51]. Na ausência de tal consciência social, as estruturas da alienação permanecem "em dominância" sobre o indivíduo isolado, que está perdido na selva de uma totalidade não estruturada e no "retrocesso infinito dos complexos instrumentais". E a história, desprovida de sua dimensão fundamental de "continuidade na mudança e mudança na continuidade" pela negação categórica da possibilidade de um sujeito coletivo real, deixa de existir em

---

[50] Ver a exposição de Marx sobre esses problemas em Karl Marx e Friedrich Engels, *A ideologia alemã* (trad. Rubens Enderle, Nélio Schneider e Luciano Cavini Martorano, São Paulo, Boitempo, 2007).

[51] Idem.

202 *A obra de Sartre*

sentido significativo do termo e se torna uma dimensão ontologicamente insignificante da existência individual, afetando apenas de leve a camada mais exterior da superfície psicológica. A multiplicidade das aventuras individuais não pode ser unida nem mesmo num dado ponto do tempo: como poderia, então, ser unida através da historia? A atividade humana é concebida como puramente individual, e a direção de uma série de ações é definida através da coerência estrutural das estruturas primárias e secundárias do projeto fundamental. Quanto à mudança, até mesmo à mudança radical, vemo-nos diante do misterioso "momento" ou "instante", que é destacado para oferecer sua própria explicação em virtude de sua simples ocorrência, sem qualquer possibilidade de determinações anteriores. A definição do empreendimento humano como aventura estritamente individual, com a negação radical da possibilidade de uma consciência social significativa que se erga sobre a base concreta da história, deixa-nos com o "Quarto derradeiro": o filósofo contemplativo que, negando a posição do "Terceiro absoluto" e de seu correlato necessário, o "Nós-humanista", anuncia o significado ontológico mais profundo da realidade humana: "o homem é uma paixão inútil". E o faz identificando *diretamente* a *individualidade* isolada com a *universalidade* do "homem ontológico" – em flagrante contraste com a objetividade alienada do "homem histórico", que representa a mediação deteriorada do Para-si com o Outro – através da estipulação de uma relação *simbólica* fundamental de equivalência entre as duas.

No contexto dos pressupostos individualistas de Sartre, a solidão ontológica do Para-si e o caráter essencialmente degradado da função mediadora do Outro, não pode haver outro caminho senão esse. Não pode haver consciência social genuína, não só no nível da "humanidade como nossa", mas igualmente no domínio das relações de classe. Ou somos confrontados às *manifestações simbólicas* diretas de relações ontológicas profundas, ou à "experiência psicológica realizada por um homem histórico". Por consequência, a ideia de "consciência de classe" é relegada à posição de uma "experiência estritamente psicológica" e derivada, que não pode afetar significativamente as relações ontológicas fundamentais:

> A consciência de classe é, evidentemente, a assunção de um nós particular, por ocasião de uma situação coletiva mais nitidamente estruturada do que de costume. [...] a situação das classes opressoras oferece às classes oprimidas a imagem de um terceiro perpétuo que as considera e as transcende por sua liberdade. (520)
>
> O fato primordial é que o membro da coletividade oprimida, que, enquanto simples pessoa, está comprometido em conflitos fundamentais com outros membros desta coletividade (amor, ódio, rivalidade de interesses etc.), capta sua condição e a dos outros membros desta coletividade enquanto vistas e pensadas por consciências que lhe escapam. [...] descubro o nós em que estou integrado ou "a classe", lá fora, no olhar do terceiro, e é esta a alienação coletiva que assumo ao dizer "nós". (521)
>
> A classe oprimida, com efeito, só pode afirmar-se como nós-sujeito em relação à classe opressora. (522)
>
> Mas a experiência do nós permanece no terreno da psicologia individual e continua sendo símbolo da almejada unidade das transcendências; [...] as subjetividades continuam fora de alcance e radicalmente separadas. (526-7)

Liberdade e paixão: o mundo de O ser e o nada 203

[...] a experiência do nós-sujeito não tem qualquer valor de revelação metafísica; depende estritamente das diversas formas do Para-outro e constitui apenas um enriquecimento empírico de algumas delas. É a isto, evidentemente, que deve-se atribuir a extrema instabilidade desta experiência. Ela surge e desaparece caprichosamente, deixando-nos diante de outros-objetos, ou bem ante um "se" ["nós"]* impessoal que nos olha. [...] Em vão desejaríamos um nós humano no qual a totalidade intersubjetiva tomasse consciência de si como subjetividade unificada. Semelhante ideal só poderia ser um sonho produzido por uma passagem ao limite e ao absoluto, a partir de experiências fragmentárias e estritamente psicológicas. Este mesmo ideal, além disso, subentende o reconhecimento de conflito das transcendências como estado original do ser-Para-outro. (529-30)

[...] o nós-sujeito é uma experiência psicológica realizada por um homem histórico, imerso em um universo trabalhado e uma sociedade de tipo econômico definido; nada revela de particular, é uma "*Erlebnis*" [experiência] puramente subjetiva. [...] É uma experiência psicológica pressupondo, de um modo ou de outro, que a existência do outro enquanto tal tenha-nos sido previamente revelada. Por isso, seria inútil que a realidade-humana tentasse sair desse dilema: transcender o outro ou deixar-se transcender por ele. A essência das relações entre consciências não é o *Mitsein* [ser-com], mas o conflito. (531)

Temos aí uma sucessão de princípios extremamente problemáticos, que explicam a "hermenêutica da existência" no plano social como um sistema de imobilidade total. Nesse sistema, a "situação coletiva" não é uma condição ontológica primordial, mas meramente uma "ocasião" em relação à qual a consciência de um "Nós" particular pode ser assumida, se a situação for "mais nitidamente estruturada do que de costume". (O que a faz tornar-se mais nitidamente estruturada nunca ficamos sabendo.) Essa situação derivada contrastada com o "fato primordial" dos "conflitos fundamentais" (amor, ódio, rivalidade de interesses etc.), em que *todos* os indivíduos estão envolvidos (*bellum omnium contra omnes*), como matéria de determinação ontológica e, por isso, toda concebível solidariedade dos membros da classe oprimida, que estão entre si necessariamente dilacerados por conflitos ontologicamente básicos, tem de permanecer secundária, irremediavelmente instável e, em última análise, ilusória. Ademais, a "situação coletiva" não é uma determinação objetiva, mas meramente uma determinação presumida, que projeto sobre mim quando digo "Nós" sob o olhar fixo do "Terceiro perpétuo"[52]. Como consequência, o "Nós-sujeito", em sua caprichosa instabilidade, deve necessariamente postular a permanência da classe opressora, da qual depende estruturalmente nessa ontologia de cabeça para baixo de *O ser e o nada*, em flagrante contraste até mesmo com os *insights* de Hegel, sobre essa questão, em sua exposição sobre a relação Senhor-Escravo, para não falar em Marx. Isso significa que estamos

---

* Aqui parece ter havido um deslize por parte do tradutor da edição brasileira. Tanto a tradução inglesa (p. 428) usada por Mészáros quanto o original em francês (p. 469) trazem "nós" ("*they*" e "*on*", respectivamente). (N. T.)

52 Esse "Terceiro perpétuo" não deve ser confundido com o "Terceiro absoluto" nem com o "Terceiro neutro" (531).

204 *A obra de Sartre*

trancados para sempre nas estruturas da "classe em-si"[53], que extrai sua identidade e consciência da mera negação da classe oponente, e a constituição da "classe-para-si"[54], através da qual pode ser concebido um fim para o antagonismo de classe e a existência de classe pode ser visualizada, é declarada *a priori* impossível. A experiência da solidariedade *coletiva* é confinada à psicologia *individual*, e a contradição inerente é descartada pela sugestão gratuita de uma relação *simbólica* de identidade entre essa manifestação paradoxal da "psicologia individual" e o desejo pela "unidade impossível das transcendências radicalmente separadas". O caráter "estritamente psicológico" dessas relações é reiterado seguidas vezes e contraposto acentuadamente ao "estado originário do ser-Para-outro", definido como um conflito insolúvel a ser perpetuamente representado dentro dos limites do círculo existencial-ontológico. Assim, as experiências psicológicas do homem histórico, aprisionado num universo de trabalho de objetividade alienada (por definição), admitem a inevitabilidade da impotência como uma imagem espelhada degradada da inutilidade ontológica última da paixão humana.

Porém, uma vez mais, devemos indagar: como poderia isso tudo ser diferente, a partir da *suposta premissa* da solidão ontológica do Para-si, que *estipula* a impossibilidade *a priori* de uma unidade do eu com outros pela mediação social significativa? Enquanto a totalidade é definida como "uma relação ontológica interna dos 'istos', [que] só pode se desvelar no e pelo 'istos' singulares" (243), e enquanto a realidade humana é concebida como uma "totalidade destotalizada que se temporaliza em perpétuo inacabamento" (242), do mesmo modo todas as combinações possíveis do Para-si com outros têm de permanecer secundárias e problemáticas. A rejeição *a priori* da mediação interpessoal-social como "objetividade-alienação" condena a possibilidade de combinações à futilidade da mera exterioridade (embora, de fato, fosse necessária uma definição precisa dos critérios que possam separar as combinações significativas de seus equivalentes reificados) e descarta a ideia de constituir ontologicamente relações significativas com base nelas:

> Não é uma propriedade concreta do grupo ser "grupo de três". Nem é uma propriedade de seus membros. [...] A relação de *quantidade* é, portanto, uma relação Em-si de *exterioridade*, mas *puramente negativa*. [...] ela se isola e se destaca na superfície do mundo como um reflexo do nada sobre o ser. (255)

Mas, uma vez que a "relação de quantidade" é um pré-requisito necessário à constituição de uma mediação social e de uma consciência coletiva viáveis, o passo que vai do um auto-orientado aos muitos autoconscientes certamente não importa em uma relação "puramente negativa e exterior", mas na positividade desafiadora de uma espécie diferente de relação interna: aquela tornada possível pela dialética da quantidade e

---

[53] Ver a exposição de Marx sobre a "classe para-si" em sua "Introdução" à *Crítica da filosofia do direito de Hegel*, cit.

[54] Ver meu ensaio "Contingent and Necessary Class Consciousness", em *Aspects of History and Class Consciousness* (Londres, Routledge & Kegan Paul, 1971).

Liberdade e paixão: o mundo de O ser e o nada 205

qualidade, inerente a uma mediação social efetiva. Consequentemente, ela não pode ser subsumida ao modelo de uma "totalização destotalizada dos istos individuais", que visa a preservar, na "totalidade irrealizável de uma unificação impossível", a singularidade incomparável do Para-si ontologicamente solitário. Por contraste, no quadro dos pressupostos ontológicos individualistas de Sartre, o passo que vai do "Eu" ao "Nós", que aparece em "a própria liberdade cria os obstáculos de que padecemos" (608), representa uma fusão arbitrária dos sujeitos individual e coletivo em uma entidade de ambiguidade extrema: um sujeito quase coletivo que só se torna inteligível como um ser inerentemente histórico[55] e que, todavia, transcende toda a história no discurso abstrato-ontológico da liberdade absoluta e da responsabilidade absoluta. E o procedimento que cria esse sujeito a-histórico e curiosamente plural é ainda mais suspeito, uma vez que Sartre descarta o "Nós-sujeito" da ação sócio-histórica real como uma "experiência estritamente psicológica" desprovida de status ontológico próprio.

Se, como Sartre admite, o método proposto por ele para uma psicanálise existencial deixa "muito a desejar", isso não se dá simplesmente, como ele sugere, "pois, neste domínio, tudo ainda está por se fazer" (564), mas devido ao caráter problemático dos próprios princípios metodológicos inerentes a seu ponto de vista ontológico. A asserção de que "em *cada* inclinação, em *cada* tendência, a pessoa se expressa *integralmente*" (690), uma vez que "em cada uma delas [tendências] acha-se a pessoa na sua *inteireza*" (690), pode bem concordar com o princípio segundo o qual "o ser do Para-si é uma aventura individual" e "a escolha do Para-si é sempre a escolha da situação concreta em sua incomparável singularidade" (730), mas isso gera um método de análise que tende a se desintegrar na *interminável*[56] particularização da "má infinitude" (Hegel).

A definição do projeto original como "o centro de referência de uma *infinidade* de significações *polivalentes*" (697) está associada à ideia de que "o Para-si, em sua liberdade, não *inventa* somente seus fins primários e secundários: *inventa* ao mesmo tempo todo o *sistema de interpretação* que permite suas interconexões. [...] o sujeito

---

[55] Ver a exposição de Marx sobre as gerações de homens que herdam determinadas condições de existência e que, a partir delas, partem para sua transformação, em *A miséria da filosofia* [São Paulo, Expressão Popular, 2009] de 1847.

[56] Em *O ser e o nada*, Sartre foi muito crítico a respeito do texto sobre Flaubert em *Essais de psychologie contemporaine*, de Paul Bourget [Charleston, Nabu Press, 2010], dizendo que "semelhante análise psicológica parte do postulado de que um fato individual se produz pela intersecção de leis abstratas e universais. O fato a ser explicado – neste caso, as tendências literárias do jovem Flaubert – resolve-se em uma combinação de desejos típicos e abstratos, tais como os encontramos no 'adolescente em geral'. O que há de concreto, aqui, é somente a combinação entre eles; por si sós não passam de esquemas. O abstrato é, pois, por hipótese, anterior ao concreto, e o concreto é apenas uma organização de qualidades abstratas; o individual é somente a intersecção de esquemas universais. Porém – outra absurdidade lógica de tal postulado –, vemos claramente, no exemplo escolhido, que ele deixa de explicar o que constitui precisamente a *individualidade* do projeto em consideração. [...] Ademais, tal método relega o *puro individual*, que foi banido da *subjetividade* de Flaubert, às circunstâncias exteriores de sua vida" (683-4). Posteriormente, ele dirigiu a mesma crítica ao marxismo em geral.

206 *A obra de Sartre*

deve oferecer suas pedras de toque e seus critérios pessoais" (580). Por consequência, o psicanalista, "a cada vez, terá de reinventar uma *simbólica*, em função do caso *particular* sob consideração" (701). Pois "a escolha é vivente e, por conseguinte, sempre pode ser *revogada* pelo sujeito estudado. [Revogada através de] *abruptas* mudanças de orientação. [...] trata-se de compreender aqui o *individual* e, muitas vezes, até mesmo o *instantâneo*. O método que serviu a um sujeito, por essa razão, não poderá ser empregado em *outro* sujeito ou no *mesmo* sujeito em uma época posterior" (701). Não é preciso dizer que a rejeição de uma mediação social dialética é que traz consigo a particularização dispersiva desse método. E este, longe de seguir o caminho em que se supõe que o próprio sujeito invente o sistema adequado de interpretações e ofereça "suas pedras de toque e seus critérios pessoais", acaba, ao contrário, por inventar *para* o sujeito um quadro quase ficcional de interpretação, como Sartre mesmo é mais tarde obrigado a admitir[57] a respeito da realização concreta de seu antigo projeto sobre Flaubert[58]. A rejeição metodologicamente explícita da generalização produz tanto a particularização dispersiva das generalidades ontológicas subjacentes da proclamada "escolha fundamental do ser"[59], quanto a estrutura quase ficcional de interpretação que, nas próprias palavras de Sartre, inventa até mesmo o sujeito, numa tentativa desesperada de encapsular a má infinitude da particularização dispersiva num mundo de sua própria invenção.

---

[57] "Em meu livro sobre Flaubert, estou estudando pessoas imaginárias – pessoas que, a exemplo de Flaubert, representam papéis. O homem é como um vazamento de óleo, subtraindo-se para o imaginário. Flaubert fez isso continuamente; [...] Escrever sobre Flaubert por meio da ficção já me basta – de fato, a obra pode ser considerada um *romance*. Só gostaria que as pessoas dissessem que o livro é um autêntico romance. Tentei atingir um certo nível de compreensão de Flaubert através das hipóteses. Portanto utilizo a ficção – dirigida e controlada, mas ainda ficção – para investigar por que, digamos, Flaubert escreveu algo no dia 15 de março e exatamente o contrário do que dissera naquele dia em 21 de março, ao mesmo destinatário, sem se preocupar com a contradição. Nesse sentido, minhas hipóteses são um tipo de *invenção da personagem*", Jean-Paul Sartre, "Itinerário de um pensamento", cit., p. 219 e 221. Anos antes, em *A náusea*, ideias muito semelhantes são apresentadas por Roquentin em suas reflexões sobre os problemas de uma biografia que planeja escrever sobre Rollebon: "Muito bem: ele pode ter feito tudo isso, mas não há provas: começo a achar que nunca se pode provar nada. Trata-se de *hipóteses* honestas que explicam os fatos: mas sinto tão claramente que provêm de mim, que são simplesmente uma maneira de unificar meus conhecimentos!... Não vem nenhum lampejo da parte de Rollebon. Lentos, preguiçosos, enfadonhos, os fatos se acomodam ao rigor da *ordem que quero lhes dar*, mas ele lhes permanece exterior. Tenho a impressão de estar fazendo *um trabalho puramente imaginativo*. Além do mais, estou convencido de que personagens de romance pareceriam *mais verdadeiros*", *A náusea*, cit., p. 30-1.

[58] Esse projeto está expresso de forma bastante detalhada em *O ser e o nada* (684-9), no contexto da "psicanálise existencial". E Sartre conclui: "Esta psicanálise ainda não encontrou seu Freud; quando muito, podem-se encontrar seus prenúncios em certas biografias particularmente bem-sucedidas. Esperamos poder tentar alhures dois exemplos, acerca de Flaubert e de Dostoiévski" (703).

[59] Nesse sentido, a "particularização" é, de fato, a mais abstrata de todas as generalizações possíveis, uma vez que visa estabelecer uma *relação simbólica de identidade* entre o "incomparavelmente único" e o "absoluto ontológico", excluindo *a priori* todas as categorias de mediação social, que pertencem à esfera da "experiência psicológica realizada pelo homem histórico, imerso em um universo trabalhado" de objetificação alienada na superfície do ser.

Liberdade e paixão: o mundo de O ser e o nada 207

Assim, mesmo a esse respeito, a adoção de uma posição individualista extremada faz com que Sartre pague muito caro por manter a primazia ontológica absoluta da solidão inteiramente contra a "mera experiência psicológica realizada por um homem histórico" e suas mediações sociais.

Contudo, paradoxalmente, alguns dos maiores *insights* da filosofia de Sartre erguem-se sobre a mesma base, em *O ser e o nada*, como as suas características problemáticas. E, embora seja certamente verdade que a dimensão histórica e social realçaria enormemente sua significação, pode-se argumentar igualmente que o distanciamento consciente de Sartre das teorias sociais e históricas predominantes foi uma condição essencial para a produção daqueles *insights*.

A esse respeito, o retrato profundamente imaginativo das complexas manifestações da existência individual na "eidética da má-fé" de Sartre, que já vimos anteriormente, não precisa nos deter aqui por mais tempo, salvo apenas para mencionar que a insistência quase fanática de Sartre sobre a liberdade do Para-si foi condição de todo essencial para empreender esse tipo de investigação nas circunstâncias de forças coletivas aparentemente incontroláveis. Agora devemos atentar, ainda que apenas brevemente, para alguns exemplos menos óbvios, nos quais o *insight* de Sartre se dá em virtude da posição vantajosa de seus pressupostos ontológicos, e não a despeito deles. Ademais, deve-se salientar que essas aquisições da filosofia sartriana não fornecem simplesmente um bem-vindo corretivo às variedades predominantes de "marxismo vulgar" mecanicista, mas representam um enriquecimento potencial até mesmo para a mais refinada abordagem dialética. Não deve nos preocupar, aqui, o fato de não haver, em *O ser e o nada*, evidência de uma séria familiaridade com o pensamento de Marx – de fato, os indícios disponíveis antes mostram o oposto[60]. Pois isso só torna mais notável o que Sartre conseguiu realizar, avançando com singular disposição, quase em total isolamento, no processo de levar às últimas conclusões as implicações de longo alcance de seus próprios princípios ontológicos.

O primeiro ponto diz respeito à definição da realidade humana em relação a toda rede de "complexos instrumentais" – desde a ferramenta mais primitiva até a "materialidade monstruosa da multidão-instrumento" – sem os quais a existência humana é simplesmente inconcebível. Embora nunca se acentue suficientemente a necessária impregnação sócio-histórica de toda instrumentalidade, há também uma dimensão de "instrumentalidade *como tal*" que transcende todas as fases particulares da história, em um sentido *trans*-histórico (mas, de modo algum, *supra*-histórico).

Compreensivelmente, as condições históricas sob as quais a teoria marxista foi constituída originalmente empurraram para o último plano essa dimensão trans-histórica.

---

[60] Qualquer um capaz de agrupar Marx, Halbwachs e De Man – como faz Sartre em *O ser e o nada* (630), em nome de um alegado "complexo de inferioridade" – demonstra uma singular incompreensão de Marx. Do mesmo modo que em sua descrição de Marx como criador do "dogma da seriedade", mencionado anteriormente.

208   *A obra de Sartre*

Contudo, a contingência histórica original não pode alterar o fato de que um tratamento adequado dessa dimensão constitui parte vital da elaboração de uma teoria coerente da instrumentalidade, sem a qual até mesmo o empreendimento social mais devotado está fadado a permanecer sob a ameaça de fracasso total. Por certo, Sartre tende a enfatizar apenas essa dimensão, ou melhor, tende a transformar todos os aspectos da instrumentalidade em uma dimensão ontológica a-historicamente definida. Não obstante, através dessa posição extremada contra a tendência quase universalmente predominante, ele conseguiu, sozinho, realizar a esse respeito mais do que qualquer outro no século XX.

O mesmo vale para a problemática do "instante". Vimos o uso dúbio que Sartre fez desse conceito em *O ser e o nada* para preencher as imensas lacunas produzidas pela falta de dimensão social em sua ontologia. Mesmo assim, sua recorrente ampliação da importância ontológica do instante traz para o primeiro plano de nossa atenção um fator da maior importância, sem o qual a própria estrutura da mudança histórica permanece ininteligível.

Naturalmente, a categoria tem aplicações individuais e sociais importantes, cujas múltiplas especificidades não podem ser subsumidas a um único modelo. E, por certo, uma solução adequada supõe seu tratamento na dialética da continuidade e da mudança, que em vão se procuraria em *O ser e o nada*. Uma vez mais, o que realmente encontramos ali é esclarecedor e desafiador o suficiente para dar inspiração superior a alguma pesquisa há muito tempo esperada. Pois não basta insistir sobre as condições sociais necessárias para uma mudança histórica radical. O stalinismo simplesmente assumiu a novidade radical de sua própria realidade, enquanto seus opositores, como Lukács, tendiam a acentuar demais o elemento de continuidade na mudança histórica. O grande *insight* de Sartre, que insiste tanto sobre o ser do instante como uma estrutura *sui generis* quanto sobre sua função *estruturadora* como o centro de referência do novo projeto fundamental, oferece muito para uma compreensão melhor da causação social e da consciência social.

A avaliação da natureza da *dependência estrutural* está estreitamente ligada ao ponto anterior. Já vimos a abordagem problemática feita por Sartre das relações interpessoais e sociais e suas consequências para a articulação de sua filosofia como um todo. E, no entanto, em sua análise do modo pelo qual "o Outro me determina", subitamente nos coloca diante de um *insight* extraordinário: "'Nossa relação não é uma *oposição frente a frente*, mas sobretudo uma *interdependência de viés*" (318).

Devemos apreciar a importância desse *insight* em contraste com muitas teorias que retratam o conflito social sob um modelo de oposição frontal e contribuem pesadamente para a geração de expectativas desapontadoras. Certamente, porém, o conceito de um antagonismo estrutural irreconciliável não deve ser confundido com o de uma oposição frente a frente. "Interdependência de viés" não é apenas perfeitamente compatível com a persistência de um *antagonismo estrutural*, mas pode muito bem constituir sua modalidade fundamental, como Sartre nos mostrou. De fato, o valor explicativo do "instante" é precisamente este, o de sugerir uma reestruturação radical da modalidade normalmente predominante de interdependência de viés para uma modalidade transitória de *oposição frente a frente*: reestruturação tanto no plano da chave material e dos complexos instrumentais essenciais quanto no nível da consciência social.

Uma estratégia social adequada, erguida sobre a base de uma compreensão histórica correta, requer a definição precisa do "momento" de uma mudança histórica superior junto com seu "antes" e "depois", em termos das modalidades complexas das relações estruturais predominantes e de suas transformações dialéticas. Como tudo mais, a história possui suas estruturas: se assim não fosse, ela nos escaparia irremediavelmente. Assim, seja o que for que pensemos dos defeitos da concepção de história de Sartre, *insights* como esse que acabamos de citar – que, paradoxalmente, surge de um projeto individualista de definição de sua posição pessoal na forma de uma "equidistância" em relação às forças sociais de maior importância, fixando ontologicamente relações na imobilidade a-histórica do círculo existencial – representam uma contribuição maior para o aprofundamento da compreensão histórica.

O último ponto deste levantamento diz respeito ao problema da apropriação. E aí é que se pode, talvez, perceber mais claramente o modo pelo qual a postura individualista produz a unidade paradoxal da profundidade dos *insights* de Sartre e das limitações que determinam as diversas combinações conceituais, incluídas as pretensões *simbólicas* de sua heurística existencial. Refletindo sobre o problema da apropriação do ponto de vista de um individualismo radical, Sartre percebe uma contradição elementar entre *propriedade* e *utilização*: um *insight* do qual evidentemente seriam privados todos os que se situam na posição do liberalismo utilitarista. Contudo, uma vez que Sartre não pode transcender seus pressupostos ontológicos, ele produz uma solução característica dessa contradição:

> a *propriedade* aparece ao proprietário simultaneamente como algo dado *de uma só vez*, no *eterno* e exigindo a *infinidade do tempo* para realizar-se. Nenhum *ato de utilização* realiza verdadeiramente o gozo *apropriador*. [...] basta estender uma cédula de dinheiro para que a bicicleta me pertença, mas será preciso minha *vida inteira* para realizar esta posse; é decerto o que sinto ao adquirir o objeto: a posse é um empreendimento que a *morte* sempre deixa inacabado. Agora captamos seu sentido: é *impossível* realizar a relação simbolizada pela apropriação. Em si mesma a apropriação *nada contém de concreto*. Não é uma atividade real (como comer, beber, dormir etc.) que, adicionalmente, poderia servir de *símbolo* a um desejo em particular. Ao contrário, só existe a título de *símbolo*; é seu simbolismo que lhe confere a sua significação, sua coesão, sua existência. Portanto, *não* se poderia encontrar na posse um *gozo positivo* à parte de seu *valor simbólico*; ele é apenas a indicação de uma suprema satisfação de posse (a do ser que seria seu próprio fundamento), que se acha *sempre para além* de todas as condutas apropriadoras destinadas a realizá-la. (723-4)

Assim, a solução simbólica da contradição insolúvel entre a "eternidade" do ato de possuir e a limitação desintegradora da apropriação nos atos particulares de utilização torna-se o paradigma do quadro explicativo de Sartre. O significado último da realidade humana é, como vimos anteriormente, a apropriação do ser na forma do mundo. Contudo, uma vez que a apropriação não pode ser senão simbólica, minha relação apropriativa com o ser deve ser também *simbólica* em todos os aspectos significativos.

210 *A obra de Sartre*

Desse modo, temos um quadro heurístico na forma de relações simbólicas, que tanto indicam com precisão (e até mesmo *denunciam*) quanto preservam as contradições inerentes. O significado último da realidade humana é equivalente a revelar o caráter insolúvel das contradições (daí todas as categorias de "totalidade irrealizável", "unificação impossível", "ideal impossível", "dilema insolúvel de transcendências radicalmente separadas", o "círculo de relações com o Outro", e coisas assim): o que, ao mesmo tempo, é profundamente verdadeiro e radicalmente problemático. Pois isso só é verdadeiro com uma qualificação sócio-histórica vital, que, todavia, aparece como ontologicamente insignificante na forma de "homem histórico imerso em um universo trabalhado de um tipo econômico definido". E os elementos que faltam à teoria também são eloquentes. Pois o "mundo" do qual nos devemos *apropriar* deve também ser *produzido*, no modo dialético de uma "apropriação produtiva e produção apropriativa". E, embora ainda seja plausível visualizar o ato de apropriação como um ato *simbólico* de uma individualidade isolada, não é concebivelmente visualizável que a *produção* do mundo, como totalidade de relações apropriativas e dos objetos correspondentes, se conceba do ponto de vista de uma individualidade isolada. Assim, o *trabalho* aparece apenas de forma marginal, se tanto (é significativo que seus exemplos sejam confinados a algumas manifestações individualistas extremamente seletivas, do garçom ao operário que conserta telhados, ambos "produtivos" apenas no sentido de serem produtores de mais-valia na esfera economicamente "terciária" dos serviços), e o "universo do trabalho" ocupa um *status* ontologicamente insignificante, no mais flagrante contraste possível com a significação ontológica fundamental da apropriação simbólica.

Existe uma solução alternativa, designadamente, uma abordagem segundo a qual o ato de apropriação não precisa ser concebido como ato simbólico, se *eliminamos* a contradição entre *propriedade e utilização* através da abolição da propriedade e da simultânea acessibilidade coletiva à utilização, juntamente com a harmonização da totalidade das relações apropriativas *reais* com a totalidade das relações *produtivas* na autorrealização da ação transindividual e trans-histórica. Mas tal solução é radicalmente incompatível com os horizontes ontológicos de *O ser e o nada*, não importa quão intensamente animado esteja ele em sua busca da liberdade por uma paixão autêntica.

Como podemos ver, então, o empreendimento de Sartre produz tanto *insights* esclarecedores quanto pontos de interrogação importantes, numa síntese plena de tensões. Não se supõe que alguém, nem ao menos o próprio autor, se sinta à vontade diante de suas conclusões. A inquietude e a determinação de avançar sempre parecem ser partes integrantes de seu projeto fundamental.

Até que ponto Sartre pode chegar, em seu desenvolvimento do pós-guerra, na resolução das tensões com que nos defrontamos em seu quadro ontológico e em que extensão é possível para ele modificar sua concepção ontológica original através da "experiência da sociedade" e do desafio da história? A investigação dessas questões será a tarefa da Terceira Parte.

Uma nota sobre *O ser e o nada*

Temos aqui uma seleção representativa das imagens metafóricas na ordem em que os conceitos metafóricos particulares aparecem em *O ser e o nada*. Na primeira edição do livro, esta seleção foi colocada na nota 13 do capítulo 5.

"A consciência é *plenitude de existência*" (27).

"[...] as reflexões precedentes permitiram-nos distinguir duas *regiões do ser* absolutamente distintas; [...] duas *regiões incomunicáveis*" (36).

"[...] o ser é *opaco* a si mesmo exatamente porque está *pleno de si*" (38).

"A condição necessária para que seja possível dizer não é que o não-ser seja *presença perpétua*, em nós e fora de nós. É que o nada *infeste* o ser" (52).

"A negação não poderia *atingir* o *núcleo* de ser do ser, absoluta *plenitude* e total positividade. Ao contrário, o não-ser é uma negação que *visa* esse *núcleo de densidade plenária*. É em seu próprio *miolo* que o não-ser se nega" (56-7).

"[...] não há não-ser salvo na *superfície do ser*" (58).

"*O nada carrega o ser em seu coração*" (60).

"Se venho a emergir no nada para além do mundo, nada extramundano poderia fundamentar os pequenos 'lagos' de não-ser que *encontramos* a toda hora no *seio do ser*?" (61).

"Existe infinita quantidade de realidades que são não apenas objetos de juízo, mas [...] em sua infraestrutura, são *habitadas pela negação* como condição necessária de sua existência" (63).

"[...] se um nada pode existir, não é antes ou depois do ser nem, de modo geral, fora do ser, mas *no bojo do ser, em seu coração, como um verme*" (64).

O interrogador "nadifica-se com relação ao interrogado, *descolando-se do ser* para poder extrair de si a possibilidade de um não-ser" (66).

"A liberdade humana precede a essência do homem e torna-a possível: a essência do ser humano acha-se em suspenso na liberdade" (68).

"Todo processo psíquico de nadificação implica, portanto, uma *ruptura* entre o passado psíquico imediato e o presente. Ruptura que é precisamente o nada" (70).

"A liberdade é o ser humano *colocando seu passado fora de circuito e segregando seu próprio nada*" (72).

"Chamaremos precisamente de *angústia* a consciência de *ser seu próprio devir à maneira de não sê-lo*" (75-6).

"O imediato é o mundo com seu caráter de urgência, e, neste mundo em que me engajo, *meus atos fazem os valores se erguerem como perdizes*" (83).

"A Má-Fé nos mune de "*um jogo permanente de desculpas*" (85).

"[...] se eu sou *minha angústia para dela fugir*, isso pressupõe que sou capaz de me desconcertar com relação ao que sou, posso ser angústia sob a forma de 'não sê-la', posso dispor de um poder nadificador *no bojo da própria angústia*" (89).

"[...] uma *síntese perpetuamente desagregadora* e perpétuo *jogo de evasão* entre Para-si e Para-outro" (104).

212 *A obra de Sartre*

"Fazemo-nos de má-fé como quem adormece e somos de má-fé como quem sonha. Uma vez realizado esse modo de ser, é tão difícil sair dele quanto alguém despertar a si próprio" (116).

"Este *ato perpétuo* pelo qual o Em-si *se degenera em presença a si* é o que denominaremos ato ontológico" (127).

"[...] como *totalidade perpetuamente evanescente*, seja dado o Em-si como *contingência evanescente de minha situação*" (132).

"[...] a contingência *que repassa tais motivações*, na medida que fundamentam totalmente si mesmas, é a facticidade do Para-si" (133).

"[A facticidade] *permanece* simplesmente no Para-si como uma *lembrança do ser*, como sua *injustificável presença* ao mundo" (134).

"O valor acha-se por toda parte e em parte alguma, no *âmago* da relação nadificadora 'reflexo-refletidor', *presente* e *inatingível*, vivido e simplesmente como o sentido concreto dessa *falta* que constitui meu ser presente" (146).

"Denominaremos 'Circuito da ipseidade' a relação do Para-si com o possível que ele é, e 'mundo' a totalidade de ser na medida em que é *atravessada pelo circuito da ipseidade*" (154).

"O mundo é meu porque está *infestado por possíveis*" (104).

"[...] a lembrança nos apresenta o ser que éramos *com uma plenitude de ser* que lhe confere uma *espécie de poesia*. Esta dor que tínhamos, ao se coagular no passado, não deixa de apresentar o sentido de um Para-si, e, contudo, existe em si mesmo, com a *fixidez silenciosa de uma dor alheia*, uma *dor de estátua*" (172).

"O Para-si é presente ao ser em forma de *fuga*; o Presente é uma *fuga perpétua* frente ao ser" (177).

"O Futuro é o *ponto ideal* em que a *compreensão súbita e infinita* da facticidade (Passado), do Para-si (Presente) e de seu possível (Futuro) faria surgir por fim o Si como existência em si do Para-si" (182).

"Ser livre é estar *condenado a ser livre*" (183).

"[...] o modo de ser do Para-si: diaspórico" (192).

"[...] o Para-si, *disperso no jogo perpétuo* do refletido-refletidor [*refleté-réflétant*], escapa a si mesmo na unidade de uma só fuga. Aqui, o ser está em toda parte e em lugar algum: onde quer que tentemos captá-lo, está em frente, escapou. Esse '*chassé-croise*' no *âmago do Para-si* é a Presença ao ser" (198).

"Assim, o tempo da consciência é a realidade humana que se temporaliza como totalidade, a qual é a si mesmo seu próprio inacabamento; é o nada deslizando em uma totalidade como fermento destotalizador. Esta totalidade que corre atrás de si e se nega ao mesmo tempo [...] em nenhum caso poderia existir nos limites de um instante" (207).

"A *reflexão impura* é um *esforço abortado* do Para-si para ser outro permanecendo si mesmo" (220).

"Denominamos Psique a totalidade organizada desses existentes virtuais e transcendentes que constituem um *cortejo permanente para a reflexão impura*" (223).

Liberdade e paixão: o mundo de O ser e o nada 213

O objeto psíquico "aparece como totalidade acabada e provável onde o Para-si faz-se existir na *unidade diaspórica de uma totalidade destotalizada*" (224).

"Precisamente porque [a quantidade] não pertence nem às coisas nem às totalidades, ela se *isola e se destaca na superfície do mundo como um reflexo do nada sobre o ser*" (255).

"A *fusão ideal* entre o faltante e o faltado, como *totalidade irrealizável, obsidia o Para-si* e o constitui, em seu próprio ser, como nada de ser" (258).

"Assim, o mundo se desvela *infestado por ausências* a realizar, e cada isto aparece com um *cortejo de ausências* que o indicam e o determinam. [...] Sendo cada ausência ser-para-além-do-ser, ou seja, Em-si ausente, cada isto remete a outro estado de seu ser e a outros seres. Mas, é claro, tal organização em complexos indicativos se *fixa e petrifica* em Em-si, já que se trata de Em-si; todas essas indicações *mudas e petrificadas*, que *recaem na indiferença do isolamento* ao mesmo tempo que surgem, assemelham-se ao *sorriso de pedra, aos olhos vazios de uma estátua*" (264).

"Esta conexão no isolamento, essa relação de inércia no dinâmico, é o que chamaremos de relação de meios ao fim. É um ser-para *degradado, laminado pela exterioridade*" (264).

"[...] o Para-si capta a temporalidade sobre o ser, como puro reflexo que se *move à superfície do ser* sem qualquer possibilidade de modificá-lo" (271).

"Esta exterioridade-de-si [...] aparece como *pura enfermidade do ser*" (279).

"[O movimento] é *o surgimento*, no *âmago* mesmo do Em-si, da *exterioridade de indiferença*. Essa *pura vacilação* de ser é uma aventura contingente do ser" (280).

"[O tempo universal] se revela como *vacilação presente*: no passado, já não passa de uma *linha evanescente*, um *sulco deixado por um navio em movimento e que se desfaz*; no futuro, não é em absoluto, por não poder ser seu próprio projeto: é como o *avanço continuado de uma lagartixa na parede*" (280).

"O tempo aparece como forma finita, organizada, no *âmago de uma dispersão indefinida*; o lapso de tempo é *compressão de tempo no miolo de uma absoluta descompressão*, e é o projeto de nós mesmos rumo a nossos possíveis que realiza a compressão" (283).

"Assim, o tempo aparece por trajetórias. Mas, do mesmo modo como as trajetórias espaciais *se descomprimem e se desmoronam* em pura espacialidade estática, também a trajetória temporal desaba desde que não seja simplesmente vivida como aquilo que subtende objetivamente à nossa espera por nós mesmos. [...] o jogo se revela como *jogo iridescente de nada à superfície de um ser rigorosamente a-temporal*" (283).

"[...] na medida em que o outro é uma ausência, *escapa à natureza*" (297).

"As consciências estão assentadas diretamente umas sobre as outras, em uma *recíproca imbricação de seu ser*" (306-7).

"[O Outro] é o exame de meu ser na medida em que este me *arremessa para fora de mim* rumo a estruturas que, ao mesmo tempo, *me escapam* e me definem" (317).

"A aparição do outro no mundo corresponde, portanto, a um *deslizamento fixo de todo o universo*, a uma *descentralização* do mundo que *solapa por baixo a centralização* que simultaneamente efetuo" (330).

214 *A obra de Sartre*

"[...] parece que o mundo tem uma espécie de *escoadouro no meio de seu ser* e *escorre perpetuamente através desse orifício*" (330).

"[...] meu *pecado original* é a existência do outro" (263).

"Meu ser Para-outro é uma *queda através do vazio* absoluto em direção à objetividade. [...] assim, meu eu-objeto não é conhecimento nem unidade de conhecimento, mas *mal-estar, desprendimento vivido* da unidade ek-stática do Para-si, limite que não posso alcançar e, todavia, sou" (352-3).

"Objetivando-se, a realidade pré-numérica do outro é *decomposta e pluralizada*" (361).

"A vergonha é sentimento de pecado original, não pelo fato de que eu tenha cometido esta ou aquela falta, mas simplesmente pelo fato de ter 'caído' no mundo, em meio às coisas, e necessitar da mediação do outro para ser o que sou" (369).

"O recato e, em particular, o medo de ser surpreendido em estado de nudez são apenas uma *especificação simbólica da vergonha original*" (369).

"É exatamente por seus resultados que apreendemos o medo, pois este nos é dado como um novo *tipo de hemorragia intramundana do mundo*: a passagem do mundo a um tipo de *existência mágica*" (376).

"Assim, o outro-objeto é um *instrumento explosivo* que manejo com cuidado, porque antevejo em torno dele a possibilidade permanente de que se o façam explodir e, com esta explosão, eu venha a experimentar de súbito *a fuga do mundo para fora de mim* e a alienação de meu ser" (378).

"As relações que estabeleço entre um corpo do outro e objeto exterior são relações realmente existentes, mas têm por ser o ser do Para-outro; presumem um *centro de escoamento intramundano* do qual o conhecimento é uma *propriedade mágica* do tipo 'ação à distância'" (387).

"[...] o conhecimento só pode ser *surgimento comprometido* no determinado ponto de vista que somos" (391).

"[...] o mundo, como correlato das possibilidades que sou, aparece desde meu surgimento, como o *enorme esboço de todas as minhas ações possíveis*. [...] O mundo desvela-se como um '*vazio sempre futuro*', pois somos sempre futuros para nós mesmos" (407).

"*Uma náusea discreta e insuperável* revela perpetuamente meu corpo à minha consciência. [...] Longe de tomarmos esse termo náusea como metáfora tomada de nossos mal-estares fisiológicos, é, ao contrário, sobre o fundamento desta náusea que se produzem todas as *náuseas concretas e empíricas* (náuseas ante a carne putrefata, o sangue fresco, os excrementos etc.) que nos impelem ao vômito" (426).

"A *carne é contingência pura da presença*" (432).

"[...] o movimento é uma *doença do ser*" (437).

"[...] este instrumento que sou é presentificado a mim como *instrumento submerso em uma série instrumental infinita*, embora eu não possa, de modo algum, adotar um ponto de vista de sobrevoo sobre esta série" (442).

Liberdade e paixão: o mundo de O ser e o nada 215

"Mas, precisamente porque existo pela liberdade do outro, não tenho segurança alguma, estou *em perigo* nesta liberdade; ela *modela* meu ser e me faz ser, confere-me valores e os suprime, e meu ser dela recebe um *perpétuo escapar passivo de si mesmo*" (457).

"No amor, não é o determinismo passional que desejamos no outro, nem uma liberdade fora de alcance, mas sim uma liberdade que *desempenhe o papel* de determinismo passional e fique *aprisionada nesse papel*" (458).

"[...] no desejo, há uma tentativa de *encarnação da consciência* (aquilo que anteriormente chamamos de *empastamento da consciência, consciência turva* etc.) a fim de realizar a *encarnação do Outro*" (486).

"[...] o mundo faz-se *viscoso*; a *consciência é tragada em um corpo* que *é tragado no mundo*" (487).

"O desejo é uma conduta de *encantamento*. Uma vez que só posso captar o Outro em sua facticidade objetiva, trata-se de fazer *submergir sua liberdade* nesta facticidade: é necessário que sua liberdade fique '*coagulada*' na facticidade, como se diz *do leite que foi 'coalhado'*, de modo que o Para-si do Outro venha *aflorar à superfície de seu corpo* e estender-se por todo ele, para que eu, ao tocar esse corpo, *toque finalmente a livre subjetividade do outro*" (489).

"Outro sentido também de *minha encarnação* – ou seja, de *minha turvação* – é o de que se trata de uma *linguagem mágica*" (491).

"[...] sadismo e masoquismo são os *dois obstáculos* do desejo. [...] Devido a esta inconsistência do desejo e sua *perpétua oscilação* entre esses dois obstáculos é que costumamos designar a sexualidade 'normal' como 'sadomasoquista'" (501).

"[...] esta *explosão do olhar do Outro* no mundo do sádico faz *desmoronar* o sentido e o objetivo do sadismo" (504).

"[...] a pessoa que diz 'nós' retoma então, no *cerne da multidão*, o projeto original do amor, porém não mais por sua própria conta; pede ao terceiro que salve a coletividade inteira em sua própria objetividade, *sacrificando sua liberdade*. Aqui, como vimos mais atrás, o amor desenganado leva ao masoquismo. [...] A *materialidade monstruosa* da multidão e sua realidade profunda (embora apenas experimentadas) são fascinantes para cada um de seus membros; cada um deles exige ser *submergido na multidão-instrumento pelo olhar do líder*" (523).

"Quando delibero, *os dados já estão lançados*. [...] Quando a vontade intervém, a decisão já está tomada, e a vontade não tem outro valor senão o de *anunciadora*" (557).

"Somente pelo fato de que *nossa escolha é absoluta*, ela é *frágil*" (573).

"Se o dado não pode explicar a intenção, é necessário que esta, por seu próprio *surgimento*, realize uma *ruptura com o dado*, seja este qual for" (588).

"[...] *minha liberdade corrói minha liberdade*" (591).

"O Para-si se descobre *comprometido* no ser, *investido* pelo ser, *ameaçado* pelo ser" (600).

"[...] o *surgimento* da liberdade é a *cristalização de um fim através de algo dado*, e *descoberta de algo dado* à luz de um fim" (624).

216   *A obra de Sartre*

"[...] a morte é um limite, e todo limite (seja final ou inicial) é um *Janus bifrons*" (651).

"[...] *a liberdade encadeia-se* no mundo como livre projeto rumo a fins" (675).

"[...] o homem, estando condenado a ser livre, *carrega nos ombros o peso do mundo inteiro*" (678).

"[...] no conhecer, a consciência *atrai* seu objeto para si e o *incorpora* a si; o conhecimento é *assimilação*. [...] conhecer é comer do lado de fora, sem consumir. Vemos aqui as correntes sexuais e alimentárias que se fundem e se interpenetram para constituir o complexo de Actéon e o complexo de Jonas; vemos as raízes digestivas e sensuais que se reúnem para dar origem ao desejo de conhecer" (708-9).

"[...] todo pensamento sério é *espessado pelo mundo* e *coagula*; é uma demissão da realidade humana em favor do mundo" (580).

"[...] o *deslizar* aparece como idêntico a uma criação continuada: a velocidade, comprável à consciência e *simbolizando aqui a consciência*" (714).

"Mas a criação é um *conceito evanescente* que só pode existir por meio de seu movimento. Se o detemos, desaparece" (722).

"Nenhum ato de utilização realiza verdadeiramente o gozo apropriador, mas remete a outros atos apropriadores, cada qual só tendo um valor de *encantamento*" (592).

"[...] minha liberdade é *escolha de ser Deus*, e todos os meus atos, todos os meus projetos, *traduzem* essa escolha e a *refletem* de mil e uma maneiras" (731).

"Uma psicanálise das coisas e de sua matéria, portanto, deve preocupar-se antes de tudo em estabelecer o modo em que *cada coisa constitui o símbolo objetivo do ser* e a relação entre a realidade humana e este ser" (735).

"Qual é o *teor metafísico do amarelo*, do vermelho, do liso, do enrugado? Qual é – questão a ser colocada depois dessas questões elementares – o *coeficiente metafísico do limão*, da água, do azeite etc.?" (737).

"[...] o viscoso [...] representa em si um triunfo nascente do sólido sobre o líquido, isto é, uma tendência do Em-si de indiferença, *representado pelo sólido puro*, a coagular a liquidez, ou seja, a *absorver o Para-si* que deveria fundamentá-lo. O viscoso é a *agonia da água*" (741).

"Vemos aqui o símbolo que subitamente se revela: existem *posses venenosas*; há a possibilidade de que o *Em-si absorva o Para-si*, ou seja, e que um ser se constitua à maneira inversa do 'Em-si-para-si'. [...] *O viscoso é a vingança do Em-si. Vingança adocicada e feminina*, que será simbolizada, em outro nível, pela qualidade do açucarado" (743).

"Assim, no projeto apropriador de viscoso, a viscosidade se revela de súbito como *símbolo de um antivalor*, ou seja, de um tipo de ser não realizado, mas *ameaçador*, que *perpetuamente obcecará* a consciência como o *perigo constante do qual foge*, e, por esse fato, transforma repentinamente o projeto de apropriação em projeto de fuga" (745).

"[...] *o homem é uma paixão inútil*" (750).

"Com efeito, o Para-si não constitui senão a pura nadificação do Em-si; é como um *buraco de ser no âmago do Ser*. [...] o Para-si aparece como uma *diminuta nadificação*

Liberdade e paixão: o mundo de O ser e o nada 217

que se origina no cerne do Ser; e basta esta nadificação para que ocorra ao Em-si uma *desordem total. Essa desordem é o mundo*" (753).

"[...] o real é um *esforço abortado* para alcançar a *dignidade de causa-de-si*. Tudo se passa como se o mundo, o homem e o homem-no-mundo não chegassem a realizar mais do que um *Deus faltado*. Tudo se passa, portanto, como se o Em-si e o Para-si se apresentassem em estado de *desintegração* em relação a uma síntese ideal" (759).

"O homem *busca o ser às cegas, ocultando* de si mesmo o projeto livre que constitui esta busca; faz-se de tal modo que seja *esperado* pelas tarefas dispostas ao longo de seu caminho" (764).

TERCEIRA PARTE

O DESAFIO DA HISTÓRIA

Jean-Paul Sartre, Che Guevara e Fidel Castro em Havana, 1960. Foto de Alberto Korda.

INTRODUÇÃO À TERCEIRA PARTE

Depois da Segunda Guerra Mundial, a participação direta de Jean-Paul Sartre na política tornou-se irreconhecível. Conforme ele mesmo escreveu modestamente sobre seu papel no movimento de resistência durante a guerra: "tudo o que fiz foram algumas escaramuças"[1]. Depois da guerra, o papel assumido por ele na política só poderia ser descrito como ainda mais proeminentemente ativo.

Na realidade, Sartre chegou a sustentar durante algum tempo a ideia de exercer influência seminal no estabelecimento de um movimento político totalmente independente, que deveria reunir sob um grande guarda-chuva eleitoral quem quer que se distanciasse abertamente dos partidos políticos – em um movimento chamado de forma ingênua e equivocada de RDR[2] –, o que só poderia fracassar, como vimos antes.

Não obstante, o impacto pessoal de Sartre sobre os eventos e desenvolvimentos políticos, não só na França, mas também internacionalmente, só viria a crescer, da maneira mais notável, praticamente até os dois ou três últimos anos de sua vida. De fato, sua influência continuou aumentando muito mais que a de qualquer intelectual europeu e de outras partes do mundo. Isso se tornou possível parcialmente por meio do *Les Temps Modernes*, o importante periódico que fundou e editou assiduamente duran-

---

[1] Jean-Paul Sartre, "Itinerário de um pensamento", cit., p. 208. Sartre queria fazer muito mais. Tentou estabelecer contato com o movimento de resistência comunista a fim de participar dele, mas o partido espalhou o boato de que ele era um "agente provocador". Talvez isso se deva à sua amizade íntima (na verdade, desde a infância) com Paul Nizan, que renunciou ao Partido Comunista francês em protesto contra o pacto Molotov-Ribbentrop entre a Alemanha e a Rússia de Stalin em 1939. Nizan foi morto no *front* em maio de 1940, e Sartre o defendeu apaixonadamente em 1947 contra a difamação feita pelos comunistas. Sartre também escreveu uma introdução comovente, em 1960, à reedição do volume de ensaios de Nizan chamado *Aden Arabie*.

[2] O Rassemblement Démocratique Révolutionnaire.

222 *A obra de Sartre*

te muitos anos, e ainda mais por meio de seus vigorosos escritos concebidos no espírito de uma defesa apaixonada das causas emancipatórias mais radicais sustentadas por ele não só na teoria filosófica e política, como também na esfera teatral e cinematográfica.

Inevitavelmente, a controvérsia – mesmo a controvérsia do tipo mais acentuado e amargamente condenatório – tornou-se muito cedo parte integrante do envolvimento direto de Sartre em questões políticas, logo depois da guerra, e trouxe consigo ataques igualmente ferozes vociferados contra ele e vindos de direções opostas. Como vimos anteriormente, Sartre foi censurado como "fabricante da máquina de guerra contra o marxismo"[3] e "a hiena com uma caneta"[4], de um lado, e como "blasfemo sistemático e patente corruptor da juventude" – e até mesmo como "coveiro do Ocidente"[5] –, de outro. Naturalmente, para afirmar de maneira bem-sucedida as causas que continuou defendendo, ainda faltava muito para que bastasse rejeitar de modo provocativo – o que Sartre sempre fez sem nenhum rodeio – as condenações geralmente preconceituosas e cegas levantadas contra ele. Em termos políticos, se quisesse prevalecer, muitas coisas teriam de ser radicalmente reconsideradas e claramente redefinidas pelo próprio Sartre.

Um reexame crítico de sua posição política inicial tornou-se inevitável para Sartre, uma vez que as ilusões conectadas por ele ao papel ardorosamente projetado de formações políticas natimortas como o RDR tiveram de ser abandonadas como resultado da polarização crescente experienciada no mundo todo nos anos pós-guerra. Afinal, esses anos trouxeram abruptamente consigo também o estabelecimento militar da "Aliança Atlântica" da Otan e a correspondente dominação da política mundial pelos Estados Unidos da América. Daí a questão de se constituir uma força política organizacionalmente apropriada para fazer frente à tendência que avança de maneira perigosa em direção de mais outra conflagração mundial – que se desloca da Guerra Fria, perseguida abertamente desde o beligerante discurso de Churchill em Fulton em agosto de 1946, para o que, em última instância, só poderia se revelar como uma guerra verdadeiramente catastrófica na era das armas atômicas totalmente eficientes, as armas de destruição em massa, possuídas naquela época somente pelos Estados Unidos, conforme provado pelo episódio de Hiroshima e Nagasaki[6].

Na visão de Sartre, posterior à sua rejeição da perspectiva do RDR, o único movimento político organizado da França capaz de enfrentar efetivamente essa questão,

---

[3] Cf. nota 3, p. 18 deste volume.

[4] Criticado dessa maneira por Fadeev.

[5] Cf. nota 4, p. 18 deste volume.

[6] Recomendo plenamente que se leia o artigo de Staughton Lynd, dedicado deliberadamente a um dos aspectos mais controversos desse complexo de problemas. Ele foi publicado na *Monthly Review* (fevereiro de 2011, p. 43-53) sob o título "Is There Anything More to Say About the Rosenberg Case?". A vigorosa condenação de Sartre da execução do casal Rosenberg, chamada "Les animaux malades de la rage", foi publicada pela primeira vez em *Libération*, 22 de junho de 1953, e depois em vários outros lugares. Hoje pode ser facilmente encontrada nas páginas 704-8 de C/R.

dado que superou muito bem no passado as falhas contradições que Sartre deplorara já antes da Segunda Guerra Mundial, era o Partido Comunista. E Sartre certamente tinha a esperança de contribuir em grande medida para a solução positiva das identificadas contradições por meio de sua influência política e ideológica como teórico militante e escritor literário.

Embora Sartre jamais tenha se afiliado ao Partido Comunista francês como membro ativo, sua relação com ele cresceu fortemente depois dos anos subsequentes à guerra, caracterizados por uma controvérsia implacável não só na França, mas também no movimento comunista internacional. Paralelamente à melhoria de sua relação com o partido na França no início da década de 1950, sua estatura como intelectual esquerdista de destaque passou a ser claramente reconhecida em toda a Europa Ocidental, bem como na própria União Soviética.

Mas, mesmo sob as melhores circunstâncias, a relação de entendimento entre Sartre e o PC francês continuou sendo bastante incômoda. Na verdade, em outubro de 1956, como resultado da aprovação totalmente subserviente, por parte do PC francês, da repressão militar soviética da Revolução Húngara, a relação culminou em uma rígida condenação do partido por parte de Sartre, ainda que tenha tentado deixar a porta aberta para um futuro mais positivo.

No entanto, os conflitos durante a guerra da Argélia, sem nenhum progresso significativo nos anos seguintes, estavam levando a uma ruptura completa, provocada na época da explosão do Maio francês, em 1968. Desse modo, a formulação paradoxal de Sartre das razões para se distanciar criticamente do partido na França, a qual citamos anteriormente – e segundo a qual "a colaboração com o PC é tão *necessária quanto impossível*"[7] –, teve de ser irremediavelmente abandonada no fim. Ele considerava essa ruptura absolutamente necessária, não obstante o fato de que não pudesse indicar nenhuma alternativa real ao que, em sua visão, seria exigido por uma força organizacionalmente sustentável apta a fazer frente ao novo perigo histórico, conforme admitiu abertamente um ano depois[8].

Sem dúvida, a crítica severa de Sartre à orientação estratégica seguida pelo PC francês, que apontava na direção de sua derradeira ruptura, não foi iniciada na época da repressão militar do levante húngaro de 1956. Para ser exato, Sartre alertou profeticamente o PC – não depois do papel que representou no *Outubro Húngaro* e dali adiante, mas antes, em *fevereiro de 1956*[9] – contra as consequências de longo alcance de sua falha em adotar a perspectiva estratégica correta e sua correspondente linha de ação, sem as quais seria impossível para o partido evitar o impacto fatídico das falsas escolhas

---

[7] Ver a entrevista de Sartre citada na nota 30, p. 86 deste volume.

[8] Ver a entrevista de Sartre sobre "Massas, espontaneidade, partido", citada na nota 32, p. 248 deste volume, à qual voltaremos no capítulo 9.

[9] Jean-Paul Sartre, "Le réformisme et les fétiches", cit., p. 1153-64.

224 *A obra de Sartre*

seguidas pela projeção de uma *"revolução vazia de conteúdo"*[10] e de uma *"reforma que acabará por destruir a substância do Partido"*[11].

Ironicamente, o PC francês – que entre os principais partidos comunistas da Terceira Internacional foi, de longe, o que se maculou de forma mais expressiva com o stalinismo dogmático na sua prática de "esvaziar a revolução de seu conteúdo" –, em seu devido tempo (como se quisesse provar que Sartre estava absolutamente certo), também acabou "destruindo a substância do Partido" ao capitular ao reformismo autoilusório que colocara um fim até mesmo em sua efetividade eleitoral antes digna de nota.

O ano 1956 constituiu uma importante linha de demarcação na história pós--guerra, devido à contradição fundamental entre anunciar oficialmente – através de Nikita Kruschev, secretário-geral do Partido Soviético, no XX Congresso do Partido – o programa extremamente necessário da "desestalinização", seguido por seu fracasso dramático de transformá-la em realidade, conforme dolorosamente demonstrado também pela resposta militar soviética ao levante popular na Hungria. Entretanto, ainda estávamos longe do momento em que os principais partidos comunistas do Ocidente, incluindo não só o francês, mas também o italiano, transformar-se-iam em entidades políticas neoliberais, assim como aconteceu com a social-democracia tradicional.

Compreensivelmente, portanto, mesmo depois do traumático 1956, Sartre ainda esperava uma mudança para melhor, tentando exercitar sua influência sobre o Partido francês em defesa da "desestalinização" prometida primeiro na URSS e depois no movimento comunista mundial em geral. Foi assim que ele expressou sua esperança ainda restante no extenso ensaio crítico chamado "O fantasma de Stalin", publicado na edição tripla de *Les Temps Modernes* dedicada ao levante húngaro:

> Notre programme est clair: à travers cent *contradictions*, des luttes intestines, des *massacres*, la déstalinisation est en cours; c'est la seule politique effective qui serve, dans le moment présent, *le socialisme*, la *paix*, le *rapprochement* des parties ouvriers: avec nos resources d'intellectuels, lus par des intellectuels, nous essaierons *d'aider à la déstalinisation* du Parti français.[12]

Mais ou menos na mesma época, em termos teoricamente mais importantes, a *Crítica da razão dialética* foi concebida no mesmo espírito de tentar aproximar mais aqueles intelectuais que positivamente se voltariam para o socialismo. Em outras palavras, Sartre estava tentando formular sua nova abordagem ao método filosófico e à história na *Crítica da razão dialética* para oferecer um quadro teórico que também fosse politicamente mais aceitável para a esquerda em geral. Nesse sentido, ele defendeu uma nova

---

[10] Ibidem, p. 1155.

[11] Idem.

[12] [Nosso programa é claro: por meio de inúmeras *contradições*, de lutas internas, de massacres, a desestalinização está em curso; é a única política efetiva que serve, no presente momento, ao *socialismo*, à *paz*, à *aproximação* dos partidos dos trabalhadores: com nossos recursos de intelectuais, lidos por intelectuais, tentaremos auxiliar na desestalinização do Partido francês.] "Le fantôme de Staline", cit. Ver C/R, cit., p. 309.

orientação filosófica e histórica na qual a rejeição do marxismo, outrora afirmada com firmeza pelo existencialismo sartriano, poderia ser remediada pela noção do próprio existencialismo tornando-se um "enclave ideológico dentro do marxismo".

Por conseguinte, em seu *Questão de método*, publicado em setembro e outubro de 1957 no *Les Temps Modernes*[13], ele elogiou de modo mais generoso a obra de Henri Lefèbvre – um dos intelectuais mais proeminentes do PC francês – por sua abordagem à antropologia e à metodologia filosófica, como vimos anteriormente[14]. O mesmo Henri Lefèbvre que uma vez desmereceu Sartre como "fabricante da máquina de guerra contra o marxismo"[15]. Isso só realça a dupla generosidade do elogio sartriano conferido a Lefèbvre em *Questão de método*. Quanto à redefinição por parte de Sartre do existencialismo como um enclave ideológico dentro do marxismo – redefinição de modo algum simplesmente tática/política, mas sim pretendida de maneira teórica genuína –, será ela o assunto de um exame muito mais cauteloso nos próximos capítulos deste livro.

A "Chronologie bibliographie commentée", de Contat e Ribalka, presente no livro *Les écrits de Sartre*, sugere que o texto do *Questão de método* foi incorporado à edição da Gallimard da *Crítica da razão dialética* "sem maiores mudanças"[16]. Isso é verdade, mas com uma significante ressalva. Essa ressalva necessária diz respeito à remoção feita pelo próprio Sartre de algumas linhas em que o autor politicamente enfurecido do *Questão de método* insultava acentuadamente Lukács, tendo como base uma acusação feita contra o filósofo húngaro sem a menor justificação.

O motivo da fúria de Sartre foi uma informação característica, porém totalmente equivocada, comunicada a ele por alguns *emigrés* holandeses que moravam em Paris. Segundo essa informação equivocada, Lukács, depois de ser libertado da deportação romena, voltou para Budapeste e apoiou ativamente o governo de János Kádar, estabelecido pelos soviéticos na Hungria depois da repressão militar do levante.

Conforme escrevi numa carta para Lukács, postada de Paris em novembro de 1957, "Travei relações com Sartre em uma conferência e ele me convidou à sua casa, onde ontem tivemos uma longa conversa de duas horas". O apartamento dele, na *rue* Bonaparte perto do *boulevard* Saint Germain, era o mesmo que teve de abandonar posteriormente, porque foi atacado a bomba pela extrema direita francesa em 19 de julho de 1961. Lá eu disse a Sartre que a acusação referente à capitulação de Lukács depois do retorno a Budapeste era totalmente absurda. Pois, na verdade, na época em que Lukács viveu sob prisão domiciliar, recebendo os mais acentuados e articulados ataques da

---

[13] Jean-Paul Sartre, "Questions de méthode", *Les Temps Modernes*, n. 139, setembro de 1957, p. 338-417, n. 140, outubro de 1957, p. 658-98. O "Questão de método" foi posteriormente incorporado à edição original francesa da *Crítica da razão dialética* pela Gallimard (Paris, 1960).

[14] Cf. notas 65-70, p. 125-8 deste volume.

[15] Ver Henri Lefèbvre, "Existentialisme et marxisme: résponse à une mise au point", cit.

[16] Ver C/R, cit., p. 311.

226 *A obra de Sartre*

imprensa húngara, ele se recusou a fazer até mesmo a mínima concessão. Ao contrário, quando foi ameaçado, Lukács lembrou de forma ameaçadora numa carta enviada a János Kádár que, no curto governo de Imre Nagy (do qual os dois eram membros), o próprio Kádár curiosamente votou a favor de abandonar a aliança militar do Leste Europeu chamada "Tratado de Varsóvia" – que deu aos soviéticos o pretexto legal para sua intervenção militar no dia 4 de novembro –, ao passo que Lukács argumentou firmemente e votou, na crucial reunião do ministério, contra a tomada desse passo fatídico. E, com efeito, comprovou-se que quem estava certo era Lukács.

Além disso, o filósofo húngaro se comportou com a maior integridade moral e coragem pessoal, mesmo sob circunstâncias perigosíssimas, incluindo a deportação e o inquérito que sofreu junto com outros membros do governo de Imre Nagy, deportados para a Romênia. Quando lá foi tratado sob coação, pressionado a dar um depoimento contra Imre Nagy, com quem Lukács tivera diferenças ilustres e camaradas quanto à abordagem de algumas questões políticas durante tantos anos, ele respondeu vigorosamente aos inquisidores com as seguintes palavras: "Quando eu e Imre Nagy formos livres para caminhar pelas ruas de Budapeste, estarei disposto a expressar com toda abertura minhas dissidências políticas com ele; mas não digo nada contra meu *companheiro de prisão*"[17]. Nesse espírito, quando seu amigo íntimo Zoltán Szántó rendeu-se à pressão inquisitória no mesmo cenário na Romênia, e depôs contra Imre Nagy, Lukács rompeu imediatamente, na presença de outras pessoas e de modo explícito, sua longa amizade com o homem que imperdoavelmente depôs contra seu companheiro de prisão[18].

Naturalmente, as palavras furiosas e afrontosas de Sartre contra Lukács, já publicadas na primeira versão do *Questão de método* em *Les Temps Modernes*, não podiam ser apagadas. Mas, em nossa conversa, conforme contei a Lukács, Sartre "expressou um grande arrependimento, dizendo que se enganara tristemente, e me prometeu que retiraria as palavras ofensivas quando o livro em si fosse publicado", o que de fato fez. A versão final do texto foi programada para aparecer como uma longa introdução à edição da Gallimard da *Crítica da razão dialética*. E foi essa a versão, sem as infundadas palavras insultuosas contra Lukács, que foi usada nas traduções para o inglês e outras línguas do amplamente lido *Questão de método*, de Sartre.

Houve ainda outro motivo importante que me fez visitar Sartre no dia 28 de novembro de 1957. Na verdade, eu tentei fazer isso mais de dois anos antes, em setembro

---

[17] Citado em György Lukács, "Lukács György politikai végrendelete" ["O testamento político de György Lukács"], em *Társadalmi Szemle*, abril de 1990, p. 84. [Ed. arg.: Antonino Infranca e Miguel Vedda (orgs.), *Testamento político y otros escritos sobre política y filosofía*, Buenos Aires, Herramienta, 2003.]

[18] O leitor encontrará, na nota 85, p. 503 da Parte II do meu livro *Para além do capital* [trad. Paulo Cezar Castanheira e Sérgio Lessa, São Paulo, Boitempo, 2002], o relato de como aconteceu essa ruptura pública sob as condições de sua detenção na Romênia. A história me foi contada em dezembro de 1990 por alguém que testemunhou a ruptura de Lukács com Zoltán Szántó. A testemunha era Miklós Vásárhelyi, um dos melhores amigos e mais próximo conselheiro político de Imre Nagy, que passara diversos anos na prisão depois da execução do primeiro-ministro Nagy sob a ordem das autoridades soviéticas.

de 1955. Infelizmente, no entanto, exatamente nesse momento, Sartre estava viajando com Simone de Beauvoir à China, e só pude discutir a questão com Francis Jeanson, na época editor-geral do *Les Temps Modernes*, posto que, logo depois de ver Jeanson, tive de voltar para a Hungria.

A importante razão em jogo já em 1955 era minha tentativa de estabelecer um contato de trabalho e uma colaboração contínua entre Sartre e Lukács. Soube pelo próprio Lukács que ele estava positivamente disposto a manter essa troca de ideias e colaboração, talvez até bastante intensa, com Sartre. A necessidade e a ocasião para isso foram ainda maiores em 1957 que em 1955, pois tanto Sartre quanto Lukács trabalhavam naquele período em assuntos bem semelhantes. Sartre estava profundamente imerso na obra monumental da *Crítica da razão dialética*[19], cujo primeiro volume deveria sair em janeiro de 1960, com uma continuação em um segundo volume planejada para um ou dois anos depois, enquanto Lukács trabalhava em sua igualmente monumental *Ontologia do ser social**. Tive uma conversa positiva sobre essa questão com Sartre, que recebeu bem a ideia de uma relação contínua de trabalho com o filósofo húngaro, altamente respeitado por ele[20], e me prometeu que escreveria logo em seguida uma carta para Lukács, consolidando essa colaboração.

Um dia depois de visitar Sartre, descrevi o encontro em minha carta enviada a Lukács, e recebida por ele[21]. Nela também mencionei o fato de que "Sartre demonstrou sua mais sincera disposição em retomar uma troca intelectual positiva de ideias, mostrando seu interesse em publicar no *Les Temps Modernes* uma parte do *Die Gegenwartsbedeutung des kritischen Realismus* [O significado atual do realismo crítico][22], de Lukács, e o livro inteiro pela Gallimard". Ao mesmo tempo eu dava destaque na carta à minha própria convicção de que "hoje em dia precisamos desse tipo de diálogo intelectual mais do que nunca"[23], acrescentando que "imagino que já deva ter recebido a carta de Sartre".

---

[19] Vi sobre a mesa dele uma dúzia ou mais de páginas impecavelmente organizadas, escritas com uma belíssima caligrafia, de um dos primeiros capítulos da *Crítica da razão dialética*, na qual ele trabalhava naquele momento.

* São Paulo, Boitempo, no prelo. (N. E.)

[20] Em contraste com seus desacordos passados, Sartre e Lukács tiveram um encontro bastante amigável em Helsinki em junho de 1955. Como vimos em uma passagem mencionada na nota 4, p. 98 deste volume, Sartre escreveu sobre Lukács nos mais altos termos elogiosos em seu artigo "Le réformisme et les fétiches", publicado em *Les Temps Modernes* em fevereiro de 1956.

[21] Minha carta para Lukács foi postada em Paris em 29 de novembro de 1957. Faz parte do Arquivo Lukács em Budapeste.

[22] Nós também conversamos sobre esse livro e sobre a motivação e circunstâncias de sua escrita: *Die Gegenwartsbedeutung des kritischen Realismus* foi em parte escrito durante a deportação de Lukács para a Romênia.

[23] Evidentemente, uma relação de trabalho contínua desse tipo com Sartre também teria sido um grande apoio político a Lukács sob as condições dos fortes ataques que ele teve de suportar naquele período. Isso ocupava um lugar importante nas minhas preocupações.

228 *A obra de Sartre*

Infelizmente, no entanto, a cooperação potencialmente mais produtiva entre esses dois destacados intelectuais do século XX não se concretizou. Três meses depois, o próprio Lukács escreveu-me de Budapeste[24] contando que jamais recebera a prometida carta de Sartre. Naturalmente, isso não significa que Sartre não tenha enviado a carta em questão. Pois precisamente os anos 1957-1960 constituíram o período em que Lukács esteve sob um controle estatal muito rigoroso, e a carta de Sartre, que certamente fortaleceria a posição controvertida de Lukács, pode ter facilmente desaparecido em algum arquivo secreto, assim como diversos outros documentos relacionados diretamente à atividade política e intelectual de Lukács, voltando lá atrás na década de 1920, realmente desapareceram durante um período considerável. Se essa carta foi de fato enviada por Sartre, ela também pode reaparecer um dia, assim como outros documentos apareceram de tempos em tempos, incluindo o amplo estudo escrito por Lukács em 1925 ou 1926 em defesa da *História e consciência de classe*[25], e também o seu texto mais famoso, "Teses de Blum".

Hoje, depois de ter lido e relido a *Crítica da razão dialética*, de Sartre, e a *Ontologia do ser social*, de Lukács, estou mais do que convencido de que essa colaboração contínua entre os dois autores teria sido positiva para *os dois* maiores projetos sintetizadores nos quais eles trabalharam durante aqueles anos cruciais.

O difícil ano para Sartre, depois de seus conflitos com o PC francês durante a resposta militar soviética ao levante popular húngaro, foi seguido por um período ainda mais traumático em meados da guerra da Argélia.

Sartre sempre assumiu a mais corajosa posição contra as atrocidades cometidas pelos militares franceses, expondo-se não só a medidas repressoras do Estado como também a uma direta ameaça à própria vida. Francis Jeanson – que foi verdadeiramente devotado a Sartre desde a publicação de seu livro sobre *Le problème moral et la pensée de Sartre* em 1947[26] – abandonou o cargo de editor geral do *Les Temps Modernes*, em 1957, por discordar fortemente de Sartre em relação à crítica extremamente franca feita pelo autor de "O fantasma de Stalin" contra o PC francês, no que se refere à Hungria. Durante a guerra da Argélia, no entanto, Jeanson publicou, junto com o seu grupo de intelectuais militantes, um jornal mensal clandestino para o qual Sartre deu uma desafiadora entrevista em junho de 1959, mantendo abertamente seu nome. Nessa vigorosa entrevista, Sartre pediu a mais viva solidariedade da classe trabalhista francesa para com os combatentes argelianos perseguidos, expondo-se com isso ao perigo de ser

---

[24] György Lukács, carta a István Mészáros, 23 de fevereiro de 1958.

[25] Essa defesa da *História e consciência de classe* contra os ataques dogmáticos de László Rudas e Abram Deborin foi escrita por Lukács em Viena, e o título é *Chvostismus und Dialektik* (em inglês, *Tailism/Suivism and Dialectic*). O texto reapareceu em um arquivo russo da Terceira Internacional somente setenta anos depois, em meados da década de 1990.

[26] Publicado pela primeira vez, com um breve prefácio de Sartre, em 1947, pela Éditions Mytre, Paris. Em 1965, foi publicado novamente em uma edição bem mais difundida pela Éditions du Seuil, Paris.

Introdução à Terceira Parte 229

julgado por um tribunal militar. Foi assim que Sartre e Jeanson retomaram sua íntima amizade, por meio de uma causa profundamente compartilhada e do correspondente imperativo de sua luta comum.

No mesmo período, Sartre juntou-se a Henri Alleg, militar extremamente corajoso que lutou na clandestinidade contra a guerra da Argélia e publicou, em 1958 – sob o título *La question*[27] – seu comovente relato e envolvente denúncia de ter sido torturado por paraquedistas franceses na Argélia. A obra de Alleg foi apreendida de imediato e destruída a mando do governo francês. Na verdade, a seriedade da situação foi claramente destacada pelo fato de a ordem imposta pelo governo contra *La question*, de Henri Alleg, ter sido a primeira das medidas repressoras tomadas contra uma obra intelectual na França desde o século XVIII.

A réplica de Sartre sobre o assunto, chamada "Une victoire", era igualmente vigorosa e foi publicada no jornal semanal *L'Express* em 6 de março de 1958, gerando grande indignação por parte da direita e nos círculos do governo. Como resultado, não só a referida edição do *L'Express*, na qual apareceu o artigo de Sartre, foi imediatamente confiscada e destruída, como também tiveram o mesmo destino as outras publicações que reeditaram a expressão de Sartre da solidariedade para com Alleg em uma contínua oposição à ordem do governo francês.

Nesse período crítico, o perigo de um golpe militar, promovido intensamente pelos colonizadores na Argélia e em outras partes do ainda existente império francês, não estava muito longe do horizonte político francês que ia obscurecendo, e Sartre ocupava a linha de frente de todos aqueles que advertiram e que fizeram tudo que podiam contra ele. Esse perigo não desapareceu mesmo depois que o general De Gaulle assumiu mais uma vez a presidência da República Francesa. Pelo contrário, as atrocidades e os abusos cometidos pelos apoiadores militares dos colonizadores na Argélia e na Indochina continuaram durante anos, conforme demonstrado também pelos ataques a bomba no apartamento de Sartre, mencionados anteriormente, que ocorreram em mais de uma ocasião.

Esse quadro ficou ainda mais complicado: os perigos pessoais para Sartre e seus colegas intelectuais profundamente comprometidos tornaram-se mais pesados, por conta da piora da situação internacional e, principalmente, por causa do impacto de longo alcance da guerra dos Estados Unidos contra o Vietnã. E é bem sabido que, sob tais circunstâncias, Sartre fez todo o possível para trazer a público as fatídicas implicações e as consequências potencialmente mais devastadoras da guerra, mantendo com grande determinação sua posição antiguerra instituída há bastante tempo.

Nessa relação, devemos nos lembrar de que, já em 1951-1952, Sartre interveio em benefício de Henri Martin, que, quando jovem soldado, teve de tomar parte na guerra colonial francesa contra o povo e lutar por sua independência no Vietnã, apesar de sua conscienciosa objeção a ela, expressa de maneira clara – mas rejeitada pelas autoridades

---

[27] Paris, Éditions de Minuit, 1958.

230 *A obra de Sartre*

militares. Depois de retornar à França, ainda como soldado em Toulon, Henri Martin escreveu e distribuiu panfletos de protesto contra a guerra imperialista francesa. Como resultado, ele foi condenado a cinco anos de prisão por um tribunal militar em Toulon. A intervenção de Sartre em benefício de Martin estava conectada àquela sentença, planejada pelas autoridades militares para servir como um dissuasor geral. Em janeiro de 1952, Sartre enfatizou em sua conversa com Vincent Auriol, presidente da República Francesa na época, a absurda severidade do julgamento do tribunal militar contra Henri Martin. Ademais, depois desse encontro com Auriol, em uma entrevista dada ao jornal *Action*, Sartre sublinhou a justiça moral da rebelião da geração dos jovens naquelas circunstâncias[28] e desempenhou um papel proeminente também na publicação de um volume coletivo sobre toda a questão[29].

Quando a história se repetiu uma década depois, com a substituição da opressão militar exercida pelo colonialismo francês na Indochina pela crescente nova forma de imperialismo hegemônico global incorporada nos Estados Unidos por meio da guerra do Vietnã, Sartre condenou nos mais fortes termos a contínua agressão militar colonial contra o povo vietnamita. Ele levantou a voz de todas as maneiras, presidindo vigorosamente o Tribunal Bertrand Russell, que ridicularizava como criminosos de guerra as principais figuras políticas que apoiavam as aventuras militares imperialistas.

A defesa incansável de Sartre das fundamentais e progressistas causas políticas e sociais foi levada adiante com absoluta consistência e intensidade cada vez maior durante todo o período pós-guerra. Compreensivelmente, sua militância apaixonada provocou a fúria vituperiosa das forças conservadoras e reacionárias na França. Mas nada poderia impedi-lo de tomar partido, nos termos mais claros possível, dos perseguidos e oprimidos, sempre que o povo pedia seu apoio – e enquanto continuassem fazendo isso. Nem mesmo quando sua segurança obviamente corria risco. No auge do conflito que surgiu da guerra na Argélia e de suas consequências claramente desagregadoras, os representantes mais reacionários das autoridades estatais da França queriam convencer o general De Gaulle a ordenar a prisão de Sartre. É indicativo da estatura de De Gaulle o fato de ele tê-los ignorado sem nenhum rodeio ao dizer: "*não se prende Voltaire!*".

A necessidade de Sartre de reconsiderar sua concepção de história nos termos de sua realidade dolorosamente tangível, com seus explosivos conflitos e determinações sociais, estava intimamente ligada ao seu testemunho de como a guerra fria começava a se transformar numa guerra quente em diferentes partes do mundo, antecipando o claro perigo de uma destruição total da humanidade como implicação derradeira dos desenvolvimentos que se revelavam.

Na França, a polarização política no início da década de 1950 assumiu a forma de aprisionar algumas das principais figuras políticas de esquerda, como Alain Le Léap,

---

[28] Ver Sartre, "Il faut rétablir la justice", entrevista concedida a G. A. Astre, *Action*, 24 de janeiro de 1952.

[29] Ver a Introdução de Sartre ao livro *L'affair Henri Martin* (Paris, Gallimard, 1953).

secretário-geral do mais influente movimento sindicalista, o CGT, ou ainda a prisão de alguns altos políticos comunistas que tinham imunidade parlamentar, como Jacques Duclos, que participou ativamente na organização da manifestação contra o general Ridgway no dia 28 de maio de 1952, em Paris. Quanto ao secretário-geral do CGT encarcerado, seu "crime" imperdoável teria sido a "desmoralização da nação", sobre o fundamento de que ele se opunha à guerra colonial francesa no Vietnã[30].

Esse foi o período em que a relação de Sartre com o Partido Comunista aumentou intensamente. A razão de Sartre tentar melhorá-la era inseparável de seu interesse em encontrar um fundamento organizacionalmente eficaz para contra-atacar a perigosa tendência em direção a uma conflagração global, e com ela a aniquilação da humanidade. Esse posicionamento de Sartre representava para ele, desde 1949, uma posição crítica e também profundamente autocrítica, com o reconhecimento do irreversível fracasso do RDR como força política factível e independente, bem como o distanciamento explícito da promoção ilusória do movimento "Cidadãos do Mundo", do americano Gary Davis. Esse movimento foi ingenuamente favorecido e até mesmo ativamente promovido na França por Albert Camus, grande escritor e editor do jornal *Combat*, porém considerado com o mais extremo ceticismo pelo próprio Sartre[31].

Em protesto contra o crescente rearmamento militar, a Aliança Atlântica, as guerras contínuas no Extremo Oriente e a ameaça de mais uma guerra mundial, Sartre juntou-se ao Movimento Mundial da Paz e escreveu uma série de artigos críticos bem longos chamada "Les communistes et la paix", publicada originalmente em diversos números do *Les Temps Modernes* e disponibilizada muito mais tarde para os leitores de língua inglesa pela Hamish Hamilton no volume *The Communistes and Peace: With an Answer to Claude Lefort*[32]. Nessa série de artigos combativos, Sartre castigava com extremo sarcasmo não só as forças sociais-democratas tradicionais, mas também a atitude do "esperar para ver" da esquerda sectária que não levou a sério o grande perigo da potencial destruição da humanidade.

É assim que Sartre resume sua posição no final do segundo artigo de "Les communistes et la paix"[33], publicado em *Les Temps Modernes* em outubro-novembro de 1952:

> Já posso ouvir os murmúrios: "Você está *louco*? Querer uma *esquerda independente* ligada ao Partido! Você quer que o Partido recupere sua influência sobre as massas? Se não, deixe estar, calmamente; deixe a desintegração prosseguir; um dia, o Partido se despedaçará". Felizmente, as coisas ainda não chegaram a esse ponto; mas se quando chegarem ao pior momento vocês forem o inimigo irreconciliável do Partido, não posso me privar de con-

---

[30] Ver o artigo de Sartre "M. Pinay prépare le chemin d'une dictature", Libération, 16 de outubro de 1952.

[31] Ver a esse respeito o artigo "Jean-Paul Sartre ouvre un dialogue", em *Peuple du Monde*, n. 11, 18-19 de junho de 1949. O *Peuple du Monde* foi um suplemento mensal do jornal *Combat*, editado por Camus.

[32] Claude Lefort foi amigo próximo e companheiro político de Merleau-Ponty.

[33] O primeiro artigo foi publicado em *Les Temps Modernes* em julho de 1952.

232 A obra de Sartre

siderar desprezíveis aqueles que esperam, *por meio do desespero dos trabalhadores*, o colapso comunista. Dizem-me que os trabalhadores juntarão forças. [...] Se quiser que acreditem em você, não há espaço para a ansiedade. Em vinte, cinquenta anos, veremos a ascensão de um novo proletariado, renascido. Em suma, o que importa é a paciência: afinal, a vida não é de todo ruim, e o anticomunismo vale a pena.
Bom. Que esperemos, então. Vinte anos, se quisermos. A menos que, em seis meses, comece a Terceira Guerra Mundial. E é bem provável que nesse evento não haja ninguém no ponto de encontro: nem você, nem eu, nem um proletariado liberto, nem a França.[34]

Inevitavelmente, essa série de artigos acentuadamente irônicos resultou na ruptura irrevogável não só com Albert Camus (que iniciou a ruptura), mas também com aquele que fora seu amigo mais próximo, Merleau-Ponty, que posteriormente atacou Sartre por seu suposto "ultrabolchevismo"[35] em *As aventuras da dialética*, um livro celebrado pelo *establishment* acadêmico e político na França não por razões teóricas, mas por razões ideológicas bem identificáveis, como um grato reconhecimento pela adesão de Merleau-Ponty à "Liga da Esperança Abandonada"[36], que ele mesmo rotulara e condenara intensamente nesses termos.

A principal razão para Sartre ter adotado sua posição política em relação ao PC em "Les communistes et la paix" foi sua convicção de que a aglomeração de indivíduos isolados, constituindo também as *massas* populares dos trabalhadores[37], era incapaz de enfrentar o desafio histórico da potencial destruição iminente da humanidade. Somente os trabalhadores enquanto *classe* – no sentido marxiano de "classe por si mesma" – poderiam fazer isso, na visão de Sartre, que expressou repetidas vezes em tais artigos sua total concordância com Marx em relação a esse assunto.
Ao mesmo tempo, Sartre salientou que o Partido Comunista constituía a *mediação necessária* sem a qual era inconcebível combinar e unificar as *massas* de trabalhadores na *classe* necessária para o propósito da combinação radical da ordem social que perigosamente se desenvolvia. Além disso, mesmo depois de seus conflitos acirrados com o PC francês, Sartre manteve a validade dos principais princípios expressados em "Les

---

[34] Jean-Paul Sartre, *The Communists and Peace: With an Answer to Claude Lefort* (trad. Irene Clephane, Londres, Hamish Hamilton, 1969), p. 118-9.

[35] Ver o capítulo 5 do livro de Merleau-Ponty, *Les aventures de la dialectique*, publicado pela Gallimard, Paris, no primeiro semestre de 1955, e em inglês pela Heinemann, Londres, em 1973. [Ed. bras.: *As aventuras da dialética*, trad. Claudia Berliner, São Paulo, Martins Fontes, 2006.] A ruptura de Sartre com Raymond Aron foi anterior, tendo como fundamento o apoio entusiasmado de Aron à perspectiva "atlantista" e sua subserviência à dominação política e militar dos Estados Unidos.

[36] Ver minha discussão sobre "Merleau-Ponty e a 'Liga da Esperança Abandonada'" em meu livro *O poder da ideologia* (trad. Paulo Cezar Castanheira, São Paulo, Boitempo, 2004).

[37] As ilusões ligadas ao esperado mas jamais realizado sucesso político do RDR estavam projetando precisamente a formação de um guarda-chuva eleitoral composto de tal aglomeração de indivíduos isolados, que obviamente se esperava que incluísse, totalmente em vão, uma grande parcela da classe trabalhadora francesa.

communistes et la paix", embora uma década depois tenha acrescentado a ressalva de que, no decorrer de seu desenvolvimento, o partido em si tornara-se *serializado* e, por isso, perdera sua capacidade de cumprir o necessário papel de *mediador* que ele estava defendendo em seus artigos bastante debatidos. Os conceitos de "serialidade" e "serialização" foram desenvolvidos por Sartre na *Crítica da razão dialética*, na qual ele tentou elaborar o quadro teórico geral de sua concepção da "inteligibilidade da nossa história", incluindo não só as categorias do que ele chama de "estruturas formais da história", mas também um relato sustentável da "história real".

No início da década de 1950, a principal preocupação de Sartre era a fatídica eventualidade de uma guerra que a tudo destrói. Essa também foi uma consideração seminalmente importante para redefinir sua concepção original da relação entre o homem e a história. Em *Cahiers pour une morale* [Cadernos para uma moral] – abandonado em 1948-1949 – esse problema foi tratado de maneira extremante abstrata, nos termos da relação estrutural entre o "Para-si" e o "Em-si", com a afirmação do fracasso ontologicamente necessário bem em consonância com *O ser e o nada: ensaio de ontologia fenomenológica*. Nesse sentido, ele escreveu em *Cahiers pour une morale*:

> Toda tentativa do Para-si de ser em Em-si é *por definição fadada ao fracasso*. Daí podemos explicar a existência do Inferno. [...] Ainda que o fracasso possa ser *indefinidamente encoberto*, compensado, por si só tende a revelar o mundo como um *mundo de fracassos*, e pode forçar o Para-si a se fazer a prejudicial pergunta do significado de seus atos e da razão de seu fracasso. Desse modo, o problema é posto da seguinte forma: por que o mundo humano é *inevitavelmente um mundo de fracasso*, o que há na *essência* do esforço humano de modo que parece *condenado em princípio ao fracasso*?[38]

No entanto, quando a questão do fracasso não é postulada nos termos do fracasso ontologicamente necessário – "*por definição*" – do abstrato Para-si tentando ser Em-si, mas confrontada como o *fracasso real* dos seres humanos em salvar-se da *aniquilação nuclear*, o Inferno figurativo também se torna o *inferno real* da ação humana, *absurdamente autoimposta* porém *evitável*, com a identificável capacidade de ação humana que *pode e deve ser* detida. Pois esse tipo de fracasso catastrófico não pode ser "indefinidamente encoberto" devido à inalterável ausência de alguém que seja capaz de fazer qualquer encobrimento.

É assim que o *desafio da história* assume uma *forma concreta*, confrontando com questões reais os indivíduos de todos os estilos de vida e com *alternativas reais* que ninguém pode simplesmente ignorar. Na verdade, é por isso que a *história em si* e o *agente histórico* devem ser reconsiderados em sua dolorosa realidade objetiva também pelo existencialista, nos termos do atual e ameaçador desdobramento da história sob as condições existentes, que, em sua destrutividade cada vez pior, ainda fazem bastante parte da nossa condição nos dias de hoje. E Sartre envolve-se firmemente no enfrenta-

---

[38] Jean-Paul Sartre, *Notebooks for an Ethics* (trad. David Pellauer, Chicago/Londres, The University of Chicago Press, 1992), p. 472.

234 *A obra de Sartre*

mento dessa questão vital apontando o dedo acusador para aqueles que – de tão cegos por interesses determinados de classe, não podem ser efetivamente contra-atacados por nenhuma aglomeração de indivíduos isolados – estão escolhendo em cumplicidade o destrutivo modo de agir alternativo, com devastadoras implicações globais, e, portanto, conscientemente ou não, tomando o partido no término potencial da história. Por conseguinte, nada poderia ser mais claro nos termos da explícita resposta de Sartre ao desafio factível da história real do que estas palavras de alerta: "Para evitar que o mundo siga *seu próprio curso*, eles ameaçam com a *supressão da história* por meio da liquidação do *agente histórico*"[39].

Em março de 1980, duas semanas antes de morrer – depois de muitos anos de dedicação à causa de enfrentar positivamente o desafio da história, interrompida por grandes êxitos pessoais e graves decepções –, Sartre concedeu o que seria sua última entrevista. O tom geral dessa entrevista foi bastante pessimista, em consonância com o pessimismo que caracterizou sua última década de vida, depois do fracasso de suas expectativas ligadas a Maio de 1968 e suas consequências políticas e organizacionais. Nos últimos minutos dessa conversa, prevendo que viveria mais cinco ou talvez dez anos, Sartre se referiu à "invasão do Afeganistão" e reiterou sua profunda preocupação quanto a uma Terceira Guerra Mundial, dizendo que

> com essa Terceira Guerra Mundial, que pode eclodir um dia, com esse conjunto miserável que é nosso planeta, o desespero volta a me tentar. [...] Em todo caso, o mundo parece feio, mau e sem esperança. Esse é o desespero tranquilo de um velho que morrerá dentro disso. Eu resisto e sei que morrerei na esperança. Mas é preciso fundamentar essa esperança. É preciso tentar explicar por que o mundo de agora, que é horrível, não passa de um momento no longo desenvolvimento histórico, que a esperança foi sempre uma das forças dominantes das revoluções e das insurreições e como ainda sinto a esperança como minha concepção do futuro.[40]

Infelizmente, duas semanas depois, Sartre já havia morrido. Por isso não pôde elaborar, como contribuição final, a prometida *"fundação da esperança"* para sua concepção do futuro, do qual somente a *"esperança no desespero"* lhe restou nos seus últimos anos de vida.

---

[39] Idem, "La bombe H, une arme contre l'histoire", *Défense de la paix*, julho de 1954.

[40] Jean-Paul Sartre, entrevista concedida a Benny Lévy, *Le Nouvel Observateur*, março de 1980. [Ed. bras.: Jean-Paul Sartre e Benny Lévy, *A esperança agora: as últimas entrevistas do filósofo existencialista*, trad. Maria Luiza Borges, Rio de Janeiro, Nova Fronteira, 1992, de onde retiramos o trecho citado. A mesma entrevista foi editada sob o título *O testamento de Sartre* (Porto Alegre, L&PM, 1981). (N. E.)]

6

ESTRUTURAS MATERIAL E FORMAL DA HISTÓRIA: CRÍTICA DA CONCEPÇÃO SARTRIANA DE RAZÃO DIALÉTICA E TOTALIZAÇÃO HISTÓRICA

Como mencionado no capítulo 2 de *A dialética da estrutura e da história**, um dos grandes méritos de Jean-Paul Sartre como pensador e militante exemplar foi abordar a questão fundamental da totalização histórica no período pós-Segunda Guerra Mundial. Sua *Crítica da razão dialética* foi dedicada a esse assunto, que anuncia no já gigantesco primeiro volume a conclusão[1] que "logo se seguirá" de seu projeto.

É importante ter em mente que a *Crítica* de Sartre – conforme publicada em 1960 pela Gallimard, em Paris, com o subtítulo *Teoria dos conjuntos práticos* – nunca teve o intuito de oferecer um quadro completo por conta própria. Pelo contrário, ela explicitamente prometeu a elaboração apropriada do quadro categorial da *"história real"* como o complemento necessário, e na verdade o clímax teórico, do projeto de Sartre. Foi assim que ele colocou a questão na Introdução do livro publicado:

> O tomo I da *Crítica da razão dialética* termina no próprio momento em que alcançamos o "lugar da História", isto é, em que procuraremos exclusivamente os fundamentos inteligíveis de uma antropologia estrutural – na medida em que, evidentemente, essas estruturas sintéticas constituem a própria condição de uma totalização em andamento e perpetuamente orientada. O tomo II, que em breve o seguirá, há de retraçar as etapas da progressão crítica: tentará estabelecer que existe *uma* inteligibilidade [...] pela demonstração de que *uma* multiplicidade prática, seja ela qual for, deve totalizar-se incessantemente interiorizando-se em todos os níveis de sua multiplicidade. [...] Adivinharemos, então, o que o conjunto dos dois

---

* István Mészáros, *Estrutura social e formas de consciência II: a dialética da estrutura e da história* (trad. Rogério Bettoni, São Paulo, Boitempo, 2011). (N. T.)

[1] Na verdade, em uma entrevista dada a Madeleine Chapsal em 1959, Sartre afirmou de maneira otimista que "o primeiro volume será publicado em um mês, e o segundo em um ano". Ver Jean-Paul Sartre, "The Purposes of Writing", cit., p. 9.

236 A obra de Sartre

tomos tentará provar: a *necessidade* como estrutura apodíctica da experiência dialética não reside no livre desenvolvimento da interioridade, tampouco na inerte dispersão da exterioridade, mas impõe-se, na qualidade de momento inevitável e irredutível, na interiorização do exterior e na exteriorização do interior.[2]

No entanto, havia razões muito boas para que esse projeto nunca chegasse nem perto de sua prometida conclusão. A análise almejada da *história real* – em contraste com a problemática filosófica delineada no primeiro volume da *Crítica* sartriana somente nos termos das estruturas *formais* da história – recusou-se a se materializar nas páginas infinitamente crescentes do póstumo segundo volume; um manuscrito que somava quase 5 mil páginas escritas que, por fim, não foi considerado apropriado para publicação pelo próprio autor. Pois, considerando que Sartre não teve dificuldades para ilustrar as categorias adotadas com um material histórico usado da maneira mais imaginativa no primeiro volume publicado, e também precisamente definidas por ele como as "estruturas [estritamente]* formais da história", a tentativa de avaliação das situações conflituosas particulares e dos principais desenvolvimentos históricos discutidos no segundo volume continuou firmemente ancorada, apesar de suas intenções, ao mesmo quadro categorial *formal*. No fim das contas, portanto, Sartre não teve escolha senão abandonar seu relato abrangente, prometido no início, da história real como parte integrante e *"terminus ad quem"* de sua visão da totalização histórica.

Contudo, seria bastante equivocado ver nesse resultado a falha pessoal corrigível de um pensador particular. No caso de uma das notáveis figuras intelectuais do século XX, como Jean-Paul Sartre inegavelmente passou a ser, a *não realizabilidade* de uma importante iniciativa teórica – empreendida, para ser exato, de um ponto de vista social e histórico determinado – teve seu profundo fundamento objetivo e correspondente significado representativo. Isso vale ainda mais nessa ocasião específica, porque Sartre quis apresentar sua concepção, em meio à agitação de alguns eventos históricos de amplas consequências[3], como parte integrante de uma investigação realizada com grande paixão durante toda sua vida a serviço da causa da emancipação humana.

Nesse sentido, Sartre rejeitava, nos termos mais fortes possíveis, qualquer ideia de um totalizador misterioso, que vimos ser defendido até mesmo pelos maiores pensadores da burguesia na fase ascendente do desdobramento histórico do sistema do capital. Ele insistia que, em qualquer concepção histórica viável, as pessoas

> se definem integralmente pela sociedade de que fazem parte e pelo movimento histórico que as arrasta; se não pretendemos que a dialética se torne, de novo, uma lei divina, uma fatalidade metafísica, é necessário que ela venha dos *indivíduos* e não de não sei quais con-

---

[2] Jean-Paul Sartre, *Crítica da razão dialética* (trad. Guilherme João de Freitas Teixeira, Rio de Janeiro, DP&A, 2002), p. 185-6. Ênfases de Sartre.

* Colchetes de Mészáros. (N. E.)

[3] Devemos recordar que a *Crítica da razão dialética*, de Sartre, foi concebida e escrita depois de alguns levantes importantes na Europa Ocidental, particularmente na Polônia e na Hungria.

juntos supraindividuais. [...] a dialética é a lei de totalização que faz com que existam vários coletivos, *várias* sociedades, *uma* história, isto é, realidades que se impõem aos indivíduos; mas, ao mesmo tempo, deve ser tecida por milhões de atos individuais.[4]

Outro feito importante da *Crítica da razão dialética* é a elaboração de Sartre do quadro categorial do que ele chama de estruturas formais da história, como as que encontramos delineadas na obra publicada pela Gallimard em 1960, com um material histórico retratado de forma convincente, que variava desde alguns episódios-chave da Revolução Francesa de 1789 até desenvolvimentos do século XX. Não se poderia dizer de nenhum modo que essas categorias formais – desde a constituição da "serialidade" e do "grupo-em-fusão" até a "institucionalização" desintegradora –, da forma como foram elaboradas no primeiro volume da *Crítica* sartriana, constituem as estruturas formais da história em geral. Elas são, em linhas gerais, aplicáveis somente a uma fase determinada da história humana, posto que condensam algumas determinações características do intercâmbio social sob a ordem burguesa.

Desse modo, no entanto, seu potencial para clarificar alguns aspectos importantes das transformações históricas modernas é verdadeiramente notável. Contudo, precisamente graças à sua orientação estrutural formal, elas estão bem harmonizadas com alguns dos imperativos materiais fundamentais da ordem produtiva do capital, que deve subsumir sob suas *equalizações formais* fetichisticamente quantificadoras e determinações abstratas homogeneizadoras as qualidades mais díspares do intercâmbio societal metabólico, em que o valor de troca deve dominar absolutamente o valor de uso[5]. Portanto, o fato de Sartre ter sido incapaz de concluir seu projeto original de integrar as estruturas formais propostas da história com sua pretendida explicação da história real não diminui em nada o seu valor explicativo em seu próprio cenário.

Para entender os impedimentos insuperáveis nas raízes do projeto de Sartre de elucidar o problema da totalização na história real, vale citar uma passagem de uma importante entrevista concedida por ele em 1969 à revista *New Left Review*. Como claramente transparece nessa entrevista, Sartre ainda se comprometia a completar o segundo volume da *Crítica da razão dialética*, embora em 1958 ele já tivesse deixado de lado praticamente 5 mil páginas. Estas foram suas palavras na entrevista à *New Left Review*:

> A diferença entre o primeiro e o segundo volume é a seguinte: o primeiro consiste em um trabalho onde mostro as possibilidades de troca, degradação, o prático-inerte, séries, coletivos, recorrência e assim por diante. Essa parte da obra está interessada apenas nas possibilidades teóricas de suas combinações. O objeto do segundo volume é a história propriamente dita. [...] meu objetivo será provar que há uma inteligibilidade dialética do que é singular.

---

[4]   Jean-Paul Sartre, *Crítica da razão dialética*, cit., p. 156. Ênfases de Sartre.

[5]   Ver mais a respeito desse assunto no capítulo 4 e na seção 6.2 do livro *Estrutura social e formas de consciência II: a dialética da estrutura e da história*, cit.

238 *A obra de Sartre*

Pois a nossa história é singular. [...] O que procurarei demonstrar é a inteligibilidade dialética do que não pode ser encarado como universal.[6]

No entanto, conforme veio a acontecer posteriormente, o rascunho do segundo volume, que na verdade foi interrompido por convincentes razões pessoais antes do fim de 1958, nunca foi retomado. O manuscrito abandonado foi publicado postumamente em francês cinco anos depois da morte de Sartre, em 1985, e em inglês seis anos depois, em 1991*.

Não obstante, o destino desse importante projeto sartriano não foi de nenhum modo surpreendente. Meu próprio comentário, feito quando Sartre ainda estava vivo e totalmente na ativa, sobre a passagem que acabamos de citar e a prevista *incompletude* de sua teoria da totalização histórica – conforme me é demonstrado claramente no volume 1 da *Crítica da razão dialética*, bem como na entrevista de 1969 – foi o seguinte:

> É extremamente difícil imaginar como se pode compreender a "história propriamente dita" mediante essas categorias, uma vez que o problema da história é precisamente o de como universalizar o singular sem suprimir suas especificidades. Em contraposição, contudo, é muito fácil perceber a transição natural da história à biografia, ou seja, dessa concepção sartriana de história ao projeto sobre Flaubert. Pois a inteligibilidade do singular não universalizável requer experiência vivida como base de sua compreensão. E a reconstrução da personagem, por meio do *imaginaire* necessariamente envolvido nela[7], oferece-nos uma "Verdadeira lenda", no mais alto nível de complexidade. Algumas das estruturas fundamentais da própria história permanecem, pois, ocultas no segundo volume da *Crítica*, que nunca emerge, pois não parecem se ajustar ao quadro de referência da busca de Sartre.[8]

O problema intransponível para Sartre foi, e continuou sempre sendo, que o modo de universalizar o singular sem suprimir sua especificidade só é possível por meio de *mediações apropriadas* que ligam a multiplicidade – socialmente definida – dos indivíduos particulares aos seus grupos e classes em qualquer momento dado, e ao desenvolvimento societal em desdobramento no decorrer de toda a história. As respostas de Sartre à questão da *mediação* sempre foram extremamente problemáticas em sua concepção de totalização histórica. E, novamente, as mediações sociais/históricas inexistentes de seu pensamento não foram uma ausência *corrigível*.

---

[6] Jean-Paul Sartre, "Itinerário de um pensamento", cit., p. 224-5.

* No Brasil, somente o volume 1 da *Crítica da razão dialética* foi publicado pela DP&A em 1991, conforme citado. Para a tradução das citações do volume 2, utilizamos como referência a edição inglesa de 1991 (trad. Alan Scheridan-Smith, Londres, Verso) e a edição francesa de 1985 (Paris, Gallimard). Para todos os efeitos, utilizaremos a paginação da edição inglesa, mencionando as páginas da edição francesa entre colchetes. (N. T.)

[7] Na verdade, Sartre admitiu na entrevista de 1969 que em sua mais detalhada interpretação e reconstrução da vida de Flaubert, que resultou em várias centenas de páginas, ele teve de inventar – como se estivesse escrevendo um romance – a pessoa no centro de sua investigação monumental.

[8] Cf. p. 99 deste volume.

Para ser exato, Sartre destacou corretamente que a história é "tecida por milhões de atos individuais", como vimos sua firme insistência nessa questão numa passagem citada alhures. No entanto, apesar de uma afirmação explícita feita no período de escrita e publicação do primeiro volume da *Crítica da razão dialética* – de acordo com a qual ele havia deixado o existencialismo para trás em seu desenvolvimento posterior como nada mais que uma "ideologia"[9] –, algumas das categorias cruciais desenvolvidas na primeira fase de sua obra, antes e durante a Segunda Guerra Mundial, e na verdade de maneira mais destacada em *O ser e o nada*, continuaram sempre dominantes em sua filosofia. Ele até retomou em 1975 a declaração feita em 1958 sobre o existencialismo ser simplesmente um "enclave ideológico dentro do marxismo"[10], aceitando como alternativa, mais uma vez, e de maneira curiosa[11], o rótulo existencialista.

O ponto de seminal importância a esse respeito foi que, por sua tentativa *de facto* – ainda que, sob as circunstâncias políticas dadas, não tenha sido expressa de modo programático, porém persistente – de dar uma *fundação ontológico-existencial* ao seu próprio quadro categorial também na *Crítica da razão dialética*[12], Sartre bloqueou seu próprio caminho para tornar dialeticamente inteligível o processo da totalização histórica na história real. Isto é, ele tornou proibitivamente difícil imaginar como seria realmente possível que os "milhões de atos individuais" – na verdade sempre profundamente enraizados nas estruturas sociais mais específicas e dinamicamente inter-relacionadas – perfizessem uma rede de determinações legiformes no sentido apropriado de necessidade *histórica*, concebida como em progressiva mutação e em sua modalidade de afirmar a si mesma no devido tempo como "necessidade evanescente". As mediações históricas ausentes desempenharam um papel crucial no descarrilamento da planejada explicação geral de Sartre da história real.

Em sua problemática tentativa de dar um fundamento ontológico para o seu "enclave existencialista dentro do marxismo", Sartre teve de transformar a *categoria eminentemente histórica e socialmente transcendível da escassez* em um paralisante *absoluto* a-histórico e anti-histórico, arbitrariamente proclamado como sendo a *permanência* insuperável, bem como horizonte e determinação gerais de nossa história real. Ele fez

---

[9] Como colocou no primeiro volume da *Crítica*: "considero o marxismo a insuperável filosofia de nosso tempo e porque julgo a ideologia da existência e seu método 'compreensivo' como um território encravado no próprio marxismo que a engendra e, simultaneamente, a recusa", Jean-Paul Sartre, *Crítica da razão dialética*, cit., p. 14.

[10] Ver entrevista concedida a Michel Contat, "Self-Portrait at Seventy" [Autorretrato aos setenta anos], publicada pela primeira vez em *Le Nouvel Observateur*, junho-julho de 1975. Em inglês, reunida em Jean-Paul Sartre, *Sartre in the Seventies: Interviews and Essays* (Londres, Andre Deutsch, 1978) – ver especificamente a p. 60 desse volume.

[11] Ibidem, p. 59-61.

[12] Ainda que, por razões principalmente políticas, ele tenha tentado qualificar nessa obra os elementos conservados da orientação ontológico-existencialista somente como um "enclave ideológico", a verdade é que ela era incomparavelmente mais decisiva do que apenas um enclave.

240 *A obra de Sartre*

isso ao postular que "dizer que nossa História é história dos homens ou dizer que ela surgiu e se desenvolve no *enquadramento permanente* de um campo de tensão engendrado pela escassez é a mesma coisa"[13].

Ao mesmo tempo, ele contradisse repetidas vezes sua afirmação categórica anterior segundo a qual "*o Homem não existe: existem pessoas*"[14]. No entanto, por causa da declaração existencialisticamente absolutizada de uma *reciprocidade perversa* entre cada indivíduo particular e o "Outro" mítico que habita *cada* indivíduo, uma linha direta de identificação foi decretada por Sartre como sendo fatalmente prevalecente entre o indivíduo eticamente inumano, tanto de maneira rebelde quanto ao mesmo tempo cruel, e o *homem mítico/demoníaco* sob o domínio da *permanente escassez*. É importante a esse respeito citar em algum detalhe as palavras de Sartre do primeiro volume da *Crítica da razão dialética*:

> Na pura reciprocidade, o Outro que não eu é também o Mesmo. Na reciprocidade modificada pela escassez, o Mesmo aparece-nos como o contra-homem enquanto esse mesmo homem aparece como radicalmente Outro (isto é, portador para nós de uma ameaça de morte). Ou, se quisermos, compreendemos em traços largos seus fins (são os nossos), seus meios (temos os mesmos), as estruturas dialéticas de seus atos; mas, compreendemo-los como se fossem os caracteres de uma outra espécie, nosso *duplo demoníaco*. Com efeito, nada – tampouco as grandes feras ou os micróbios – pode ser mais terrível para o homem do que uma espécie inteligente, carnívora, cruel, que soubesse compreender e frustrar a inteligência humana, e cujo fim seria precisamente a *destruição do homem*. Essa espécie é, evidentemente, a nossa, apreendendo-se por *todo* homem nos Outros no meio da *escassez*. [...] ela torna cada um *objetivamente* perigoso para o Outro e coloca a existência concreta *de cada um* em perigo na do Outro. Assim, o *homem é objetivamente constituído como inumano* e essa inumanidade traduz-se na práxis pela apreensão do *mal como estrutura do Outro*.[15]

Esse discurso sartriano a-histórico sobre o "mal como estrutura do Outro" – e na verdade o "Outro" como *cada indivíduo particular* – foi articulado na *Crítica* de tal maneira que, com uma facilidade relativa, ele poderia ser incorporado à concepção ontológico-existencialista de sua primeira grande obra filosófica sintetizadora, *O ser e o nada*. Desse modo, somos informados pelo "marxizante"[16] Jean-Paul Sartre da *Crítica da razão dialética* de que

> Quer se trate de matar, torturar, escravizar ou simplesmente mistificar, meu objetivo consiste em suprimir a *liberdade estranha* como força inimiga, isto é, como essa força que pode me rechaçar do campo prático e fazer de mim um "homem a mais" condenado a morrer. Ou, em outras palavras, é exatamente o *homem enquanto homem*, isto é, enquanto livre práxis de um ser organizado, que eu combato; é o *homem e mais nada* que eu odeio no inimigo,

---

[13] Jean-Paul Sartre, *Crítica da razão dialética*, cit., p. 238.

[14] Ibidem, p. 156.

[15] Ibidem, p. 244-5.

[16] O próprio Sartre se chamava de "marxizante" nessa época.

isto é, *eu próprio enquanto Outro*, e é exatamente eu próprio que nele pretendo destruir para impedi-lo de destruir-me realmente no meu corpo.[17]

Naturalmente, a *motivação* intelectual militante e apaixonadamente comprometida de Sartre para construir essa visão do conflito inevitável, caracterizado como um conflito que surge da escassez permanente e é dominado por ela, inseparável de sua sustentação ontológico-existencialista, não foi a defesa submissa da ordem societal existente, mas sim sua negação radical. Ele precisou da ênfase ontológica destacada para seu proclamado "enclave existencialista" de modo a colocar em dramático relevo a enormidade da luta que deve ser desempenhada contra o *"inimigo"* Outro, paradoxalmente definido como *"eu próprio"* e *cada indivíduo*. No entanto, ao fazer isso sem colocar em cena as *mediações sociais e históricas* apropriadas – na verdade, obliterando a distinção vital entre as *mediações de primeira ordem* historicamente insuperáveis e as *mediações de segunda ordem antagônicas* do capital, a serem transcendidas[18] –, ele acabou *absolutizando o historicamente relativo* contra suas próprias intenções críticas.

Sob as condições específicas da história real que afirma a si mesma na nossa época, como somos forçados a vivê-las *sob o domínio estruturalmente determinado do capital*, as mediações de segunda ordem antagônicas devem sempre prevalecer. Elas representam uma *dominação e imposição absolutamente insustentáveis*, historicamente mais a longo prazo, tendo suas implicações em última instância destrutivas e autodestrutivas. A *superação histórica* dessas mediações de segunda ordem antagônicas, não importa quão proibitivos possam parecer os obstáculos para sua superação sob as condições atuais, é a chave para a solução da questão espinhosa – o autêntico *círculo vicioso* na *"história real"* do sistema do capital – da escassez inseparavelmente combinada ao desperdício imprudentemente produzido, de um lado, e a contraimagem veleitária geralmente simplificada em demasia da "abundância", de outro lado. A ideia da permanência pseudo-ontológica das mediações opressivas de segunda ordem do capital, postulada sobre a premissa da *dominação de classe*, historicamente imposta bem antes da aparição do capital, como o quadro estrutural necessário da escassez que impõe a si mesma, é uma distorção falsamente estipulada. Pois a continuidade *relativa* que podemos encontrar entre os antecedentes *qualitativamente* diferentes das mediações de segunda ordem antagônicas do capital e sua própria modalidade distintiva de dominação reprodutiva societal exploradora de classe por meio da extração economicamente imposta do trabalho excedente como a mais-valia é *trans-histórica* – e, nesse sentido, *superável* –, porém, enfaticamente, não *supra*-histórica.

No entanto, uma vez que o suporte ontológico-existencialista do quadro categorial de Sartre afirma a si mesmo, oferecendo uma visão de algum tipo de "condição

---

[17] Jean-Paul Sartre, *Crítica da razão dialética*, cit., v. I, p. 245-6.

[18] Sobre o problema histórico das mediações de segunda ordem antagônicas, ver especificamente a seção 8.6 do meu livro *Estrutura social e formas de consciência I: a determinação social do método* (trad. Luciana Pudenzi, Francisco Raul Cornejo e Paulo Cezar Castanheira, São Paulo, Boitempo, 2009).

242 *A obra de Sartre*

humana" inseparável do conflito destrutivo sob o domínio da escassez permanente, a motivação intelectual original da negação crítica desse grande pensador militante é inevitavelmente colocada em segundo plano. Portanto, o corolário de *absolutizar o relativo* – isto é, absolutizar a categoria histórica da escassez ao transformá-la em uma permanência ontologicamente interiorizada – exerce seu impacto negativo de longo alcance. Esse corolário de absolutizar o relativo no "enclave" ontológico-existencialista de Sartre assume, paradoxalmente, a forma de *relativizar as condições absolutas da existência humana* ao suprimir seu caráter único enquanto um *absoluto histórico*. O constituinte absoluto realmente existente, e de modo algum *a-histórico* (isso não pode ser enfatizado o suficiente), da determinação dialética da humanidade, o *substrato natural* da existência humana – isto é, substrato eternamente *inelutável* e, *nesse sentido*, absoluto, mas não em sua modalidade particular –, é a questão aqui. Sua determinação única enquanto um absoluto histórico continua em vigor, não obstante. Pois não importa até que ponto esse substrato natural possa (na verdade, deva) ser modificado pelo contínuo desenvolvimento produtivo da humanidade, no curso da criação histórica das "*carências humanas*" e da correspondente extensão das condições de sua satisfação, ele sempre permanece, em última instância, firmemente circunscrito pela natureza em si. E essa circunstância também significa que, na medida em que é violado – o que continua a acontecer em nossa época, em um nível cada vez mais perigoso, na relação da humanidade com a natureza –, ele também deve ser sem cerimônias, e até punitivo, imposto sobre a sociedade pelos requisitos objetivos da existência humana em si.

Naturalmente, isso torna absolutamente imperativa para a humanidade a articulação positiva de um intercâmbio viável e historicamente sustentável dos indivíduos sociais com a natureza e entre si, como o fundamento social mutável, porém necessário, de sua relação com a natureza, se quiserem evitar a autodestruição. Mas fazer isso só é possível pela observação do caráter único e inerentemente histórico da relação em questão. Somente sobre essa base é possível redefinir de maneira apropriada, especialmente sob as condições da crise estrutural cada vez mais intensa de seu modo de reprodução societal metabólica, a relação vital da humanidade com a natureza no quadro histórico com *fim necessariamente aberto* de desenvolvimento.

Por conseguinte, seria autodestrutivo caracterizar, em qualquer tentativa de explicação da "história real", o caráter objetivo do *substrato natural* da existência humana – que deve ser, no curso do desenvolvimento humano, sujeito às transformações históricas *apropriadas*[19], em vista da intervenção, na ordem da natureza, da *necessidade histórica* mutável e instituída pelos seres humanos – como a atemporal *materialidade ontológico-existencialista da escassez*, postulada sobre o fundamento arbitrariamente

---

[19] A perigosa implicação de certos tipos de transformações, sob os imperativos irracionais e destrutivos do acúmulo incontrolável do capital, não é o fato de modificarem a relação dos seres humanos com a natureza – que é característica do todo da história humana –, mas sim o fato de o fazerem da maneira mais *inapropriada*, simultaneamente destrutiva e *autodestrutiva*.

assumido de que "*o homem é objetivamente constituído como inumano* e essa inumanidade traduz-se na práxis pela apreensão do *mal como estrutura do Outro*"[20].

Pressupor e proclamar repetidas vezes que "o homem é objetivamente constituído como inumano" é um *prejulgamento existencialisticamente deturpado* da questão, concebido com o propósito de mudar imediatamente, na mesma sentença, do significado aparentemente *neutro/objetivo* de "inumano" para a caracterização fatídica da "inumanidade da práxis humana" como necessariamente carregando consigo a "apreensão do mal como a estrutura do Outro".

A assim chamada "constituição objetiva do homem", nomeada dessa maneira por Sartre, com respeito à sua objetividade primária/primitiva, não se refere, e não pode de modo algum se referir, a "homem", nem a um "inumano" demoníaco/mítico existencialisticamente projetado, mas somente ao mundo *animal*. Em relação ao ser que surge posteriormente na história – ao constituir si mesmo – como humano, este pode ser legitimamente chamado, de uma perspectiva humana, de *pré-humano*, mas decididamente não em sentido tendencioso, proclamado a condizer com o espectro sombrio da ontologia existencialista, de "inumano". Pois antes da *autoconstituição* histórica com fim aberto do ser humano – do qual "a criação de uma nova carência" é o "primeiro ato histórico", conforme discutido em *A dialética da estrutura e da história* – não há um tal ser apropriadamente chamado de "inumano" no sentido sartriano. Ele deve ser chamado assim por Sartre, de maneira reveladora, para que, posteriormente, o ser em questão pudesse ser facilmente apresentado no espírito da penumbra ontológico-existencialista como "mal", com sua determinação estrutural atribuída ao "Outro" enraizado em cada ser individual, inclusive no "eu próprio".

Na efetividade, o substrato natural da existência humana em si não é uma "materialidade" maciça, mas uma relação social estrutural em mutação – uma mediação sempre historicamente específica – dos seres humanos em geral com a natureza *e* entre si. Portanto, essa mediação inescapável é necessariamente constituída e reconstituída pela intervenção humana socialmente específica e historicamente em mutação na ordem absolutamente inescapável da natureza. Em outras palavras, ela é constituída e reconstituída na forma da dupla causalidade, discutida anteriormente, da própria legitimidade da natureza, de um lado (que pode ser dinamicamente adaptada, mas não violada), e a necessidade histórica progressivamente modificada/deslocada (e, em sua modalidade *particular*, "evanescente"/superada no devido tempo), do outro lado.

Nesse mesmo sentido, a categoria de *escassez* é, desde o início, inerentemente histórica, adquirindo significado a partir da relação de sua dominação *temporária* (não importa por quanto tempo) sobre os seres humanos que, sob determinadas condições – isto é, historicamente específicas e alteráveis –, devem sentir seu poder. E esse poder está longe de ser autossuficiente. Ele também deve ser simultaneamente definido como estando sujeito a se tornar *historicamente superado*, pelo menos em princípio. Ou não, conforme possa ser o caso. Mas *não superado* apenas se a necessária falha projetada da

---

[20] Jean-Paul Sartre, *Crítica da razão dialética*, cit., p. 244-5.

244 *A obra de Sartre*

espécie humana é absolutizada como a catástrofe derradeira que a tudo abarca, resultando no término da história humana em si. A escassez não faz absolutamente nenhum sentido *em si e para si como um absoluto*. Ela é sempre "escassez em relação a algo ou alguém". Além disso, até mesmo em sua determinação objetiva como uma contingência de peso, ela só faz sentido – de uma forma ou de outra – em relação aos seres humanos que devem *senti-la ou superá-la*, graças à sua própria determinação e autodeterminação inerentemente históricas. Diferentemente dos humanos, os animais não "*vivem num mundo de escassez*". Eles simplesmente vivem – e morrem – da maneira que as "determinações de espécie" de sua "*genus*-individualidade" lhes permitem e destinam.

A escassez, portanto, deve ser compreendida em seu contexto histórico apropriado, como *parasitária* da história humana, e não como a *base* postulada e o *fundamento causal* pessimisticamente hispostasiado da história. Concordar com Sartre quando este diz que a história "*surgiu e se desenvolve* no *enquadramento permanente* de um campo de tensão *engendrado pela escassez*"[21] só pode absolutizar o relativo e relativizar o absoluto. Afinal, nesse último sentido, a afirmação de Sartre que acabamos de citar subordina às vicissitudes incorrigíveis da escassez endemoniadamente magnificada e igualmente interiorizada[22] o *imperativo absoluto* de se instituir uma alternativa viável ao modo estabelecido da reprodução social metabólica na atual conjuntura crítica da história. Em contraste, no quadro adotado por Sartre, a penumbra da escassez anti-histórica insuperavelmente absolutizada como a base da inteligibilidade histórica, unida à anteriormente citada reciprocidade perversa entre "eu próprio e o Outro em mim", é opressiva.

O fato de o *imperativo* que a sociedade humana enfrenta hoje para adotar um modo radicalmente diferente de reprodução social metabólica historicamente sustentável ser *absoluto*, em oposição direta à busca destrutiva do capital pela *expansão ilimitada do capital* – portanto, por definição, sempre "escassa" – não oblitera, e não pode obliterar, o caráter inerentemente *histórico*, e a correspondente *urgência*, desse mesmo absoluto. Pois todos os absolutos concebíveis no contexto humano são, ao mesmo tempo, necessariamente históricos, incluindo aqueles concernentes ao substrato natural ineliminável da existência humana em si. No entanto, *submergir* o imperativo prático historicamente determinado para a elaboração de uma alternativa reprodutiva societal viável dentro da genérica projeção ontológico-existencialista pseudoabsoluta do "quadro permanente da escassez" só pode gerar um pessimismo desolado[23] e o nobre

---

[21] Ibidem, p. 238.

[22] Voltaremos aos complicados problemas da escassez ainda neste capítulo e, mais extensivamente, no capítulo 8.

[23] Quase no fim da mais reveladora e comovente entrevista de Sartre, conduzida por Michel Contat em 1975, o entrevistador coloca para Sartre que "Em geral, suas declarações políticas são otimistas, muito embora, em privado, você seja bastante pessimista". Sartre responde à observação de Contat da seguinte maneira: "Sim, eu sou. [...] Se não sou *completamente pessimista* é principalmente porque vejo em mim certas carências que não são só minhas, mas de todo homem. Em outras palavras, é a certeza vivida da *minha própria liberdade* [...] Mas é verdade que ou o homem entra em colapso – então tudo que se

porém impotente "dever-ser" como sua almejada contraimagem[24]. Dessa forma, não pode haver espaço no "enclave ontológico-existencialista" estruturalmente prejulgado, dominado pela escassez permanente, para explorar as condições da factibilidade da alternativa positiva requerida e historicamente sustentável.

O estranho resultado de tudo isso é a diminuição da responsabilidade para o sistema do capital em si, não obstante sua gama historicamente opressora das mediações de segunda ordem destrutivas. Tal responsabilidade é diminuída no "enclave ideológico dentro do marxismo" proclamado por Sartre por causa do papel miticamente magnificado atribuído por ele à genérica "escassez interiorizada" historicamente prolongada, criada pelo "eu próprio enquanto Outro". E esse "Outro em mim" é hipostasiado por Sartre de uma forma sobrecarregada, com a projeção mais irreal da responsabilidade, ao ser caracterizado em uma passagem citada anteriormente da *Crítica da razão dialética* como o "duplo demoníaco" não só da espécie humana em geral – chamada, nessa citação, como vimos anteriormente, de "uma espécie inteligente, carnívora, cruel, que soubesse compreender e frustrar a inteligência humana, e cujo fim seria precisamente a *destruição do homem*"[25] –, mas ao mesmo tempo de cada membro individual e singular da sociedade em sua capacidade pessoal.

Esse é um modo extremamente particular de isentar o sistema do capital de sua responsabilidade bastante óbvia por estar efetivamente empenhado, em nossa época, na "destruição do homem", real e corretamente deplorada pelo próprio Sartre. Ademais, o que torna muito paradoxal o tipo de suporte ontológico-existencialista que vimos no quadro categorial da *Crítica da razão dialética* é, obviamente, o fato de que Sartre seria a última pessoa a oferecer tal isenção, por uma questão de deliberação consciente, para o poder inumano do capital. Ninguém levanta com mais frequência e de maneira mais dramática a questão da liberdade em geral e da séria responsabilidade dos intelectuais em particular do que Sartre. Sua indignação moral e negação radical sempre permanecem muito intensas. Mas o único sujeito histórico ao qual ele pode apelar e tentar atrair para as lutas nas quais ele está engajado é o indivíduo particular isolado.

A dimensão política da abordagem que Sartre faz da história é expressa em um escrito específico de 1973, "Eleições, armadilha para otários"[26], publicado no *Les Temps*

---

poderia dizer é que durante os 20 mil anos nos quais existiram os homens, alguns deles tentaram criar o homem e *falharam* – ou então essa revolução acontece e cria o homem ao promover a liberdade. Nada é mais certo. [...] é impossível fundar uma base racional para o otimismo revolucionário, posto que aquilo que *é* é a realidade presente. E como podemos fundar a realidade futura? Nada me permite fazê-lo". Ver páginas 83-85 da entrevista citada na nota 10, p. 239 deste volume.

[24] "*A liberdade deve se revoltar* contra as alienações", ibidem, p. 88.

[25] Jean-Paul Sartre, *Crítica da razão dialética*, cit., p. 244-5.

[26] Em inglês, publicada no livro Jean-Paul Sartre, *Sartre in the Seventies: Intervies and Essays*, cit., p. 198-210. [Em português, usamos a versão publicada na *Revista Alceu*, PUC-Rio, v. 5, n. 9, jul./dez. 2004, p. 5-13. (N. E.)]

246 *A obra de Sartre*

Modernes em janeiro de 1973, e, como ficamos sabendo com precisão no próprio artigo, escrito em 5 de janeiro do mesmo ano, pouco antes da eleição geral francesa sob a presidência de Pompidou.

"Eleições, armadilha para otários" é um artigo bem significativo como atualização política das *estruturas formais da história* de Sartre, desenvolvidas detalhadamente no primeiro volume da *Crítica da razão dialética*. Pois, na visão sartriana, as categorias da *Crítica* são perfeitamente aplicáveis à situação eleitoral em si, considerada por ele estrita e repreensivelmente uma "estrutura formal da história".

A esse respeito, é diretamente relevante que a *Crítica da razão dialética*, de Sartre, no que se refere à sua inspiração, só possa ser compreendida no contexto da *crise dual* (1) do colonialismo francês no Vietnã e na Argélia e (2) da crise cada vez mais profunda do sistema de tipo soviético, incluindo os levantes da Alemanha Ocidental (1953), poloneses (1955-1956) e húngaros. De fato, a explosão popular húngara em outubro de 1956 teve um impacto maior sobre o pensamento de Sartre do que qualquer outro evento histórico contemporâneo, como evidenciado por seu importante ensaio "O fantasma de Stalin", bem como pela própria *Crítica da razão dialética*[27].

As categorias formais elaboradas por Sartre no primeiro volume da *Crítica da razão dialética*, que surgem em um nível considerável de sua avaliação dessa crise dual, continuam sendo, no fim, os princípios orientadores de sua interpretação dos eventos políticos em desdobramento e do papel a ser atribuído aos indivíduos que deles participam. Isso acontece independentemente do fato de Sartre ser incapaz de teorizar o problema da totalização na "história real", seja no segundo volume da *Crítica*, prometido repetidas vezes mas não acabado, seja em qualquer outro lugar[28].

O processo da "serialização" fatídica, que corresponde a uma de suas mais importantes estruturas formais da história, em conjunção com o "campo prático-inerte", é

---

[27] Como o próprio Sartre expressou na entrevista a Michel Contat: "Esse foi o período em que rompi com os comunistas depois de Budapeste. [...] Escrever a *Crítica da razão dialética* representou para mim uma forma de acertar as contas com meu próprio pensamento fora da ação que exercia o Partido Comunista sobre o pensamento", ibidem, p. 18.

[28] Sartre tenta fazer uma análise da natureza e das contradições da experiência pós-capitalista de tipo soviético sob Stalin no segundo volume da *Crítica* no mesmo quadro categorial formal. É por isso que as longas descrições de Sartre dos conflitos e eventos particulares escolhidos tendem a ser circulares, repetindo a cada nova vez as mesmas afirmações genéricas sobre as estruturas formais usadas. Isso é, sobretudo, o que nega a Sartre a possibilidade de trazer à tona, nos termos categoriais necessários, as determinações estruturais materiais subjacentes que condensariam as características salientes da totalização histórica que devem prevalecer sob as circunstâncias do sistema do capital pós-capitalista, em vista da modalidade perseguida de reprodução social metabólica orientada para a, e igualmente restringida pela, *extração politicamente imposta do trabalho excedente*, em agudo contraste com sua *extração primariamente econômica*, na forma da *mais-valia* que afirma a si própria mesmo sob a maior parte da fase monopolista do capitalismo. Isto é, até que a *hibridização*, com seu envolvimento político direto e maciço suporte financeiro provido pelo Estado, a partir da tributação geral, para o "complexo militar/industrial" e para resgatar a empresa capitalista privada da bancarrota sempre em ascensão, comece a criar grandes e potencialmente insuperáveis complicações.

Estruturas material e formal da história 247

descrito por Sartre em "Eleições, armadilha para otários" nos termos mais vívidos. Ao falar sobre o indivíduo serializado, ele insiste que

> o soldado toma ônibus, compra jornal, vota. Isso supõe que use "coletivos" com os Outros. Acontece que os coletivos se dirigem a ele como membro de uma *série* (a dos compradores de jornal, a dos telespectadores etc.). Quanto à essência, passa a ser idêntico a todos os outros membros, só diferindo desses por seu número de ordem. Diremos que foi *serializado*. Reencontraremos a serialização da ação no campo *prático-inerte*, onde a *matéria se faz mediação* entre os homens, na mesma medida em que os homens se fazem mediação entre os objetos materiais. [...] nasce em mim o *pensamento serial* – que não é o meu próprio – mas o pensamento do Outro que eu sou e o de todos os Outros. É preciso designá-lo de *pensamento de impotência*, porque *eu o produzo* na medida em que sou o Outro, *inimigo de mim-mesmo* e dos Outros. E na medida em que por toda parte carrego esse Outro comigo.[29]

Ao mesmo tempo, as graves consequências dessa serialização são graficamente colocadas em relevo pela afirmação de que,

> enquanto estiverem em *condição serial*, esses cidadãos – idênticos e fabricados pela lei, desarmados, separados pela desconfiança de cada um para cada outro, mistificados, mas conscientes da própria impotência, de modo algum poderão constituir o *grupo soberano* do qual nos dizem que todos os poderes emanam: *o Povo*.[30]

O dedo acusador de Sartre, como vemos, não está apontado para a sociedade em geral, mas para cada indivíduo. Pois, segundo ele, eu enquanto indivíduo serializado – e na verdade ativamente autosserializante – sou o culpado que *produz* o "pensamento de impotência", e desse modo torno-me "*inimigo de mim-mesmo* e dos Outros". Assim, ele claramente atribui a responsabilidade não só à ordem societal dominante, mas diretamente a cada um de nós, procurando ao mesmo tempo também pelo remédio necessário na forma de um *apelo direto* à nossa consciência individual. De modo não surpreendente, portanto, o artigo "Eleições, armadilha para otários" acaba com um "dever-ser", apresentado na forma do condicional "devemos", ao dizer "Devemos tentar – *cada um* de acordo com seus recursos – organizar o *vasto movimento anti-hierárquico* que por toda parte contesta as *instituições*."[31].

A questão de *como* os indivíduos realmente serializados poderiam prevalecer contra as "instituições por toda parte hierárquicas", como ele nos convida a fazer, não pode ser abordada por Sartre. Algumas de suas categorias centralmente importantes – indicando o poder da serialização enquanto tal e a necessidade da desintegração institucionalmente prenunciada pelo grupo-em-fusão, bem como a reincidência fatídica dos membros particulares do grupo na serialidade autoimposta – falam eloquentemente contra seu próprio imperativo proclamado. É por essa razão que o "dever-ser" do modo

---

[29] Jean-Paul Sartre, "Eleições, armadilha para otários", cit., p. 7.

[30] Ibidem, p. 8.

[31] Ibidem, p. 13.

248 *A obra de Sartre*

indefinido de "organização" dos indivíduos é fortemente contradito pelo julgamento explícito de Sartre contra o possível sucesso da organização em si. Sartre expressa isso com grande sinceridade em uma entrevista concedida em 1969 a um importante movimento político italiano, o grupo Manifesto, nestas palavras: "Enquanto reconheço a necessidade de uma organização, devo confessar que não vejo como poderiam ser resolvidos os problemas que confrontam *qualquer estrutura estabilizada*"[32].

A passagem mais significativa de "Eleições, armadilha para otários", que ilumina as raízes políticas e teóricas da orientação estratégica militante de Sartre, é sua condenação enfática do próprio ato de votar, em nome de sua defesa apaixonada da *soberania*, celebrada também em uma de suas categorias mais importantes, o "grupo soberano".

Essa passagem seminal do artigo de Sartre de 1973 sobre as eleições é a seguinte: "quando voto, *abdico* de meu poder. Abro mão da possibilidade, presente em cada um, de, ao lado de todos os outros, constituir um *grupo soberano* [...] *desprovido da necessidade de representantes*"[33].

É impossível destacar com força suficiente a importância da preocupação de Sartre com o imperativo da soberania. A mesma ideia é enfatizada – na verdade idealizada – por ele no período imediatamente posterior à derrota dos levantes dramáticos de Maio de 1968 na França. De fato, Sartre distingue a aparição embrionária da soberania como a *grande novidade* dos eventos históricos de 1968 em geral. Ele insiste, em sua aguda condenação das críticas ao movimento estudantil, que "o que recrimino em todos que insultam os estudantes é o fato de não verem que estes expressavam uma nova demanda: a necessidade pela *soberania*"[34].

Obviamente, a soberania aqui referida, defendida incondicionalmente por Sartre, não é nada menos do que a formação social única que, em sua visão, seria – ou, em termos mais precisos, "deveria ser" – espontaneamente constituída por todos aqueles que rejeitam a serialização, em oposição às "estruturas estabilizadas" cujo estabelecimento organizacional politicamente favorecido é rejeitado por ele até mesmo em uma de suas reflexões políticas mais sucintamente articuladas sobre o assunto, apresentada na entrevista concedida ao grupo Manifesto da esquerda radical italiana. E o modo de constituir essa soberania, segundo Sartre, é ou por meio de alguma explosão revolucionária, como em Maio de 1968 na França, ou por meio da reconhecidamente problemática forma organizacional criada pelo *apelo direto* dos intelectuais militantes à consciência dos indivíduos potencialmente anti-hierárquicos em geral,

---

[32] Jean-Paul Sartre, "Masses, Spontaneity, Party" [Massas, Espontaneidade, Partido], *The Socialist Register*, 1970, p. 245. Publicado originalmente como "Classe e partito. Il rischio della spontaneità, la logica dell'istituzione" [Classe e partido. O risco da espontaneidade, a lógica da instituição], *Il Manifesto*, n. 4, setembro de 1969.

[33] Jean-Paul Sartre, "Eleições, armadilha para otários", cit., p. 9.

[34] Idem, "L'idée neuve de mai 1968" [A nova ideia de maio de 1968], observações reveladas por Serge Lafaurie, em *Le Nouvel Observateur*, 26 de junho a 2 de julho de 1968.

que supostamente são assim dispostos de modo favorável por sua "necessidade de liberdade".

A ideia de que esse apelo direto talvez não seja capaz de produzir o resultado requerido costuma ser expressa por Sartre com uma confissão de ceticismo autocrítico, até mesmo pessimismo, como vimos anteriormente[35]. Ela persiste, no entanto. Pois as raízes da defesa de soluções politicamente elogiadas na forma de tais apelos diretos à consciência individual remontam a um longo caminho no desenvolvimento político de Sartre. Na verdade, no que se refere ao destinatário individualista do iluminismo político, tais visões remontam mais ainda – com efeito, muito mais ainda – não só ao passado bem distante da história política e intelectual da França, mas também à tradição filosófica da burguesia europeia em geral, nos termos de sua orientação para "agregados de indivíduos"[36] na negligência da realidade das classes.

Nos termos da forma organizacional política baseada na ideia de algum apelo direto à consciência individual compartilhada por Sartre, temos de nos lembrar da Rassemblement Démocratique Révolutionnaire (RDR) com a qual Sartre esteve formalmente associado em 1948 e 1949. Em uma entrevista dada à edição parisiense do *New York Herald Tribune*, ele insistiu que esse movimento se endereçava estritamente aos indivíduos, e não aos "grupos constituídos"[37]. Por conseguinte, os artigos programáticos escritos por Sartre e seus associados sobre esse movimento – longe de ser realmente influente – destacaram explicitamente o desejo de que fosse bem diferente das organizações e partidos políticos de esquerda. Sartre declarou explicitamente que, ao contrário, eles não tinham o intuito de orientar seus apoiadores individuais para a defesa de alguns importantes ideais políticos duradouros. Nesse sentido, argumentou ele:

> A questão não é abandonar a liberdade, nem mesmo abandonar as liberdades abstratas da burguesia, mas sim preenchê-las com conteúdo. [...] O primeiro objetivo da Rassemblement Démocratique Révolutionnaire é combinar as demandas revolucionárias com a ideia de liberdade.[38]

Dessa forma, sob as circunstâncias políticas de 1948, o apelo direto aos indivíduos progressistas continuou sendo bastante vago e genérico. Mas a mesma forma de apelo direto foi posteriormente colocada em relevo por Sartre em sua interpretação muito mais radical [dos acontecimentos] de Maio de 1968, em forte contraste com os parti-

---

[35] Devemos recordar, a esse respeito, a resposta dada por ele a Michel Contat e citada na nota 23, p. 244-5 deste volume.

[36] Sobre essa questão, ver diversos capítulos do meu livro *Estrutura social e formas de consciência*, especialmente os capítulos 3, 7 e 8 do volume I: *A determinação social do método*, cit.

[37] Ver "Revolutionary democrats" [Democratas revolucionários], entrevista de Sartre concedida a Mary Burnet, *New York Herald Tribune*, 2 de junho de 1948.

[38] Jean-Paul Sartre, "Le R.D.R. et le problème de la liberté", *La Pensée Socialiste*, n. 19, primeiro semestre de 1948, p. 5.

250 *A obra de Sartre*

dos e as formas organizacionais tradicionais. Sua ênfase na "soberania", em seu elogio aos estudantes, é extremamente relevante a esse respeito.

Contudo, a característica definidora mais importante da posição sartriana concernente à alternativa histórica requerida é precisamente sua rejeição categórica do próprio ato de votar na passagem citada do artigo de 1973. Uma rejeição feita sobre a base que vimos anteriormente, isto é, "quando voto, *abdico* de meu poder. Abro mão da possibilidade, presente em cada um, de, ao lado de todos os outros, constituir um *grupo soberano* [...] *desprovido da necessidade de representantes*".

Na forma desse apelo direto à consciência individual dos supostos votantes, desconsiderando as instituições tradicionais do Estado e os partidos políticos "constituídos", a rejeição sartriana é formulada no espírito da melhor tradição burguesa do Iluminismo. Vemos sua afinidade com a rejeição radical de Rousseau do voto e sua condenação do sistema político representativo parlamentar. Rousseau discute o caso da seguinte maneira:

> Os deputados do povo não são nem podem ser seus *representantes*; não passam de comissários seus, nada podendo concluir definitivamente. É nula toda lei que o povo diretamente não ratificar; em absoluto, não é lei. O povo inglês pensa ser livre e muito se engana, pois só o é durante a eleição dos membros do Parlamento; uma vez estes eleitos, ele é escravo, não é nada. Durante os breves momentos de sua *liberdade*, o uso que dela faz mostra que *merece perdê-la*.[39]

Da mesma maneira que os ingleses autoenganadores de Rousseau, que tolamente renunciam ao seu poder em favor dos representantes parlamentares, e rapidamente perdem sua liberdade momentânea, que, diz-se, eles merecem, os "tolos autosserializantes", que do mesmo modo consentem em abdicar de seu poder ao votar, em vez de, "ao lado de todos os outros, constituir um *grupo soberano* [...] *desprovido da necessidade de representantes*", eles também merecem plenamente seu destino de acordo com o intelectual francês "existencialista marxizante".

Mesmo assim, a adesão militante de Sartre, no século XX, à heroica perspectiva do Iluminismo defendida por Rousseau em apoio à democracia direta no século XVIII é paradoxal. Pois Sartre formula a crítica mais radical da burguesia enquanto permanece *dentro* do horizonte da classe burguesa. Ele às vezes até declara, de maneira consciente e explícita, que sua aguda posição crítica é a de *alguém de dentro*. Sartre faz isso para poder denunciar, de maneira tão forte quanto possível, a partir da "posição crítica de alguém de dentro", o *perigo mortal* posto pela realidade socioeconômica e política dada, na qual os indivíduos estão, segundo ele, profundamente enredados.

Portanto, Sartre define sua própria posição como a de um *burguês com uma aguda consciência crítica*, que assume uma posição de *revolta aberta* contra a destrutividade cada vez maior da ordem estabelecida, sem a capacidade de se separar do tegumento

---

[39] Jean-Jacques Rousseau, *Do contrato social* (trad. Lourdes Santos Machado, São Paulo, Abril Cultural, 1978, coleção Os Pensadores), p. 108.

Estruturas material e formal da história 251

burguês[40]. O apaixonado *apelo direto* à consciência individual é, na visão sartriana, o corolário necessário para sua defesa, explícita ou implícita, da instituição de algum tipo de *democracia direta*, cujos primórdios distantes supostamente estavam em consonância com os "direitos do homem". Seu desejo anteriormente citado de "preencher com conteúdo as liberdades abstratas da burguesia" fala demasiado por si a esse respeito. Mas também mostra as dificuldades e limitações de tentar produzir a totalização na "história real" dentro do quadro categorial das "estruturas formais da história", compatível com um horizonte radicalmente almejado, porém necessariamente abstrato e formalista em sua origem. Um quadro concebido, em seu tempo, dentro dos limites dos nunca realizados – e, aliás, jamais realizáveis – "direitos [burgueses]* do homem".

Por conseguinte, seria preciso um trabalho de Sísifo para "preencher com conteúdo as liberdades abstratas da burguesia", e, é claro, seria em vão. Pois a distância das liberdades formais da ordem burguesa em relação a seus equivalentes socialistas, que são inconcebíveis sem um conteúdo real que a tudo abrange – por exemplo, a questão da *igualdade substantiva* –, é *literalmente astronômica*. A constituição real de uma ordem social metabólica radicalmente diferente, estruturalmente definida de modo *qualitativamente* diferente em relação ao modo de reprodução societal do capital – desde suas práticas produtivas materiais elementares até os níveis mais altos dos intercâmbios culturais, com as correspondentes práticas de tomada de decisão por parte de seus indivíduos sociais substantivamente iguais, emancipados das mediações de segunda ordem antagônicas do capital[41] –, é necessária para a realização de tais relações para as quais a burguesia não poderia contribuir significativamente, nem mesmo no período heroico abstrato de seu passado histórico anterior à Revolução Francesa. E, para tanto, seria necessário infinitamente mais que "preencher com conteúdo as liberdades abstratas da burguesia". Pois a verdade esclarecedora da questão é que essas liberdades abstratas – concebidas de acordo com os requisitos de uma ordem social *estruturalmente iníqua* e, portanto, dentro de seus próprios termos de referência, apropriadamente limitada à *esfera formal/legal* – não podem ser preenchidas com conteúdo socialista. Elas são *incompatíveis* com as determinações socialistas substantivas, não obstante o *slogan* sobre

---

[40] Escreveu ele em 1972: "Muito embora eu tenha sempre protestado contra a burguesia, minhas obras são a ela direcionadas, são escritas na linguagem dela. [...] Então, devemos dizer que essa obra [sobre Flaubert], assumindo que ela tenha algum valor, representa, por sua própria natureza, o antiquíssimo embuste burguês. O livro vincula-me aos leitores burgueses. Por meio dele, ainda sou burguês e assim o permanecerei enquanto continuar a trabalhar nele. No entanto, um outro lado de mim mesmo, que rejeita meus interesses ideológicos, luta contra minha identidade enquanto um intelectual clássico", Jean-Paul Sartre, *Sartre in the Seventies*, cit., p. 185.

* Colchetes de Mészáros. (N. T.)

[41] Como vimos anteriormente, a crítica necessária das mediações de segunda ordem antagônicas – historicamente específicas – do capital não está presente na obra à qual Sartre dedicou toda sua vida. Isso se deve, em ampla medida, à sua preocupação em dar suporte ontológico-existencialista a algumas de suas categorias-chave adotadas também em sua fase "existencialista-marxizante" de desenvolvimento.

252 *A obra de Sartre*

"preenchê-las com conteúdo", adotado de tempos em tempos no discurso político bem-intencionado, porém altamente limitado.

Paradoxalmente, portanto, a reformulação de Sartre da ideia de algum tipo de democracia direta não específica e organizacionalmente indefinida é posta sob pontos de interrogação severamente marcados, em relação a qualquer futuro possível, por sua própria explicação bem pessimista da constituição e fatídica dissolução do "grupo-em--fusão". No entanto, ele é mantido como um "dever-ser". Mas até mesmo como um nobre "dever-ser" – de forma reveladora o suficiente, atrelado às suas repetidas exortações direcionadas à consciência individual para "constituir um *grupo soberano* [...] *desprovido da necessidade de representantes*" – a ideia sartriana revela-se somente uma "estrutura formal" admitida abertamente. Uma estrutura formal problemática ao extremo que teria de ser "preenchida com conteúdo" (mas que, conforme ocorre, não pode ser) em seu elusivo segundo volume da *Crítica*, almejada para tornar inteligível seu projeto apodíctico sobre a dialética da "história real".

Sartre critica Husserl no primeiro volume da *Crítica da razão dialética* por conta de sua concepção da "certeza apodíctica". É desta forma que ele coloca:

> Husserl pôde falar de evidência apodíctica, mas é porque se mantinha no terreno da pura consciência formal, alcançando-se ela mesma em sua formalidade: é necessário encontrar nossa experiência apodíctica no mundo concreto da História.[42]

Para ser exato, a forma pela qual Sartre *pretende* seguir seu próprio projeto de demonstrar a apodicticidade na história real não pode ser satisfeita com os recursos interiores da "pura consciência formal, alcançando-se ela mesma em sua formalidade", dentro dos confins da autoproclamada imanência husserliana. No entanto, apesar das principais diferenças pretendidas, Sartre continua a compartilhar aspectos importantes de sua própria orientação, voltada para a apodicticidade, com a linhagem burguesa, em vista do fato de ele nunca submeter os *fundamentos materiais* da ordem social do capital a uma análise crítica sólida. Pois ele direciona suas observações críticas somente às dimensões política e ideológica/psicológica.

Portanto, não é de modo algum acidental que o quadro categorial de Sartre na *Crítica* – incluindo o segundo volume inacabado – só possa ser explicitado nos termos das estruturas *formais* da história, que indubitavelmente acabam por ser altamente relevantes para a avaliação de alguns aspectos importantes dos intercâmbios societários da "individualidade agregadora" capitalista, mas elas são bastante problemáticas em relação ao desenvolvimento histórico geral como "história real". Pois na sociedade da produção generalizada de mercadorias, operada sobre a base da homogeneização formalmente redutiva e da relação de valor abstrata de toda a incomensurabilidade substantiva/qualitativa, a perversa apodicticidade formal do capital pode, para ser exato,

---

[42] Jean-Paul Sartre, *Crítica da razão dialética*, cit., p. 155.

Estruturas material e formal da história 253

prevalecer. Mas, no desenvolvimento com fim aberto da história real, ela só pode fazê--lo enquanto as mediações de segunda ordem antagônicas do sistema reprodutivo material em si puderem impor sobre os produtores o *imperativo* em última instância *autodestrutivo* da interminável expansão do capital por meio da ordem *substantivamente* mais iníqua – mas formalmente/legalmente "equalizada" e, dessa forma, garantida – da subordinação e dominação estrutural hierárquicas.

Nesse sentido, a perversa *apodicticidade formal*, porém preponderantemente bem--sucedida durante um longo período histórico, da *lei do valor* do sistema do capital, com seu imperativo autoexpansivo *racionalmente ilimitável* como o determinante material dinâmico de sua *certeza apodíctica sui generis*, pode *parecer* ser insuperável. Ela pode proclamar, com absolutidade categórica, a própria insuperabilidade – na realidade, em termos históricos, extremamente específica[43], e, em termos substantivos, extremamente abstrata – em vista da *total ausência* de fins *autolimitadores* identificáveis da busca produtiva admissíveis a partir do ponto de vista do modo de reprodução social metabólica do capital.

Esse *impedimento estrutural* à autolimitação de importância vital é imposto sobre o capital como um sistema reprodutivo historicamente específico em vista de sua determinação material mais íntima e inalterável que deve se afirmar na produção generalizada de mercadorias. Pois esse tipo de produção não pode operar sem uma *relação universal de valor formalmente redutiva*. E isso porque um sistema desse tipo deve *formalmente equiparar*, sob sua relação de troca mais discriminatória, os valores de uso qualitativamente/substantivamente incomensuráveis correspondentes à carência humana. Ademais, essa determinação incorrigível é ulteriormente agravada por conta da *falsa identificação* totalmente *falaciosa* – embora, como regra, apologeticamente afirmada e perpetuada – do louvável desenvolvimento produtivo, idealizado como o inquestionavelmente desejável "*crescimento*" em geral, com o *absoluto fetichista* da *expansão* cada vez mais destrutiva *do capital*.

Não obstante, mesmo que não possam haver limites racionalmente concebidos e instituídos admitidos para a autoexpansão do capital em seus próprios termos de referência, há alguns *limites sistêmicos* absolutamente vitais. Eles são bifacetados. De um lado, os limites em questão surgem das irrepreensíveis mediações de segunda ordem antagônicas do sistema do capital em geral e, do outro, da *destrutividade* cada vez maior – prenunciando ao mesmo tempo o potencial sistêmico de autodestruição – do modo de reprodução social metabólica do capital em relação à *natureza*. De fato, a

---

[43] Na ideologia "*eternizante*" do modo estabelecido de produção, as limitações históricas necessárias do sistema do capital já são negadas na fase clássica da economia política (e da filosofia) concebida a partir do ponto de vista do capital, e obviamente da maneira mais descarada na fase descendente do desenvolvimento capitalista. Contudo, a verdade inconveniente é que, em toda a história humana anterior ao desdobramento do modo de reprodução societal do capital, nunca existiu um modo de produção que não pudesse funcionar de modo nenhum sem impor, a qualquer custo, seu *imperativo da expansão ilimitável*. Naturalmente, essa condição histórica única carrega as mais graves implicações para o futuro.

254 *A obra de Sartre*

grave transgressão dos limites sistêmicos do capital é unida ao adventurismo militar devastador exercido no interesse de impor o sistema "globalizado" da *produção destrutiva* (enquanto prega a automitologia da "destruição produtiva") por parte das forças imperialisticamente dominantes em nosso próprio, e cada vez mais precário, planeta.

O pessimismo de Sartre é ilimitado quando ele evoca desesperado: "é impossível fundar uma *base racional* para o otimismo revolucionário, posto que aquilo que *é* é a realidade presente"[44]. Dessa forma, o domínio destrutivo do imperativo autoexpansivo *racionalmente ilimitável* do sistema do capital é inconvenientemente interiorizado também por Sartre na forma da aparentemente inderrotável "racionalidade da efetividade".

Mas a *racionalidade formalmente equalizadora* do capital é, na realidade, *irracionalidade substantiva*, que deve ser imposta com implacável necessidade apodíctica na esfera de produção tanto quanto em todos os campos do domínio político – desde as mais abrangentes práticas do Estado envolvidas na proteção das relações de classe internas e internacionais, bem como dos interesses do modo estabelecido de produção material, até a regulação ideológica/política e determinação valorativa da "família nuclear" –, não importa quão destrutivas as consequências na fase descendente do desenvolvimento do sistema. Não é de estranhar, portanto, que nos seja apresentado um pessimismo lúgubre, concernente ao futuro, no discurso sartriano depois do triste desapontamento que se sucede ao efêmero entusiasmo de 1968.

Isso é compreensível porque, assim como em Marcuse, também na abordagem de Sartre grande parte da aparente estabilidade da ordem reprodutiva material do capital, bem como de seu sujeito social, alegadamente "integrado", da potencial mudança – rejeitada por Sartre como incapaz de superar a inércia dos "grupos constituídos" e das "estruturas estabilizadas" – é atribuída, tal como se apresenta, ao "capitalismo organizado".

Como resultado, o sujeito social veleitariamente postulado, mas na realidade extremamente frágil, da transformação radical do "dever-ser" – para Sartre, o movimento estudantil francês de 1968, que alegadamente "encarna a soberania", e os "grupos minoritários da *intelligentsia*"[45] de Marcuse (fortemente contrapostos por ele à classe trabalhadora) – não oferece nenhuma base mais sólida para almejar as mudanças necessárias no futuro em desdobramento do que a declaração abstrata das "*carências*", que, para Sartre, são "as carências de todo homem", independentemente da classe social à qual pertence e das correspondentes determinações materiais e ideológicas.

Vemos claramente que Sartre, assim como Marcuse (que, a esse respeito, inspira Sartre em grande medida), adota a noção dúbia do "*capitalismo organizado*", contrastando-o com o "capitalismo competitivo". Sartre coloca em relevo a novidade politicamente desafiadora do "capitalismo organizado" de modo a clamar por uma forma "antiautoritária" de abordar a tarefa adiante, no modelo das aspirações dos estudantes

---

[44] Jean-Paul Sartre, *Sartre in the Seventies*, cit., p. 85.

[45] Herbert Marcuse, "Freedom and the Historical Alternative", em *Studies in Critical Philosophy* (Londres, N.L.B., 1972), p. 223.

maoistas franceses, em contraste com os partidos políticos tradicionais da esquerda, que estão, em sua visão, ancorados ao século XIX. Eis as palavras de Sartre:

> Os partidos esquerdistas clássicos permaneceram no século XIX, época do *capitalismo competitivo*. Mas embora o movimento maoísta ainda esteja em seus primeiros estágios, esses militantes, com sua práxis antiautoritária, parecem ser a única força revolucionária capaz de se adaptar a novas formas da luta de classes em um período de *capitalismo organizado*.[46]

A preocupação de Marcuse é bem semelhante, tanto ao clamar um novo sujeito social da transformação, indicando o jovem militante como a materialização dos políticos antiautoritários, quanto ao afirmar que a ordem reprodutiva societal agora estabelecida deve ser caracterizada como *capitalismo organizado* indefinidamente estável, em contraste com o passado.

Em ambos os casos, a suposta novidade e o poder correspondente do "capitalismo organizado" são paradoxalmente exagerados. São exagerados de tal maneira que, quando acaba o período um tanto eufórico de 1968, com as expectativas idealizadas ligadas à sua práxis política alegadamente "antiautoritária", o reajuste pessimista da perspectiva estratégica anterior só pode fornecer, a favor de seu próprio suporte, o postulado nobre, porém abstrato, da *carência* interior dos indivíduos, tanto no caso de Sartre quanto no de Marcuse, atrelado às referências constantes aos imperativos kantianos nos escritos do intelectual militante alemão desde a década de 1960 até os anos finais de sua vida[47].

---

[46] Jean-Paul Sartre, "The Maoists in France", em *Sartre in the Seventies*, cit., p. 171.

[47] Já em sua fase otimista, Marcuse tenta modelar sua visão sobre as ideias kantianas na forma do "trabalho de uma subjetividade histórica *supraindividual* no indivíduo – assim como as categorias kantianas são a síntese de um *ego transcendental* no ego empírico", em Herbert Marcuse, "Freedom and the Historical Alternative", cit., p. 217. E, algumas linhas depois, acrescenta ele: "a *construção transcendental* kantiana da experiência pode bem suprir o *modelo* para a *construção histórica* da experiência", ibidem, p. 218. No entanto, nos últimos anos de Marcuse, o pessimismo se tornou dominante. Ele nos diz que "O mundo não foi feito por amor ao ser humano e não se tem tornado mais humano", idem, *A dimensão estética* (trad. Maria Elisabete Costa, Lisboa, Edições 70, 2007), p. 64. Nesse sentido, Marcuse apresenta a cena mais lúgubre possível ao dizer que "na realidade, é o *mal que triunfa*", deixando para o indivíduo nada além de "ilhas de bem onde nos podemos *refugiar* durante algum tempo", idem. Por conseguinte, Kant reaparece nessa visão totalmente pessimista, citado para sustentar a esperança explicitamente desesperada de Marcuse ligada à arte como "uma *ideia 'reguladora'* [Kant], *na luta desesperada* pela transformação do mundo", ibidem, p. 64.
Nesses anos otimistas, Marcuse insistiu que as "possibilidades utópicas" que defendia, e cujo sucesso ele projetou sem uma análise social sustentável, eram "inerentes às *forças técnicas e tecnológicas* do capitalismo avançado", sobre cuja base seria possível "acabar com a pobreza e a escassez dentro de um futuro bastante previsível", Herbert Marcuse, *An Essay on Liberation* (Londres, Allen Lane/Penguin, 1960), p. 4. Ele também disse a seus leitores que "essa mudança qualitativa deve ocorrer nas *necessidades*, na infraestrutura do homem" (idem), alterando as pessoas a tal ponto que o "dever" moral estipulado da "rebelião se enraizaria na própria natureza, a 'biologia' do indivíduo" (ibidem, p. 5), estabelecendo no "organismo" em si a "base institucional para a liberdade" (ibidem, p. 10) e a "*necessidade biológica da liberdade*" (ibidem, p. 52). Essas esperanças e expectativas, como podemos ver, ligaram diretamente uma crença extremamente ampla no poder transformador técnico e tecnológico do "capitalismo avançado" ao postulado veleitário da "necessidade biológica da liberdade". A decepção de Marcuse, portanto, deve ter sido realmente devastadora depois do fracasso de suas expectativas.

256   A obra de Sartre

O legado kantiano pesa tão fortemente sobre Sartre quanto sobre Marcuse. E essa é uma parte fundamental do problema, pois, para dar um *fundamento racional substantivo* a uma alternativa positiva e historicamente sustentável ao sistema do capital, é necessário nos livrarmos da racionalidade meramente formal da ordem estabelecida, e correspondente apodicticidade formal da relação universal de valor fortemente iníqua, porém supostamente irrepreensível. Contudo, em termos das pretensas determinações de valor equitativas, até mesmo o ultraje humano absoluto de decretar capital e trabalho como sendo *formalmente/racionalmente iguais* na *relação de troca* a exemplo de "compradores e vendedores" individualmente soberanos pode ser totalmente deturpado, transformando numa caricatura o verdadeiro caráter da relação envolvida. Pois a igualdade pretendida dos "*indivíduos relacionados contratualmente*", que devem regular de forma voluntária e livre seus intercâmbios de acordo com os "direitos do homem", é na verdade brutalmente imposta sobre a *classe* do trabalho vivo pelas *relações reais de poder* materializadas *na alienação e na expropriação* – instituídas originalmente com grande violência[48] e desde então protegidas pelo Estado – dos meios de produção dos produtores.

Por conseguinte, com o passar do tempo histórico, a racionalidade formal idealizada e legitimizada pelo Estado – que, na verdade (isto é, na "efetividade racional" hegeliana da história real), sempre resulta na *irracionalidade substantiva* – torna-se, na fase descendente do desenvolvimento do capital, em última instância, autodestrutiva, em vista do imperativo historicamente insustentável, porém racionalmente ilimitável, da expansão do capital.

Os "direitos do homem" formalmente idealizados – curiosamente evocados até mesmo por Sartre quando apela à ideia dos indivíduos que se juntam ao "*grupo soberano* do qual nos dizem que todos os poderes emanam: *o Povo*"[49] – não podem ser isentados da exigência de dar um *fundamento racional substantivo* para a alternativa positiva historicamente sustentável ao modo de reprodução social metabólica do capital – modo *formalmente* legitimado e, em nome de sua pretendida "*racionalidade formal e instrumental*"[50], peremptoriamente imposto. Do contrário, podemos continuar aprisionados pelo total pessimismo de Sartre – e de Marcuse.

No entanto, é impossível superar, na obra global de Sartre, a racionalidade formal da ordem estabelecida e sua correspondente apodicticidade formal sem abandonar a ideia de que o quadro categorial de sua concepção "existencialista marxizante", conforme descrito na *Crítica da razão dialética*, condensa as "estruturas formais da história"

---

[48]   Não devemos nos esquecer da imensa brutalidade da "*acumulação primitiva*" sob o governo de Henrique VIII e outros "grandes governantes" nos primeiros estágios do desenvolvimento capitalista, cuja indescritível inumanidade induziu Thomas Morus a dizer, em seu *Utopia* (1516), que "os carneiros estão devorando os homens" no interesse da lucrativa empresa em desdobramento da produção de lã.

[49]   Jean-Paul Sartre, "Eleições, armadilha para otários", cit., p. 7.

[50]   Para usar os termos apologéticos do capital de Max Weber. Sobre essa questão, ver a seção 2.7 ("Racionalidade formal e irracionalidade substantiva") do meu livro *A determinação social do método*, cit.

em geral, e, enquanto tal, também é aplicável a uma visão estratégica da necessária alternativa histórica à ordem social metabólica do capital. O segundo volume inacabado da *Crítica* não é o único que não faz parte da obra de Sartre publicada em vida. O mesmo destino afetou seu projeto anunciado bem no final de *O ser e o nada*, concernente aos problemas da "liberdade situada" a serem tratados no "*terreno da moral*"[51] e na obra sobre "*antropologia estrutural*", cuja "publicação inicial" também fora prometida repetidas vezes por Sartre em entrevistas muitos anos antes de sua morte, mas nunca concretizada.

As razões para a reveladora incompletude desses importantes projetos sartrianos são bastante semelhantes. Mas isso de modo algum representa um juízo negativo sobre a obra de Sartre. Paradoxalmente, os importantes projetos em questão são, de fato, *completos* em sua incompletude e verdadeiramente *representativos* como partes integrantes de sua grande realização intelectual militante precisamente em sua incompletude. Pois eles materializam uma luta incansável – e até mesmo heroica – de sua parte para *negar* radicalmente a ordem estabelecida *a partir* de seus próprios parâmetros de classe.

O próprio Sartre exprime os insuperáveis dilemas usando – em contextos diferentes, porém inter-relacionados – a mesma expressão sobre a natureza da iniciativa que ele tenta tomar como "necessária, mas ao mesmo tempo impossível". Desse modo, ao falar sobre a mais poderosa força política organizada de esquerda na França, ele afirma que "a colaboração com o Partido Comunista é tanto necessária quanto impossível"[52]. Isso resume muito bem a posição de Sartre sobre a questão, indicando o doloroso reconhecimento bilateral de que, por um lado, sem uma força organizacional de grande magnitude, os objetivos defendidos não podem ser realizados, e, por outro, a força em questão está bem longe de realmente promover a mudança necessária[53]. O mesmo di-

---

[51] Ver Jean-Paul Sartre, *O ser e o nada*, cit., p. 765. Os fragmentos da obra ética de Sartre escrita em 1947 e 1948 foram publicados sob o título *Notebooks for an Ethics*, cit., e em francês pela Gallimard, em 1983. [O projeto original se chamava *L'Homme*, mas nunca foi concluído. Os manuscritos inéditos publicados em 1983 pela Gallimard foram reunidos sob o título *Cahiers pour une morale*. (N. E.)]

[52] Sartre entrevistado por Simon Blumenthal e Gérard Spitzer, em *La Voie Communiste*, junho-julho de 1962.

[53] A subsequente transformação do Partido Comunista francês – durante muito tempo dogmático e stalinista – primeiro em uma formação social-democrática sem princípios, fornecendo apoio ativo ao governo capitulatório do presidente Mitterrand e, depois, em uma força neoliberal em plena cumplicidade com a ordem estabelecida forneceu a mais infeliz confirmação do juízo cético de Sartre. No momento em que o "afastamento sem princípios" de alguns dos principais partidos comunistas – comprometidos, em seu passado mais remoto, com uma estratégica transformação marxista da sociedade – começou a acontecer, escrevi que "Quando uma força histórica importante de outrora, o Partido Comunista francês, reduz-se ao papel de uma folha de parreira para esconder os inexistentes dotes de François Mitterrand como socialista, ninguém pode se surpreender com a imensa diminuição não só de seu apelo eleitoral, mas também, mais importante, de sua influência sobre os desenvolvimentos sociais", István Mészáros, *O poder da ideologia*, cit.

258   *A obra de Sartre*

lema é colocado em termos mais gerais por Sartre quando ele insiste que "a Ética, para nós, é inevitável e ao mesmo tempo impossível"[54].

Todos esses *insights* paradoxais e autotorturantes não são, de modo algum, observações ocasionais "que visam a publicidade", de que ele é acusado por seus detratores apologéticos do capital[55]. Eles estão consistentemente unidos ao trabalho teórico de máxima dedicação em compor milhares de paginas[56] de seus importantes projetos inacabados, formulados *de dentro* do horizonte de sua própria classe, cuja consciência Sartre tenta desafiar e, de fato, abalar. Os manuscritos inacabados expressam com grande autenticidade pessoal a impossibilidade de realizar a tarefa histórica escolhida pela reativação até mesmo da melhor tradição iluminista, com os outrora sinceramente acreditados (mas nunca instituídos) "direitos do homem" característicos de seu horizonte. A incapacidade de Sartre de ir além da *apodicticidade formal* do horizonte de classe compartilhado, restringindo seu próprio quadro explicativo categorial às *estruturas formais da história*, apesar de sua explícita promessa e esforços conscientes voltados para elucidar a "história real" tanto no domínio político quanto no mundo da moral, é inseparável dessa conexão.

Os escritos de Sartre sobre ética, que não foram perdidos, mostram uma tentativa repetida de superar os impedimentos práticos proibitivos da situação histórica dada nos termos de seu apelo ao imperativo moral, formulado frequentemente no espírito kantiano. Em uma importante conferência, escrita não em sua juventude, mas quase aos sessenta anos de idade, ele cita o famoso ditame de Kant – "*você deve, logo pode*" –, e insiste na primazia e centralidade das *práxis individuais* em contraste com as estruturas coletivas e institucionais[57]. Contudo, essa ligação com o legado kantiano e seus corolários não se dá sem sérios problemas. Pois o filósofo alemão, com quem Sartre teve um débito profundo durante toda sua vida intelectual, não hesita em conciliar a contradição fundamental entre os requisitos *formais* da racionalidade iluminista (e correspondente igualdade) e a mais descarada perpetuação da *desigualdade substantiva* até mesmo no domínio do direito. Kant argumenta desta maneira:

> Essa *igualdade universal* dos homens *num Estado*, como seus *súbditos*, é totalmente compatível com a *maior desigualdade* na qualidade ou nos graus da sua *propriedade*, quer na superioridade física ou intelectual sobre os outros ou em bens de fortuna que lhes são exteriores e em *direitos em geral* (de que pode haver muitos) *em relação aos outros* [...]. Mas, *segundo o direito* (que enquanto expressão da vontade geral só pode ser um único e que concerne à

---

[54]   Jean-Paul Sartre, *Saint Genet: Actor and Martyr* (Nova York, George Braziller, 1963), p. 186.

[55]   Incluindo François Mauriac e Gabriel Marcel.

[56]   Afirma-se que somente seus escritos perdidos sobre os problemas da ética, buscados inúmeras vezes em diferentes períodos de sua vida, somem pelo menos 2 mil páginas.

[57]   Ver Jean-Paul Sartre, "Détermination et liberté", palestra ministrada no Instituto Gramsci em 25 de maio de 1964, em Roma, reproduzida em C/R, cit., p. 735-45. [Ed. bras.: Galvano Della Volpe et al., *Moral e sociedade: um debate*, cit., p. 33-45.]

forma do direito, não à *matéria* ou ao objecto sobre o qual se tem um direito), são porém, enquanto súbditos, *todos iguais*.[58]

Como vemos, o maior filósofo moral da burguesia em ascensão, Immanuel Kant, que modela a universalidade e a validade do juízo moral enquanto tais na *"forma do direito natural"*, não pode achar absolutamente nada de errado com a total negação da igualdade substantiva para a maioria esmagadora das pessoas. Até mesmo sua referência à ideia de *vontade geral* de Rousseau não pode fazer nenhuma diferença a esse respeito. A contradição insolúvel entre o sistema realmente existente do direito formalizado e a "legitimamente" imposta desigualdade substantiva na sociedade e no Estado supostamente deve ser superada pelo decreto peremptório de Kant segundo o qual o direito enquanto tal só pode se preocupar com a *forma* e não com a *matéria* do objeto em questão. Consequentemente, o direito pode ser muito injustamente discriminatório, até mesmo em termos dos *"direitos específicos"* que ele pode ou não conceder a quem prefira, e, ainda assim, qualificando-se ao mesmo tempo como plenamente adequado ao requisito racional da *"igualdade universal dos homens num Estado*, como seus *súbditos"*, justificado com referência à sua reivindicada harmonia com a *vontade geral*. Embora dessa forma encontremos em Kant – que, como Sartre, foi profundamente influenciado por Rousseau – uma interpretação característica da *vontade geral*, correspondendo à *soberania do povo*, a defesa kantiana da ideia materialmente discriminatória de igualdade, em consonância com a ordem estabelecida da propriedade privada, não entra em conflito com alguns dos princípios mais importantes de Rousseau. Pois o grande filósofo francês do Iluminismo insiste com inconfundível firmeza que

> *o direito de propriedade* é o mais *sagrado* de todos os direitos dos cidadãos e, em alguns aspectos, é até mais importante do que a própria *liberdade*; [...] a propriedade é o verdadeiro fundamento da sociedade civil e a verdadeira garantia dos compromissos dos cidadãos[59]. [...] a administração geral [materializada no Estado]* foi estabelecida apenas para *assegurar* a *propriedade particular* que é anterior a ela.[60]

Naturalmente, Sartre defende a *igualdade real* de todos os indivíduos na sociedade, e só pode desprezar a "grande desigualdade dos direitos específicos" (a favor daqueles que podem pagar por eles) imposta pelas práticas hipócritas do direito realmente existente. No entanto, ele não pode se livrar da apodicticidade formal do sistema orientado

---

[58] Immanuel Kant, "Theory and Practice", em Carl J. Friedrich (org.), *Immanuel Kant's Moral and Political Writings* (Nova York, Random House, 1949), p. 415-6. [Ed. bras.: "Sobre a expressão corrente: isto pode ser correto na teoria, mas nada vale na prática" (1793), em *A paz perpétua e outros opúsculos*, trad. Artur Morão, Lisboa, Edições 70, 2008, p. 78-81.]

[59] Jean-Jacques Rousseau, *Discurso sobre a economia política e Do contrato social* (trad. Maria Constança Peres Pissarra, Petrópolis, Vozes, 1996), p. 42-3.

* Colchetes de Mészáros. (N. T.)

[60] Ibidem, p. 22.

260 *A obra de Sartre*

para afirmar a primazia e viabilidade histórica das *práxis individuais*, no espírito dos *agregados da individualidade* idealizados pela melhor tradição filosófica da fase ascendente do desenvolvimento do capital, incluindo as concepções de Rousseau, Kant, Adam Smith e Hegel.

Os apelos diretos sempre renovados de Sartre à consciência individual são manifestações óbvias disso. Esse tipo de orientação carrega consigo idealizações de seu próprio tipo em relação ao presente, como encontramos demonstrado de maneira clara na caracterização fortemente superestimada de Sartre dos estudantes franceses maoistas diretamente apoiados por ele[61], que, mais tarde, de fato deixaram de ter qualquer coisa a ver com uma perspectiva até mesmo vagamente progressista, muito menos revolucionária genuína. E, obviamente, os problemas vão muito mais fundo que isso no que se refere à questão da necessária alternativa histórica à ordem estabelecida. Pois o lado anverso da mesma moeda de se esperar a solução necessária a partir do apelo direto à consciência individual teve de ser o fato de que muito foi atribuído por Sartre, exatamente do mesmo modo que por Marcuse, à viabilidade histórica continuada do chamado "*capitalismo avançado*" e "*capitalismo organizado*".

A concepção histórica de Sartre é assombrada até o fim pela rejeição da ideia do "nós--sujeito" em *O ser e o nada*. Como visto na seção 7.3 de *A determinação social do método*, de acordo com a ontologia existencialista de Sartre,

> A classe oprimida, com efeito, só pode se afirmar como *nós-sujeito* em relação à classe opressora [...]. Mas a experiência do nós permanece no terreno da *psicologia individual* e continua sendo simples símbolo da *almejada unidade das transcendências* [...]. As subjetividades continuam fora de alcance e *radicalmente separadas*. [...] Em vão desejaríamos um nós humano, no qual a totalidade intersubjetiva tomasse consciência de si como subjetividade unificada. Semelhante ideal só poderia ser um *sonho* produzido por uma passagem ao limite e ao absoluto, a partir de experiências *fragmentárias e estritamente psicológicas*. [...] Por isso, seria inútil que a realidade--humana tentasse sair desse dilema: transcender o outro ou deixar-se transcender por ele. A essência das relações entre consciências não é o *Mitsein* [ser com], mas o *conflito*.[62]

Essa visão da natureza do "nós-sujeito" como mera projeção da psicologia individual é ligada por Sartre, na mesma obra, à afirmação de que a concepção da humanidade é totalmente ilusória, derivada da noção de Deus como uma "ausência radical", e é por isso "renovada sem cessar e sem cessar resulta em fracasso". Por conseguinte,

---

[61] É dessa maneira que Sartre generosamente exalta os maoistas, no espírito de sua própria concepção (por muito tempo idealizada) de como deveria ser um movimento revolucionário de indivíduos comprometidos: "Os militantes de *La Cause du People* não constituem um partido. Trata-se de um grupo político [*rassemblement*] que sempre pode ser dissolvido. [...] Esse procedimento possibilita uma saída da rigidez na qual o Partido Comunista aprisionou a si mesmo. Hoje os maoistas criticam e fogem da noção de esquerdismo: eles querem ser de direita e criar uma organização política ampla", Sartre entrevistado por Michel-Antoine Burnier, *Actuel*, n. 28, e *Tout va Bien*, 20 de fevereiro-20 de março de 1973.

[62] Jean-Paul Sartre, *O ser e o nada*, cit., p. 522-31.

Estruturas material e formal da história 261

Toda vez que utilizamos o "nós" nesse sentido (para designar a humanidade sofredora, a humanidade pecadora, para determinar um *sentido objetivo da história*, considerando o homem como um *objeto* que *desenvolve suas potencialidades*), limitamo-nos a indicar certa experiência concreta a ser feita em presença do terceiro absoluto, ou seja, Deus. Assim, o conceito-limite de humanidade (enquanto totalidade do *nós-objeto*) e o conceito-limite de Deus implicam-se mutuamente e são correlatos.[63]

Quando chegamos à *Crítica da razão dialética*, Sartre está disposto a dar algum significado tangível ao conceito de humanidade dizendo que "é necessário que nossa experiência nos revele *como a multiplicidade prática* (que se pode chamar, como queiram, 'os homens' ou a Humanidade) realiza, em sua própria dispersão, sua interiorização"[64]. Contudo, também nessa obra, o suporte ontológico-existencialista da relação entre "eu próprio" e o "Outro" – retratada como o intercâmbio na reciprocidade entre o Outro enquanto eu próprio e eu próprio enquanto o Outro, no domínio da história que "surgiu e se desenvolve no *enquadramento permanente* de um campo de tensão engendrado pela *escassez*"[65] – torna a conflitualidade e a luta insuperáveis. Além disso, definir "Humanidade" pelo termo "multiplicidade prática" – ou, antes, concordar polidamente em chamar o termo realmente operativo de Sartre de "multiplicidade prática" também pelo nome de "Humanidade, como queiram" – deixa a porta escancarada para uma explicação insuperavelmente individualista de alguns processos históricos vitais. Esse resultado não pode ser evitado por Sartre, em vista da ausência de teorização em sua filosofia das complexas *mediações* necessárias (não confinadas ao "campo de materialidade"[66] circularmente determinista), pelas quais os fatores objetivos e subjetivos podem ser articulados, sobretudo ao indicar a constituição sustentável do "nós--sujeito" como o agente transformador do desenvolvimento histórico, em contraste com a fatídica necessidade de sua reincidência na serialidade autoinduzida.

Temos de considerar aqui uma passagem mais difícil e um pouco intricada da *Crítica da razão dialética*. Sua complexidade geral deve-se às dificuldades internas de Sartre em tentar encontrar soluções, nessa importante obra, para os problemas tratados no quadro categorial que adotou. Pois o quadro categorial em si resiste obstinadamente a suas tentativas de encontrar as soluções desejadas. Não obstante, é necessário citar a passagem inteira, porque ela resume melhor que qualquer outra a abordagem geral de Sartre da história. Ela é redigida da seguinte maneira:

> Na superação que ela [a práxis da luta] tenta (e em que é bem-sucedida somente na medida em que não é impedida pelo Outro) dessa objetividade concreta, ela desperta, atualiza, compreende e transcende a práxis constitutiva do Outro enquanto ele próprio é sujeito prático; e na ação que ela empreende contra o Outro, no termo dessa própria superação e pela me-

---

[63] Ibidem, p. 524.

[64] Idem, *Crítica da razão dialética*, cit., p. 180.

[65] Ibidem, p. 238.

[66] Ibidem, p. 883.

262 *A obra de Sartre*

diação do campo de materialidade, ela descobre e produz o outro como objeto. Desse ponto de vista, a negação antidialética aparece como o momento de uma dialética mais complexa. Com efeito, antes de tudo, essa negação é precisamente o superado: a práxis constitui-se em um e no outro como negação da negação: não somente pela superação, em cada um, de seu ser-objeto, mas praticamente, por sua tentativa feita no sentido de *liquidar* fora e de fora o sujeito prático no Outro e, por essa destruição transcendente, operar a recuperação de sua objetividade. Assim, em cada um, a negação antagonística é apreendida como escândalo a ser superado. Mas, no plano da escassez, sua origem não reside no desvelamento escandaloso: trata-se de uma *luta para viver*; assim, o escândalo é não só apreendido em sua aparência de escândalo, mas profundamente compreendido como impossibilidade, para ambos, de coexistência. Portanto, o escândalo não está, como pensava Hegel, na simples existência do Outro, o que nos remeteria a um estatuto de ininteligibilidade, mas na violência suportada (ou ameaçadora), ou seja, na escassez interiorizada. Nisso, embora o fato original seja lógica e formalmente contingente (a escassez não é senão um *dado material*), sua contingência não prejudica a ininteligibilidade da violência, muito pelo contrário. Com efeito, para a compreensão dialética do Outro, o que conta é a racionalidade de sua práxis. Ora, essa racionalidade aparece na própria violência, na medida exata em que não é ferocidade contingente do homem, mas reinteriorização compreensível, *em cada um*, do fato contingente de escassez: a violência humana é *significante*. E como essa violência é, em cada um, negação do Outro, é a negação em sua reciprocidade que, em e por cada um, se torna significante como escassez tornada agente prático, ou, se quisermos, como homem-escassez. Assim, a negação prática constitui-se como negação da negação-escândalo, ao mesmo tempo, enquanto esta é o Outro em cada um e enquanto esse Outro é escassez interiorizada. Desse ponto de vista, o que é negado indissoluvelmente pela práxis é a negação como condição do homem (ou seja, como condicionamento reassumido em violência pelo condicionado) e como liberdade de um Outro. E, precisamente, o escândalo da presença (como marca de meu ser-objeto) da liberdade do Outro em mim como liberdade-negação de minha liberdade é, por sua vez, uma determinação em racionalidade, na medida em que essa liberdade negativa realiza, praticamente, nossa impossibilidade de coexistir em um campo de escassez.[67]

Portanto, a *inteligibilidade* dialética *da história*, nessa visão sartriana, diz respeito principalmente à *compreensão* da racionalidade dialética "escandalosa" da práxis do Outro, em sua ameaçadora "liberdade", que deve ser negada e "transcendida" (na verdade, possivelmente "liquidada" enquanto sujeito prático) na inevitável "luta para viver". A questão da violência é explicada como racionalidade e inteligibilidade dialética no que se refere à plena *reciprocidade* em jogo, ao passo que as determinações objetivas do condicionamento são "reassumidas em violência pelo condicionado". Dessa forma, Sartre sempre nos oferece uma definição do Outro como "o Outro em cada um": uma definição inseparável, ao mesmo tempo, da *compreensão* da violência como "*violência humana significante*". E precisamente porque a "escassez interiorizada" como violência significante envolve (e implica) *cada um*, a relação antagônica que afeta todos os seres humanos deve ser considerada *ipso facto* dialeticamente inteligível e compreensível.

---

[67] Ibidem, p. 883-4. Ênfases de Sartre.

Essa concepção de intercâmbio histórico significativo também traz consigo uma definição extremamente problemática do agente histórico. Em um sentido, que se aplica a todos os indivíduos, ele é "livre" – visto como consciente e ativamente ameaçador –, "Outro em cada um", incluindo obviamente eu próprio como o Outro para o Outro. Mas como esse Outro em cada um – em sua constituição necessária na e por meio da plena reciprocidade – é "escassez interiorizada", por meio desse suporte ontológico "existencialista marxizante" da visão sartriana da escassez enquanto tal assume um *status* quase mítico como agente efetivo da história. Essa estranha determinação do agente histórico deve-se, paradoxalmente – ao ligar diretamente o universal abstrato ao individual abstrato, numa tentativa de demonstrar a "inteligibilidade dialética do que não pode ser encarado como universal", como mencionado anteriormente[68] –, à concepção individualista "irredutível" (repetidamente elogiada dessa maneira pelo próprio Sartre) de sua filosofia. Pois, devido ao fato de a violência na história, dita dialeticamente inteligível, supostamente ser, "em cada um, negação do Outro", a negação em si, "em sua reciprocidade que, em e por cada um, se torna significante como *escassez tornada agente prático*".

Nesse espírito, Sartre nos apresenta subsequentemente a afirmação mais firme possível concernente à natureza da compreensão, da reciprocidade positiva e negativa e da inteligibilidade em si, modelada também nesse ponto de sua análise simultaneamente em termos de sua orientação individualista e universalidade abstrata, sobre a luta existencialista para viver ou morrer do "eu próprio" com o Outro. Essas observações concludentes levam mais uma vez à promessa repetida com frequência sobre a elucidação, no segundo volume por vir da *Crítica*, na base das estruturas formais discutidas no primeiro, da inteligibilidade dialética da totalização histórica na história real. As linhas em questão são as seguintes:

> Compreender a luta é apreender a práxis do Outro em imanência através de sua própria objetividade e em uma superação prática: dessa vez, compreendo o inimigo por mim e me compreendo pelo inimigo. [...] A compreensão é fato imediato de reciprocidade. Mas enquanto essa reciprocidade permanece positiva, a compreensão continua sendo abstrata e exterior. No *campo da escassez*, como *reciprocidade negativa*, a luta engendra o Outro como Outro que não o homem ou contra-homem; mas, ao mesmo tempo, compreendo-o nas próprias origens de minha práxis como a negação de que sou negação concreta e prática, e como meu *risco de vida*.
>
> Em cada um dos dois adversários, a luta é inteligibilidade; ainda melhor, nesse plano, é a própria inteligibilidade. Se não o fosse, a práxis recíproca seria por si mesma destituída de sentido e de fins. Mas é o problema geral da inteligibilidade que nos ocupa e, particularmente, no plano do concreto. [...] Tais questões abrem-nos o acesso, finalmente, ao verdadeiro problema da História. *Se*, com efeito, esta deve ser na verdade a totalização de todas as multiplicidades práticas e de todas as suas lutas, os produtos complexos dos conflitos e das colaborações dessas multiplicidades tão diversas *devem* ser, por sua vez, inteligíveis em sua

---

[68] Ver Jean-Paul Sartre, "Itinerário de um pensamento", cit., p. 225.

264 *A obra de Sartre*

realidade sintética, ou seja, *devem* poder ser compreendidos como os produtos sintéticos de uma práxis totalitária. O mesmo é dizer que a História é inteligível se as diferentes práticas que podem ser descobertas e fixadas em um momento da temporalização histórica aparecerem, no fim, como parcialmente totalizantes e como que identificadas e fundidas, nas próprias oposições e diversidades, por uma totalização inteligível e sem apelação.[69]

No entanto, a dificuldade insuperável é que as sartrianas *estruturas formais da história* – validamente aplicáveis no que se refere às suas determinações políticas esclarecedoras, se consideradas com suas qualificações socioeconômicas complementares, ao estágio altamente específico e historicamente transitório do desenvolvimento do capital – não podem revelar a inteligibilidade dialética da *história real* em geral. Por um lado, elas são feitas problemáticas por seu suporte ontológico-existencialista, que se opõe estruturalmente ao "nós-sujeito" até mesmo na fase "marxizante" do desenvolvimento de Sartre e, por outro, pela concepção sartriana de "capitalismo avançado" e "capitalismo organizado" e sua contraforça, militantemente postulada com grande integridade, porém socialmente indefinida. Isso é o que devemos considerar nas páginas restantes deste capítulo.

A primeira ideia que precisa ser reavaliada é o conceito de "reciprocidade" postulado por Sartre. Ele apresenta essa ideia como parte do suporte ontológico-existencialista que pretende dar ao próprio quadro categorial.

O almejado quadro conceitual sartriano deveria explicar – graças à sua ideia "existencialista marxizante" de reciprocidade – plenamente tanto a relação entre os indivíduos particulares quanto as formações sociais que deveriam ser descritas nessa visão como "multiplicidades práticas", incluindo a "humanidade, como queiram". Pois Sartre afirma que tal quadro categorial é a única forma de fornecer as "bases dialéticas de uma antropologia estrutural", formulada primeiramente em termos "sincrônicos" como as "estruturas elementares formais"[70]. De acordo com Sartre, esse é o fundamento conceitual necessário, na base do qual, para ele, torna-se possível considerar "a profundidade diacrônica da temporalização prática"[71] no segundo volume prometido da *Crítica da razão dialética*, explicando dessa forma a "inteligibilidade dialética da história real".

Sartre precisa do alegado conceito "existencialista marxizante" de plena reciprocidade (e circularidade) porque, em sua visão, a relação simétrica entre o Outro e o *sujeito* individual – visto que o sujeito deve ser reduzido pelo Outro, de acordo com a exigência da reciprocidade sartriana, ao *status* de um *objeto* e, dessa forma, ameaçado de destruição no curso da insuperável "luta para viver" no domínio da história que Sartre considera que surge "e se desenvolve no enquadramento permanente de um campo de

---

[69] Idem, *Crítica da razão dialética*, cit., p. 884-5.

[70] Ibidem, p. 886.

[71] Idem.

tensão engendrado pela escassez"[72] –, permite a ele postular, ao mesmo tempo, a reciprocidade *negativa*, porém, repetindo, apropriada e plena, como a condição necessária da inteligibilidade dialética. Pois essa forma de conceber a relação em questão é o que lhe possibilita postular, também no lado oposto da equação, a mesma reciprocidade negativa e circular pela qual "o Outro em mim" transforma "fora", da mesma maneira, a livre práxis do "Outro" em *objeto* inimigo – de modo a liquidá-lo enquanto sujeito rival que deve ser impedido de realizar seu próprio fim enquanto "livre práxis" e "risco de vida" para mim – no processo da minha autoafirmação como a única livre práxis aceitável que prevalece contra o Outro na "escassez interiorizada". É assim que "compreendo o inimigo por mim e me compreendo pelo inimigo" como resultado do qual a compreensão dialética em si torna-se um "fato imediato de reciprocidade"[73].

Isso é perfeitamente coerente em seus próprios termos – "existencialistas marxizantes" sartrianos – de referência. O problema, no entanto, é que todos os indivíduos em nossas sociedades criadas historicamente e até o presente momento, e dessa maneira mantidas, são partes constituintes de determinadas formações de *classe*. Inevitavelmente, portanto, na verdadeira *realidade de classe* da história real, tal como temos de enfrentá-la até que seja historicamente superada pelo desenvolvimento societal real – em contraste óbvio com a explicação individualista abstratamente postulada da permanente hostilidade entre mim mesmo e o Outro no quadro categorial sartriano da negação e determinação circularmente recíprocas –, não há, e não pode possivelmente haver, nenhuma relação simetricamente conceitualizável de reciprocidade circular. Pelo contrário, encontramos, não só na ordem presente, mas também nas sociedades de classe constituídas ao longo da história, algum sistema de *subordinação* e *dominação estrutural* (longe de serem simétricas) que só muda em sua *especificidade* histórica – da escravidão, passando pela servidão até a "escravidão assalariada" da ordem capitalista –, mas não em sua modalidade fundamental da *dominação estrutural hierárquica*, sem qualquer semelhança com a reciprocidade sartriana.

Por conseguinte, o desafio para a *classe do trabalho* (e de seus membros particulares), em sua capacidade orientada para a constituição da necessária e única alternativa histórica possível à ordem reprodutiva societal do capital, diz respeito ao estabelecimento de um *quadro estrutural não hierárquico* da reprodução social metabólica, a ser realizado sobre uma base política e material *equitativa substantiva* e, portanto, *historicamente sustentável*. E isso envolve, para ser exato, a tarefa de superar, no interior desse horizonte reprodutivo societal *qualitativamente diferente*, as condições objetivas, historicamente prevalecentes em nossos dias e *pendulariamente perpetuadas* por meio de seu círculo vicioso único, mas, pelo menos em princípio, superáveis, da socialmente específica *escassez acumuladora do capital*.

Na verdade, o círculo vicioso hoje fetichisticamente duradouro da escassez é realmente único precisamente em seu imenso, mas promovido de forma deliberada, des-

---

[72] Ibidem, p. 238.

[73] Ibidem, p. 884.

266 *A obra de Sartre*

perdício. Além do mais, enquanto tal, ele supostamente deve permanecer operativo em seu desperdício cultivado, totalmente indefensável, e em sua destrutividade globalizante pela causa prosaica insustentável da *acumulação infindável do capital*, em contraste com a visão sombria da nossa "luta para viver" sobre o "risco de vida" existencialisticamente postulado, materializado no "Outro em cada um", definido como *escassez interiorizada* ontologicamente insuperável.

Depois de 1968, Sartre confessou: "continuo sendo *um anarquista*". Quando Michel Contat o lembrou dessa revelação, na entrevista publicada sob o título "Autorretrato aos setenta anos", esta foi a resposta de Sartre:

> É bem verdade. [...] Mas eu mudei no sentido de que, quando escrevi *A náusea*, era um anarquista sem saber. Eu não percebi que o que escrevia poderia ter uma interpretação anarquista; via apenas a relação com a ideia metafísica da "náusea", a ideia metafísica da existência. Então, descobri pela filosofia o ser anarquista que há em mim. Mas não atribuí a ela esse termo, pois a anarquia de hoje nada mais tem a ver com a anarquia de 1890.
>
> *Contat*: Na verdade, você nunca se identificou com o chamado movimento anarquista.
>
> *Sartre*: Nunca. Ao contrário, estava bem longe dele. Mas *nunca aceitei nenhum poder sobre mim*, e sempre pensei que a *anarquia*, isto é, uma *sociedade sem poderes, deve ser realizada*.[74]

De modo bastante revelador, a questão da defesa do estabelecimento de uma "*sociedade sem poderes*" – independentemente do nome conferido ao credo político a ela associado, desde o anarquismo do século XIX até o presente – atinge o cerne da questão. Naturalmente, isso não basta para que um indivíduo distinto e socialmente mais privilegiado – durante toda a sua vida – diga: "*Nunca aceitei que ninguém tivesse poder sobre mim*".

Os problemas realmente difíceis são: até que ponto e de que forma sustentável a rejeição do poder exercido sobre o sujeito é *generalizável* em sua aplicabilidade ao presente e ao futuro. Pois, obviamente – e Sartre teria de ser o primeiro a admitir –, no caso da esmagadora maioria das pessoas nas sociedades de hoje, até mesmo simplesmente levantar essa questão, sem falar nos grandes impedimentos encontrados para traduzi-la de modo bem-sucedido em circunstâncias praticamente sustentáveis pelos indivíduos longe de serem privilegiados, em suas capacidades como indivíduos mais ou menos isolados, é impossível. A *escravidão assalariada* não é muito reconfortante a esse respeito, mesmo que as antigas formas históricas de escravidão e servidão tenham sido, via de regra, de maneira bem-sucedida relegadas ao passado, ainda que, de modo nenhum, em todos os lugares.

Naturalmente, o fato em si de que a questão pode realmente ser levantada em nossa época, e na verdade de que podia ser levantada de alguma forma já no século XIX, mostra algum avanço significativo no que se refere à *dialética objetiva* do desenvolvimento histórico, e não somente em relação à sua compreensibilidade e inteligibilidade. Pois, no passado remoto, os escravos podiam simplesmente ser categorizados como "ferra-

---

[74] Idem, *Sartre in the Seventies*, cit., p. 24-5.

Estruturas material e formal da história 267

mentas animadas" até mesmo por um gigante da filosofia, como Aristóteles, conforme mencionado anteriormente. Nesse sentido, a ideia de anarquia de Sartre que "deve ser realizada", chamada por ele de "*uma sociedade sem poderes*", só pode significar uma sociedade em que não exista nenhum *corpo separado* exercendo poder sobre os indivíduos contra suas aspirações e vontade.

A questão é, então: quais são as condições para a realização de tal sociedade? E esse é o ponto em que a questão de como lidar com a ordem social estabelecida – descrita por Sartre e por outros como "capitalismo avançado" e "capitalismo organizado" – deve ser enfrentada. Em outras palavras, a questão fundamental é: quais são os *pontos de apoio realmente necessários e possíveis* por meio dos quais a ordem social do capital pode ser radicalmente transformada na direção desejada?

O anarquismo do século XIX foi rejeitado por Marx de modo nada incerto. Ele escreveu sobre o livro de Bakunin, *Estado e anarquia*, que seu autor "apenas traduziu a anarquia proudhoniana e stirneriana em tosca língua tártara"[75]. E Marx argumentou que:

> Uma revolução social radical está ligada a certas condições históricas do desenvolvimento econômico; estas são seu pressuposto. [...] Ele [Bakunin] não entende absolutamente nada de revolução social, salvo sua fraseologia política; para ele, suas precondições econômicas não existem. [...] A *vontade*, e não as condições econômicas, é a base de sua revolução social.[76]

Mas, mesmo se ignorarmos a pesada bagagem histórica das variedades de anarquismo do século XIX, em nome de uma idealizada "sociedade [anarquista] sem poderes" defendida por Sartre, algumas determinações e dificuldades objetivas fundamentais não podem ser desconsideradas. Principalmente se, ao mesmo tempo, o poder supostamente inexorável do "capitalismo avançado" e do "capitalismo organizado" é reafirmado, de modo a ser contraposto por um apelo político direto à consciência individual, incitada a "se juntar a um novo grupo soberano"[77] – ilustrado com o exemplo dos estudantes maoistas franceses – e contrastado com os partidos organizados (e outras

---

[75] Karl Marx, "Resumo crítico de Estatismo e anarquia, de Mikhail Bakunin (1874) – Excertos", em *Crítica do Programa de Gotha* (São Paulo, Boitempo, 2012), p. 116.

[76] Ibidem, p. 112-3.

[77] É revelador que na crítica dos votantes serializados Sartre iguale, de modo extremamente problemático, sua *possibilidade abstrata* com o dito *poder* que constitui a soberania. Escreve ele: "quando voto, abdico de meu poder. Abro mão da *possibilidade*, presente em cada um, de, ao lado de todos os outros, constituir um grupo soberano", em Jean-Paul Sartre, "Eleições, armadilha para otários", cit., p. 9. Obviamente, nas circunstâncias da França relativamente serena de Pompidou, muito depois da derrota de Maio de 1968 que contribuiu para a consolidação do sistema gaulista, a "possibilidade de, ao lado de todos os outros, constituir um grupo soberano" defendida por Sartre é uma *possibilidade puramente abstrata*. Sob as condições de uma crise socioeconômica pesada e cada vez mais forte, tais possibilidades abstratas podem bem se tornar *concretas*, levando a uma mudança histórica significativa. Mas é extremamente problemático chamar as possibilidades abstratas de *poderes reais* na ausência de uma crise socioeconômica de tal magnitude, como Sartre a chamou em 1973.

268   *A obra de Sartre*

"estruturas organizadas estáveis"), que supostamente "permaneceram no século XIX". Contudo, o capitalismo – inseparável daquelas "condições históricas do desenvolvimento econômico" que foram colocadas em relevo de forma tão vigorosa por Marx em todos os seus trabalhos seminais – não pode ser superado somente no nível *político*[78], não importa quão genuína possa ser a "vontade" dos indivíduos que desejam se contrapor a ele dessa maneira.

O principal problema a esse respeito é a *centrifugalidade objetivamente fundamentada* do sistema do capital em si em sua mais íntima constituição como um modo de reprodução social metabólica.

Conforme discutido em meu livro *A estrutura da dialética e da história*[79], o Estado moderno surgiu e se expandiu em relação a essa centrifugalidade insuperável, sobretudo para o propósito de submeter a um nível possível de controle seus aspectos potencialmente mais perturbadores. Esse processo histórico foi realizado – tendo como base as determinações materiais subjacentes – no interesse da expansão dinâmica do sistema do capital como um todo, em sua inseparabilidade do Estado moderno cada vez mais poderoso. É aí que de fato podemos ver uma *reciprocidade real*. Mas, obviamente, esse tipo de reciprocidade, mais uma vez, está muito longe de ser simétrico. Ele é definido por uma espécie determinada de *inter-relação* social e histórica, na qual a *primazia dialética*[80] – que não deve ser confundida com uma *unilateralidade mecânica* – pertence às determinações materiais fundamentais.

Naturalmente, esse tipo de desenvolvimento reciprocamente assegurado entre a política e a economia, sobre a base reprodutiva material da necessária centrifugalidade do capital, também significa que negar a dimensão política em si, no espírito até mesmo da concepção mais idealizada de anarquismo, poderia apenas absolutizar ou exasperar a *centrifugalidade sistêmica* do modo estabelecido da reprodução social metabólica, resultando em uma incontrolabilidade total. É por isso que o anarquismo precisou estar totalmente fadado ao fracasso em todas as suas variedades do passado.

A reciprocidade historicamente constituída e estruturalmente arraigada das dimensões fundamentais do capital só pode ser superada pela alteração radical das dimensões políticas e reprodutivas materiais *juntas*, e fazendo isso na *escala sistêmica* apropriada. Os *empreendimentos materiais cooperativos e parciais* conhecidos – que tentam mudar o sistema pelo trabalho das cooperativas produtivas e distributivas – representam o lado

---

[78] Na verdade, essa é a base sobre a qual os "partidos clássicos de esquerda" podem ser, e deveriam ser, legitimamente questionados por sua inadequação estratégica, e não por sua alegada ligação política "com o século XIX".

[79] *Estrutura social e formas de consciência I*, cit. Ver, em particular, a seção 4.4, que se ocupa da "Transformação radical da superestrutura jurídica e política".

[80] Em consonância com o conceito marxiano de *übergreifendes Moment*, isto é, o fator de importância primordial sob um dado conjunto de circunstâncias.

anverso da moeda política anarquista. Significativamente, no entanto, apesar da boa vontade investida nessas cooperativas por seus associados, eles não poderiam fazer um progresso praticável nas determinações estruturais da ordem social do capital senão em uma escala minúscula. Nem mesmo quando o lado anarquista político e o lado cooperativo material da moeda são colocados juntos, como na Espanha, nas empresas anarcocooperativas.

É bastante válido nos lembrarmos aqui do fato de que Marx nunca hesitou em destacar teoricamente a ideia, e também defendê-la de maneira apaixonada, em seu envolvimento organizacional pioneiro no movimento socialista internacional de sua época, de que "a *emancipação econômica* das classes operárias é, portanto, o grande fim ao qual *todo movimento político* deve estar subordinado como um meio"[81].

A mesma ideia, sublinhando a primazia dialética da base material da ordem social do capital, foi reiterada por uma das maiores figuras intelectuais e políticas do movimento socialista, Rosa Luxemburgo, quando escreveu:

> Como se distingue a sociedade burguesa das outras sociedades de classes – a antiga e a medieval? [..] no fato de não repousar hoje a dominação de classe em "direitos adquiridos", e sim em *verdadeiras relações econômicas;* no fato de *não ser* o salariato *uma relação jurídica*, e sim uma *relação* puramente *econômica*.[82]

No mesmo sentido, seria um grande erro imaginar que o imperialismo pode ser superado no nível político/militar, como quando muitas pessoas, depois da Segunda Guerra Mundial, começaram a ingenuamente celebrar a chegada da era do "pós-imperialismo". Também a esse respeito as palavras de Rosa Luxemburgo, que salientaram os fundamentos econômicos inevitáveis e historicamente evoluídos das estratégias imperialistas políticas/militares, continuam válidas até os dias atuais, apesar do fato de terem sido escritas há quase um século. Elas foram redigidas da seguinte maneira:

> A política imperialista não é obra de um país ou de um grupo de países. É o produto da evolução mundial do capitalismo num dado momento de sua maturação. É um fenômeno por natureza internacional, um todo inseparável que só se compreende em suas relações recíprocas e ao *qual nenhum Estado poderá escapar* [...]. O capitalismo é incompatível com o particularismo dos pequenos Estados, com um parcelamento político e econômico; para se desenvolver, necessita de um território coerente, tão grande quanto possível [...]; sem o que as necessidades da sociedade não se poderiam elevar ao

---

[81] Circular de Marx dirigida ao Federal Council of the Romance Switzerland, *Documents of the First International* (Londres, Lawrence & Wishart, s.d., v. III), p. 361. [Um trecho relativamente curto dessa circular foi publicado, sob o título "Extracto de uma participação confidencial", em Karl Marx e Friedrich Engels, *Obras escolhidas*, cit., v. II, p. 191. O "Extracto", entretanto, é interrompido antes do trecho citado por Mészáros – trecho que é, na verdade, retirado de outro documento marxiano, os "Estatutos gerais da Associação Internacional dos Trabalhadores", do qual foi então extraído o trecho citado. Ver István Mészáros, *Estrutura social e formas de consciência, v. I*, cit., p. 14. (N. T.)]

[82] Rosa Luxemburgo, *Reforma, revisionismo e oportunismo* (Rio de Janeiro, Civilização Brasileira, 1975), p. 64; grifo em "verdadeiras relações econômicas" de Luxemburgo.

270 *A obra de Sartre*

nível requerido pela produção mercantil capitalista, nem fazer funcionar o mecanismo da dominação burguesa moderna.[83]

Por conseguinte, os perigos políticos/militares devastadores do imperialismo – um sistema de determinações internas e correspondentes relações inter-Estados extremamente iníquas que podem mudar sua *especificidade* histórica, mas não sua *substância* estruturalmente arraigada – não podem ser relegados ao passado sem superar radicalmente a dimensão reprodutiva material do sistema do capital como um todo integrado.

A *incurável centrifugalidade* do sistema do capital só pode intensificar suas contradições e aumentar os perigos necessariamente associados a elas numa era de interesses próprios globalmente conflitantes afirmados pelas forças monopolistas dominantes, correspondentes ao estágio hoje prevalecente da articulação do modo de reprodução social metabólica do capital. Apelos políticos diretos à consciência individual, mesmo no mais idealizado espírito do anarquismo, não podem conter o poder das determinações reprodutivas materiais vitais, cuja análise não existe na obra de Sartre, não só antes da *Crítica da razão dialética*, mas também depois.

As "estruturas formais da história" oferecidas por Sartre nos dois volumes da *Crítica da razão dialética*, e reiteradas de diferentes maneiras em seus escritos subsequentes, sempre permaneceram bem inseridas no quadro das determinações formais postuladas, orientadas para uma defesa *política* cada vez mais elusiva após os grandes desapontamentos que ele sofreu depois dos momentos de esperança em 1968 e em suas imediatas consequências. Afundar em um humor profundamente pessimista em seus últimos anos foi, portanto, triste porém perfeitamente compreensível no caso de um intelectual combativo como Sartre, que depois da derrota de 1968 não poderia almejar nenhuma influência pela qual ele pudesse, "de dentro", alterar, ainda que levemente, quanto mais tirar dos eixos, como outrora esperava, a consciência política da classe contra a qual se rebelou intensamente.

A ideia pessimista de que o "capitalismo avançado" e o "capitalismo organizado" poderiam ser capazes de oferecer algum remédio sustentável em longo prazo para as mediações de segunda ordem antagônicas do capital não poderia auxiliar em nada a esse respeito. O ponto de partida necessário para uma abordagem alternativa não pode ser outro senão uma tentativa de colocar firmemente em relevo as *estruturas materiais da história*. Não como "dadas de uma vez por todas", em uma generalidade abstratamente postulada, com reivindicações insustentáveis à validade formalmente universalizável estendida a todas as fases possíveis da história, mas em sua *especificidade realmente em desdobramento e mutável*. E esse quadro teria de ser identificado, em nossa época, de acordo com as determinações históricas jamais experimentadas no passado – com sua tendência *profundamente antagônica* e, portanto, em última análise irrealizável, para a *integração global* –, que correspondem ao estágio político/militar e material monopo-

---

[83] Idem, *A crise social da democracia* (Lisboa, Estampa, s.d.), p. 139-40; grifo de Luxemburgo.

lista sempre mais destrutivo da articulação imperialista do capital enquanto sistema reprodutivo societal, ameaçando diretamente até mesmo a relação da humanidade com a natureza.

Para ser exato, o ponto de partida, em sua orientação e especificidade histórica inevitável, não poderia oferecer nenhum tipo de apodicticidade *a priori* para a compreensão da inteligibilidade dialética do desenvolvimento histórico "de uma vez por todas". Qualquer tentativa de fazê-lo seria, em relação ao desdobramento real da história, uma grosseira contradição em termos. A ideia de postular um conjunto de "estruturas materiais da história" eternamente válidas no espírito de algum tipo de apodicticidade apriorística só poderia assumir a forma de uma *camisa de força* ou *leito de Procusto*, nos quais a história real com fim necessariamente aberto teria de ser arbitrariamente amarrada ou imaginariamente acorrentada.

Na verdade, não pode haver estruturas materiais gerais categoricamente generalizáveis para todas as fases concebíveis da história real, nem mesmo estruturas formais universalmente estendidas. Pois a história real da existência societal humana não poderia de modo algum qualificar-se para ser história fechando seus portões para formas alternativas de desenvolvimento, com a ajuda de algumas estruturas permanentes hipostasiadas, sejam elas estruturas materiais claramente identificáveis em determinado momento na história. Nada ilustra melhor essa proposição do que a insistência explicitamente declarada de Marx de que a categoria da "*necessidade histórica*" não faz nenhum sentido, a menos que seja compreendida como "*necessidade* [historicamente]* *evanescente*" e em mutação.

Ademais, uma vez que as condições objetivas e subjetivas para o estabelecimento de um *processo de planejamento* racional são consolidadas no curso da transformação socialista historicamente buscada e sustentada, o poder das *determinações econômicas* anteriormente opressivas está fadado a ser enormemente diminuído. Ele é colocado em seu lugar como uma parte integrante porém *subordinada* de uma *contabilidade socialista* consciente. Essa forma de contabilidade torna-se praticável somente na ausência dos *interesses próprios* predeterminados e autoperpetuadores das dispostas personificações do capital, que expropriam para si próprias o poder de *gerenciar* o metabolismo societal, mesmo que não possam *controlá-lo*, irracionalmente conduzindo, em vez disso, a sociedade na direção de uma *aniquilação sistêmica*. Pois somente a contabilidade socialista pode conferir o peso apropriado – e não fetichisticamente absolutizado – aos fatores objetivamente limitadores, dentro do quadro adotado dos objetivos humanamente recompensadores e *positivamente interiorizados*.

Isso ocorre porque o verdadeiro significado das palavras citadas sobre "a *emancipação econômica* da classe trabalhadora" é a *emancipação da humanidade* do poder cegamente prevalecente do *determinismo econômico*, sob o qual nenhum ser humano pode ter controle genuíno do metabolismo social, nem mesmo as personificações mais

---

* Colchetes de Mészáros. (N. T.)

272 *A obra de Sartre*

dispostas do capital. Somente por meio da transformação qualitativa do *trabalho* – deixando de ser a *classe social* alienada e estruturalmente subordinada, porém necessariamente recalcitrante, do processo de reprodução para ser o *princípio regulador universal* do intercâmbio da humanidade com a natureza e entre seus membros individuais, livremente adotado enquanto sua atividade vital significativa por todos os membros da sociedade – a real emancipação humana pode ser realizada no curso do desenvolvimento histórico com fim aberto.

É por essa razão que Marx contrastava ao que chamou de "pré-história" não algum tipo de "fim da história" messiânico – embora costume ser cruelmente acusado de fazê-lo –, mas sim o processo dinâmico da "história real" de fato em desdobramento e conscientemente controlada. Ou seja: a história não mais governada pelas *determinações econômicas antagônicas*, mas vivida de acordo com seus objetivos e fins escolhidos pelos indivíduos sociais enquanto produtores livremente associados.

Na verdade, as categorias chamadas por Sartre de "estruturas formais da história" são bastante esclarecedoras para uma *fase limitada* dos desenvolvimentos capitalísticos, por causa de sua afinidade com algumas características humanas e materiais importantes da articulação formalmente equalizada da produção generalizada de mercadorias. Mas elas não poderiam ser estendidas à totalidade da história, desde o passado mais remoto ao futuro indefinido. Esse tipo de *extensão universal* – e correspondente *fechamento* – é inadmissível não só para as *estruturas materiais* da história, que devem ser apreendidas sempre em sua especificidade histórica, independentemente de por quanto tempo as determinações subjacentes possam afirmar a si mesmas no domínio societal em mutação, mas também inadmissíveis para o que deve ser chamado, de maneira legítima, de *estruturas formais* em um cenário social apropriadamente diferente.

Sartre não poderia ser nenhuma exceção a isso. Na verdade, Sartre deu sua própria prova para a impossibilidade de modificar e estender as próprias "estruturas formais" na maneira postulada por sua incapacidade de completar o projeto original[84], repetidas vezes anunciado, para a elaboração do quadro conceitual da "história real" no segundo volume da *Crítica da razão dialética*.

A ideia pessimista, compartilhada também por Sartre, de que o "capitalismo avançado" e o "capitalismo organizado" representam uma fase significativamente diferente e historicamente mais sustentável do desenvolvimento do sistema do capital do que na

---

[84] A principal razão dada por Sartre em 1975 para o abandono da *Crítica da razão dialética* foi que, "no caso da *Crítica*, ainda há o problema adicional do tempo, pois eu teria de voltar a estudar história", *Sartre in the Seventies*, cit., p. 75. Sem dúvida, o conhecimento histórico dominado por qualquer pensador particular é um fator contribuinte a esse respeito. Mas apenas *contingentemente*. As necessidades repousam em outro lugar. Os impedimentos muito mais sérios no caso de Sartre, impondo dificuldades intransponíveis à planejada *Crítica*, não se deveram às limitações de seu conhecimento histórico, mas principalmente à sua abordagem ontológica "existencialista marxizante" dos problemas da inteligibilidade na história da humanidade dialeticamente em desdobramento.

Estruturas material e formal da história 273

sua variedade do século XIX, à qual os partidos políticos de esquerda permaneceram ancorados, conforme alegava, é bastante infundada. O oposto está muito mais perto da verdade de modo algum pessimista.

A questão decisiva concerne à controlabilidade e restringibilidade racional de qualquer ordem reprodutiva societal em relação à efetividade histórica e disponibilidade de suas condições necessárias de reprodução. E a verdade mais desconfortável da questão a esse respeito é que a ordem reprodutiva socioeconômica, a ordem societal agora estabelecida, cuja viabilidade depende da *infindável expansão do capital*, deve gerar constantemente não só *expectativas subjetivas* (em grande medida manipuláveis ou até mesmo repreensíveis), mas também *expectativas objetivas irrepreensíveis* – tanto para os outros quanto para si mesma – que ela possivelmente não pode suprir.

Nesse sentido, em contraste com a ordem existente do capital, somente uma forma *qualitativamente* diferente de gerir o metabolismo social, dos processos materiais elementares aos mais altos níveis de produção e apreciação artística, poderia fazer uma real diferença a esse respeito. E isso implicaria uma orientação radicalmente diferente dos indivíduos sociais para a *coerência coletiva* conscientemente buscada de suas atividades, no lugar da centrifugalidade hoje prevalecente e potencialmente desintegradora de suas condições de existência. Isso acontece porque, enquanto as *mediações de segunda ordem antagônicas* do sistema do capital permanecerem dominantes, elas estão fadadas a clamar por algum tipo de superimposição social em vez de militar contra ela no espírito do desiderato anarquista da "sociedade sem poderes".

Não pode haver "uma sociedade sem poderes". Especialmente não na era da reprodução societal e de produção em desdobramento global. A ordem reprodutiva estabelecida hoje é inseparável de suas *mediações de segunda ordem antagônicas* pela simples razão de serem necessárias para a busca irracional da expansão infindável do capital, independentemente de suas consequências. No entanto, esse sistema está fadado a gerar *recalcitrância* (nos indivíduos que produzem), a *superimposição do controle extrínseco* (para derrotar a recalcitrância, se necessário pela violência) e, ao mesmo tempo, também a *irresponsabilidade institucionalizada* (por causa da ausência de racionalidade factível e controle aceitável).

Não é tão difícil ver como seria problemático regular a sociedade "capitalista avançada" na base de tais práticas e resultados correspondentes, até mesmo numa escala nacional limitada, sem falar da necessidade de manter sob controle as contradições cada vez mais intensas em seu cenário global inevitavelmente em desdobramento. De modo compreensível, portanto, a única forma de sustentar uma ordem reprodutiva globalmente coordenada no nosso horizonte é almejando um *poder político e material cooperativamente compartilhado*, determinado e administrado sobre a base não só da *igualdade* simplesmente *formal*, mas também *substantiva* (uma necessidade absoluta como condição de possibilidade de uma ordem societal futura viável) e o correspondente *planejamento racional* de suas atividades vitais pelos *produtores livremente associados*.

274 *A obra de Sartre*

Naturalmente, isso é inconcebível sem a forma apropriada de *mediação* dos indivíduos sociais entre si e na sua relação combinada, enquanto *humanidade real* (embora não "como quiserem"), com a natureza. No entanto, não há nada de misterioso ou proibitivamente difícil sobre defender um sistema qualitativamente diferente de mediação reprodutiva societal. As condições de seu estabelecimento podem ser explicitadas de forma tangível, envolvendo um esforço determinado e historicamente sustentado para romper a *pressão do valor de troca* sobre o *valor de uso* humanamente adotado e gratificante, correspondendo não à *carência humana formalmente equalizável* e substantivamente incomensurável, bem como insensivelmente ignorada, mas sim à *carência humana diretamente significativa* dos indivíduos como livremente associados.

O princípio organizador básico do tipo de atividade reprodutiva societal que é orientado para tal ordem social metabólica qualitativamente diferente foi descrito por Marx em termos bem simples, com referência ao intercâmbio *coletivo* da atividade vital dos indivíduos, quando ele escreveu que

> O caráter coletivo da produção faria do produto, desde o início, um produto coletivo, universal. A troca que originalmente tem lugar na produção – que *não seria uma troca de valores de troca, mas de atividades* que seriam determinadas pelas *necessidades coletivas, por fins coletivos* – incluiria, desde o início, a participação do indivíduo singular no mundo coletivo dos produtos.[85]

Obviamente, a regulação e a livre coordenação de suas atividades vitais pelos indivíduos implicam *ajustes positivos contínuos*. Os necessários ajustes positivos genuínos em uma ordem socialista tornam-se possíveis graças à remoção dos interesses próprios estruturalmente arraigados da existência alienante de classe do passado, com sua irresponsabilidade institucionalizada sob o sistema do capital. Por conseguinte, a atividade produtiva e distributiva dos indivíduos pode ser promovida e mantida não pela postulação de uma "sociedade sem poderes", mas pelos *poderes plenamente compartilhados* dos membros da sociedade, inseparáveis da adoção de sua *responsabilidade plenamente compartilhada*. Essa é a única alternativa historicamente viável para a destrutividade crescente do "capitalismo avançado" e do "capitalismo organizado".

---

[85] Karl Marx, *Grundrisse: manuscritos econômicos de 1857-1858: esboços da crítica da economia política* (trad. Mario Duayer e Nélio Schneider, São Paulo, Boitempo, 2011), p. 118.

7
LÉVI-STRAUSS CONTRA SARTRE

Claude Lévi-Strauss – elogiado por um de seus devotos como "estruturalismo personificado"[1] – admitiu, em uma entrevista concedida em 1971 à proeminente revista semanal francesa *L'Express*, que "o estruturalismo saiu de moda depois de 1968"[2]. Na verdade, o notável a esse respeito não foi o fato de o estruturalismo ter começado a esmorecer na década de 1970, sendo retirado da ribalta pelo "pós-estruturalismo" e outras denominações "pós" orientadas de modo semelhante, como a "pós-modernidade"[3]. Em vez disso, a circunstância um tanto espantosa foi que, depois da Segunda Guerra Mundial, a ideologia do estruturalismo na verdade adquiriu uma posição extremamente dominante, e a manteve por mais de uma década – de meados dos anos 1950 até fins dos anos 1960 – nos círculos intelectuais europeus e norte-americanos[4].

---

[1] Ver Jean-Marie Auzias, "Le structuralisme en personne", em *Clefs pour le structuralisme* (Paris, Seghers, 1967), p. 85.

[2] "*L'Express* va plus loin avec Claude Lévi-Strauss", importante entrevista publicada no *L'Express*, 15-21 de março de 1971, p. 61.

[3] Obviamente, o ultraeclético oportunista Jürgen Habermas junta-se à confusão em voga pela invenção dos apelativos rótulos "pós", falando de maneira muito pretensiosa e confusa até mesmo sobre a "pós-história". Escreve ele: "o conceito da totalidade ética de Hegel [...] não mais é um modelo apropriado para a mediatizada estrutura de classes do capitalismo avançado, organizado. A dialética suspensa da ética gera o simulacro/semblante da *pós-histoire*. [...] Pois a força produtiva dominante – o controlado progresso técnico-científico em si – tornou-se a base da legitimização. Contudo, essa nova forma de legitimização abandonou o antigo formato da *ideologia*", Jürgen Habermas, *Toward a Rational Society* (Londres, Heinemann, 1971), p. 110-1. O grifo nas palavras "pós-história" e "ideologia" é de Habermas. Para uma discussão detalhada de sua obra, ver seções 1.2 e 3.4 do meu livro *O poder da ideologia*, cit.

[4] De modo não surpreendente, a promoção abrangente do estruturalismo estava associada à construção de impérios e à busca de antepassados respeitáveis, da linguística à etnografia. Até mesmo Jacob Grimm foi adotado como um célebre antepassado estruturalista. Por isso, líamos a respeito dele em um livro sobre

276 A obra de Sartre

Obviamente, esse período pós-guerra coincidiu com as pretensões do "*fim da ideologia*"[5] tanto nos Estados Unidos como na Europa. O estruturalismo, com suas pretensões em representar o máximo do "rigor científico" no campo das "ciências humanas"[6], cabia muito bem dentro do ambiente político e intelectual prevalecente. De modo ainda mais estranho para o próprio Lévi-Strauss, as aspirações "não ideológicas" de sua celebrada orientação foram combinadas com sua alegação explícita de ser simultaneamente um intelectual "marxizante", como Jean-Paul Sartre. Ainda na entrevista publicada na *L'Express* em 1971, Levi-Strauss afirmava ser um pensador "marxizante". A esse respeito, a proeminência intelectual pós-guerra do Partido Comunista na França, proferindo sua devoção ideológica (stalinisticamente "atualizada") a Marx, tornou esse alinhamento ideológico perfeitamente compreensível – pelo menos ao ponto de defender Marx da boca para fora no caso de alguns intelectuais importantes, como Lévi-Strauss. E até mesmo uma figura abertamente hostil a qualquer ideia de socialismo, Raymond Aron, que defendia a perspectiva norte-americana "atlantista" e a subserviência da Europa à Otan dominada pelos Estados Unidos, não podia evitar uma dependência negativa da proeminência intelectual do Partido Comunista francês. Tudo isso mudou consideravelmente em fins da década de 1960. Na verdade, o grave declínio na popularidade do estruturalismo, datado pelo próprio Lévi-Strauss como os anos que seguiram imediatamente os eventos de Maio de 1968 na França, e o surgimento simultâneo das várias abordagens ideológicas "pós-estruturalistas" coincidiu com a nova fase no desenvolvimento do sistema do capital, marcada por sua *crise estrutural* cada vez mais profunda.

No entanto, até mesmo a afirmação anterior de Lévi-Strauss de que nunca foi um seguidor de Marx, em absolutamente nenhum sentido, deveria ser tomada com um gigantesco pé atrás. Não só no que se refere à sua posição – extremamente pessimista – registrada na importante entrevista de 1971[7], mas também em relação ao resto de sua obra

---

linguística que "falta precisão em sua linguagem, ele foi culpado por inconsistências grosseiras, mas seu intento era claro. Ele estava muito, muito além de sua época. Na verdade, foi um dos primeiros estruturalistas", John T. Waterman, *Perspectives in Linguistic* (Chicago, University of Chicago Press, 1963), p. 82.

[5] Para uma discussão documentada desses problemas, ver meu livro *Filosofia, ideologia e ciência social*, cit., em particular a "Introdução" e o capítulo sobre "Ideologia e ciência social", p. 7-14 e 15-54. Publicado pela primeira vez em inglês, em 1972.

[6] Caracteristicamente, Auzias glorificou o "estruturalismo personificado" dizendo que: "O estruturalismo não é um imperialismo! Quer ser *científico*: e o é. [...] O pensamento de Lévi-Strauss satisfaz-se em aplicar-se às *ciências humanas*, e exclusivamente a elas, recusando eminente e insistentemente por sua própria *prática rigorosa* qualquer concessão à *ideologia*, não importa sob que tipo de filosofia ela possa se esconder", Jean-Marie Auzias, *Clefs pour le structuralisme*, cit., p. 10-1.

[7] Ver a esse respeito uma das passagens seminais da abrangente entrevista de Lévi-Strauss dada ao *L'Express* em março de 1971, conforme citada na seção 8.6 de *A determinação social do método*, cit. Naquela entrevista, ele afirmava que: "Hoje, o grande perigo para a humanidade não provém das atividades de *um regime*, de *um partido*, de *um grupo* ou de *uma classe*. Mas provém da própria humanidade como um todo; uma humanidade que se revela como sua própria pior inimiga e (ai de mim!), ao mesmo tempo, também a pior inimiga do resto da criação".

antes ou depois dessa data. Pois no que se refere à teoria da "superestrutura", na qual ele sugeriu ter elaborado sua própria versão única do conceito marxiano – afirmando, ao mesmo tempo, sem qualquer justificação, que o domínio superestrutural foi deixado virtualmente intocado por Marx, que supostamente deve ter atribuído a esse domínio apenas um "espaço" vazio –, a abordagem característica do campo oferecido por Lévi--Strauss foi incorrigivelmente *a-histórica*. E nada poderia ser mais alheio à obra de Marx como um todo, bem como a qualquer aspecto particular dela[8]. Nesse espírito, não apenas Lévi-Strauss ignorou completamente as respostas fundamentais de Marx aos problemas da superestrutura e ideologia, concebidas por ele como *dialeticamente* ligadas à, e dessa forma inseparáveis da, base material em mutação da sociedade –, mas nós mesmos pudemos vê-las em considerável detalhe no meu livro sobre *A dialética da estrutura e da história* – como também ofereceu uma linha de abordagem *diametralmente contraditória* aos problemas elaborados por Marx sempre em um sentido profundamente histórico.

Também é importante salientar aqui que as várias tendências ideológicas "pós-estruturalistas" e "pós-modernistas" não poderiam ser consideradas significantemente diferentes a esse respeito. A atitude extremamente cética e problemática em relação à história de modo algum estava limitada ao próprio Lévi-Strauss. Na verdade, a abordagem incorrigivelmente a-histórica de seu objeto de investigação constituiu o denominador comum de todos os tipos de estruturalismo e pós-estruturalismo do pós-guerra, incluindo a linha geral do "funcionalismo estrutural" defendida – com lealdade a Weber – por Talcott Parsons e fortemente promovida pelos propósitos ideológicos apologéticos do capital nos Estados Unidos.

O principal historiador conservador suíço do século XIX, Leopold von Ranke, cunhou o famoso princípio orientador para colegas historiadores segundo o qual *cada época era equidistante de Deus*. Essa linha de pensamento resultou na afirmação categórica de que seja lá o que possam indicar os sinais do *desenvolvimento* histórico, nos termos das visões de Ranke, isso pertencia ao mundo da ilusão e da falsa aparência. A suposta contribuição "marxizante" de Lévi-Strauss em elucidar a natureza da superestrutura – desde as "estruturas elementares do parentesco"[9] às "lógicas do mito"[10] e à caracterização da relação entre história e "o pensamento selvagem"[11] – teve quase a

---

[8] Como sabemos, já em uma de suas primeiras obras, Marx destacou enfaticamente que "conhecemos uma única ciência, *a ciência da história*" (Karl Marx e Friedrich Engels, *A ideologia alemã*, cit., p. 86; grifo de Marx), insistindo, no mesmo espírito, na importância vital da história durante toda sua vida.

[9] Ver Claude Lévi-Strauss, *As estruturas elementares do parentesco* (trad. Mariano Ferreira, Petrópolis, Vozes, 2009). Do mesmo autor, ver também a série Mitológicas: *O cru e o cozido* (trad. Beatriz Perrone-Moisés, São Paulo, Cosac Naify, 2004); *Do mel às cinzas* (trad. Carlos Eugênio Marcondes de Moura, São Paulo, Cosac Naify, 2005); e *A origem dos modos à mesa* (trad. Beatriz Perrone-Moisés, São Paulo, Cosac Naify, 2006).

[10] De modo revelador, como notado pelo antropólogo inglês Edmund Leach, a monumental discussão de Lévi-Strauss sobre os mitos indígenas americanos não leva o título de "Mitologias", mas de *Mythologiques*, que significa "lógicas do mito". Ver o livro de Edmund Leach da série Fontana Modern Masters, *Lévi-Strauss* (Londres, Fontana/Collins, 1970), p. 10.

[11] Em inglês, recebeu o título de *The Savage Mind* (Londres, George Weidenfeld and Nicholson, 1966). [Ed. bras.: *O pensamento selvagem*, trad. Tânia Pellegrini, Campinas, Papirus, 1989.]

278 *A obra de Sartre*

mesma orientação "equidistante" na "antropologia estrutural" de Lévi-Strauss, devotada à defesa do universo conceitual dos povos indígenas de norte a sul dos Estados Unidos *vis-à-vis* o pensamento produzido nos tempos modernos em qualquer lugar. Em outras palavras, segundo Lévi-Strauss, a ideia de avanço histórico enquanto tal tinha de ser considerada extremamente dúbia, para dizer o mínimo. Por conseguinte, não foi nem um pouco surpreendente que, quando o entrevistador da *L'Express* perguntou a Lévi-Strauss, em 1971, "Então você acredita que a história é destituída de qualquer sentido?", sua resposta sombria só pudesse ser: "Se tiver um sentido, não é um bom sentido"[12]. Desse modo, a posição de Lévi-Strauss era ainda mais retrógrada que o ceticismo histórico do proeminente conservador inglês sir Lewis Namier, discutido no capítulo 5 de *A determinação social do método*, que afirmou que, se houver sentido na história humana, "ele escapa à nossa percepção"[13].

A ideia de avanço histórico é rejeitada por Lévi-Strauss da maneira mais romântica ao postular que, na visão do mundo produzido pelo mesmo pensamento selvagem, "o todo da natureza poderia falar ao homem"[14]. Sua solução imaginária para os problemas obscuramente descritos de nosso mundo contemporâneo foi dita por ele como sendo: o gerenciamento do progresso *tecnológico* de maneira bem estacionária e o *controle populacional* estrito. No entanto, Lévi-Strauss rejeitou de modo pessimista sua própria solução como algo irrealizável logo depois de tê-la mencionado, com uma referência de apoio às visões "utópicas" outrora defendidas pelo escritor francês reacionário e racista do século XIX Gobineau[15], que também se afastou de sua própria utopia projetada ao afirmar pesarosamente que ela era irrealizável. Mas Lévi-Strauss nunca se deu ao trabalho de explicitar as qualificações sociais necessárias concernentes até mesmo às condições elementares da possibilidade de suas soluções propostas, que – no que se refere à sua preocupação com o controle populacional e tecnológico – poderiam muito bem entrar em acordo com os lugares-comuns veleitários da apologética do capital ubiquamente promovidas[16]. A formulação pessimista de seus comentários

---

[12] Ver "*L'Express* va plus loin avec Claude Lévi-Strauss", cit., p. 66.

[13] Sir Lewis Namier, *Vanished Supremacies: Essays on European History, 1812-1918* (Harmondsworth, Penguin, 1962), p. 203.

[14] "*L'Express* va plus loin avec Claude Lévi-Strauss", cit., p. 66.

[15] Joseph Arthur Comte de Gobineau (1816-1882), o orientalista e racista autor de *Essai sur l'inégalité des races humaines* [Ensaio sobre a desigualdade das raças humanas] e *Les religions et les philosophies dans l'Asie central* [As religiões e filosofias na Ásia Central] foi amigo e, durante algum tempo, secretário de Alexis de Tocqueville no Ministério das Relações Exteriores, e membro do serviço diplomático francês entre 1849-1877. Também foi o inventor do mito do "super-homem".

[16] A "utopia" reveladora, cujo objetivo era perpetuar a ordem reprodutiva estabelecida do capital, com pelo menos a módica dúvida sobre sua capacidade de realização, foi proposta no século XIX também pelo pensador liberal John Stuart Mill, que defendia a instituição da "condição estacionária da economia" em seus *Princípios da economia política* (São Paulo, Nova Cultural, 1996, coleção Os Pensadores).

foi exprimida por causa da "irrealizabilidade" nostalgicamente deplorada das soluções prováveis ("mas lamentavelmente impossíveis"). (Mito)logicamente, portanto, Lévi--Strauss só podia terminar sua entrevista de 1971 com as diatribes lúgubres mencionadas anteriormente contra a humanidade em geral[17], isentando ao mesmo tempo de toda culpa os "regimes, partidos, grupos e classes"[18] cujo papel é claramente reconhecível no desdobramento atual da história.

O caráter incorrigivelmente a-histórico – e em muitos sentidos até mesmo anti--histórico – da obra de Lévi-Strauss não é de modo algum o único sentido no qual sua abordagem é diametralmente oposta à de Marx. Um aspecto igualmente sério é sua rejeição da unidade marxiana entre *teoria e prática*. Na verdade, Lévi-Strauss apresenta sua oposição à prática socialmente comprometida como uma virtude louvável quando contrasta sua própria postura com o existencialismo sartriano dizendo que o estruturalismo, diferente do existencialismo defendido pela juventude de 1968 em diante, é "*desprovido de implicações práticas*"[19].

O que é bem difícil de entender a esse respeito é isto: por que deveríamos tentar elucidar os complexos problemas – tanto substantiva quanto metodologicamente – da superestrutura e da ideologia se não para colocar em *uso prático* apropriado o conhecimento adquirido por meio de tal investigação? Essa foi, de fato, a preocupação vital expressa por Marx em sua insistência sobre a importância essencial da *prática* na orientação da atividade intelectual. Afinal de contas, como vimos na introdução de *A determinação social do método*, Descartes já havia ressaltado vigorosamente a justificação e a natureza inerentemente práticas de seu próprio engajamento com o desafio teórico de desatar os nós céticos enganosos produzidos pela escolástica no campo[20]. Com exceção dessa orientação prática, qual é de fato o sentido das diatribes românticas de Lévi-Strauss contra a humanidade, condenando-a como "seu pior inimigo", se – presumivelmente – nada pode ser feito quanto a isso, porque a "utopia do controle tecnológico e populacional" defendida por ele (contra a "explosão da população" como a postulada "fonte de todo mal") é declarada "irrealizável"? Se de fato nada pode ser feito para remediar os problemas identificados, então também o fato de expressar os lamentos românticos sombrios deve ser totalmente despropositado, e de modo curioso até mesmo autocontraditório.

---

[17] Cf. nota 7, p. 276 deste volume.

[18] "*L'Express* va plus loin avec Claude Lévi-Strauss", cit., p. 66.

[19] Ibidem, p. 61.

[20] É assim que Descartes coloca no *Discurso do método*: "é possível chegar a *conhecimentos que sejam muito úteis à vida* e que, em lugar dessa filosofia especulativa que se ensina nas escolas, é possível encontrar-se uma outra *prática* mediante a qual [...] poderíamos utilizá-los [os conhecimentos] da mesma forma em todos os usos para os quais são próprios, e assim *nos tornar como senhores e possuidores da natureza*", René Descartes, *Discurso do método, As paixões da alma e Meditações* (trad. Enrico Corvisieri, São Paulo, Nova Cultural, 1999, coleção Os Pensadores), p. 86.

280 *A obra de Sartre*

Podemos ver a autocontradição na abordagem de Lévi-Strauss dessas questões recordando uma passagem típica de *O pensamento selvagem* sobre a natureza da história. Seria ela:

> A história é um *conjunto descontínuo* formado de domínios da história, cada um dos quais é definido por uma frequência própria e por uma codificação diferencial do *antes* e do *depois*. [...] O caráter *descontínuo* e *classificatório* do conhecimento histórico aparece claramente. [...] Num sistema desse tipo, a *pretensa continuidade histórica* só pode ser assegurada por meio de *traçados fraudulentos*. [...] Basta reconhecer que a história é um *método* ao qual não corresponde um *objeto* específico e, por conseguinte, recusar a equivalência entre a noção de história e a de *humanidade* que nos pretendem impor com o fito inconfessado de fazer da *historicidade* o último refúgio de um *humanismo transcendental*, como se, com a única condição de renunciar aos *eus* por demais desprovidos de consistência, os homens pudessem reencontrar no plano do *nós* a *ilusão da liberdade*. De fato, a história não está ligada *ao homem nem a nenhum objeto particular*. Ela consiste, inteiramente, em seu *método*, cuja experiência prova que ela é indispensável para *inventariar* a integralidade dos elementos de *uma estrutura qualquer*, humana ou não humana.[21]

Portanto, quando satisfaz aos requisitos da caracterização positivista de Lévi-Strauss sobre a história, a humanidade é ridicularizada com o típico rótulo exorcizante de *"humanismo transcendental"*. Esse tratamento sumariamente depreciativo da humanidade ainda lembra a condenação pré-guerra de Sartre, vista anteriormente, do "nós--sujeito" em *O ser e o nada*, também novamente repetida por alguns estranhos autores "marxistas estruturalistas". Ao mesmo tempo, em contraste completo com sua posição anterior, quando adotar o tom das jeremiadas românticas parece ser uma forma mais conveniente de discurso, a humanidade é novamente ressuscitada como o destinatário – ai de mim, irremediavelmente surdo ou "que não quer ouvir" – do sermão totalmente sombrio de Lévi-Strauss, mas, nos círculos ideológicos dominantes, curiosamente bem-vindo e proeminentemente difuso. Nem mesmo a mais ínfima centelha do "refúgio de um humanismo transcendental" e da "historicidade" permanece nessa referência atualizada da humanidade, bem em consonância com o clima político e ideológico "utópico globalizado" e respeitavelmente "sem classes" recém-emergente e apropriadamente promovido.

Lévi-Strauss também afirma ser um pensador dialético. Na realidade, com as dicotomias e dualismos repetitivos de sua abordagem estruturalista rígida e atemporal, ele não só é *a*dialético como também *anti*dialético. Opor continuidade e descontinuidade da maneira que o vimos fazer na última citação, definindo a história como um *"conjunto descontínuo"*, é um exemplo gráfico disso. Novamente, nada poderia ser mais alheio à abordagem marxiana da história, na qual a relação dialética entre *continuidade e descontinuidade* é sempre fortemente destacada tanto em relação à base material quanto em relação à superestrutura da sociedade.

---

[21] Claude Lévi-Strauss, *O pensamento selvagem*, cit., p. 288-91.

Também podemos ver essa dialética claramente na seguinte citação dos *Grundrisse*, em que Marx discute a questão fundamental das categorias, sublinhando que

A sociedade burguesa é a mais desenvolvida e diversificada organização histórica da produção. Por essa razão, as categorias que expressam suas relações e a compreensão de sua estrutura permitem simultaneamente compreender a organização e as relações de produção de todas as formas de sociedade desaparecidas, com cujos escombros e elementos edificou-se, parte dos quais ainda carrega consigo como resíduos não superados, parte [que] nela se desenvolvem de meros indícios em significações plenas etc.[22]

Desse modo, o significado de *estrutura* é iluminado, graças à concepção profundamente dialética de continuidade e descontinuidade no desenvolvimento histórico real, desde as "formas de sociedade desaparecidas" às mais complexas organização e relações de produção na sociedade burguesa; em contraste, o estruturalismo de Lévi-Strauss transforma o conceito de estrutura em fetiche reificado precisamente por causa de seu tratamento arbitrariamente dicotômico da história, contrapondo até mesmo a ideia mistificadoramente estanque de "*espaço*" à de "*tempo*" historicamente em desdobramento.

Vimos que Marx colocou em relevo nos termos mais fortes possíveis que "conhecemos uma única ciência, *a ciência da história*"[23]. Lévi-Strauss rejeita essa abordagem, para ser exato, não mencionando Marx (afinal, ele supostamente também é um intelectual "marxizante" no campo da superestrutura), mas ao criticar de maneira acentuada o pecaminosamente radical Sartre[24]. Ele escreve que

Sartre não é o único a valorizar a história em detrimento das outras ciências humanas e a fazer dela uma *concepção quase mítica*. O etnólogo respeita a história mas não lhe atribui um valor privilegiado. Ele a concebe como uma pesquisa complementar à sua: uma abre o leque das sociedades humanas no *tempo*, a outra, no *espaço*.[25]

Trata-se, de fato, de uma "complementaridade" bem estranha, que opera sobre a premissa da oposição e separação dicotômica de espaço e tempo. No capítulo anterior, vimos em considerável detalhe a abordagem de Sartre da história desenvolvida na *Crítica da razão dialética*. Ela não lembra nem de leve as críticas de Lévi-Strauss contra essa grande tentativa de elucidar o caráter dialético da totalização histórica, independentemente de até que ponto Sartre tem sucesso em completar, para sua própria satisfação, a escolhida e bastante real tarefa filosófica.

Dizer que Sartre tem uma "concepção quase mítica da história" não é nada além de um insulto gratuito dito por um pensador anti-histórico e antidialético. Sartre, que na

---

[22] Karl Marx, *Grundrisse*, cit., p. 58.

[23] Cf. nota 8, p. 277 deste volume.

[24] Uma conexão relevante a esse respeito é o fato de *O pensamento selvagem* ser dedicado a Maurice Merleau-Ponty, que atacou veementemente Sartre por seu suposto "ultrabolchevismo" em *As aventuras da dialética*, cit.

[25] Claude Lévi-Strauss, *O pensamento selvagem*, cit., p. 284.

282 *A obra de Sartre*

verdade foi mais generoso com Lévi-Strauss na *Crítica da razão dialética*, estava bem justificado quando, em resposta a tal insulto, rebateu: "qualquer um que escreva 'a dialética dessa dicotomia' demonstra não saber absolutamente nada sobre dialética". E também encontramos na mesma citação das páginas 288-91 de *O pensamento selvagem* a adoção de outra dicotomia antidialética – pois dicotomias são onipresentes na obra de Lévi-Strauss – quando ele contrapõe de modo bruto o conceito de *método* ao de *objeto* (além de *espaço* e *tempo*, bem como *continuidade* e *descontinuidade*) em sua caracterização de história, reduzindo-a à tarefa de *"inventariar" "os elementos de uma estrutura qualquer"*, e por isso confinando a uma posição estritamente *subsidiária* a iniciativa do historiador, o que significa de fato degradá-lo até mesmo de seu papel *"complementar"* (educadamente/evasivamente atribuído).

Naturalmente, o verdadeiro alvo de censura de Lévi-Strauss não é apenas Sartre, mas a esquerda em geral, embora ele supostamente seja, é claro, uma figura intelectual de esquerda. Mas, na verdade, o principal estruturalista francês celebrado pelo semanário conservador *L'Express* não é mais um homem de esquerda do que um seguidor de Marx ou um pensador dialético. Ele afirma que

> as superestruturas são *atos falhos* [grifos dele] que socialmente "tiveram êxito". Portanto, é inútil indagar sobre o sentido mais verdadeiro a obter a consciência histórica. [...] No sistema de Sartre, a história desempenha exatamente o papel de um *mito*. De fato, o problema colocado pela *Crítica da razão dialética* pode ser reduzido a este: em que condições *o mito da Revolução Francesa* é possível?[26]

Portanto, depois de ele mesmo reduzir convenientemente tudo, em sua concepção de mito, à escuridão proverbial segundo a qual todos os gatos são pardos, Lévi-Strauss – bem armado contra sua própria afirmação de ser um *"homem de ciência"* que está fora do campo meramente contextual da história[27] – pode começar a centrar seu fogo em seu principal alvo político ao dizer que "o *homem dito de esquerda* aferra-se ainda a um período da história contemporânea que lhe dispensava o privilégio de uma congruência entre os *imperativos práticos* e os *esquemas de interpretação*. Talvez essa *idade de ouro da consciência histórica* já esteja terminada"[28].

Desse modo, na visão da proeminente figura do estruturalismo francês, a única coisa apropriada a fazer é abandonar qualquer preocupação com os "imperativos práticos" – diferentemente do existencialismo sartriano socialmente comprometido, defendido de maneira deplorável pela juventude em 1968 e depois, e descrito afrontosamente por Lévi-Strauss como "uma coisa velha" (*"une vieille chose"*) – de modo a oferecer em seu lugar o rigor imparcial ("desprovido de implicações práticas") do antropólogo estrutu-

---

[26] Ibidem, p. 282. [Na edição brasileira não existem os grifos indicados por Mészáros. (N. E.)]

[27] Idem.

[28] Idem.

ral "homem da ciência". Lévi-Strauss não se incomoda nem mesmo por se contradizer diretamente no mesmo parágrafo, primeiro afirmando que é "engajado em fazer um trabalho científico" e, imediatamente depois, acrescentando mais uma de suas lamentações românticas bizarras dizendo que "não posso deixar de pensar que a ciência seria mais agradável se não tivesse de servir a nada"[29].

Ainda assim, Lévi-Strauss não hesita em designar a si mesmo o *status* superior de estar fora da "mera contextualidade" da história contemporânea temporalmente limitada e acima dos "atos falhos da superestrutura que socialmente 'tiveram êxito'". Mas isso pode ser feito? E, de todo modo, o que isso realmente significa, se é que significa alguma coisa?

Na verdade, o registro textual mostra que – em contraste com a acusação infundada segundo a qual as principais tendências da *Crítica da razão dialética* de Sartre resultam em nada mais que um mito sobre a Revolução Francesa ainda em moda no pensamento de esquerda – nada poderia ser mais miticamente inflado que a panaceia universal de "*troca*" de Lévi-Strauss. Ela é proposta por ele, em plena consonância com o bem estabelecido tratamento conservador dessa categoria – correspondente a uma extensão selvagem e totalmente a-histórica de seu significado –, na ideologia do século XX, incluindo o papel característico que lhe é atribuído, na cruzada agressivamente antissocialista, por Friedrich August von Hayek[30].

O arsenal antropológico estrutural do parentesco é usado por Lévi-Strauss com esse propósito, ainda que grande parte dele seja considerada bastante questionável no que se refere à evidência peremptoriamente reivindicada por ele, de acordo com a visão crítica dos colegas antropólogos que não estão ligados à ideologia estruturalista do estar "acima da ideologia" em virtude de terem "cientificamente" decifrado seu código por meio das Mitológicas universalistas da superestrutura lévi-straussiana. Como destacou o antropólogo inglês Edmund Leach,

> muitos argumentariam que Lévi-Strauss, assim como Frazer, é insuficientemente crítico quanto ao seu próprio material. Ele sempre parece ser capaz de encontrar exatamente o que procura. Qualquer evidência, por mais que dúbia, é aceitável desde que supra expectativas logicamente calculáveis; mas sempre que a evidência vai contra a teoria, Lévi-Strauss ou passa ao largo da evidência ou imobiliza todos os recursos de sua poderosa invectiva para ter a heresia ridicularizada![31]

A esse respeito, também, encontramos nos escritos de Lévi-Strauss uma concepção anti-histórica extremamente perturbadora, motivada por interesses conservadores, de

---

[29] "Je m'efforce moi-même de faire oeuvre scientifique. Mais je ne peux m'empêcher de penser que la science serait plus aimable si elle ne servait à rien" [Eu me forço a fazer obras científicas. Mas não posso deixar de pensar que a ciência seria mais agradável se ela não tivesse um propósito], ver "*L'Express* va plus loin avec Claude Lévi-Strauss", cit., p. 66.

[30] Ver F. A. Hayek, *O caminho para a servidão* (Lisboa, Edições 70, 2009), discutido no capítulo 4 do meu *Para além do capital*, cit.

[31] Edmund Leach, *Lévi-Strauss*, cit., p. 19-20.

284 *A obra de Sartre*

fato reacionários. Tanto que, em determinado momento da extensa entrevista de março de 1971, até mesmo a conservadora revista *L'Express* considera o romantismo sombrio demais para ser levado em conta e faz a pergunta: "O que você diz não é muito 'reacionário', entre aspas?"[32].

A essa pergunta, Lévi-Strauss nos oferece a última resposta da entrevista, que é totalmente reacionária, sem quaisquer aspas, condenando a humanidade como um todo como "sua própria pior inimiga e (ai de mim!), ao mesmo tempo, também a pior inimiga do resto da criação"[33]. Esse é o beco sem saída ao qual o leitor é levado pelas mitológicas de Lévi-Strauss.

O insuperável problema para o estruturalismo lévi-straussiano é que o conceito de *troca* é inerentemente histórico. Na verdade, precisamente em vista da natureza abrangente das relações de troca, que na verdade mudam no sentido dialético de continuidade na descontinuidade, e descontinuidade na continuidade, a mais diversa realidade que corresponde ao termo "troca" é uma categoria histórica (uma *"Daseinform"*, isto é, uma forma de ser) *par excellence*. Se tratada de qualquer outra maneira, obliterando as determinações qualitativamente diferentes de seus modos de ser, essa importante categoria torna-se fetichisticamente indistinta da maneira mais reveladora.

A fetichização socialmente marcante posta em questão por Lévi-Strauss e outros toma a forma de *fundir* alguns aspectos claramente identificáveis das supostas relações de troca e valores correspondentes (que serão discutidos logo a seguir) em um aspecto falaciosamente postulado. Isso é feito em conformidade mais ou menos consciente – e, obviamente, na fase descendente do desenvolvimento do sistema do capital, em conformidade muito mais do que menos consciente – com os interesses da ordem socioeconômica e política estabelecida.

Não é de modo algum surpreendente ou coincidente, portanto, que no procedimento mitologizador de Lévi-Strauss a extensão anti-histórica e genérica do conceito de troca seja associada com o choro da "perda do sentido e do segredo do *equilíbrio*"[34] – o postulado mítico dos idólatras do mercado[35] e dos economistas "científicos" modernos (até mesmo "matematicamente rigorosos" da apologética do capital – e da "desin-

---

[32] "N'est-ce pas très 'réactionnaire', entre guillemets, ce que vous dites là?", "*L'Express* va plus loin avec Claude Lévi-Strauss", cit., p. 66.

[33] Idem.

[34] Ibidem, p. 65.

[35] Conforme nos é dito constantemente ainda hoje, nada poderia ser mais idealmente "equilibrante" no devido tempo – posto que somos capazes de e propensos a pacientemente sofrer os períodos de crise inevitavelmente perturbadores e "criativamente destrutivos" do sistema – do que as relações de troca capitalistas materializadas no mercado, até mesmo no período histórico de sua "globalização". Apropriadamente, na visão de Lévi-Strauss, a grande passagem dos índios norte-americanos "da natureza à cultura" foi realizada por meio do *"estabelecimento do comércio"*, ver "*L'Express* va plus loin avec Claude Lévi-Strauss", cit., p. 65. Além disso, nas "sociedades sem escrita" idealizadas por ele, a materialização das relações de troca nas estruturas elementares do parentesco "é o denominador comum da política, do direito e da economia", ibidem, p. 63.

tegração da *civilização*"[36]. Pois os céus nos proibiram de apontar o dedo para a *crise do capitalismo*, que dirá para sua grave *crise estrutural* e cada vez mais profunda da qual a explosão dos eventos de Maio de 1968 foi uma manifestação inicial óbvia.

Nos livros de Lévi-Strauss, em contraste, os eventos dramáticos de 1968 e seus desdobramentos não conformistas são interpretados como "um sinal adicional da *desintegração de uma civilização* que não garante a *integração das novas gerações*, que poderiam ser muito bem realizadas pelas sociedades sem escrita"[37].

Ele atribui a Marx a ideia absurda de que "a consciência social *sempre mente para si mesma*"[38]. Pois, se fosse realmente verdade que "a consciência sempre mentiu para si mesma", nesse caso a destruição da humanidade – na forma do "cataclismo" de Lévi-Strauss – seria uma *certeza* absoluta, e não um perigo socialmente produzido e socialmente evitável. Nenhum "esquema de interpretação", sem falar a dita decifração estruturalista do código do que supostamente está escondido por trás das "mentiras necessárias da consciência social", poderia mostrar uma saída dos perigos associados bastante reais. Os antagonismos históricos objetivos e sua incorporação contraditória na consciência social podem ser relegados ao passado somente pela intervenção radical do *sujeito histórico* humano no domínio da reprodução social metabólica *objetiva* – e não no nível das mitológicas – em resposta aos *imperativos práticos* prevalecentes, porém rejeitados pelo estruturalista de ciência.

Significativamente e de maneira mais desconcertante, contudo, no que se refere ao sujeito humano e ao agente histórico[39] cujo desenvolvimento na história efetivamente em desdobramento é almejado por Marx na forma de ativa *superação da falsa consciência* que deve surgir das *determinações objetivas* do antagonismo de classe historicamente específico, Lévi-Strauss estabelece não só uma de suas dicotomias, mas uma "*irredutível antinomia*"[40] irremediavelmente autoparalisante entre as mais abrangentes categorias históricas e dialéticas de *sujeito* e *objeto*.

Cada fenômeno criticado é apresentado na obra de Lévi-Strauss de forma totalmente vaga e genérica, de modo a evitar o requisito embaraçoso de nomear a acentuada especificidade social da ordem reprodutiva antagônica do capital. Da mesma maneira que lamentava vagamente sobre a "civilização" em geral, ele reclama que a sociedade está se tornando "enorme", que minimiza a "diferença", espalha a "similaridade" e não consegue escapar ao "determinismo abrupto e rígido" etc.

---

[36] Ibidem, p. 61.

[37] Idem.

[38] Ibidem, p. 63.

[39] Ou seja, o sujeito humano historicamente constituído que poderia remediar a situação, pelo menos a princípio, confrontando de modo apropriado os problemas e contradições, inclusive os seus, da relação negativa do mundo real – agora antagonicamente automediadora, porém transcendível – com a natureza, de modo a transformar as restrições da necessidade histórica discutidas anteriormente em uma necessidade progressivamente evanescente de acordo com a carência humana.

[40] "*L'Express* va plus loin avec Claude Lévi-Strauss", cit., p. 60.

286 *A obra de Sartre*

Ao mesmo tempo, Lévi-Strauss se recusa até mesmo a mencionar, que dirá seriamente analisar, o caráter tangível do determinismo *capitalista* implacável nas raízes do fenômeno deplorado. De fato, ele denuncia da maneira mais grotesca o *"progresso"*, dizendo que somente 10% dele é bom, enquanto 90% dos esforços dedicados a ele devem ser gastos para "remediar os inconvenientes"[41].

Ademais, em sua abrangente entrevista de 1971, concedida à *L'Express* no período em que, nos desdobramentos dos eventos de 1968, as forças *reacionárias* organizadas em Paris – promovidas ativamente pelo *regime* gaulista – exibiam abertamente sua determinação agressiva em defesa das mais repreensivas medidas, marchando na Champs-Élysées, no centro da capital francesa, gritando *"matem Sartre, máquina de guerra civil"*, e até bombardeando seu apartamento[42] na vizinhança, Lévi-Strauss teve a coragem de dizer no parágrafo de conclusão da entrevista, em resposta à sugestão delicadamente levantada de que suas visões poderiam parecer um pouco reacionárias para os leitores, que "Os termos *'reacionário'* e *'revolucionário'* só têm significado em relação aos *conflitos* dos grupos que se opõem uns aos outros. Mas hoje o maior perigo para a humanidade não provém das atividades de um *regime*, de *um partido*, de *um grupo* ou de *uma classe*"[43].

É nisso que o "homem [estruturalista]* da ciência" pede que acreditemos. Afinal de contas, também somos incitados por ele a aceitar, como vimos anteriormente, que – em oposição às crenças tolas do "homem dito de esquerda", à la Sartre e seus seguidores socialmente "não integrados" entre os jovens dissidentes – "a idade de ouro que dispensava o privilégio de uma congruência entre os *imperativos práticos* e os *esquemas de interpretação* já terminou".

O tratamento contraditório das questões espinhosas da relação de troca, intimamente conectadas às questões concernentes ao valor de uso e ao valor de troca, remonta há um longo tempo nas várias concepções teóricas formuladas do ponto de vista do capital. De modo não surpreendente, portanto, negligenciar e até mesmo obliterar a dimensão histórica das principais questões, de maneira a conseguir eternizar a ordem reprodutiva societal do capital, é uma tendência geral nesse campo. Além disso, essa tendência é claramente visível não só na apologética do capital no século XX, mas também nos escritos dos economistas políticos clássicos.

Desse modo, as relações de troca capitalistas são a-historicamente universalizadas (e, obviamente, ao mesmo tempo legitimadas) por meio de sua confusão com uma concepção totalmente des-historicizada de utilidade. Por isso, no caso de Ricardo, por exemplo, encontramos uma desconcertante fusão do valor de troca com o valor de uso e a utilidade em geral. Essa tendenciosa transformação desconcertante é realizada na

---

[41] Ibidem, p. 66.

[42] Na verdade, o apartamento de Sartre foi bombardeado não uma, mas duas vezes.

[43] *"L'Express* va plus loin avec Claude Lévi-Strauss", cit., p. 66.

* Colchetes de Mészáros. (N. T.)

Lévi-Strauss contra Sartre 287

obra de Ricardo pelo tratamento do processo de trabalho capitalista e da criação de riquezas por meio da relação de troca capitalista – na realidade, *historicamente específica* – como *natural*, e pela atribuição, nas palavras de Marx, de "apenas uma forma cerimonial" ao valor de troca. Em outras palavras, para Ricardo,

> a própria riqueza, em sua forma como valor de troca, aparece como simples mediação formal de sua existência material; daí por que o caráter determinado da riqueza burguesa não é compreendido – exatamente porque ela aparece como a forma adequada da riqueza em geral, e daí por que também *economicamente*, ainda que se tenha partido do *valor de troca*, as *formas econômicas determinadas da própria troca* não desempenham absolutamente nenhum papel em sua Economia, mas não se fala nada além da repartição do produto universal do trabalho e da terra entre as três classes, como se na riqueza fundada sobre o *valor de troca* se tratasse apenas do *valor de uso* e como se o valor de troca fosse apenas uma forma cerimonial, que, em Ricardo, desaparece da mesma maneira que o dinheiro como meio de circulação desaparece na troca.[44]

Em contraste com tais abordagens, a importância de se apreender as *mediações históricas* necessárias tanto da "mudança" quanto da "utilidade" não poderia ser maior. Pois o fracasso em identificar as mediações historicamente específicas na análise teórica só pode produzir a profundidade das *tautologias* convenientemente embelezadas que, na base de sua capacidade de reivindicar para si próprias a "autoevidência" (lugar--comum), frequentemente constituem somente o passo preliminar e o "trampolim" da mais arbitrária afirmação dos interesses próprios ideológicos no próximo passo.

> Nesse sentido, é uma tautologia afirmar que propriedade (apropriação) é uma condição da produção. É risível, entretanto, dar um salto [na economia política burguesa] daí para uma forma determinada de propriedade, por exemplo, para a propriedade privada. (O que, além disso, presumiria da mesma maneira uma forma antitética, a não propriedade, como condição.)[45]

É uma tautologia óbvia dizer que a troca é condição necessária (e, nesse sentido, universal) da sociedade humana. Pois como poderia a multiplicidade de seres humanos existir e se reproduzir nas sociedades sem trocar – *algo, em um e outro momento, em algum lugar* e *de algum modo*[46] – entre si? Pois os indivíduos em questão não são nem "*genus--indivíduos*" nem indivíduos *isolados*, como retratado nas "robinsonadas" burguesas nos tempos modernos – cada um deles vivendo como indivíduo singular em suas ilhas desertas particulares e bem abastecidas, como Robinson Crusoé, esperando apenas pela chegada de Sexta-Feira para servir-lhe de "mãos" trabalhadoras, de acordo com as deter-

---

[44] Karl Marx, *Grundrisse*, cit., p. 261.

[45] Ibidem, p. 43.

[46] Obviamente, o que de fato decide a questão é o quê, quando e como os seres humanos trocam no *tipo específico* de relações de troca em que se envolvem não somente entre si, mas também com a natureza.

288 *A obra de Sartre*

minações ideais do *"natural"*[47] –, mas sim *indivíduos* inevitavelmente *sociais* até mesmo sob as condições desumanizadoras mais extremas da *alienação capitalista*.

A noção de troca é reduzida de maneira reveladora a uma tautologia trivial quando proclamada como uma panaceia universal e permanente, imaginada com o propósito de introduzir falaciosamente na equação, como uma *premissa necessária* de todo o raciocínio no campo, a *conclusão apologética desejada*, na ausência da dimensão realmente vital – inseparavelmente *social* tanto quanto *histórica* – das relações substantivas em questão.

A importante categoria de troca pode adquirir seu significado teoricamente relevante somente quando inserida no quadro histórico dinâmico das *mediações específicas*[48] socialmente determinadas e inter-relações complexas pelas quais as *transformações e mudanças objetivas* de suas modalidades – mudanças que variam de alterações "capilares" a magnitudes qualitativamente/radicalmente diferentes e que a tudo abrangem – são exibidas de modo convincente. Ou seja, mudanças que se desdobram de acordo com a dialética da *continuidade na descontinuidade e descontinuidade na continuidade* característica do *desenvolvimento histórico/trans-histórico*. Mas é com o *desenvolvimento* que estamos preocupados, ainda que ele costume ser representado equivocadamente como um *progresso* linear e simplista do tipo "boneco de palha", inventado com o propósito de ser incendiado com um simples palito de fósforo a serviço das lamentações românticas estruturalistas.

Na verdade, os anais da história mostram um desenvolvimento substantivo desde as relações de troca de nossos ancestrais distantes – que foram obrigados a viver por um longo período histórico "da mão à boca"* – até o presente e futuro globalmente interdependentes e irreprimivelmente interativos, bem como potencialmente *emancipatórios*. A emergência desse potencial emancipatório é parte integrante do processo histórico em si, independentemente da possível grandeza dos perigos – *socialmente evitáveis ou retificáveis* – que hoje são inseparáveis da modalidade globalizante da reprodução social metabólica do capital e de sua *especificidade histórica* e das mediações de segunda ordem correspondentemente destrutivas. Sem a apreensão concreta das determinações sociais e históricas em jogo nessas questões, a tautologia trivial sobre a "troca" glorificada como panaceia universal só pode resultar na apologética mistificadora da ordem estabelecida.

---

[47] Vale recordar novamente que, de acordo com um dos maiores economistas políticos de todos os tempos, Adam Smith, a ordem reprodutiva societal burguesa é constituída como "sistema *natural* da *liberdade* e *justiça completas*".

[48] Como tais, as mediações de segunda ordem não são, de modo algum, necessariamente/aprioristicamente antagônicas. De fato, a constituição da "relação de troca" entre a humanidade e a natureza e dos indivíduos entre si, na forma de mediações de segunda ordem antagônicas, só é inteligível enquanto *categoria inerentemente histórica*, que implica sua transcendentabilidade histórica.

* No original, "*from hand to mouth*", expressão que se refere a viver em circunstâncias precárias ou de grande escassez, sob as quais se tem acesso apenas ao mínimo necessário à sobrevivência imediata. (N. T.)

No mesmo sentido, é bastante óbvio que, na sociedade humana necessariamente em mutação – e não reificada e estruturalmente estanque – não pode haver *estrutura sem história*, da mesma forma que não pode haver *história* de nenhuma magnitude sem suas *estruturas* correspondentes. Os imperativos estruturais e a temporalidade histórica estão intimamente entrelaçados. Pois a sociedade humana é inconcebível sem suas *determinações estruturadoras dinâmicas* (geralmente deturpadas como constructos arquiteturais rígidos, de modo a conseguir descartar a "metáfora da base e superestrutura" marxiana) que garantem algum tipo de *coesão* até mesmo sob as condições da *centrifugalidade estrutural* do sistema antagônico do capital.

Os *imperativos estruturais* podem na verdade assumir a forma mais rígida, e até mesmo destrutiva, sob determinadas *condições históricas* e afirmar a si mesmos "por trás dos indivíduos" se necessário for, como precisamente acabam fazendo sob nossas próprias condições de existência. Por conseguinte, também as categorias de estrutura e história – enquanto articulações estruturais, que a tudo abrangem e estão temporariamente em mutação, das correspondentes formas de ser (*Daseinsformen*) – são inextricavelmente *conjuntadas* na sociedade humana realmente existente.

No entanto, sem um tratamento inerentemente dialético e histórico de ambas, também os conceitos de estrutura e história correm perigo de se transformarem em mera *tautologia* tanto quanto a panaceia universal atemporal da *troca*. Isso significa que uma concepção adequada de sua relação deve explicar não só a *gênese histórica* de qualquer *estrutura*[49], mas também o *processo de desenvolvimento* na história da humanidade em si, isto é, sua *gênese* e *transformações* dinâmicas, em consonância com sua determinação como um quadro *com fim aberto* da mudança societal. E isso inclui a mudança potencial da "pré-história" antagônica para a "história real" conscientemente vivida e ordenada pelos indivíduos sociais não antagonicamente automediadores.

Se tal gênese histórica e transformação em andamento são evitadas em teoria, para não dizer até mesmo explicitamente rejeitadas, como é feito nos ataques de Lévi-Strauss a Sartre, acabamos com as incorrigíveis dicotomias vistas anteriormente de *espaço* e *tempo, continuidade* e *descontinuidade, sujeito* e *objeto* etc. Do mesmo modo, acabamos com a característica redução da história em si – dita "destituída de qualquer objeto" e boa somente para "inventariar" os "elementos de qualquer estrutura" – a uma coleção desolada de dados "complementados" pelas mitológicas "antiprogresso" da retrógrada antropologia estrutural proposta por Lévi-Strauss.

É necessário, em conexão com todas essas fundamentais relações sociais e correspondentes relações categoriais, manter em sua perspectiva apropriada as *prioridades objetivas* – que acabam por ser primazias tanto históricas quanto lógicas. Pois, no caso da *troca*, por exemplo, antes que se possa almejar a troca de qualquer coisa, os objetos a serem trocados devem ser de alguma maneira *produzidos*. E assim também devem ser

---

[49] Sartre critica corretamente o estruturalismo por "nunca mostrar como a história produz as estruturas", em Jean-Paul Sartre, *Situations IX*, cit., p. 86.

290 *A obra de Sartre*

as relações sociais sob as quais sua produção historicamente específica torna-se possível. Em outras palavras, a questão da gênese histórica deve ter *prioridade* nessas questões, como de fato acaba por ser extremamente importante também para estabelecer dialeticamente a questão do que deve ou não ser legitimamente considerado a *precondição*, em contraste com o *resultado*, em qualquer relação determinada. Por isso, na distribuição, por exemplo, analogamente à troca,

> A articulação da distribuição está totalmente determinada pela articulação da produção. A própria distribuição é um produto da produção, não só no que concerne ao seu objeto, já que somente os resultados da produção podem ser distribuídos, mas também no que concerne à forma, já que o modo determinado de participação na produção determina as formas particulares da distribuição, a forma de participação na distribuição.
> [...]
> Na concepção mais superficial, a distribuição aparece como distribuição dos produtos, e, assim, como mais afastada [da] produção e quase autônoma em relação a ela. Mas antes de ser distribuição de produtos, a distribuição é: 1) distribuição dos instrumentos de produção, e 2) distribuição dos membros da sociedade nos diferentes tipos de produção, o que constitui uma determinação ulterior da mesma relação. (Subsunção dos indivíduos sob relações de produção determinadas.) A distribuição dos produtos é manifestamente apenas resultado dessa distribuição que está incluída no próprio processo de produção e determina a articulação da produção.[50]

Como vemos, todos os fatores nomeados relevantes para a avaliação da relação produtiva/distributiva, historicamente sempre específica, são tratados de forma dialética aqui, respeitando plenamente tanto as prioridades temporais quanto as prioridades estruturais envolvidas. O mesmo deve ser válido para a avaliação da relação de troca, tanto no que se refere ao passado histórico mais remoto quanto à sua modalidade capitalista, bem como à sua – absolutamente vital – transformação futura potencial. Pois é crucialmente importante para a sobrevivência da humanidade instituir uma relação de troca radicalmente diferente – *coletiva* – no futuro não muito distante, no lugar da dominação fetichista e destrutiva do valor de uso (que corresponde à carência humana) pelo valor de troca capitalista cada vez mais perdulário.

De modo revelador, aqueles que miticamente inflam o conceito de troca e projetam sua variedade capitalista até mesmo nos cantos mais remotos do passado obliteram não só a dimensão *histórica* real da relação de troca em si, mas também as *prioridades estruturais* objetivas, de modo a bloquear a estrada à frente, com seu modo *qualitativamente diferente* de regular a reprodução social metabólica também nos termos do/da inevitável intercâmbio/troca da humanidade com a natureza e dos indivíduos particulares entre si na sociedade. Ao definir a troca em termos do *produto* (*resultado*) do processo – independentemente da questão de que tipo de produto está em jogo, desde os bens materiais até as entidades culturais –, eles obliteram toda a consciência das *atividades*

---

[50] Karl Marx, *Grundrisse*, cit., p. 50-1.

produtivas específicas, e correspondentes *relações de produção*, em suas raízes, como sua precondição necessária, sob as quais os indivíduos que produzem são subsumidos. Eles representam a relação de troca dessa forma para conseguir banir da visão a possibilidade de instituir uma alternativa historicamente viável. Portanto, a *primazia da atividade* em si é caracteristicamente eliminada no interesse de eternizar e *absolutizar* a alienação capitalista historicamente *contingente tanto da atividade produtiva quanto de seu produto mercadorizado.*

Na realidade, não pode haver nenhuma apodicticidade apriorística para projetar as relações de troca – socialmente sempre necessárias – na forma de *produtos*, muito menos de *produtos mercadorizados*. A única razão para se envolver nessa projeção – e *violar* excessivamente, com isso, tanto as primazias históricas quanto as conceituais envolvidas – é harmonizar, no interesse da legitimação social, a *forma de troca de mercadoria* com a *forma de propriedade*, estabelecida e historicamente contingente, materializada nas *relações de produção*, com suas mediações de segunda ordem antagônicas. Pois as dadas relações de produção, governadas pelo imperativo da permanente acumulação do capital, são incapazes de produzir e distribuir os produtos de outra maneira.

No entanto, as afirmações legitimadoras caracteristicamente absolutizadas da forma estabelecida de propriedade e apropriação são historicamente falsas. Pois, como Marx colocou claramente em relevo na sua discussão da propriedade e acumulação, contra as afirmações eternizantes ligadas à noção de propriedade privada: "A história mostra, pelo contrário, a propriedade comunal (por exemplo, entre os hindus, os eslavos, os antigos celtas etc.) como a forma original, uma forma que cumpre por um longo período um papel significativo sob a figura de propriedade comunal"[51].

Portanto, mesmo que a primazia histórica da propriedade comunal seja contestada e negada, a serviço dos interesses próprios da acumulação do capital, ninguém pode racionalmente negar a *primazia da atividade produtiva* em si nas raízes de todas as formas e variedades concebíveis de produção, desde bens materiais até ideias religiosas e obras de arte. Assim o é, mesmo que tal primazia possa ser violada praticamente, é claro, como uma questão de *contingência histórica*, por meio do modo de *apropriação* exploradora de classe do capital, desde a época da "acumulação primitiva" até o presente.

Nesse sentido, defender a *troca de atividades* como a única *alternativa histórica* viável e um modo qualitativamente diferente de produção e distribuição para o futuro significa *restituir* à atividade produtiva sua *primazia ontológica*, subvertida e usurpada pela forma forçosamente discriminatória do capital de expropriar a apropriação à qual estamos acostumados há bastante tempo. Mas é desnecessário dizer que a instituição de uma relação de troca qualitativamente diferente, comparada à forma hoje dominante, baseada, no futuro, na troca *autogerida de atividades* em uma ordem distributiva e produtiva coordenada, requer a transformação radical das *relações de propriedade* alienadas em um *tipo coletivo*. Essa é precisamente a razão pela qual, nas teorias (e mitológicas)

---

[51] Ibidem, p. 43.

292 *A obra de Sartre*

ideologicamente dominantes das relações de troca, até mesmo a menção à possibilidade de produção e reprodução societal sobre a base da troca de atividades pelos produtores livremente associados deve ser evitada como praga.

Não obstante, a necessidade de regular a reprodução societal baseada na *troca* voluntária *de atividades*, em contraste com a divisão autoritária do trabalho, inseparável da acumulação buscada cegamente do capital, continua sendo o *imperativo prático* vital de nosso tempo histórico, não importa quão acentuadamente ele contradiga os "*esquemas de interpretação*" estruturalistas apologéticos. Pois este é o único modo possível de *reconstituir* a única relação historicamente sustentável entre produção e *carência humana*, por meio da recolocação do *valor de uso* em seu legítimo lugar na relação de troca, sobre a base da *igualdade substantiva*. Ou seja, uma modalidade socialista genuína de troca, livre da dominação perdulária e destrutiva do *valor de troca* formalmente redutivo e, por conseguinte, viável tanto nos *microcosmos* reprodutivos da humanidade quanto em escala *global*.

8
O PAPEL DA ESCASSEZ
NAS CONCEPÇÕES HISTÓRICAS

Ironicamente, a idealização amplamente difundida da ordem reprodutiva estabelecida como um "sistema natural" cuida de tudo, até mesmo do problema da *escassez* potencialmente mais destrutiva, quando a escassez é reconhecida como parte do esquema geral das soluções difíceis, porém trabalháveis. Pois uma vez que a autoridade suprema da natureza em si é postulada[1] pelos representantes ideológicos da burguesia como parte integrante do quadro explicativo universal e justificação dos processos e relações dados, até mesmo o que à primeira vista poderia parecer como uma grande contradição pode prontamente desaparecer.

Nesse sentido, a teoria liberal do Estado foi fundada na contradição autoproclamada entre a assumida *harmonia total dos fins* – os fins postos como necessariamente desejados por *todos* os indivíduos em virtude de sua *"natureza humana"* – e a total *anarquia dos meios*. E a anarquia dos meios conceitualizada dessa maneira foi a *escassez* alegadamente intransponível de bens e recursos que devem induzir os indivíduos à luta e, em última instância, a destruir uns aos outros, a não ser que tenham sucesso em estabelecer acima de si mesmos uma ordem superior, na forma do *Estado burguês*, como força restritiva *permanente* de sua beligerância individual.

Portanto, o Estado foi inventado com o suposto propósito de "transformar a anarquia em harmonia". Ou seja, dedicar-se à tarefa universalmente louvável de harmonizar a anarquia dos meios, determinada pela natureza, com a harmonia dos fins veleitariamente postulada – e igualmente determinada pela natureza – ao reconciliar o antagonismo violento entre esses dois fatores *naturais*: a "natureza humana" inalterável

---

[1] Isso é feito até mesmo pelo *filósofo idealista* Hegel, com seu modo revelador e puramente ideológico de realizá-lo, em defesa das mais iníquas determinações da ordem estabelecida. Pode-se encontrar uma discussão sobre o assunto no capítulo 6 do meu *A dialética da estrutura e da história*.

294   A obra de Sartre

e a escassez material eternamente dominante. E, obviamente, essa reconciliação foi afirmada na forma da permanência absoluta do poder político do Estado imposto externamente sobre os indivíduos.

Para ser exato, se os fatores assim salientados fossem realmente as forças inalteráveis da *natureza*, e consequentemente não pudessem ser controlados de nenhuma outra maneira, exceto por uma autoridade política supraindividual externa superimposta sobre os indivíduos constituídos pela natureza em si como antagonicamente confrontando e destruindo uns aos outros enquanto indivíduos beligerantes, nesse caso a autoridade corretiva do Estado, em sua capacidade de tornar realmente possíveis os intercâmbios societários harmonizáveis, teria sua legitimidade permanente. Nesse caso, a versão idealista hegeliana dessa ideologia do Estado – segundo a qual o desígnio originalmente oculto do espírito absoluto, estabelecendo o Estado como a única superação possível das contradições dos *genus*-indivíduos conflitantes na "sociedade burguesa" e sendo o Estado como tal tanto "a realização completa do espírito na existência"[2] quanto "a imagem e a efetividade da razão"[3] – seria autoevidentemente verdadeira para sempre. Dessa forma, não poderia haver absolutamente nenhuma questão sobre almejar o "fenecimento" do Estado.

Contudo, o fato de que, de um lado, a estipulada "condição humana"[4] era em si uma suposição autosserviente, inventada com o propósito de uma plausibilidade circular de sua mera suposição em virtude do que deveria supostamente "explicar" e justificar, e, do outro, a *escassez* realmente existente era uma categoria *inerentemente histórica*, e consequentemente sujeita à *mudança histórica* factível e superação potencial, teve de permanecer oculto na teoria liberal do Estado e da "sociedade civil" sob as múltiplas camadas da circularidade característica dessa teoria. Pois foi esse tipo de circularidade apologética, constituída sobre um fundamento natural meramente assumido, porém totalmente insustentável, que permitiu que os representantes intelectuais do liberalismo avançassem e retrocedessem à vontade das premissas arbitrárias para as conclusões desejadas, estabelecendo nos fundamentos apriorísticos de sua circularidade ideológica a "legitimidade eterna" do Estado liberal. Graças a essa circularidade fundamental entre os indivíduos "determinados pela natureza", bem como sua "sociedade civil" apro-

---

[2]   G. W. F. Hegel, *Filosofia da história* (trad. Maria Rodrigues e Hans Harden, Brasília, UnB, 1995), p. 23.

[3]   Idem, *Linhas fundamentais da filosofia do direito: ou direito natural e ciência do Estado em compêndio* (trad. Paulo Meneses et al., São Paulo, Loyola, 2010), p. 313.

[4]   Como Marx deixou bem claro, em sua afiada crítica da abordagem que postulou a ideia dos indivíduos isolados necessariamente beligerantes e determinados pela natureza como o fundamento fictício da "natureza humana" de que a *apologética política* de uma ordem do Estado burguês absolutamente permanente poderia ser prontamente derivada: "A *condição humana* [*menschliches Wesen*] é a *verdadeira comunidade* dos humanos [*Gemeinwesen der Menschen*]. O funesto isolamento em relação a essa condição é incomparavelmente mais abrangente, mais insuportável, mais terrível e mais contraditório do que o isolamento em relação à comunidade política", Karl Marx, "Glosas críticas ao artigo 'O rei da Prússia e a reforma social. De um prussiano'", em *Lutas de classes na Alemanha* (São Paulo, Boitempo, 2010), p. 50.

priadamente conflituosa e o Estado político idealizado – que supostamente deveria superar as contradições identificadas sem modificar a ordem reprodutiva material existente em si –, tanto a formação do Estado do capital quanto seu quadro reprodutivo societal puderam ser assumidos como para sempre dados em virtude da reciprocidade justificadora e, com isso, da permanência absoluta projetada de sua inter-relação.

A *escassez* (ou "anarquia dos meios") desempenhou um papel fundamental nesse esquema de coisas. Ela justificou "racionalmente" tanto a irreconciliabilidade dos indivíduos beligerantes enquanto "*genus*-indivíduos" – que, afinal de contas, tiveram de afirmar seu autointeresse de acordo com sua estipulada "natureza humana" – quanto, ao mesmo tempo, forneceu a razão eterna para a adoção das medidas corretivas necessárias pelo Estado político para tornar o *sistema como um todo intransponível* pela prevenção de sua destrutiva fragmentação por meio dos antagonismos perseguidos individualmente. Mas basta retirar dessa cena a "*escassez intransponível*" e substituí-la por algo semelhante a uma disponibilidade sustentável dos recursos produtivos e humanamente gratificantes, aos quais geralmente nos referimos como "abundância" irrestrita, para testemunhar o imediato colapso de todo o *constructo pseudorracional autojustificatório*. Pois, na ausência da fatídica escassez, os *genus*-indivíduos supostamente determinados pela natureza não têm nenhum motivo para se engajar na "luta para viver ou morrer" entre si para que sobrevivam.

Pela mesma lógica, no entanto, se aceitarmos a proposição preocupada com a escassez determinada pela natureza – e, portanto, por definição, existencialmente primária, intransponível e que a tudo justifica –, estaremos *aprisionados* por um quadro estrutural no qual as partes postulam-se reciprocamente/circularmente umas às outras, bloqueando com isso qualquer possibilidade de sair desse *círculo vicioso*. Pois, nesse caso, devemos aceitar até mesmo o postulado fictício da *genus*-individualidade determinada pela natureza, tendo como evidência que os seres humanos indubitavelmente sobreviveram com (e apesar de) seus conflitos até o momento atual em um mundo de escassez dentro dos confins da "sociedade civil" e do Estado.

Nesse sentido, se a alternativa socialista pretende oferecer uma saída dessa armadilha tendenciosa, concebida do ponto de vista do capital, ela deve desafiar *todos* os seus constituintes circularmente engastadores. Isso vale não só para uma concepção viável de natureza humana historicamente definida e socialmente em mutação – destacada por Marx em citação anterior como a "*verdadeira comunidade dos humanos*"[5] e em outra publicação como o "conjunto de relações sociais"[6] – como também para todo o resto. Ou seja, para a eternizada ordem reprodutiva material burguesa da "sociedade civil", bem como para a sua formação de Estado, de modo a ser capaz de almejar ao mesmo tempo um modo radicalmente diferente de reprodução social metabólica. Um modo de **reprodução** capaz de superar as *relações de classe* antagônicas estabelecidas,

---

[5] Idem.

[6] Karl Marx e Friedrich Engels, *A ideologia alemã*, cit., p. 538.

296 *A obra de Sartre*

deturpadas nas concepções burguesas – até mesmo nas maiores delas – enquanto *conflitualidade individual* determinada pelo *genus*. Pois as mediações de segunda ordem antagônicas do capital necessariamente carregam consigo a irracionalidade perversa da *escassez eternizada*, mesmo quando suas condições materiais originais são produtivamente superadas no curso do desenvolvimento histórico.

Paradoxalmente, apesar de sua entusiasmada abominação das inumanidades garantidas institucionalmente da "sociedade civil" e seu Estado político protetor, Jean-Paul Sartre não conseguiu escapar da armadilha mencionada anteriormente, pois não basta negar apenas dois dos constituintes fundamentais do sistema do capital perversamente engastador. Contudo, a dificuldade é que, na medida em que Sartre quer dar um suporte ontológico-existencialista à sua concepção do desenvolvimento histórico da humanidade até mesmo na *Crítica da razão dialética*, ele deve nos apresentar um relato extremamente problemático de *escassez* no que chama de seu "enclave existencialista dentro do marxismo".

Como vimos no capítulo 6, Sartre categoricamente afirmou na *Crítica da razão dialética* que "dizer que nossa História é história dos homens ou dizer que ela surgiu e se desenvolve no *enquadramento permanente* de um campo de tensão engendrado pela *escassez* é a mesma coisa"[7]. Também vimos que, para Sartre, essa não é uma questão de contingência social historicamente contornável, mas sim uma questão da determinação ontológico-existencial do ser humano segundo a qual "*o homem é objetivamente constituído como inumano* e essa inumanidade traduz-se na práxis pela apreensão do *mal como estrutura do Outro*"[8]. Para piorar as coisas, esse Outro quase-mítico é constituído não só em algum lugar de fora, mas também inextricavelmente *dentro de eu próprio enquanto o Outro*. Por conseguinte, é-nos dito por Sartre que "é o homem e mais nada que eu odeio no inimigo, isto é, *eu próprio enquanto Outro*, e é exatamente eu próprio que nele pretendo destruir para impedi-lo de destruir-me realmente no meu corpo"[9].

Infelizmente, dadas as pressuposições ontológico-existencialistas mantidas por Sartre até o fim, inclusive quando ele se denomina um pensador "marxizante", é impossível encontrar uma solução viável para os problemas da escassez em seus escritos. E isso vale não só para o primeiro volume da *Crítica da razão dialética*, mas também para o segundo volume inacabado – como vimos antes, em princípio inacabável dentro do quadro conceitual de Sartre –, que supostamente daria uma explicação dialética da "*história real*" em contraste com o esboço das linhas categoriais das "estruturas formais da história" presente no primeiro volume.

A discussão de Sartre sobre a escassez e seu impacto humano no segundo volume da *Crítica*, apresentada com a muito admirada intensidade gráfica sartriana por meio do

---

[7] Jean-Paul Sartre, *Crítica da razão dialética*, cit., p. 238.

[8] Ibidem, p. 244-5.

[9] Ibidem, p. 245-6.

exemplo da *luta de boxe*, tende a ser, quanto à sua validade, fundamentada nas características do *passado* e, no que se refere ao presente e ao futuro, confinada à *plausibilidade psicológica individual*, apesar das reivindicações do autor à validade geral.

Sartre oferece uma "dialética" curiosamente a-dialética da afirmada "interiorização" da difícil situação contraditória do "homem raro" geral. Pois o que recebemos do segundo volume da *Crítica da razão dialética* é uma explicação insustentável da relação retratada, projetada eternamente no futuro. Ela é estendida à questão espinhosa – e absolutamente fundamental na ordem reprodutiva societal existente – da origem do *lucro*, resumida na afirmação sartriana da seguinte maneira: "o *lucro* provém da *insuficiência da satisfação* (trabalhador e salário) e da *inabundância*"[10].

O exemplo do boxe, que Sartre afirma ser representante de toda luta, não é simplesmente problemático a esse respeito, mas bastante inapropriado para a caracterização do *antagonismo estrutural* historicamente determinado e capitalisticamente imposto. A diferença vital entre a representação sartriana da "luta de boxe" e o verdadeiro antagonismo entre capital e trabalho (o qual a luta de boxe supostamente também deve representar) transparece quando lemos que:

> Esse combate no qual se enredam dois [boxeadores] iniciantes, ambos simultaneamente vítimas de seus próprios erros e dos erros do outro, tem uma realidade ainda mais notável posto que a *dominação dos trabalhadores pelo seu trabalho*, produzindo o futuro diante dos olhos de todos (eles vegetarão aos pés da escada ou *abandonarão a profissão*), o faz ser visto e tocado como uma significação e como um destino. [...] Mas é destino na medida em que essa *dominação dos boxeadores pelo boxe* é diretamente apreendida como presença de sua desgraça futura. [...] O conjunto social se encarna com a multiplicidade de seus conflitos nessa temporalização singular da *reciprocidade negativa*.
> [...] Logo: a luta é uma encarnação pública de *todo* [grifo de Sartre] conflito. Refere-se, *sem nenhum intermediário*, à tensão entre os seres humanos produzida pela *interiorização da escassez*.[11]

Na realidade, entretanto, a diferença fundamental – que surge de um grave *antagonismo social* preocupado com duas alternativas sociais metabólicas diametralmente opostas e não a partir do que poderia ser caracterizado como "reciprocidade negativa de todo conflito" – é que o trabalho, como alternativa hegemônica ao capital, não pode "abandonar" a "profissão". Sua situação não é de modo algum uma *profissão*, mas uma *condição estruturalmente determinada* e uma *posição de classe* necessariamente subordinada no processo de reprodução societal. O *trabalhador particular* – mas não o trabalho enquanto tal – pode "*abandonar*" esta ou aquela "profissão" (no sentido de mudar de emprego), mas, devido à sua situação de classe, ele é, ao mesmo tempo, forçado a outra. O trabalho enquanto classe social não pode "abandonar a profissão".

---

[10] Jean-Paul Sartre, *Critique of Dialectical Reason* (Londres, Verso, 1991, v. II), p. 424. [Ed. francesa: *Critique de la raison dialectique*, tomo II (inacabado), Paris, Gallimard, 1985, p. 433.]

[11] Ibidem, p. 21-2. [Na edição francesa, p. 30-2. Colchetes de Mészáros. (N. E.)]

298   *A obra de Sartre*

Igualmente, a "*dominação* dos boxeadores *pelo boxe*" é inaplicável à condição do trabalho. O trabalho é dominado *pelo capital*, e não "pelo trabalho", no sentido sartriano do boxeador sendo "dominado pelo boxe". A *dominação do trabalho* é historicamente mais específica, e isso não se deve à "*escassez*" e à "*tecnologia*" no sentido sartriano, muito menos à "interiorização da escassez". Na verdade, estamos preocupados aqui com uma relação *assimétrica* de *subordinação e dominação estruturalmente imposta*, algo bem diferente da simétrica "luta entre dois boxeadores" que concordam em cooperar dentro de um *conjunto de regras* voluntariamente aceito. No caso do trabalho, as "regras" são *impostas* aos membros da classe como um todo (por sua dominação e subordinação estruturalmente impostas) e, longe de serem voluntariamente adotadas, não são impostas simplesmente sobre os trabalhadores individuais, mas sobre a classe como um todo.

Mas mesmo que as regras dominantes não sejam *politicamente* impostas sobre os membros da classe, do modo como são sob as condições da escravidão e da servidão feudal, elas são impostas sobre eles, não obstante, enquanto determinações *economicamente* impostas. Portanto, as determinações reguladoras em questão são, no sentido mais fundamental, regras objetivamente – materialmente/reprodutivamente – dominantes. Além disso, também é necessária outra qualificação significativa a esse respeito. Pois o *derradeiro garantidor* – ainda que somente *derradeiro* garantidor – da proteção das regras materialmente/estruturalmente predeterminadas e impostas da sociedade comum é, na verdade, o *Estado capitalista*, com seu sistema legal determinado por classe e o correspondente aparato impositor das leis. Afinal,

> toda forma de produção forja suas próprias relações jurídicas, forma de governo etc. A insipiência e o desentendimento [por parte dos economistas políticos e da fase descendente do desenvolvimento histórico do capital] consistem precisamente em relacionar casualmente o que é organicamente conectado, em reduzi-lo a uma mera conexão da reflexão. Os economistas burgueses têm em mente apenas que se produz melhor com a polícia moderna do que, por exemplo, com o direito do mais forte. Só esquecem que o direito do mais forte também é um direito, e que o direito do mais forte subsiste sob outra forma em seu "estado de direito".[12]

Sartre precisa da *absolutização* a-histórica *da escassez* – em nome da "inteligibilidade *histórica*" de todas as coisas – de modo a tornar possível para si mesmo a fuga da elaboração das categorias e estruturas da *história real*. Ele continua ancorado às "*estruturas formais da história*", em consonância com a determinação ontológico-existencial dada em sua concepção, até mesmo na época em que escreveu a *Crítica*, ao "mal como estrutura do Outro" – e também o Outro enquanto "eu próprio" – engajado na interiorizada luta permanente contra a escassez.

A maneira pela qual Sartre concatena "*escassez*", "*luta*" e "*contradição*" na modalidade da necessidade intransponível também é extremamente problemática. Pois, ainda que possamos identificar a ligação *necessária* entre *escassez e luta* no *passado* mais re-

---

[12]   Karl Marx, *Grundrisse*, cit., p. 43. [Colchetes de Mészáros. (N. E.)]

O papel da escassez nas concepções históricas 299

moto, isso não acontece, uma vez que o *controle racional* das condições em jogo pelos indivíduos sociais torna-se possível em conjunção com o avanço produtivo sustentável. Aqui, novamente, o exemplo dos boxeadores é inaplicável, pois estamos preocupados com tipos e ordens diferentes do *controle racional*: um *formalmente consistente* com um conjunto de regras, aceito de maneira voluntária, divisado para o propósito de um esporte – admitidamente bastante lucrativo – e o outro *substantivo*, a partir do domínio da *história real*.

Para ser exato, no caso dos dois boxeadores, sua "racionalidade" – isto é, sua aceitação voluntária/consciente das "regras de sua profissão" – é inseparável da luta reivindicada. Mas a "luta" não é de modo algum uma luta real no sentido da "luta por viver ou morrer" contra a escassez intransponível, constantemente chamada por esse nome pelo próprio Sartre. Também não é nem mesmo levemente comparável, em seu caráter essencial, ao *confronto antagônico* – uma *luta histórica* bem *real* pelo resultado contestado do *antagonismo estruturalmente determinado* entre capital e trabalho sobre suas *alternativas históricas hegemônicas* incompatíveis. Somente uma *analogia formal* dúbia pode ser traçada entre essas formas fundamentalmente diferentes de luta, como o antagonismo estrutural entre capital e trabalho na história real e o *ritual consensual* dos dois boxeadores mesmo quando lutam pela busca de 1 milhão de dólares.

No caso dos dois boxeadores, Sartre pode nos oferecer uma cena *psicologicamente* plausível. Dessa forma, ele atinge sua mais alta eloquência quando afirma que "o que é certo é que, em cada disputa, a origem profunda é sempre *escassez*. [...] a tradução da violência humana enquanto *escassez interiorizada*"[13]. E ele continua com sua caracterização descritiva do significado do combate de boxe no mesmo estilo ao dizer que

> Os dois boxeadores reúnem dentro de si mesmos, e reexteriorizam pelos golpes que trocam, o conjunto de extensões e lutas, abertas ou mascaradas, que caracterizam o regime sob o qual vivemos – e que nos tornou violentos até mesmo no menor dos desejos, na mais sutil das carícias. Mas, ao mesmo tempo, essa violência é aprovada neles.[14]

Desse modo, a competição de boxe particular retratada pode ser generalizada por Sartre como representante de toda violência humana. É desta forma que aparece no volume 2 da *Crítica*:

> *Toda* competição de boxe encarna o *todo* do boxe enquanto *encarnação de toda a violência fundamental*. [...] Um *ato* de violência é sempre *o todo da* violência, porque é uma *reexteriorização* da escassez interiorizada.[15]

É traçada assim uma *linha direta* entre a retratação psicologicamente plausível dos dois *indivíduos* numa competição de boxe e as *condições gerais* da violência humana que supostamente corresponde à *reexteriorização* da *escassez interiorizada*. Por conse-

---

[13] Jean-Paul Sartre, *Critique of Dialectical Reason*, cit., v. II, p. 23. [Na edição francesa, p. 32. (N. E.)]

[14] Ibidem, p. 26. [Na edição francesa, p. 36. (N. E.)]

[15] Ibidem, p. 27-8. [Na edição francesa, p. 36-7. (N. E.)]

300 *A obra de Sartre*

guinte, na cena sartriana, a plausibilidade psicológica das *motivações* dos lutadores individuais, e sua projeção ("sem nenhum intermediário", como dito alhures) enquanto identidade reivindicada entre o *ato particular* de violência e a *condição geral* da escassez necessariamente interiorizada – bem como reexteriorizada de forma violenta –, toma o lugar do que deveria ser tornado socialmente/historicamente *determinado* e, nesse sentido, plausível. Mas isso só poderia ser feito no quadro categorial da *história real*, em que a escassez ocupa seu lugar ontológico-existencial específico, embora não absolutizável.

O problema da *abundância* aparece muitas vezes contraposto à escassez. Às vezes isso é feito com o propósito de rejeitar aprioristicamente a possibilidade de superação da escassez em qualquer momento futuro, não importa quão distante, pois se diz ser totalmente irrealista almejar a instituição estável da abundância na sociedade humana, em vista das determinações insuperavelmente conflitantes da "natureza humana". Não é preciso mais nenhum comentário em relação a essa posição.

Em outras ocasiões, no entanto, a possibilidade de superar a escassez pela abundância não é negada a princípio, mas não obstante é excluída pelo tempo previsível à nossa frente com base no fundamento de que seriam necessárias algumas condições *tecnológicas* produtivamente mais avançadas que talvez se materializassem (ou não) no futuro distante. E também há uma terceira posição, positivamente assertiva, sobre a abundância emergente que declara que "a *conquista da escassez* atualmente não é só previsível, mas na verdade prevista"[16].

A posição de Marcuse era quase a mesma que as visões que acabamos de citar de um ensaio escrito pelo canadense C. B. Macpherson, um proeminente pensador marxista. Marcuse insistiu que as "possibilidades utópicas" defendidas por ele "são implícitas às *forças técnicas e tecnológicas* do capitalismo avançado" na base das quais se "acabaria com a pobreza e a *escassez* em um futuro muito previsível"[17]. Ele continuou repetindo que

> o *progresso técnico* alcançou um estágio em que a realidade já não precisa ser definida pela extenuante competição pela sobrevivência e pelos progressos sociais. Quanto mais essas *capacidades técnicas* transcendem o quadro de exploração dentro do qual permanecem confinadas e violentadas, mais *elas impulsionam as tendências* e aspirações do homem a um ponto em que as *necessidades da vida* deixam de requerer as atuações agressivas de "ganhar o sustento", e o "não necessário" se torna um prêmio vital.[18]

---

[16] C. B. Macpherson, "A Political Theory of Property", em *Democratic Theory: Essays in Retrieval* (Oxford, Clarendon, 1973), p. 138. John Maynard Keynes previu retoricamente – em um de seus *Essays in Persuasion* – a realização das condições ideais de abundância no "milênio capitalista" por volta de 2030. Mas essa visão, apresentada numa conferência em 1930, não deveria ser levada a sério.

[17] Herbert Marcuse, *An Essay on Liberation* (Londres, Allen Lane/Penguin, 1969), p. 4.

[18] Ibidem, p. 5.

O papel da escassez nas concepções históricas 301

E, na mesma obra, escrita bem antes de afundar no profundo pessimismo dos seus últimos anos de vida, Marcuse postulou um "fundamento biológico" para a mudança revolucionária, dizendo que tal fundamento

teria a chance de transformar o *progresso técnico* quantitativo em modos de vida qualitativamente diferentes – precisamente porque seria uma revolução ocorrendo em um alto nível do desenvolvimento material e intelectual, e que permitiria ao homem *conquistar a escassez e a pobreza*. Se essa ideia de uma transformação radical tiver de ser mais que uma especulação fútil, ela precisa de um fundamento objetivo no processo de produção da *sociedade industrial avançada*, em suas *capacidades técnicas* e uso. Pois a liberdade de fato depende amplamente do *progresso técnico*, do avanço da ciência.[19]

Essa irrealidade generosamente bem-intencionada foi escrita e publicada por Marcuse há mais de quarenta anos, e não vimos absolutamente nada apontando na direção de sua realização. Pelo contrário, testemunhamos recentemente uma crise devastadora da "sociedade industrial avançada", com a ocorrência de *levantes por falta de alimentos* em nada menos que 35 países reconhecida por um dos pilares ideológicos da ordem estabelecida – *The Economist* –, apesar de todo o significativo *progresso técnico* indubitavelmente alcançado nas últimas quatro décadas. Nem mesmo a mais sutil tentativa foi feita para a duradoura "conquista da escassez".

A grande fraqueza das projeções do tipo das de Marcuse, compartilhadas por C. B. Macpherson e muitos outros, é que se espera que os resultados positivos referentes à "conquista de fato prevista da escassez" surjam da "força propulsora" do progresso técnico/tecnológico e do avanço produtivo. E isso não poderia acontecer nem mesmo em mil anos, quanto mais em quarenta ou cem. Pois a tecnologia não é uma "variável independente". Ela está profundamente enraizada nas mais fundamentais determinações sociais, apesar de toda a mistificação em contrário[20], como vimos anteriormente em diversas ocasiões.

Ninguém pode duvidar de que a simpatia das pessoas que, desse modo, prenunciam a conquista da escassez está do lado dos "miseráveis da Terra que combatem o monstro abastado"[21]. Mas seu discurso moral nem sequer pode tocar as determinações objetivas fundamentais que, de modo tão bem-sucedido, perpetuam a situação denunciada dos explorados e oprimidos, que dirá efetivamente alterá-las. Esperar que o avanço produtivo, que surge do "progresso técnico" na "sociedade industrial avançada", desloque a humanidade na direção da eliminação da escassez é rogar pelo impossível. O mesmo tipo de impossibilidade quanto à espera de que o capitalismo estabelecesse um limite para o seu apetite pelo lucro sobre a base de

---

[19] Ibidem p. 19.

[20] Devemos bem nos lembrar das visões de Habermas – um dos maiores mistificadores ecléticos oportunistas em voga no campo – que postula a "cientificização da tecnologia" quando, na verdade, muitos danos são gerados pela fetichista *tecnologização da ciência* a serviço da produção destrutiva.

[21] Herbert Marcuse, *An Essay on Liberation*, cit., p. 7.

302 *A obra de Sartre*

que ele já obteve lucro suficiente. Pois a sociedade da qual Marcuse e outros falam não é uma sociedade "industrial avançada", mas somente *capitalisticamente avançada* – e, para a humanidade em si, perigosa de maneira suicida. Ela não pode dar um simples passo na direção de conquistar a escassez enquanto permanecer sob o domínio do capital, independentemente de suas crescentes "capacidades técnicas" e do correspondente grau de melhoria na produtividade no futuro. Por duas importantes razões.

Primeiro, porque até mesmo o maior avanço produtivo tecnicamente assegurado pode ser – e, sob as condições agora prevalecentes em nossa sociedade, de fato *é* e *deve ser* – *dissipado* pelo *desperdício* lucrativo e pelos canais da *produção destrutiva*, incluindo a fraudulência legitimada pelo Estado do *complexo militar/industrial*, como vimos anteriormente. E, segundo – o que acaba por ser mais fundamental aqui –, por causa do caráter objetivo do sistema de acumulação do capital. Não devemos nos esquecer de que "o *capital personificado*, dotado de vontade e consciência", *não pode estar* interessado na conquista da escassez, e na correspondente distribuição equitativa da riqueza, pela simples razão de que "o *valor de uso nunca* deve ser tratado, portanto, como meta imediata do capitalismo; [...] mas apenas o *incessante movimento do ganho*"[22]. E, a esse respeito, que é inseparável do imperativo absoluto da incessante acumulação e expansão do capital, o impedimento estrutural permanente é que *o capital sempre é* – e, isso não pode ser destacado o suficiente, *sempre continuará sendo*, por uma questão de determinação sistêmica interna – insuperavelmente *escasso*, mesmo quando, sob certas condições, contraditoriamente *superproduzido*[23].

Sartre, obviamente, não está nem um pouco preocupado com a conquista da escassez e sua substituição sustentável pela abundância produtivamente generalizada. Ele é firmemente negativo a esse respeito, descrevendo o "homem da escassez" como o homem que impõe sua vontade e expropria a abundância para si mesmo[24]. A orientação ontológico-existencial e a plausibilidade da caracterização de Sartre da relação conflituosa insuperável entre eu próprio e meus adversários são mantidas até o fim da *Crítica da razão dialética*, quando ele escreve que, no campo da escassez, um aumento na quantidade ou no poder dos meus vizinhos tem como resultado o aumento da precariedade de minha existência. Pois esse poder busca tanto produzir mais (um teto,

---

[22] Karl Marx, *O capital*, cit., p. 273.

[23] É mais relevante aqui que, "se o capital cresce de 100 para 1.000, o 1.000 é agora o ponto de partida de onde o aumento tem de se dar; a decuplicação de 1.000% não conta para nada; lucro e juro, por seu lado, devêm eles mesmos capital. *O que aparecia como mais-valor aparece agora como simples pressuposto etc.*, como incorporado à *própria existência simples* do capital", Karl Marx, *Grundrisse*, cit., p. 264. Grifos de Marx.

[24] "Em busca de sua abundância, o homem da escassez a procura como determinação da escassez. Não a abundância para todos, mas sua própria, portanto, a privação de todos." Jean-Paul Sartre, *Critique of Dialectical Reason*, cit., v. II, p. 421.

O *papel da escassez nas concepções históricas* 303

entretanto) quanto me eliminar. Minha alteração é sofrida e é o que encarna em mim a transformação[25].

No entanto, a forma de Sartre de lidar com o problema da escassez e da abundância – tornando a escassez o fundamento existencial da *história*, como seu "enquadramento permanente produzido pela escassez", bem como da *inteligibilidade histórica*, em vez de um fator contingente (não importa quão importante) *na história*, capaz de ser superado sob condições significantemente alteradas em algum um ponto da história – não resolve o verdadeiro desafio histórico diante de nós.

Na verdade, algumas qualificações elementares são necessárias para uma caracterização apropriada da *abundância* em si, o que pode ser legitimamente posto no contexto da superação da *dominação* histórica *da escassez*. Pois, num estágio relativamente inicial do desenvolvimento histórico da humanidade, as "carências naturalmente necessárias" – que, para nossos ancestrais distantes, estavam em plena consonância com a dominação material opressora da escassez – na verdade são superadas por um conjunto de carências muito mais complexo, historicamente criado, como vimos discutido no meu livro *A dialética da estrutura e da história*. Para ser exato, o avanço produtivo em questão não representa o fim dessa história onerosa, mas, não obstante, significa um importante passo na direção de conquistar o domínio original da vida humana pela escassez. Nesse sentido:

> O *luxo* é o contrário do *naturalmente necessário*. As necessidades [*needs*] naturais são as necessidades [*necessities*] do indivíduo, ele próprio reduzido a um sujeito natural. O desenvolvimento da indústria abole essa necessidade natural, assim como aquele luxo – na sociedade burguesa, entretanto, o faz somente de modo *antitético*, uma vez que ela própria repõe uma certa norma social como a norma necessária frente ao luxo.[26]

Por conseguinte, relegar a escassez ao passado é um processo histórico interminável, mas também contínuo, apesar de todos os obstáculos e contradições. No entanto, precisamente por causa da *forma antitética* na qual esse desenvolvimento histórico deve ser continuado na sociedade burguesa, a verdadeira questão para o futuro não é a instituição utópica da "abundância" irrestrita, mas o *controle racional* do processo do avanço produtivo pelos indivíduos sociais, possível apenas em uma ordem reprodutiva socialista. Do contrário, o domínio da escassez (não mais historicamente justificável) – na forma da *produção destrutiva* perversamente perdulária, porém lucrativa em uma variedade de suas formas capitalisticamente factíveis – permanece conosco de forma indefinida. Na *ausência* da requerida *autodeterminação racional em escala societal* – cuja ausência, sob as condições atuais, acaba por ser não uma determinação ontológico-existencial fatídica, mas uma questão de impedimento historicamente criado e historicamente superável –, até mesmo a maior "*abundância*"

---

[25] Ibidem, p. 437. [Na edição francesa, p. 443. (N. E.)]

[26] Karl Marx, *Grundrisse*, cit., p. 435. [Colchetes de Mészáros. (N. E.)]

304 *A obra de Sartre*

(abstratamente postulada) seria totalmente impotente e fútil enquanto tentativa de superar o domínio da escassez.

Portanto, estamos preocupados, a esse respeito, com uma força social *historicamente determinada* – mas não permanentemente *determinante da história* – e um impedimento à emancipação social que dominou a vida humana durante tempo demais. É esse impedimento estrutural/sistêmico que deve ser radicalmente superado por meio da alternativa hegemônica do trabalho ao modo de controle social metabólico estabelecido do capital, de acordo com a concepção marxiana da "nova forma histórica".

9
A DIMENSÃO PERDIDA

Em sua última entrevista, publicada em *Le Nouvel Observateur*, Sartre expressou tanto seu pessimismo extremista (também chamado por ele, na mesma ocasião, de *desespero*) quanto sua esperança de encontrar uma forma de sair dele. Admitiu ao mesmo tempo que "é preciso fundamentar essa esperança"[1]. Por conseguinte, ele prometeu, no final dessa entrevista, concedida em maio de 1980, dedicar-se à tarefa de "fundamentar a esperança", durante os anos de vida que lhe restavam, não simplesmente em termos pessoais, mas com uma justificável pretensão a uma validade geral; porém, como sabemos, esse feito lhe foi negado: inesperadamente, Sartre morreu duas semanas depois.

Na verdade, o profundo pessimismo rodeou Sartre por praticamente uma década, como resultado de sua grande decepção por causa do fracasso da radicalização dos eventos de Maio de 1968 e da reação conservadora. Sartre confessou sem dificuldades seu pessimismo na entrevista concedida em 1975 a Michel Contat, também publicada em *Le Nouvel Observateur*, acrescentando – mesmo com um toque de elitismo, bastante incomum para os padrões que lhe cabiam, em relação aos esforços passados de "uns poucos homens" na história da humanidade – que

> Se não sou *completamente pessimista* é principalmente porque vejo em mim certas *necessidades* que não são só minhas, mas de todo homem. Em outras palavras, é a certeza vivida da *minha própria liberdade*. [...] Mas é verdade que ou o homem desmorona – caso em que tudo o que poderia ser dito é que durante os 20 mil anos que têm sido homens, *poucos deles tentaram criar o homem* e *falharam* –, ou esta revolução tem êxito e cria o homem ao gerar a liberdade. Nada é menos certo. [...] É *impossível* encontrar uma *base racional* para o otimismo revolucionário, posto que aquilo que *é* é a *realidade presente*. E como podemos

---

[1] Ver Jean-Paul Sartre, *A esperança agora*, cit., p. 79.

306 *A obra de Sartre*

estabelecer as fundações para a realidade futura? Nada me permite fazê-lo. Estou certo de uma coisa: que *temos de* fazer uma *política radical*. Mas não tenho certeza de que ela *terá êxito*, e é aí que *entra a fé*.[2]

Desse modo, Sartre poderia indicar em 1975 a "necessidade de liberdade" – supostamente sentida não só por ele, mas por "todos os homens" – como a fundação possível da esperança no que se refere a uma sustentável realidade futura, negando ao mesmo tempo seu poder de ser mais forte que o pessimismo. Ademais, o que ele chamou em 1975 de "realidade presente" foi descrito na última entrevista como "esse conjunto miserável que é o nosso planeta", e caracterizado como "horrendo, feio, mau e sem esperança". Compreensivelmente, portanto, "fundamentar a esperança" com uma pretensão geral a uma validade tendo como base a projeção desse desolado quadro planetário pareceria constituir um empreendimento proibitivo. Pois, embora em 1975 Sartre ainda pudesse defender a *política radical* como algo que *tinha de ser feito*, confessando ao mesmo tempo graves dúvidas sobre seu possível *sucesso*, e admitindo abertamente que as dúvidas prevalecentes a esse respeito só poderiam ser rebatidas pela *fé*, na entrevista de 1980 somente a pura fidelidade pessoal à – suposta – *ordem* de esperança lhe restou ao reiterar que ainda sentia "a esperança como minha concepção do futuro".

Mas como se pode construir a requerida fundação objetiva da esperança para o futuro da humanidade sobre a afirmação subjetiva "tenho esperança"? Em outras palavras, se a possibilidade de obter êxito nessa base é questionada, o que resta da concepção sartriana de mundo que o limita – e geralmente de uma maneira autotorturadora – a uma perspectiva pessimista global, apesar de sua dedicação apaixonada à causa da emancipação humana durante a maior parte da sua vida? A sombria visão sartriana dessa esperança fugidia, que, na opinião dele, deve ser fundamentada (mas não por ele), está intimamente relacionada ao modo pelo qual ele trata a relação entre liberdade e necessidade. A esse respeito, as profundas ambiguidades do sistema filosófico de Sartre persistem não só em suas primeiras obras, mas em todas. Isso é ainda mais revelador porque, nas obras sintetizadoras escritas da década de 1950 em diante, ele tenta seriamente superar essas ambiguidades, ou pelo menos reduzi-las ao que considera inevitável na era atual. Ao mesmo tempo, é ciente dos problemas que deixa por resolver e chega ao ponto de dizer que jamais irá solucioná-los. Diz ele em uma confissão: "A partir da época em que escrevi *A náusea*, minha vontade era criar uma moral. Minha evolução consiste em não ter mais o sonho de fazer isso"[3].

A esse respeito, é necessário distinguir aqui um dos aspectos mais importantes desse complexo de problemas: o papel dos "projetos" na filosofia de Sartre. Em *Questão de método*, Sartre enfatiza com veemência que "A simples inspeção do campo social deveria ter feito descobrir que a *relação aos fins* é uma estrutura permanente das em-

---

[2] Jean-Paul Sartre, "Autoportrait à soixante-dix ans", publicado em inglês: "Self-Portrait at Seventy", em *Sartre in the Seventies*, cit., p. 83-5.

[3] De uma entrevista com Sartre apresentada em *Encounter*, n. 62, junho de 1964.

preses e que é nessa relação que os homens reais julgam as ações, as instituições ou os estabelecimentos econômicos"[4]. Não se deveria ir contra essas palavras. No entanto, o que precisa ser clarificado é o caráter *específico* dos *vários tipos de "relações aos fins"* que caracterizam os diferentes tipos de atividade humana. Embora seja certo criticar o *reducionismo* do materialismo mecanicista a esse respeito, é muito problemático estabelecer uma ligação direta entre a *generalidade abstrata* das "relações aos fins" e a categoria postulada da *mera particularidade*: a sartriana *"singularidade dos indivíduos"*. Entre esses dois polos há uma lacuna enorme que aparece repetidas vezes na filosofia de Sartre. Podemos exemplificá-la com duas citações. A primeira é esta:

> Como este impulso em direção da objetivação toma formas diversas *segundo os indivíduos*, como ele *nos projeta* através de um *campo de possibilidades*, das quais realizamos algumas com exclusão de outras, chamamo-lo também de *escolha* ou de *liberdade*.[5]

A segunda citação nos oferece esta conclusão geral:

> O que chamamos *liberdade* é a *irredutibilidade* da *ordem cultural* à *ordem natural*.[6]

A questão é: pode a definição de liberdade como "irredutibilidade da ordem cultural à ordem natural" lançar luzes sobre o problema de por que "realizamos algumas possibilidades com exclusão de outras"? Dificilmente. A referência à liberdade na primeira citação *põe um fim ao questionamento posterior*, em vez de iluminar a questão em si. A liberdade é assumida como um fato *"irredutível"* da existência humana. Por outro lado, a ideia de *singularidade* do indivíduo não ajuda de modo algum a entender a *"ordem* cultural", mesmo se aceitamos ser ela "irredutível à ordem natural". Sem considerar o fato de que "natural" é um termo extremamente ambíguo nessa concepção – também poderia significar "social" em oposição ao "individual" –, descobrimos que a crítica sartriana é feita a partir da posição de uma *suposição* (a irredutibilidade categoricamente reivindicada da ordem cultural), e não a partir da base de um argumento sustentável.

Sartre com frequência afirma, *corretamente* e com grande rigor, que se deveria considerar o *"indivíduo real"* como centro da filosofia no lugar de categorias abstratas. No entanto, é bastante duvidoso se ele cumpre seu próprio princípio quando fala sobre o *"campo de possibilidades"*. Pois somente o indivíduo abstratamente postulado vive no "campo de *possibilidades*". O *indivíduo real* tem de ser contentado com um campo de *probabilidades* realmente possíveis e realizáveis. Em contraste, para Sartre, "dizer de um homem o que ele 'é', é dizer ao mesmo tempo o que ele *pode* e reciprocamente [...]. Assim, o campo dos possíveis é o *objetivo* em direção ao qual o *agente supera sua situação*

---

[4]   Jean-Paul Sartre, *Questão de método*, cit., p. 180. [Vale lembrar que *Questão de método* também foi publicado como prefácio do primeiro volume da *Crítica da razão dialética*. (N. T.)]

[5]   Ibidem, p. 177.

[6]   Ibidem, p. 178.

308 *A obra de Sartre*

objetiva"[7]. Não se trata, de modo nenhum, de um deslize na concepção filosófica de Sartre. Para ele, é necessário substituir "probabilidade" por "possibilidade" por causa da sua definição de liberdade como "*irredutibilidade*" em oposição a "ordem natural". Ao mesmo tempo, o Sartre da *Crítica da razão dialética* quer circunscrever os limites da possibilidade para explicar o desenvolvimento da "coletividade", como vimos discutido anteriormente. Dessa dupla preocupação surge um sistema extremamente ambíguo de pensamento: um modo de argumentar que geralmente desfaz com uma mão o que foi erguido com a outra. Desse modo, no universo filosófico sartriano, é dado ao "*não existente*" (*ce qui manque*) um *status* ontológico igual ao do *objetivamente existente*, tornando com isso as fundações do sistema de Sartre bem problemáticas. Nas palavras dele:

> É preciso, pois, conceber a *possibilidade* como duplamente determinada: de um lado é, no próprio *coração* da ação singular, a *presença do futuro como aquilo que falta* e aquilo que revela a realidade por esta ausência mesma. De outro lado, é o *futuro real e permanente* que mantém e transforma incessantemente a *coletividade*.[8]*

Essa ambivalência persiste em todos os níveis. "*Possibilidade*" geralmente corresponde ao impacto do *campo do "manque"* na *ordem natural*. No entanto, em várias ocasiões, é sinônimo de probabilidade concretamente circunscrita e bem determinada. (Contudo, a avaliação apropriada da categoria de "probabilidade" visivelmente não faz parte do quadro conceitual de Sartre.) Do mesmo modo, "*poder*" é indistintamente usado para as capacidades reais do indivíduo e para chegar a conclusões ontológicas tendo como base um "*poder*" totalmente *normativo abstrato* – isto é, completamente "*repleto de poder*" –, sem indicar as diferenças vitais entre os dois usos.

Há também uma ambiguidade fundamental no que se refere ao conceito de "*escassez*". Ele é tratado tanto como uma *contingência* histórica quanto como um *absoluto metafísico* inerente à *estrutura ontológica de "manque"*. Ademais, na concepção de Sartre, a "escassez" é geralmente entrelaçada à "necessidade" que ela nega de fato. Só seria possível evitar esse entrelaçamento avaliando a relação entre necessidade e escassez nos termos da interação dialética de um complexo sistema de necessidades humanas criadas historicamente – algumas mais fundamentais que outras –, no constantemente mutável e abrangente quadro da comunidade como um todo. As asserções subjetivamente autenticadas "Vejo em mim certas necessidades" e "ainda sinto a esperança como minha concepção de futuro" não podem ser substitutas para isso.

Mas talvez a mais significativa das ambiguidades de Sartre seja sua concepção de "homem". Na maioria dos casos, Sartre identifica "homem" com o *indivíduo*, e fre-

---

[7] Ibidem, p. 152.

[8] Ibidem, p. 153. O grifo em "aquilo que falta" (*ce qui manque*) é de Sartre.

* Em inglês, "On the other hand, it is the *real and permanent future* which the *collectivity* forever maintains and transforms". Aqui houve um equívoco na tradução inglesa usada por Mészáros, que atribuiu a ação de manter e transformar à "coletividade", e não ao "futuro real e permanente". No original, lê-se: "D'autre part, c'est l'avenir réel et permanent que maintient et transforme sans cesse la collectivité". (N. T.)

quentemente atribui a ele características e poderes que poderiam ser validamente asseverados apenas sobre a *humanidade* como um todo, e não sobre o *indivíduo singular*. Desse modo, o famoso *"projeto"* sartriano torna-se uma categoria algo fora dos trilhos, na medida em que também representa as atividades e os abrangentes processos históricos que possivelmente não podem ser atribuídos ao sujeito enquanto indivíduo singular autoconsciente necessário para o quadro de referência de Sartre.

A *humanidade* é, amiúde, *subsumida* na *ontologia subjetivista* do indivíduo sartriano. Esse entrelaçamento de "indivíduo" e "humanidade" – sistematicamente predisposto a favor do "indivíduo singular" – tem consequências de longo alcance. A *ontologia* de Sartre é dominada por uma forma de *dualismo* extremo. (Devemos nos lembrar, a esse respeito, de seus opostos categoriais e categóricos: *"néant"* versus *"être"*, *"manque"* versus *"présence"*, "liberdade" *versus* "contingência", "ordem cultural" *versus* "ordem natural", "indivíduo" versos "coletivo" etc. – todos esses pares categoriais de opostos são, na visão dele, *"irredutíveis"*.)

Metodologicamente, não é mais significativo que a importantíssima categoria de *mediação* não seja elaborada por Sartre. A assunção de *"irredutibilidade"* funciona como substituta a esse respeito, de modo a *ligar* – enquanto insiste em suas oposições acentuadas – as categorias de "liberdade" e "contingência", "ordem cultural" e "ordem natural" etc. etc. E a consequência *ética* do entrelaçamento inclusivo de indivíduo e humanidade é que "o sonho de criar uma moral" tem de ser abandonado, como o próprio Sartre afirmou, independentemente do vasto número de páginas dedicadas em diversos momentos da sua vida a esse empreendimento. Em outras palavras, em tal quadro de referência, é completamente impossível elaborar uma concepção geral de ética. Todas as categorias que constituem um lado de sua ontologia dualística – *"indivíduo"*, *"liberdade"*, *"projeto"*, *"escolha"*, *"singularidade"*, *"possibilidade"*, *"ordem cultural"* etc. – *estão impregnadas de uma substância ética de aprovação*, mesmo que não esteja explícito o tempo todo.

O problema intransponível nesse caso é que, embora na realidade seja possível encontrar uma conexão ética vital na *interação dialética* historicamente em mutação entre indivíduo e humanidade, não pode restar nenhuma esfera ética se simplesmente um é *subsumido* ao outro. Não importa qual dos dois é subsumido ao outro. Uma subsunção abstrata coletiva é tão incapaz de produzir uma concepção coerente de ética quanto o contrário. Tais concepções – tanto em suas formas individualistas quanto coletivistas abstratas – são caracterizadas por um tratamento inadequado da categoria de *"mediação"*. No que se refere à filosofia de Sartre, como o viés e a cisão éticos são construídos em uma estrutura acentuadamente dualística da ontologia existencialista, subsumir a humanidade ao indivíduo é algo que pode ser evitado. Tomar polidamente em consideração a noção de "humanidade, como queiram" para a categoria de "multiplicidade" na época da escrita da *Crítica*, como vimos anteriormente, não é suficiente. Por conseguinte, não pode haver uma teoria moral sustentável dentro dos limites de tal ontologia sem que se retifique a estipulada subsunção categorial como inseparável do quadro conceitual acentuadamente dualístico.

310 *A obra de Sartre*

Ademais, também a questão da relação entre "possibilidade" e "probabilidade" só pode ser desenredada no mesmo quadro dialético de inter-relação, no lugar das oposições dualísticas inseparáveis. Pois o que é vagamente descrito como "possibilidades" para os indivíduos considerados no *abstrato* na verdade já é estruturado como um complexo quadro societário de "probabilidades" – mais, ou menos, claramente articuladas e factíveis – para os *indivíduos reais* a partir do momento exato em que são inseridos em uma *comunidade concreta* constituída historicamente. Ao mesmo tempo, na medida em que os indivíduos particulares objetivamente pertencem à efetividade historicamente constituída da *humanidade*, como acontece com todos, independentemente de quão conscientes disso eles sejam, os desafios e feitos da totalidade dos indivíduos podem ser considerados – outra vez, *no abstrato* – suas "*possibilidades*" compartilhadas, em virtude do fato de tal pertencimento.

Na verdade, em determinadas situações – particularmente nas situações morais socialmente criadas –, a "possibilidade" não qualificada (ou seja, possibilidade que não é especificada em termos de probabilidades concretamente factíveis em relação às reais capacidades identificáveis dos indivíduos particulares) torna-se, não obstante, a medida viável de avaliação da ação individual – na base de algum imperativo moral socialmente justificável – rejeitando a aceitabilidade das circunstâncias autojustificadoras. No entanto, tal apelo ao conceito de "possibilidades" gerais evoca um *postulado normativo*, com uma compreensível referência avaliativa à humanidade, e não uma *categoria ontológica social* concreta. Como tal, por si só, ele tem uma *validade limitada* em relação ao indivíduo particular, e deve ser complementado pela ponderação dialética geral do complexo social historicamente em transformação, incluindo seus mais abrangentes requisitos éticos de sustentabilidade.

Naturalmente, os "projetos" dos indivíduos particulares estão sujeitos aos mesmos requisitos e qualificações. Afirmar, como faz Sartre, que "dizer de um homem o que ele 'é' é dizer ao mesmo tempo o que ele *pode*" não é, por si só, suficiente. Nem mesmo se acrescentarmos a isso, no sentido sartriano, o "reciprocamente". Pois o conceito de "poder" evocado por Sartre nesse contexto é um "*poder*" normativo, muito no modelo kantiano de "dever implica poder", com sua referência, no caso de Kant, ao "*mundo inteligível*" como o fundamento do seu *imperativo categórico* da moral. No entanto, no caso do Sartre existencialista ateu, a estrada para apelar à ideia desse mundo inteligível não está aberta[9]. Ao mesmo tempo, o *objetivo* de Sartre "em direção ao qual o *agente*

---

[9] Isso aparece apenas como uma admissão paradoxal não resolvida e algo nostálgica em *As palavras* quando Sartre diz "Não dependo senão deles, que não dependem senão de Deus e eu não creio em Deus. Vejam se se reconhecem nisto". Certamente o próprio Sartre nunca "se reconheceu nisto". Mas nada é mais autosservientemente absurdo que a acusação de Gabriel Marcel citada anteriormente de que Sartre era um "blasfemo sistemático" e "corruptor da juventude". Ao contrário, Sartre adoraria desafiar a juventude no espírito dos mais elevados imperativos morais a respeito do destino posto em perigo do mundo e de sua própria responsabilidade dentro dele, em consonância com o "*poder*" kantiano que constitui a tensão moral insuperável de sua filosofia, com a explícita admissão da *fé* e a necessidade de *esperança*, inseparável

supera sua situação objetiva" não pode ser feito inteligível simplesmente nos termos do pretendido "campo de *possibilidades*". Essa dificuldade categorial afirma-se no mesmo sentido em que qualquer apelo ao *poder normativo* – no espírito do "dever implica poder" – está, por si só, muito longe de ser suficiente para superar a *situação objetiva* desse "conjunto miserável que é o nosso planeta", em seu "estado horrendo, feio, mau, sem esperança". É por essa razão que fundamentar a esperança precisa de uma base mais segura até mesmo do que a mais nobre defesa do sentimento e da necessidade de esperança sentidos de maneira profunda pelo indivíduo.

Dessa forma, para Sartre, os insuperáveis problemas surgem, em um nível, do quadro categorial geral acentuadamente dicotômico de sua filosofia. Mas essa é apenas uma explicação parcial. Pois nem mesmo o contexto categorial mais geral pode ser gerado de tal maneira que seja capaz de sustentar a si mesmo e por conta própria. Compreensivelmente, portanto, em outro nível, a rede categorial insuperavelmente dicotômica em si aponta para o seu equivalente nessa concepção social do mundo.

A esse respeito, mais uma vez, a dicotômica oposição e contradição – abertamente reconhecida por Sartre no que se refere a questões societais – tomam a forma da admissão angustiada do fracasso ou da derrota. Isso é ainda mais significativo porque ninguém pode negar a busca totalmente comprometida de Sartre por uma solução emancipatória viável e sua grande integridade pessoal. Em relação ao nosso problema, temos de nos lembrar que, na importante entrevista concedida ao grupo italiano Manifesto – depois de esboçar sua concepção das implicações insuperavelmente negativas de sua própria categoria explicativa da institucionalização inevitavelmente prejudicial do grupo-em-fusão –, Sartre teve de chegar à dolorosa conclusão de que "Enquanto reconheço a necessidade de uma organização, devo confessar que não vejo como poderiam ser resolvidos os problemas que confrontam *qualquer estrutura estabilizada*"[10].

Aqui, a dificuldade está no fato de os termos da análise social de Sartre serem estabelecidos de tal modo que os vários fatores e correlações que na realidade estão relacionados, constituindo diferentes facetas do *mesmo complexo societário*, são retratados por ele na forma das mais problemáticas *oposições*, gerando assim dilemas insolúveis e uma inevitável derrota. Isso é bem exemplificado por Sartre na conversa entre ele e o grupo Manifesto:

Manifesto: sobre que bases precisas pode-se preparar uma alternativa revolucionária?
Sartre: Repito, mais na base da "*alienação* do que em "*necessidades*". Em suma, na reconstru-

---

dela. O que ele não pode fornecer é o fundamento não religioso dessa fé e dessa esperança – não importa o quanto ele gostaria de fazê-lo, e a despeito de suas repetidas promessas expressas até mesmo nos termos de uma positivamente orientada "conversão radical" no final de *O ser e o nada*.

[10] Entrevista concedida por Sartre ao grupo italiano Manifesto, publicada em *The Socialist Register* (Pontypool, Merlin, 1970, v. VII), p. 245.

312 *A obra de Sartre*

ção do *indivíduo* e da *liberdade* – a necessidade dela é tão premente que até mesmo as mais refinadas *técnicas de integração* não podem se permitir desprezá-la.[11]

Desse modo, em sua avaliação estratégica de como superar o caráter opressor da realidade capitalista, Sartre estabelece uma oposição totalmente insustentável entre a "alienação" dos trabalhadores e duas "necessidades" supostamente satisfeitas, tornando dessa forma ainda mais difícil conceber um resultado positivo viável praticamente. E o problema aqui não está em simplesmente ele dar credibilidade demais à explicação sociológica em voga, porém extremamente superficial, das chamadas *"técnicas refinadas de integração"* em relação aos trabalhadores. Infelizmente, é muito mais grave do que isso.

Na verdade, o problema realmente perturbador em jogo é a avaliação da viabilidade do *"capitalismo avançado"* em si e o associado postulado de "integração" da classe trabalhadora, que Sartre, naquela época, por acaso compartilhava em ampla medida com Herbert Marcuse. Pois, de fato, a verdade da questão é que, em contraste à integração indubitavelmente factível de *alguns trabalhadores particulares* na ordem capitalista, a *classe dos trabalhadores* – a *antagonista estrutural do capital*, representando a única *alternativa hegemônica historicamente sustentável* ao sistema do capital – não pode ser integrada ao quadro explorador e alienante de reprodução societária do capital. O que torna isso impossível é o *antagonismo estrutural* subjacente entre capital e trabalho, que emana, com intransponível necessidade, da *realidade de classe* da dominação e subordinação antagônicas.

Nesse discurso, até mesmo a mínima plausibilidade do tipo de *alternativa falsa*, de Marcuse e Sartre, entre alienação continuada e "necessidade satisfeita", é "estabelecida" com base na compartimentalização arbitrária das *interdeterminações estruturais globalmente arraigadas* e suicidamente insustentáveis do capital – sobre as quais a *viabilidade elementar sistêmica* da única ordem metabólica societária do capital é necessariamente estabelecida como premissa – se estabelece como premissa – na forma da separação extremamente problemática do "capitalismo avançado" das chamadas "zonas marginais" e do "terceiro mundo". Como se a ordem reprodutiva do postulado "capitalismo avançado" pudesse se sustentar durante qualquer *espaço de tempo*, ainda mais *indefinidamente* no futuro, sem a exploração contínua das "zonas marginais" concebidas equivocadamente e o "terceiro mundo" dominado de modo imperialista.

É necessário citarmos aqui, na íntegra, a relevante passagem em que esses problemas são claramente explicados por Sartre. A reveladora passagem da entrevista ao Manifesto é a seguinte:

> O *capitalismo avançado*, no que se refere à consciência de sua própria condição, e a despeito das enormes disparidades na distribuição de renda, consegue satisfazer as necessidades elementares da maioria da classe trabalhadora – permanecem, naturalmente, as *zonas marginais*, 15% dos trabalhadores nos Estados Unidos, os negros e os imigrantes; permanecem os idosos; permanece, em escala global, o *terceiro mundo*. Mas o capitalismo satisfaz a certas

---

[11] Ibidem, p. 242.

A dimensão perdida 313

necessidades primárias, e também satisfaz a certas necessidades que ele criou artificialmente: por exemplo, *a necessidade de um carro*. Foi essa situação que me fez revisar minha "teoria das necessidades", posto que essas necessidades não estão mais, em uma situação de *capitalismo avançado*, em oposição sistemática ao sistema. Ao contrário, elas parcialmente se tornam, sob o controle do sistema, um instrumento de *integração do proletariado* em certos processos engendrados e dirigidos pelo lucro. O trabalhador esgota-se para produzir um carro e para ganhar o suficiente para comprar um; essa *aquisição* lhe dá a *impressão* de ter satisfeito uma *"necessidade"*. Ele é explorado por um sistema que, ao mesmo tempo, lhe dá um objetivo e uma possibilidade de realizá-lo. A consciência do caráter intolerável do sistema não deve mais, portanto, ser buscada na impossibilidade de satisfazer necessidades elementares, mas, acima de tudo, na consciência da alienação – em outras palavras, no fato de que *esta vida não vale a pena ser vivida e não tem sentido algum*, que esse mecanismo é um mecanismo enganador, que essas necessidades são criadas artificialmente, que são falsas, que são exaustivas e só servem ao lucro. Mas unir a classe nesta base é ainda *mais difícil*.[12]

Se aceitarmos acriticamente essa caracterização da ordem "capitalista avançada", nesse caso, a tarefa de produzir uma consciência emancipatória não é apenas "*mais difícil*", mas quase impossível. Mas a base dúbia pela qual podemos chegar a tal conclusão apriorística imperativa e pessimista/autodestrutiva – prescrevendo do alto dessa "nova teoria das necessidades" do intelectual o abandono, por parte dos trabalhadores, de suas "necessidades artificiais aquisitivas", exemplificadas pelo automóvel, e sua substituição pelo postulado completamente abstrato que estabelece para eles que "*esta vida não vale a pena ser vivida e não tem sentido algum*" (um postulado nobre, porém antes abstrato e imperativo, efetivamente contradito, na realidade, pela necessidade tangível dos membros da classe trabalhadora de assegurar as condições de sua existência economicamente sustentável) – é tanto a *aceitação* de um conjunto de *asserções* totalmente insustentáveis quanto a omissão igualmente insustentável de algumas características determinantes vitais do sistema do capital, realmente existente, em sua *crise estrutural* historicamente irreversível.

Para começar, falar sobre "capitalismo avançado" – quando o sistema do capital como modo de reprodução social metabólica encontra-se em sua *fase descendente do desenvolvimento histórico* e, portanto, só é avançado *de modo capitalista*, mas em absolutamente nenhum outro sentido, e com isso capaz de sustentar-se apenas de um modo ainda mais *destrutivo*, e portanto, em última instância, também *autodestrutivo* – é extremamente problemático. Outra afirmação: a caracterização da *maioria esmagadora da humanidade* – na categoria da pobreza, incluindo os "negros e os imigrantes", os "idosos" e, em "escala global, o terceiro mundo" – como pertencentes às "*zonas marginais*" (em afinidade com os "excluídos" de Marcuse), não é menos insustentável. Afinal, na realidade, é o "mundo capitalista avançado" que constitui a *margem* privilegiada, há muito totalmente insustentável, do sistema global, com sua implacável "negação elementar da necessidade" para a maior parte do mundo, e não o que é descrito por

---

[12] Ibidem, p. 238-9.

314 *A obra de Sartre*

Sartre na entrevista ao grupo Manifesto como as "zonas marginais". Mesmo com respeito aos Estados Unidos, a margem de pobreza é altamente subestimada em meros 15%. Além disso, a caracterização dos automóveis dos trabalhadores como nada mais do que "necessidades [puramente] artificiais", que "só sevem ao lucro", não poderia ser mais unilateral. Pois, ao contrário de muitos intelectuais, nem mesmo os trabalhadores relativamente abastados, sem falar nos membros da classe dos trabalhadores como um todo, têm o luxo de encontrar seu local de trabalho ao lado do seu quarto.

Ao mesmo tempo, ao lado das omissões espantosas, algumas das contradições e falhas estruturais mais graves são inexistentes na descrição sartriana do "capitalismo avançado", virtualmente esvaziando o significado de todo o conceito. Nesse sentido, uma das necessidades substanciais mais importantes, sem a qual nenhuma sociedade – passada, presente ou futura – poderia sobreviver, é a necessidade de trabalho. Tanto pelos indivíduos produtivamente ativos – abarcando todos eles em uma ordem social plenamente emancipada – quanto pela sociedade em geral, na sua relação historicamente sustentável com a natureza. O fracasso necessário em resolver esse problema estrutural fundamental, que afeta *todas* as categorias de trabalho, não só no "terceiro mundo", mas também nos países mais privilegiados do "capitalismo avançado", com seu desemprego que cresce perigosamente, constitui um dos *limites absolutos* do sistema do capital em sua totalidade. Outro grave problema que enfatiza a inviabilidade histórica presente e futura do capital é sua mudança calamitosa em direção aos setores parasitários da economia – como a especulação aventureira produtora de crise que assola (como uma questão de *necessidade objetiva*, frequentemente deturpada como fracasso *pessoal* sistemicamente irrelevante) o setor financeiro e a *fraudulência* institucionalizada e legalmente fortalecida, intimamente associada a ele – em oposição aos ramos produtivos da vida socioeconômica requeridos para a satisfação da necessidade humana genuína. Essa é uma mudança que se dá em um contraste ameaçadoramente acentuado em relação à fase ascendente do desenvolvimento histórico do capital, quando o prodigioso dinamismo expansionista sistêmico (incluindo a revolução industrial) devia-se predominantemente às realizações produtivas socialmente viáveis e mais intensificáveis. Temos de acrescentar a tudo isso os fardos econômicos *maciçamente perdulários*, impostos à sociedade de maneira autoritária pelo Estado e pelo *complexo militar/industrial* – com a permanente indústria de armas e as guerras correspondentes –, como parte integrante do perverso "crescimento econômico" do "capitalismo avançado organizado". E, para mencionar apenas mais uma das implicações catastróficas do desenvolvimento sistêmico do capital "avançado", devemos ter em mente a *invasão ecológica global*, proibitivamente perdulária, de nosso modo não mais sustentável de reprodução metabólica social no mundo planetário finito[13], com a exploração voraz

---

[13] A gravidade desse problema não pode mais ser ignorada. Para perceber sua magnitude, basta citarmos a passagem de um excelente livro que oferece uma explicação abrangente do processo em desdobramento da destruição do planeta como resultado do cruzamento de algumas fronteiras e limites

A dimensão perdida 315

de recursos materiais não renováveis e a destruição cada vez mais perigosa da natureza. Isso não é "ser sábio depois do acontecimento". No mesmo período em que Sartre concedeu a entrevista ao Manifesto, escrevi que

> Outra contradição básica do sistema capitalista de controle é que ele não pode separar "avanço" de *destruição*, nem "progresso" de *desperdício* – por mais catastróficos que sejam os resultados. Quanto mais ele destrava a força de produtividade, mais deve desencadear o poder de destruição; e, quanto mais amplia o volume de produção, mais deve enterrar tudo sob montanhas formadas por sufocante desperdício. O conceito de *economia* é radicalmente incompatível com a "economia" de produção do capital, que, por necessidade, aumenta ainda mais os estragos, primeiro exaurindo com um desperdício voraz os *recursos limitados* do nosso planeta, e depois agravando o resultado *poluindo e envenenando* o ambiente humano com seu desperdício e eflúvio produzidos em massa.[14]

Desse modo, as *afirmações* problemáticas e as *omissões* seminalmente importantes da caracterização de Sartre do "capitalismo avançado" enfraquecem fortemente o poder de negação do seu discurso emancipatório. Seu princípio dicotômico que repetidamente defende a "irredutibilidade da ordem cultural à ordem natural" está sempre em busca de soluções em termos de "ordem cultural", no nível da consciência dos indivíduos, por meio do *"trabalho da consciência sobre consciência"* do intelectual engajado. Ele apela à ideia de que a solução exigida está em aumentar a "consciência de alienação" – isto

---

colocados em relevo pela ciência ambiental: "Essas fronteiras, em alguns casos, já foram cruzadas, e em outros, logo serão logo o serão com a continuidade do *business as usual*. Ademais, isso pode ser atribuído em todo e qualquer caso a uma causa primária: o padrão atual do desenvolvimento, ou seja, o modo capitalista de produção e suas tendências expansionistas. Todo o problema pode ser chamado de 'brecha ecológica global', referindo-se à ruptura geral na relação humana com a natureza que surge de um sistema alienado de acumulação interminável de capital. Tudo isso sugere que o uso do termo Antropoceno para descrever uma nova época geológica, substituindo o Holoceno, é tanto a descrição de um novo fardo que recai sobre a humanidade quanto o reconhecimento de uma imensa crise – um possível evento terminal na evolução geológica, o qual poderia destruir o mundo como o conhecemos. De um lado, houve uma grande aceleração do impacto humano sobre o sistema planetário desde a Revolução Industrial, e particularmente a partir de 1945 – chegando ao ponto de os ciclos biogeoquímicos, a atmosfera, os oceanos e o sistema terrestre como um todo não poderem mais ser vistos como amplamente impenetráveis à economia humana. Por outro lado, o curso atual que o mundo acompanha sequer poderia ser descrito como o surgimento de uma nova época geológica estável (o Antropoceno), como um evento terminal no fim do Holoceno, ou, mais ameaçadoramente, no fim do Quaternário, o que é uma maneira de se referir às extinções em massa que muitas vezes separam as eras geológicas. A ciência nos diz que os limites planetários e os momentos de virada, que levam à degradação irreversível das condições de vida na Terra, podem logo ser alcançados com a continuação do *business as usual* atual. O Antropoceno pode ser o lampejo mais curto do tempo geológico, prestes a ser extinto", John Bellamy Foster, Brett Clark e Richard York, *The Ecological Rift: Capitalism's War on the Earth* (Nova York, Monthly Review, 2010), p. 18-9.

[14] Ver minha conferência em memória de Isaac Deutscher, *The Necessity of Social Control*, proferida na London School of Economics em 26 de janeiro de 1971. Os grifos são do original. [Esta conferência encontra-se na edição brasileira de *Para além do capital*, cit., p. 983-1011. (N. T.)]

316 *A obra de Sartre*

é, em termos de sua "ordem cultural" –, ao mesmo tempo que descarta a viabilidade de basear a estratégia revolucionária na *necessidade* pertencente à "ordem natural". Necessidade material, ou seja, a que supostamente já atendeu à maioria dos trabalhadores, e que, de todo modo, constitui um "mecanismo falso e enganador" e um "instrumento de integração do proletariado".

Para ser exato, Sartre está profundamente interessado no desafio de tratar a questão de como aumentar "a consciência do caráter intolerável do sistema". Mas, por se tratar de um assunto de inevitável consideração, a influência em si indicada como a condição vital de sucesso – o poder da "consciência da alienação" enfatizado por Sartre – muito precisaria de algum suporte objetivo. Do contrário, além da fraqueza da circularidade autorreferencial da influência indicada, a natureza *imperativa* de suas palavras, quando diz "*pode* prevalecer ao caráter intolerável do sistema", continua predominante enquanto defesa *cultural* nobre, porém ineficaz. Isso é extremamente problemático até mesmo nos próprios termos de referência de Sartre, quando, em suas palavras bastante pessimistas, a necessidade é de derrotar a realidade material e culturalmente destrutiva, bem como estruturalmente entrincheirada, desse "conjunto miserável que é o nosso planeta", "feio, mau e sem esperança". Isso é deveras problemático até mesmo nos próprios termos de referência de Sartre, quando, em suas palavras bastante pessimistas, a necessidade é de derrotar a realidade tanto material e culturalmente destrutiva quanto estruturalmente entrincheirada "deste miserável conjunto que é nosso planeta", com suas "determinações horrendas, feias, más, sem esperança".

Por conseguinte, a questão primária diz respeito à demonstrabilidade – ou não – do caráter *objetivamente intolerável* do próprio sistema. Pois se a demonstrável intolerabilidade do sistema não existe em termos *substanciais*, como proclamado pela noção da habilidade do "capitalismo avançado" de satisfazer necessidades materiais, exceto nas "zonas marginais", então o "*longo e paciente trabalho na construção da consciência*"[15] defendido por Sartre permanece quase impossível. É essa base objetiva que precisa (e na verdade pode) ser estabelecida em seus próprios termos abrangentes de referência, exigindo a desmistificação radical da destrutividade crescente do "capitalismo avançado". A "*consciência* do caráter intolerável do sistema" só pode ser construída nessa *base objetiva* – que inclui o sofrimento causado pelo fracasso do capital "avançado" em satisfazer até mesmo as necessidades elementares de comida não nas "zonas marginais", mas para incontáveis milhões, conforme claramente evidenciado em *levantes por falta de alimentos* –, de modo que consiga superar a postulada dicotomia entre a ordem cultural e a ordem natural.

A dimensão ausente da profundamente engajada defesa sartriana da emancipação é a análise *político-econômica* da ordem – não mais sustentada historicamente – social metabólica de reprodução do capital em sua totalidade, na qual a *política* tem de ser

---

[15] Ibidem, p. 239.

colocada no seu lugar apropriado. Contudo, em total desacordo, o quadro de referência estratégico e teórico de Sartre para conceber a necessária mudança emancipatória é o *domínio político* institucionalmente articulado e a avaliação altamente restrita do conceito de *mediação* inseparável de sua concentração opressiva na política, embora ele paradoxalmente admita, ao mesmo tempo, mesmo no que se refere a isso, suas dúvidas insuperáveis diante dos desenvolvimentos políticos/históricos do século XX e a natureza contraditória do sistema soviético pós-revolucionário. Essa questão está diretamente relacionada, na nossa época, à viabilidade histórica – ou não – da base social metabólica fundamental da ordem reprodutiva societária materialmente opressiva como tal, que obviamente inclui também, mas de modo algum em um lugar dominante dentro da perspectiva global circunscrita dialeticamente, a factível contribuição política à requerida mudança estrutural.

Antes, a questão da avaliação da viabilidade do capital como modo de reprodução social metabólica apresentou-se de maneira radicalmente diferente. Na *fase ascendente* do desenvolvimento histórico do capital – aproximadamente até meados do século XIX –, o caráter objetivamente intolerável do próprio sistema enquanto sistema *produtivo* não poderia ser suscitado, não importa o quão tolerável e indubitável fosse o seu impacto sobre os segmentos significativos da população trabalhadora, principalmente sobre o trabalho infantil. Pois a *inviabilidade* (e, nesse sentido, intolerabilidade objetiva) *estruturalmente irreversível* e demonstrável das determinações destrutivas do capital, junto com uma concepção cientificamente afirmável da *alternativa histórica* hegemônica, realmente factível, ao sistema estabelecido como modo de reprodução social metabólica, ainda estava ausente em *termos substantivos*. Na verdade, como mencionado anteriormente, o prodigioso dinamismo expansionista sistêmico anterior ao encerramento da fase do desenvolvimento histórico ascendente do capital trouxe consigo avanços produtivos socialmente viáveis e ainda mais intensificáveis. De modo compreensível e revelador, portanto, antes da inversão da fase historicamente ascendente, as personificações mais esclarecidas do capital – o "socialista utópico" Robert Owen, de New Lanark, por exemplo – ainda poderia tentar superar as piores desumanidades do sistema, como a pavorosa exploração do trabalho infantil e as horas extras produtivamente prejudiciais da força de trabalho em geral, em uma forma bem contida nos confins do sistema do capital em si.

O encerramento objetivo da fase ascendente inevitavelmente redefiniu essas condições para pior, empurrando para segundo plano, de maneira ainda mais perigosa, o próprio imperativo do capital de prolongar a sustentabilidade da *ilimitável expansão do capital, independentemente das consequências*, incluindo a mais absurda "*normalidade*" da *destrutividade sistêmica* não só na *produção* e nas *relações interestaduais* – nestas últimas, com o início do imperialismo monopolístico e suas catastróficas guerras mundiais –, mas também em relação à *natureza*: o substrato elementar da vida humana em si. Significantemente, as consequências intelectuais dessa fundamental inversão histórica foram extremamente negativas, resultando na perseguição da

318 *A obra de Sartre*

descarada *apologética* teórica no lugar da *verdade* científica. Nas palavras de Marx, esses desenvolvimentos fizeram

> soar o sino fúnebre da *economia científica burguesa*. Já não se tratava de saber se este ou aquele teorema era ou não *verdadeiro*, mas se, para o *capital*, ele era *útil ou prejudicial*, cômodo ou incômodo, subversivo ou não. No lugar da pesquisa desinteressada entrou a *espadacharia mercenária*, no lugar da *pesquisa científica imparcial* entrou a má consciência e a má intenção da *apologética*.[16]

É por isso que o próprio conceito de *"capitalismo avançado"* deve ser desafiado e radicalmente desmistificado. No momento atual, o sistema do capital é "avançado" somente em seu ilimitado poder de destruição, incluindo sua habilidade de extinguir a vida humana no planeta de uma vez por todas. Esse é um poder devastadoramente avançado, hoje em evidência em todos os lugares. O sistema do capital não teve esse poder – a não ser em sua *tendência* geral que aponta nessa direção fatídica – enquanto Marx estava vivo. Isso é o que define na nossa época o *caráter objetivamente intolerável do controle social metabólico do capital*, que chegou a esse estágio de seu desenvolvimento histórico quando teve de continuar mantendo-se à custa da *destrutividade em ascensão*, enquanto induzia sua *"espadacharia mercenária"* a pregar cinicamente os sermões da "democracia" e a pretensa "extensão da liberdade" imposta por meio das intervenções militares do *"imperialismo liberal"*. No entanto, essa destrutividade também é, por sua própria natureza, autodestrutiva, e pede por uma alternativa histórica racional como a base material objetiva e necessária sobre a qual "a consciência do caráter intolerável do sistema" pode e deve ser construída. Prestar qualquer atenção a noções sociológicas diversionárias, como as chamadas *"técnicas refinadas de integração"* na postulada *"sociedade aquisitiva"* do *"capitalismo avançado"* é totalmente irrelevante nesse aspecto.

Como vimos anteriormente, Sartre afirmou: "Estou certo de uma coisa – que *temos de* fazer uma *política radical*. Mas não tenho certeza de que ela *terá êxito*"[17]. Ele estava correto ao expressar suas dúvidas. Esse teve de ser o caso não só por causa de suas muitas decepções no mundo da política. Ainda mais importante, ele tinha expectativas demais em relação às instituições estabelecida da política, atribuindo a elas o papel da *mediação* necessária. Ele considerou essencial esse papel da mediação, em consonância com sua teoria geral das "milhões de ações individuais" que tiveram, de algum modo, de ser conectadas em sua visão da multiplicidade irredutível dos indivíduos que povoaram seu quadro conceitual existencialista – e, obviamente, também "existencialista marxizante" – ontológico geral. Em relação à sua esperança política – admitidamente desapontada – outrora ligada ao Partido Comunista, ele afirmou que

> A verdadeira questão é saber como superar a *contradição* inerente na própria *natureza* do partido, de modo que (não só em relação aos oponentes e, em suas tarefas, como uma organização de combate, mas também em relação à classe que ele representa) o partido possa

---

[16] Karl Marx, *O capital*, cit., p. 136.

[17] Jean-Paul Sartre, *Sartre in the Seventies*, cit., p. 85

A *dimensão perdida* 319

constituir uma *mediação ativa* entre *elementos serializados e massificados* para o propósito de sua *unificação*.[18]

Sartre conceituou no mesmo sentido o papel de Stalin na sociedade soviética pós-revolucionária na sua tentativa de escrever sobre a "historia real" não formalmente teorizada, mas reivindicada, no segundo volume da *Crítica da razão dialética*. Ele suscitou esse problema em relação à insuperável *escassez* e concluiu que

> esta escassez dos meios, por sua vez, afeta e define o homem, se o homem há de ser um meio (no sentido de que o *soberano* [nesse caso, Stalin] serve à práxis e é um *mediador* entre os grupos). Se é verdade que não há homens o suficiente – ou não os homens certos – para uma iniciativa específica, sentimos por meio dessa escassez a encarnação da seguinte verdade histórica: o homem, como produto do mundo, não é feito para o homem. [...] Os homens que a História faz jamais são por completo os homens necessários para fazer a História, sejam eles tão incomparáveis quanto Stalin ou Napoleão.[19]

E depois, na mesma obra, encontramos a seguinte síntese:

> A *circularidade esquemática* do *um* e do *múltiplo* no campo imanente da *escassez* é somente o esqueleto do movimento de temporalidade envolvente. A realidade concreta e absoluta da História só pode existir na *singularidade* das relações práticas *que unem os homens singulares* aos *objetivos singulares* que eles perseguem, na *singularidade* da conjuntura.[20]

Dessa forma, a preocupação primária de Sartre, na sua tentativa de tornar inteligível a totalização histórica na "história real", continua sendo a questão de indicar o papel da política – aludido em vários contextos ligados ao conceito de "soberania" – como a forma necessária de *mediação* para *unir* os *homens singulares* e as *multiplicidades* individuais dadas na busca dos *objetivos singulares* contidos na *singularidade da conjuntura dada*.

Essa concepção não poderia deixar de ser mais problemática por causa dos seus termos de referência ontológicos sartrianos, ainda que Sartre irremediavelmente tentasse contra-atacar as implicações negativas dessa visão por meio do seu unificador postulado da mediação das multiplicidades individualistas. Contudo, suas "estruturas formais da história" tiveram de permanecer sempre formais, mesmo no curso da luta apaixonada de Sartre com seu relato – inexequível – da "história real". Em alguns momentos ele quis admitir isso[21], sem, no entanto, modificar por pouco que fosse as variações particulares inconclusivamente crescentes, mesmo que algumas vezes graficamente expressivas, sobre o mesmo tema exposto no mesmo quadro categorial formal das multiplicidades individualistas.

---

[18] *The Socialist Register*, cit., p. 236-7.

[19] Jean-Paul Sartre, *Critique of Dialectical Reason*, v. II, cit., p. 230-1. [Na edição francesa, p. 240-1]

[20] Ibidem, p. 335. [Na edição francesa, p. 347]

[21] Desse modo, ele reconheceu no segundo volume inacabado que "essa caracterização *plenamente formal* do movimento totalizador foi feira – como uma abstração pura e vazia – de um ponto de vista da quase exterioridade", idem.

320   A obra de Sartre

Dada a determinação ontológica inerentemente individualista de tais multiplicidades, sua "unificação" nos grupos-em-fusão só poderia ser *transitória* e historicamente *insustentável*. É por essa razão que ele só poderia projetar o surgimento desses grupos a partir da *serialidade* individualista de modo a serem seguidos por sua fatídica *reincidência na impotente serialidade* no mundo da *institucionalização*. A mediação política não poderia alterar significantemente isso para além da "conjuntura singular" por vezes favorável, mas em última instância insustentável e desintegradora. Portanto, a *mediação política* dos "elementos serializados e massificados" poderia ser, na visão de Sartre, tanto *defendida/afirmada* como também, uma vez que a postulada mediação política institucional teve de ser contrariada a ponto de terminar no fracasso, como no caso da *institucionalização autosserializante* do partido – que curiosamente teve de surgir da "contradição inerente à *natureza* do partido" –, firmemente *condenada/negada* pelo *apelo direto* do intelectual militante à *consciência do indivíduo*, em sombria rejeição do ambiente da institucionalidade.

A respeito desse último ponto, vimos o apelo direto e angustiado, porém condenado, de Sartre à consciência dos indivíduos particulares, incitando-os a rejeitar a "prática serializante" do voto, de modo que fossem capazes de "organizar – *cada um* de acordo com seus recursos – o *vasto movimento anti-hierárquico* que por toda parte contesta as *instituições*"[22]. De maneira reveladora, no entanto, a questão de como os indivíduos particulares serializados poderiam lutar contra as instituições em todos os lugares não poderia ser tratada por Sartre. Pois a maneira como ele definiu os indivíduos serializados, no espírito de sua concepção ontológica geral, tornou essa tarefa impossível para ele. Tiveram eles de ser condenados, na visão de seu "pensamento serial", nestes termos:

> nasce em mim o pensamento serial – que não é o meu próprio – mas o pensamento do Outro que eu sou e o de todos os Outros. É preciso designá-lo de pensamento de impotência, porque eu o produzo na medida em que sou o Outro, inimigo de mim-mesmo e dos Outros. E na medida em que por toda parte carrego esse Outro comigo.[23]

Essas palavras de um impasse paralisante não são as palavras do Sartre jovem, existencialista, mas do pensador militante de praticamente setenta anos de idade. Palavras publicadas *trinta* anos depois de *O ser e o nada* e *quinze* anos depois da "marxizante" *Crítica da razão dialética*. Elas mostram a forte consistência de Sartre, bem como sua contínua e angustiada dedicação à causa de uma mudança emancipatória radical. Mas esse apelo direto à consciência individual não pode prevalecer, lançando desse modo uma sombra profundamente pessimista sobre os últimos anos de sua vida.

A principal dificuldade é que os "milhões de ações individuais" mostrados como os pontos seminais de referência de Sartre na explicação da inteligibilidade da história são, no mundo realmente existente da história, sempre profundamente

---

[22] Jean-Paul Sartre, "Eleições, armadilha para otários", cit., p. 13.

[23] Ibidem, p. 7.

enraizados nos complexos sociais *objetivamente estruturados* e *materialmente mediados*. Esse tipo de enraizamento é o que constitui o fundamental e estruturalmente entrincheirado problema de mediação do sistema do capital. Até mesmo as mediações *políticas* mais promissoras só podem surgir dessa *base material* objetivamente estruturada, sob a qual as condições do modo de controle reprodutivo social metabólico do capital são inteligíveis somente como *mediações antagônicas de segunda ordem*, com sua viabilidade histórica necessariamente limitada, não importa por quanto tempo.

Isso significa que não podemos descartar a noção de *necessidade histórica* objetiva, e também que não deveríamos temer que ela destrua a margem socialmente compreendida da *liberdade*. Pois, no sentido marxiano – que faz a distinção vital entre necessidade *natural*, como a lei da gravidade, e necessidade *histórica*, que surge no curso da autoconstituição e da ação transformadora da humanidade, inseparavelmente do desenvolvimento da consciência social em si –, o conceito de necessidade histórica é definido não como algum tipo de *fatalidade*, mas, ao contrário, como *necessidade historicamente confinada* e, do mesmo modo, *historicamente superada*, ou *"necessidade em desaparição"*[24]. Desaparição não no sentido absoluto do termo, mas de acordo com a mudança de suas circunstâncias e determinações objetivamente estruturadas.

Por conseguinte, contrariamente à rejeição de Sartre do *"nós-sujeito"*, como vimos em diferentes contextos no decorrer deste estudo, a capacidade de ação histórica transformadora não pode ser a infinitude dos indivíduos particulares que, enquanto indivíduos ontologicamente predeterminados e orientados para si próprios, "carregam consigo por toda parte" o Outro como interiorização necessária da *escassez* ontologicamente intransponível, representando portanto uma forma de hostilidade voltada para *todos* os Outros, bem como para *si próprios*. Esse quadro é irreparavelmente sombrio. Do mesmo modo, a hostilidade retratada em termos do indivíduo internamente dividido, que simultaneamente também é o Outro antagônico para o Outro, é igualmente intransponível – e sombrio – em seus termos de referência existenciais fundamentais, apesar do apelo angustiante de Sartre à consciência do indivíduo por uma mudança. O poder da retratação gráfica e poética não pode remover a penumbra "existencialista marxizante" explicitada quando Sartre escreve sobre o movimento histórico:

> faz a si mesmo e transborda a si mesmo; une-se exatamente para se esquivar; determina-se no presente por uma determinação futura, e assim produz a si mesmo como movimento em direção à indeterminação infinita do futuro; realiza o desenvolvimento em uma espiral, como um compromisso entre a linha axial que vai da necessidade ao objetivo, e o fracasso perpetuamente reiniciado de retroceder-se sobre si mesmo (isto é, unificando o múltiplo por um deslocamento contínuo da quantidade e da escassez); em suma, de

---

[24] Nas palavras de Marx, *"eine verschwindende Notwendigkeit"*.

322 A obra de Sartre

uma só vez, girando e deslizando como um ponto de costura, gerando o não-saber, o não-conhecimento e o incerto.[25]

Para superar o impasse paralisante da projetada circularidade esquemática, precisamos mais do que a categoria da *possibilidade*, não importa quantas vezes multiplicada. Pois o apelo à possibilidade – não realizada e irrealizável, em virtude de sua conceituação em termos de *infinidade* – só pode intensificar o sentimento de angústia quando Sartre afirma que

> os homens que estarão em posição de exercitar o poder certamente representarão um número infinitamente pequeno de possibilidades práticas em relação à série totalizada de possibilidades desse tipo. E cada possibilidade realizada – se tivesse de ser substituída na série total – estaria separada, por uma infinidade de possíveis, dos outros possíveis realizados.[26]

Desse modo, em seus *próprios* termos de referência, o pessimismo angustiante de Sartre e o sentimento de desespero em relação a esse "conjunto miserável, horrível, feio e mau que é o nosso planeta, sem esperança", como foi dito em sua última entrevista, é plenamente justificado. No entanto, "fundamentar a esperança", como ele generosamente defendeu e prometeu no final, exigiria a mais ativa contribuição da estratégica e "arquimediana" influência material mediadora ausente do horizonte de sua filosofia. Pois somente por meio da sólida aplicação criativa de tal influência é que o modo destrutivo de reprodução social metabólica do capital pode ser irreversivelmente confinado ao passado.

---

[25] Jean-Paul Sartre, *Crítica da razão dialética*, v. II, cit, p. 334. [Na edição francesa, p. 345-6.]

[26] Ibidem, p. 220. [Na edição francesa, 230-1.]

CONCLUSÃO

"A ideia que jamais cessei de desenvolver é a de que, afinal, sempre somos responsáveis pelo que é feito de nós mesmos. Mesmo que não seja possível fazer mais nada a não ser assumir essa responsabilidade. Pois acredito que um homem sempre pode fazer algo com o que é feito dele. É esse o limite que eu atualmente atribuiria à liberdade: a pequena ação que faz de um ser social totalmente condicionado alguém que não se rende completamente ao que seu condicionamento lhe atribuiu. O que faz de Genet um poeta quando, a rigor, fora condicionado para ser um ladrão. [...] O indivíduo interioriza suas determinações sociais: interioriza as relações de produção, a família de sua infância, o passado histórico, as instituições contemporâneas, e então reexterioriza tudo isso em atos e opções que necessariamente nos remetem a essas interiorizações."[1]

Durante muito tempo, Sartre recusou-se a atribuir qualquer limite à liberdade na sua concepção da realidade humana. Sua recusa era tão categórica que quando ele revisou suas visões depois da guerra, sob a "experiência da sociedade", teve de confessar que se sentiu "escandalizado"[2] pela falta de realidade de sua posição anterior. No entanto, mesmo depois de reconhecer a "força das circunstâncias", Sartre sempre continuou reafirmando sua forte crença de que "sempre somos *responsáveis* pelo que é feito de nós mesmos". Nesse sentido, da mesma maneira que Genet tornou-se poeta "quando, a rigor, fora condicionado para ser um ladrão", o próprio Sartre – que desde os primórdios da sua infância já era tão rigorosamente condicionado a ser um burguês acomodatício – tornou-se um rebelde apaixonado contra o pertencimento de sua própria classe e permaneceu o sendo até o final da vida.

No decorrer das longas entrevistas gravadas entre 1970 e 1974, John Gerassi fez a seguinte pergunta: "Sartre, quero saber como um burguês como você – e independente do quanto odiar a burguesia, continuará sendo um burguês – tornou-se um

---

[1] Jean-Paul Sartre, "Itinerário de um pensamento", cit., p. 208-9.

[2] Ibidem, p. 208.

324 *A obra de Sartre*

revolucionário?"[3]. Vimos neste estudo a complexa articulação dos feitos e das motivações de Sartre a esse respeito, o que lhe confere um papel importantíssimo nos desenvolvimentos culturais e políticos do século XX. Nas raízes de sua posição política contra a ordem social de sua própria classe, poderíamos encontrar uma rebelião moral apaixonada. Foi isso que ele salientou também nas entrevistas concedidas a Gerassi, afirmando: "Minha abordagem sempre foi ética. Todas as vezes que condenei os comunistas ou outrem por essa questão, sempre foi de um ponto de vista moral"[4]. Sua posição moral podia ser consistentemente sustentada assumindo a *responsabilidade* tanto por seus escritos quanto por suas ações políticas. Ele rejeitava quaisquer sugestões de que pudesse haver uma contradição entre sua obra literária, de um lado, que teve de ser inserida no ambiente cultural existente, e sua militância revolucionária, de outro. Foi por essa razão que ele afirmou enfaticamente: "Sou tanto um escritor burguês como Flaubert quanto um ativista revolucionário como Babeuf. Assumo a responsabilidade pelos dois"[5]. E com certeza ele assumiu essa responsabilidade com a maior integridade.

Uma geração anterior, quando pessoas como Lukács tornaram-se intelectuais maduros, na primeira década do século XX, rebeldes contra a ordem burguesa que surgiam da própria burguesia eram muito mais frequentes do que na época em que Sartre se tornou um ativista socialmente engajado durante e depois da Segunda Guerra Mundial. Antes da Primeira Guerra, podíamos perceber um tipo de "*crise da consciência*" entre os melhores representantes intelectuais da burguesia, o que teve como resultado o fato de muitos deles se juntarem a algumas organizações revolucionárias logo após a Revolução Russa, em contraste com a *perda da consciência* e a correspondente disposição de ficar do lado, sem nenhuma reserva, da defesa do capitalismo por parte da maioria dos que pertenceram à geração de Sartre. Essa mudança só salientaria a significância da rebelião moral apaixonada de Sartre contra sua própria classe, em um período da história em que os riscos envolvendo a própria sobrevivência da humanidade eram muito intensos.

A rejeição descompromissada de Sartre da ordem existente e sua defesa de uma alternativa bem diferente a ela foi expressa da maneira mais dolorosa, e até mesmo pessimista e autotorturante, ao dizer que

> Em todo evento social que nos é importante, que nos toca, eu vejo contradições – sejam manifestas ou ainda mal notadas. Vejo os erros, os riscos, tudo que possa evitar que uma situação siga na direção da liberdade. E nisso eu sou um pessimista porque os riscos são enormes em todas as vezes. Veja Portugal, onde o tipo de socialismo que queremos tem agora uma chance que não teve de maneira alguma antes do dia 25 de abril, e mesmo assim corre o risco gigantesco de ser adiado mais uma vez por um longo tempo. Olhando para

---

[3] Joseph L. Walsh, "Conversations with a 'Bourgeois Revolutionary'", *Monthly Review*, junho de 2010. (Artigo crítico de Walsh sobre o livro de John Gerassi, *Talking with Sartre: Conversations and Debates*, New Haven, Yale University Press, 2009).

[4] Trecho do livro de Gerassi citado por Walsh.

[5] Ibidem.

tudo de modo geral, digo para mim mesmo: ou o homem é acabado (e nesse caso ele não só é acabado, mas ele nunca existiu – terá sido nada mais que uma espécie, como a formiga) ou ele se adapta provocando alguma forma de socialismo libertário. Quando penso em atos sociais individuais, tendo a pensar que o homem é finito. [...] Se não sou completamente pessimista é principalmente porque vejo em mim certas necessidades que não são só minhas, mas de todo homem. Em outras palavras, é a certeza vivida da minha própria liberdade.[6]

Desse modo, o apelo de Sartre à "certeza vivida da liberdade" nunca deixou de ser o ponto central de sua rebelião moral contra a ordem burguesa, mesmo quando ele tentou atribuir todo o seu peso contra a "força das circunstâncias". Sua concentração opressora da política nos termos da qual ele esperou encontrar o remédio, e de modo pessimista não encontrou, estava intimamente relacionada ao caráter inerentemente moral dessa negação radical do capitalismo. Isso foi o que circunscreveu não só a natureza de sua rejeição apaixonada e os termos fundamentais de seu diagnóstico da ordem existente – sua insustentabilidade moral categoricamente condenada em nome da liberdade –, mas também sua concepção da alternativa socialista, definida por Sartre como *socialismo libertário* e *uma sociedade sem poderes*[7].

O pessimismo e o desespero confessados por Sartre, enquanto reiterou com nobre constância seu apelo à ideia da liberdade, era inseparável de seu diagnóstico e planejado remédio. Pois – como vimos no último capítulo – a política não pode ser considerada apenas uma parte limitada das respostas necessárias, em virtude de ser articulada com base nas determinações materiais fundamentalmente destrutivas, na nossa época, do capital. Se, nesse sentido, o domínio político não é estabelecido em sua perspectiva apropriada, a frustração vivida por seu percebido fracasso em produzir os resultados esperados, como mostrado por Sartre também na citação em que ele previu o "adiamento mais uma vez por um longo tempo", torna-se esmagadora. Ao mesmo tempo, paradoxalmente, a maneira como esses problemas foram abordados – tanto na negação moral radical de Sartre da ordem existente como em sua definição da alternativa socialista – muito garantiu à viabilidade objetiva contínua do *"capitalismo avançado"* e do *"capitalismo organizado"*. Pela mesma lógica, e de maneira ainda mais paradoxal, a necessidade objetiva – embora não, obviamente, o determinismo mecanicista – da alternativa socialista futura foi subestimada, apesar da persistente defesa de Sartre da perspectiva emancipatória.

Naturalmente, Sartre estava absolutamente certo em salientar que "o socialismo não é uma *certeza*"[8]. Mas é bem problemático que ele tenha definido o socialismo – é claro, totalmente no espírito de sua *negação moral* da ordem existente – como "um *valor*:

---

[6]   Jean-Paul Sartre, *Sartre in the Seventies*, cit., p. 83.

[7]   A esse respeito, ver o capítulo 6 deste livro e a discussão das passagens relevantes das páginas 24-5 de *Sartre in the Seventies*.

[8]   Jean-Paul Sartre, *Sartre in the Seventies*, cit., p. 84.

326 A obra de Sartre

é a *liberdade escolhendo a si mesma como objetivo*"[9]. Aqui, a questão não é negar que o socialismo, como elogiada perspectiva geral da emancipação humana, seja um *valor*, o que certamente ele é e deve continuar a ser. Mas é também algo mais, em cuja base se pode afirmar sua validade irreprimível. Do contrário, o socialismo poderia simplesmente ser ignorado ou cinicamente rejeitado pela "espadacharia mercenária do capital" como nada mais que um valor veleitariamente proposto porém fútil, como convém à predominância ideológica da ordem dominante.

O motivo de tal negação não poder prevalecer permanentemente é porque, aconteça o que acontecer, o socialismo também é a *única alternativa histórica objetivamente sustentável* – e, nesse sentido, *objetivamente necessária* – *à ordem social metabólica e destrutiva do capital*. Nesse sentido, o socialismo, como alternativa hegemônica da ordem dominante, é a *necessidade* histórica – contraditoriamente histórica mas, não obstante, *objetivamente em desdobramento* – do nosso tempo. Uma necessidade outrora indubitavelmente possuída também pela ordem reprodutiva do capital; *em seu próprio tempo histórico* – agora fatidicamente anacrônico, em termos históricos objetivos, por suas determinações destrutivas incorrigíveis.

A negação radical de Sartre da ordem estabelecida, com sua influência centrada na dimensão política e moral posta por ele na base categorial da *possibilidade*, levou-o a exigir, como imperativo moral geral, o que não pode ser atingido, em nome da realização da "sociedade sem poderes" que defendia. Por essa razão, ele insistiu que "é a *estrutura social em si que deve ser abolida*, pois ela permite o *exercício do poder*"[10]. O problema é que a estrutura social em si não pode ser *abolida*. No caso da estrutura social desumanizadora do capital, ela pode e deve ser radicalmente *reestruturada* em consonância com os requisitos da sustentabilidade histórica, por meio da constituição e incessante recriação de uma estrutura social alternativa produtivamente e humanamente viável. Igualmente, a questão de *exercitar o poder* só pode ser decidida nos termos de sua sustentabilidade e especificidade histórica, por meio da determinação comum e do exercício substancialmente igual do poder em uma ordem socialista global. Mas o que está em jogo é a constituição de uma *ordem* global que não pode concebivelmente funcionar sem a determinação consciente e o exercício emancipatório do poder pelos indivíduos sociais para si mesmos. Na verdade, é a medida de viabilidade da estrutura social de maneira que não só permita, mas também *facilite* esse tipo de exercício do poder.

Compreensivelmente, considerando a amarga experiência histórica do século XX, Sartre estava profundamente preocupado com o que chamou de "singularidade irredutível de todo homem para com a história que, não obstante, condiciona-o rigorosamente"[11]. Seis anos antes, quando ainda estava envolvido na tarefa de tentar elaborar sua concepção

---

[9] Idem.

[10] Ibidem, p. 52.

[11] Idem, "Kierkegaard: the Singular Universal", em *Between Existentialism and Marxism* (Londres, N.L.B., 1974), p. 168.

Conclusão 327

de história real em um humor combativo, Sartre escreveu sobre o imperativo vital de realizar o "concreto universal" nestes termos:

> Do mesmo modo nós – ratos sem cerebelos – somos também feitos de tal modo que *devemos ou morrer, ou reinventar o homem.* [...] sem nós a fabricação se daria no escuro, por emendas e remendos, se nós, os "descerebrados", não estivéssemos ali para repetir constantemente que devemos trabalhar segundo *princípios*, que não é uma questão de *remendar*, mas de medir e *construir*, e, finalmente, que ou *a humanidade será o universal concreto, ou não será.*[12]

Quando Sartre ministrou sua conferência sobre Kierkegaard em Paris, em 1964, ele já havia abandonado a escrita da *Crítica da razão dialética*, mas não seu apaixonado engajamento com os difíceis problemas do "singular universal". Ele tentou colocar Kierkegaard e Marx juntos, nesse espírito, no interesse das "tarefas que nos esperam dentro da dialética histórica"[13]. Portanto, apesar das solenes celebrações centenárias, ele não tentou esconder as falhas do lado de Kierkegaard, argumentando que o filósofo dinamarquês,

> ao se colocar contra Hegel, ocupou-se exclusivamente de transmitir sua instituída contingência à aventura humana e, por conta disso, negligenciou a práxis, que é racionalidade. De um só golpe, desnaturou o *conhecimento*, esquecendo-se de que o mundo que conhecemos é o mundo que fazemos. A ancoragem é um evento fortuito, mas a possibilidade e o significado racional dessa mudança são dados pelas estruturas gerais de envolvimento que as fundam, e que são, por si, a universalização das aventuras singulares pela materialidade na qual estão inscritas.[14]

E ele não parou aí. Depois de destacar o grande risco prático que surge da exclusão – em nome de um Marx interpretado de modo unilateral –, "a singularidade humana do concreto universal"[15], Sartre terminou sua conferência sobre Kierkegaard com estas desafiadoras questões, formuladas totalmente no espírito de sua própria filosofia:

> Como podemos conceber a história e o trans-histórico de modo a restabelecer para a necessidade transcendente do processo histórico e para a livre imanência de uma historização incessantemente renovada sua plena realidade e recíproca interioridade, na teoria e na prática? Em suma, como podemos descobrir a singularidade do universal e a universalização do singular, em cada conjuntura, como indissoluvelmente ligadas uma à outra?[16]

Sartre estava certo ao deixar as questões em aberto. Pois a tarefa de fornecer-lhes uma resposta apropriada só pode ser cumprida pelo mais radical movimento emanci-

---

[12] Idem, "Des rats et des hommes", cit., p. 65-6.

[13] Idem, "Kierkegaard: the Singular Universal", cit., p. 169.

[14] Ibidem, p. 168. Grifos de Sartre.

[15] Ibidem, p. 169.

[16] Idem.

328 A obra de Sartre

patório de massa. Um movimento capaz de *reestruturar qualitativamente* a ordem cultural e socioeconômica hierarquicamente entrincheirada do capital de modo a garantir, em uma base material historicamente sustentável, a determinação comum e o exercício substantivo do poder pelos produtores livremente associados em uma base equitativa plena. Nosso mais extraordinário companheiro de armas, Jean-Paul Sartre, deu, de muitas maneiras – até mesmo com seus alertas desesperados – uma imensa contribuição para o desenvolvimento desse movimento.

OBRAS DO AUTOR

Szatira és valóság. Budapeste, Szépirodahyli Könyvkiadó, 1955.
La rivolta degli intellettuali in Ungheria. Turim, Einaudi, 1958.
Attila József e l'arte moderna. Milão, Lerici, 1964.
Marx's Theory of Alienation. Londres, Merlin, 1970.
    [Ed. bras.: *A teoria da alienação em Marx*. São Paulo, Boitempo, 2006.]
Aspects of History and Class Consciousness. Londres, Routledge & Kegan Paul, 1971.
The Necessity of Social Control. Londres, Merlin, 1971.
Lukács' Concept of Dialectic. Londres, Merlin, 1972.
Neocolonial Identity and Counter-Consciousness. Londres, Merlin, 1978.
The work of Sartre: Search for Freedom. Brighton, HarvesterWheatsheaf, 1979.
    [Ed. bras.: *A obra de Sartre: busca da liberdade*. São Paulo, Ensaio, 1991.]
Philosophy, Ideology and Social Science. Brighton, HarvesterWheatsheaf, 1986.
    [Ed. bras.: *Filosofia, ideologia e ciência social*. São Paulo, Boitempo, 2008.]
The Power of Ideology. Brighton, HarvesterWheatsheaf, 1989.
    [Ed. bras.: *O poder da ideologia*. São Paulo, Boitempo, 2004.]
Beyond Capital: Towards a Theory of Transition. Londres, Merlin, 1995.
    [Ed. bras.: *Para além do capital: rumo a uma teoria da transição*. São Paulo, Boitempo, 2002.]
Socialism or Barbarism: from the "American Century" to the Crossroads. Nova York, Monthly Review, 2001.
    [Ed. bras.: *O século XXI: socialismo ou barbárie?* São Paulo, Boitempo, 2003.]
A educação para além do capital. São Paulo, Boitempo, 2005.
O desafio e o fardo do tempo histórico. São Paulo, Boitempo, 2007.
A crise estrutural do capital. São Paulo, Boitempo, 2009.
Social Structure and Forms of Consciousness: the Social Determination of Method. Nova York, Monthly Review, 2010.
    [Ed. Bras.: *Estrutura social e formas de consciência I: a determinação social do método*. São Paulo, Boitempo, 2009.]
Historical Actuality of the Socialist Offensive: Alternative to Parliamentarism. Londres, Bookmark, 2010.
    [Ed. bras.: *Atualidade histórica da ofensiva socialista: uma alternativa radical ao sistema parlamentar*. São Paulo, Boitempo, 2010.]

330   *A obra de Sartre*

Social Structure and Forms of Consciousness II: the Dialectic of Structure and History. Nova York, Monthly Review, 2011.
[Ed. Bras.: *Estrutura social e formas de consciência II: a dialética da estrutura e da história.* São Paulo, Boitempo, 2011.]
The Work of Sartre: Search for Freedom and the Challenge of History. Nova York, Monthly Review, 2012.
[Ed. bras.: *A obra de Sartre: busca da liberdade e desafio da história.* São Paulo, Boitempo, 2012.]

COLEÇÃO
Mundo do Trabalho
Coordenação Ricardo Antunes

ALÉM DA FÁBRICA
Marco Aurélio Santana e José Ricardo Ramalho (orgs.)

A CÂMARA ESCURA
Jesus Ranieri

ATUALIDADE HISTÓRICA DA OFENSIVA SOCIALISTA
István Mészáros

O CARACOL E SUA CONCHA
Ricardo Antunes

O CONTINENTE DO LABOR
Ricardo Antunes

A CRISE ESTRUTURAL DO CAPITAL
István Mészáros

CRÍTICA À RAZÃO INFORMAL
Manoel Luiz Malaguti

DA GRANDE NOITE À ALTERNATIVA
Alain Bihr

DA MISÉRIA IDEOLÓGICA À CRISE DO CAPITAL
Maria Orlanda Pinassi

A DÉCADA NEOLIBERAL E A CRISE
DOS SINDICATOS NO BRASIL
Adalberto Moreira Cardoso

A DESMEDIDA DO CAPITAL
Danièle Linhart

O DESAFIO E O FARDO DO TEMPO HISTÓRICO
István Mészáros

DO CORPORATIVISMO AO NEOLIBERALISMO
Angela Araújo (org.)

A EDUCAÇÃO PARA ALÉM DO CAPITAL
István Mészáros

O EMPREGO NA GLOBALIZAÇÃO
Marcio Pochmann

O EMPREGO NO DESENVOLVIMENTO DA NAÇÃO
Marcio Pochmann

ESTRUTURA SOCIAL E FORMAS
DE CONSCIÊNCIA I E II
István Mészáros

FILOSOFIA, IDEOLOGIA E CIÊNCIA SOCIAL
István Mészáros

FORÇAS DO TRABALHO
Beverly J. Silver

FORDISMO E TOYOTISMO
Thomas Gounet

HOMENS PARTIDOS
Marco Aurélio Santana

INFOPROLETÁRIOS
Ricardo Antunes e Ruy Braga (orgs.)

LINHAS DE MONTAGEM
Antonio Luigi Negro

A MÁQUINA AUTOMOTIVA EM SUAS PARTES
Geraldo Augusto Pinto

MAIS TRABALHO!
Sadi Dal Rosso

O MISTER DE FAZER DINHEIRO
Nise Jinkings

NEOLIBERALISMO, TRABALHO E SINDICATOS
**Huw Beynon, José Ricardo Ramalho,
John McIlroy e Ricardo Antunes** (orgs.)

NOVA DIVISÃO SEXUAL DO TRABALHO?
Helena Hirata

O NOVO (E PRECÁRIO) MUNDO DO TRABALHO
Giovanni Alves

PARA ALÉM DO CAPITAL
István Mészáros

A PERDA DA RAZÃO SOCIAL DO TRABALHO
Maria da Graça Druck e Tânia Franco (orgs.)

POBREZA E EXPLORAÇÃO DO TRABALHO
NA AMÉRICA LATINA
Pierre Salama

O PODER DA IDEOLOGIA
István Mészáros

RETORNO À CONDIÇÃO OPERÁRIA
Stéphane Beaud e Michel Pialoux

RIQUEZA E MISÉRIA DO TRABALHO NO BRASIL
Ricardo Antunes (org.)

O ROUBO DA FALA
Adalberto Paranhos

O SÉCULO XXI
István Mészáros

OS SENTIDOS DO TRABALHO
Ricardo Antunes

SHOPPING CENTER
Valquíria Padilha

A SITUAÇÃO DA CLASSE
TRABALHADORA NA INGLATERRA
Friedrich Engels

A TEORIA DA ALIENAÇÃO EM MARX
István Mészáros

TERCEIRIZAÇÃO: (DES)FORDIZANDO A FÁBRICA
Maria da Graça Druck

TRABALHO E DIALÉTICA
Jesus Ranieri

TRABALHO E SUBJETIVIDADE
Giovanni Alves

TRANSNACIONALIZAÇÃO DO CAPITAL
E FRAGMENTAÇÃO DOS TRABALHADORES
João Bernardo

Este livro foi composto em Adobe
Garamond, corpo 10,5/12,6, e im-
presso em papel Pólen Soft 80 g/m²
pela Sumago Gráfica Editorial em
maio de 2012, com tiragem de
3.000 exemplares.